中国公共财政管理研究报告（2014）

地方财政国库管理研究

财政部财政科学研究所　著

中国财政经济出版社

图书在版编目（CIP）数据

地方财政国库管理研究 / 财政部财政科学研究所著．—北京：中国财政经济出版社，2015.1

（中国公共财政管理研究报告．2014）

ISBN 978－7－5095－5934－5

Ⅰ．①地…　Ⅱ．①财…　Ⅲ．①地方财政－国库－财政管理－研究－中国　Ⅳ．①F812.7

中国版本图书馆 CIP 数据核字(2014)第 307655 号

责任编辑：杨　静　　　　责任校对：杨瑞琦

封面设计：郁　佳　　　　版式设计：兰　波

中国财政经济出版社出版

URL：http：//www.cfeph.cn

E－mail：cfeph @ cfeph.cn

社址：北京市海淀区阜成路甲 28 号　邮政编码：100142

营销中心电话：88190406　北京财经书店电话：64033436　84041336

北京联兴盛业印刷股份有限公司印刷　各地新华书店经销

787×1092 毫米　16 开　20 印张　276 000 字

2015 年 3 月第 1 版　2015 年 3 月北京第 1 次印刷

印数：1—3 000　定价：68.00 元

ISBN 978－7－5095－5934－5/F · 4780

（图书出现印装问题，本社负责调换）

打击盗版举报热线：010－88190492、QQ：634579818

此课题是财政部财政科学研究所与
北京用友政务软件有限公司
“产学研”相结合合作机制的年度系列研究成果

课题组名单

组　　长：贾　康

副 组 长：苏　明　王朝才　罗文光　刘尚希
白景明　严绍业　刘少华　吴晓中

课题组成员：赵云旗　王光伟　陈新民　刘述文
张　奇　张超英　王志刚　张　鹏
梁　强　程　瑜　侯　飞

初稿撰写：赵云旗　王志刚　张　鹏　梁　强
程　瑜

序

党的十八届三中全会通过的《中共中央关于全面深化改革若干重大问题的决定》，提出了我国以国家治理现代化为取向的深化财税体制改革总体目标，要求改进预算管理制度、完善税收制度和建立事权和支出责任相适应的财政制度。财政国库管理制度的进一步完善是改进预算管理制度的重要内容之一。财政部科研所《中国公共财政管理研究报告（2014）——地方财政国库管理研究》即将出版，该书以地方财政国库管理改革为研究重点，其研究成果对进一步完善地方财政国库管理制度将起到十分积极的作用，对落实十八届三中全会提出的深化财税体制改革总体目标也将是十分有益的。

新一轮财税体制改革，是一场关系国家治理体系和治理能力现代化的深刻变革，是立足全局、着眼长远的制度创新。财政体系的统一完整、法治规范、公开透明、运行高效，有利于优化资源配置、维护市场统一、促进社会公平、实现国家长治久安。《中共中央关于全面深化改革若干重大问题的决定》指出财政是国家治理的基础和重要支柱，这是对财政改革发展的高度重视和对财政职能重要性的肯定，对公共财政在国家经济社会改革中的基础和支撑作用给出了准确定位。为使财政发挥好国家治理基础和重要支柱的作用，不仅要有科学的财政体制，现代化的预算体系，稳固的财政收入，而且需要科学的、规范的、严密的管理制度，这是财政体制、预算体系、财政收入的运行载体，也是实现财政各项目标的保障。

改进预算管理制度的内容十分丰富：一是改进年度预算控制方式。以往我国预算审批包括收入、支出和收支平衡三个方面，其核心是收支平衡，每年财政收入必须完成预算安排，客观上容易带来预算执行的“顺周期”问题，即经济较热时期完成财政收入比较容易，财税部门多收多支，使财政投入增多而增加经济过热倾向；当经济较冷时期财政完成任务比较困难，财税部门少收同时也减少支出，又减少经济上行动力。因此，财政预算审核重点要实现一个大的转型，由财政收支平衡状态、赤字规模向支出预算和政策拓展。二是建立跨年度预算平衡机制。年度预算审核重点由收支平衡转到支出政策后，收入预算从任务改为预期，预算确定的收支平衡状态在执行中有可能被打破。为确保财政的中长期可持续性，就要建立跨年度预算平衡机制，一方面建立跨年度弥补超预算赤字的机制，另一方面建立中长期重大事项科学论证机制，对一些重大项目要有长远考虑，通过实行中期财政规划管理，强化其对年度预算的约束性，增强财政政策的前瞻性和财政可持续性。三是实施全面规范的预算公开。现在的预算公开更多的是财政收支情况的报账，简单公开账目，以后预算将更多地推进政策公开，更全面地增强预算的透明度，让公众更好地了解预算。

财政国库管理制度是预算管理制度的重要组成部分。财政资金运行和信息反馈机制建立在财政国库管理制度框架下，其作用发挥如何，直接关系着党和国家有关政策的贯彻落实，关系着财政职能的充分发挥，关系着财政资金的使用效益。2001年我国实施财政国库管理制度改革以来，国库管理运行机制不断健全，国库管理体系不断完善，目前财政国库管理制度已涵盖预算执行管理监控、政府财政财务信息分析和报告、政府采购管理、国债和地方债管理、国库现金管理等诸多领域，相关领域改革工作逐步推进，管理制度不断健全，制度的功能作用发挥日益增强。

从所包含内容和基本功能来看，预算执行管理监控包括收入收缴、资金支付、动态监控以及总预算会计基础管理等方面，其基本功能是在预算指标确定后，组织各项财政收入及时入库，及时拨付各项财政支出，全程监控财政资金收付流程并对财政资金收支状况进行记录。政府财政财务信息分析和报告包括预算执行报告分析、财政总决算、部门决算、政府年度综合财务报告等方面，其基本功能是报告各部门、各单位和一级政府的预算执行情况，并对政府的资产负债状况进行披露和分析。政府采购管理包括监督管理、执行管理、政策功能等方面，其基本功能是制定政府采购政策、法规和管理制度，并对采购人、供应商和采购代理机构进行监督。国债和地方债管理包括国债和地方债政策制定、发行兑付管理、市场建设等方面，其基本功能是制定国债和地方债发行计划、市场发展战略和管理制度，确保财政融资需求，降低财政融资成本。国库现金管理包括国库现金流量预测管理、库底目标余额管理、国库现金操作方式管理等方面，其基本功能是准确预测国库现金流量变化，在此基础上合理确定最优库底余额以满足支付需要，并在保证安全的前提下将闲置的国库资金投放于金融市场获取较高的资金收益，切实提高财政资金使用效益。

新一轮预算管理制度改革对财政国库管理工作提出许多新的要求和新的挑战。下一步，各级财政国库管理部门应认真贯彻落实新预算法和党中央、国务院有关预算管理制度改革的新要求，以法治化、信息化、国际化为基本发展方向，以制度创新、机制创新和管理创新为动力，全面建设和不断完善基础牢固、功能健全、体系完备、技术先进的现代国库管理制度。

近几年是深化我国财税体制改革的关键时期。我们将于2016年基本完成深化财税体制改革的重点工作和任务，确保2020年各项改革基本到位、现代财政制度基本建立。为支撑和配合完成深化财税体制改革各项任务，财政科研部门要进一步扎实做好深入细致的研究工作。财政科研工作者要深入实际调查研究，总结经验，发现问题，提出对策建议，同时还要在理论上有所创新，通过理论创新指导实践创新，为改革发展建言献策。

是为序。

刘昆

2015年3月

前　　言

在财政部领导的关心指导和全国各省、市、自治区财政厅局与财政科研机构的支持下，经过财政部科研所参加课题研究的全体人员的辛勤努力，《中国公共财政管理研究报告（2014）——地方财政国库管理研究》得以出版并与财政工作者和广大读者见面。

财政管理是国家治理能力的体现，是建设现代财政制度不可缺少的组成部分。财政部党组对财政管理改革十分重视，楼继伟部长上任伊始就提出财政管理实现“科学化、规范化、信息化”的发展目标，并多次强调财政管理的重要性。主管财政科研的王保安副部长非常重视财政管理研究工作，对财政部科研所财政管理研究年度报告高度关注，每年都亲自为研究报告作序，使同志们进一步增加了克服困难、深入研究、精益求精的责任心和为财税体制改革提供智力支持的责任感。

在财政管理体系中，国库集中收付处于运转的核心环节。财政管理是国家对财政分配过程进行组织、指挥、协调、控制等一系列活动的总称，而预算则是实现财政管理科学化、规范化目标的主要载体，国库管理又是预算活动的重要构成部分，直接影响财政管理活动的目标实现，在财政管理总体框架中发挥着基础保障、风险控制和监督制衡等重要作用。在财政改革中，国库管理涉及财政资金的拨付、方法、模式和机制等多项内容，其管理体系本身就是财政改革的重要组成部分，同时还将财政管理改革与政府管理改革相衔接，承担着“突破口”和“缓冲器”的双重作用。所以，以地方国库改革为重点进行全面深入的分析研究，是加强财政管理的需要，是建立现代财政制度的需要，也是财税体制改革的需要和增强政府治理能力的需要。对地方国库管理研究非常有意义，很有必要。

围绕地方国库管理研究主题，报告主要从财政预算执行管理、国库集中收付管理、决算管理、地方政府债券管理、地方国库现金管理、政府采购管理、政府会计管理、财政信息化 8 个板块进行建立指标、设计问卷、分析评价的。

预算执行管理是财政管理的重要组成部分，其管理水平的高低直接关系到国家重大方针政策的贯彻落实、各项财政政策实施的效果和财政资金的使用效率。促进全国财政系统的预算执行管理工作是本项研究的目标，因此采用业务口径进行定义，分析的内容主要包括预算会计、账户管理、预算执行报告、财政决算和统计等。

国库集中收付管理既是预算执行管理改革的重点，又是国库管理和财政资金科学化、规范化和信息化管理的关键所在，在预算执行管理中居于主导地位。开展国库集中收付管理研究，有利于揭示财政国库管理改革的方向，有利于提高预算执行资金的安全和效率。根据省本级和地市本级问卷设立 14 个问题，其中以国库集中收付的推进进度、覆盖范围、管理要求等方面为重点。

财政决算是经法定程序批准的年度预算执行结果的会计报告，决算管理同预算相适应，可以检查和总结预算执行情况。财政决算内容重要且涉及的面较大，通过问卷调查活动共设计 8 个方面反映决算管理的基本情况和内容。

地方政府债务作为地方政府财政的收入来源之一，有利于配合中央积极财政政策的实施，有利于增强地方安排配套资金和扩大政府投资的能力，发挥各级政府宏观调控的积极作用。但地方政府债务管理需要高度重视，严格管理。本项主要针对省市两类债券资金的管理进行考察分析，从制度建设、债券收入使用及管理、债券支出结构等方面反映地方政府债券管理的能力。

国库现金管理是针对财政部门在国家金库的活期存款，管理方式主要包括银行定期存款和货币市场运作，加强国库现金管理，有助于完善中国货币政策调控并协调财政货币政策。实施国库现金管理的主要目的，是确保在国库支付需要前提下，实现国库现金余额最小化和投资收益最大化。

政府采购制度是公共财政管理的一项重要内容，也是政府调控经济的有效手段。政府采购制度改革确立的公平竞争、管采分离和成本效益原则，推动了建设法治、责任、廉洁和服务型政府的进程。本项主要从政府采购结构、政府采购机构、政府采购目录和标准、采购数据库建立、招投标管理、内部和外部监控、资金节约率、信息化建设等方面进行分析评价。

政府会计在监控政府预算执行过程合规、提高财政透明度、评价政府绩效等多个方面都具有积极作用，是财政国库管理当中不可或缺的一项重要内容。本项从我国省级和市级地方政府的总预算会计管理、财务报告管理、绩效会计管理、债务会计管理等方面着手，对地方政府会计管理现状进行细致的描述统计，深入分析其中存在的典型问题。

国库管理信息化是提高财政管理水平的关键手段，也是加强财政国库管理的技术支撑，建立现代化的国库管理制度离不开运用先进的计算机技术和网络技术。通过信息化建设完整记录并实时处理财政收支数据，可以达到实时监控、硬性约束的目的。本项从我国地方政府的信息化制度、财政业务应用系统建设、信息基础设施建设等环节，对地方政府财政信息化现状作出相应的评析。

报告框架由6部分内容构成：

第1章——总论。主要阐述研究国库管理的意义和原因；国库管理在财政管理、财政宏观调控、经济社会发展中的地位与作用；现代财政国库管理制度的主要内容和特征；研究方案、方法与框架布局；经过研究得出的基本结论。

第2章——指标体系的设计原则和基本调研方法。一是指标设计的主导思想与结构布局，二是总体目标与设计原则，三是指标体系的功能与框架，四是指标体系的说明。指标设计的主导思想，首先是坚持把公共财政的基本理论和我国具体实践相结合；其次是建立一个促进财政制度、管理和技术协调发展的指标体系；再次是在借鉴国外经验和成果的基础上建立一个利于国内外对比、便于某些统计数据延续的兼容体系；同时还根据系统论、信息论和控制论学科的经典理论和实践经验，构建完善的指标分析框架和运行机制。指标体系的结构布局是，根据分层的多目标体系，构筑一个纵横交叉、各项因素有机结合的立体网络。指标体系的功能是：明确国库管理战略目标的主要方面；把握全局和内在联系，支持决策和监控，达到目标明确、统筹兼顾、协调发展；使用现代诸多科学方法和计算技术建立各种模型进行系统模拟和系统规划，进行科学决策和指标统计；作为制定和评价指标体系的依据和监控器。

第3章——我国地方国库管理指标分析。本章是对我国地方财政管理指标分析的重点。一是预算执行管理分析，二是国库集中收付管理分析，三是决算管理分析，四是地方债券管理分析，五是国库现金管理分析，六是政府采购管理分析，七是政府会计管理分析，八是财政信息化建设分析。通过各类指标分析，总结我国当前地方政府国库管理取得的成绩和经验，发现存在的不足和问题，为我国财政国库制度的改革完善提供依据。同时，通过国库管理各项指标的对比，对各省市的进展情况进行大致的排名，显示各地进展情况。

第4章——地方财政国库管理指标分析与改革实践评价。主要内容是客观评价我国地方财政国库管理改革的现状、问题及成效，开创性地提出中国地方财政国库管理指数。这一指数主要用于从宏观和微观方面对财政预算管理进行全面的分析，为财政部门决策者全面评价财政国库管理工作提供一把有效的“标尺”，及时测出财政国库管理工作中的优势与不足，激励各级财政部门不断创新管理理念、改进管理方式、强化管理实践。由此目的出发，本章着重介绍地方公共财政国库管理评价模型的构造方法和各类财政国库管理指数的测算方法；对地方公共财政预算管理的八项内容进行总结；从不同的政府级次、不同业务维度，以及公平、效率、协调三维对地方公共财政国库管理水平综合评价；对地方公共财政国库管理指数进行实证分析；在综合分析的基础上得出相关结论。

第5章——我国地方国库管理典型案例分析。为了总结经验，发扬成绩，加强引导，从理论联系实际出发，在全国范围内选择了国库集中收付先进典型河南省财政厅、国库现金管理典型深圳市财政委员会和政府采购管理改革的典型浙江省财政厅，对他们的做法、成效和经验进行了认真的分析总结。河南省财政厅财政资金运行管理的全新机制和统一框架基本建立，财政国库管理的主体制度实现了根本性变革，达到了财政部门可以监控所有预算单位最终支付环节的预算执行。深圳市财政委员会在建立财政专项资金管理新模式及财政性资金存放商业银行集散账户模式方面进行了改革创新，显著改善了财政资金增值效果，提高了财政资金使用效率。浙江省财政厅在构建政府采购供应商诚信体系、充分发挥政府采购的政策功能方面取得了显著突破，使政府采购在服务经济社会发展和转型升级上发挥作为。这些成绩在全国处于领先地位，具有典型性和示范性，对全国国库管理制度的改革与完善具有一定的指导意义。

第6章——完善国库管理的总体思路与政策建议。主要针对指标分析中发现的目前我国国库管理中存在的不足及问题，提出进一步改革完善的思路和相关的政策性建议。认为下一步国库管理关键是向更高层次推进，完善顶层设计。根据党的十八届三中全会提出的“完善立法、明确事权、改革税制、稳定税负、透明预算、提高效率”的财税体制改革总体方案，围绕建立规范、高效、透明的现代财政制度目标，按照科学化、规范化、信息化管理要求，着力建设完善具有“四项功能”、“五大体系”的现代国库管理制度。即按照强化监控功能、理财功能、反映功能和政策实施功能的要求，建设完善预算执行管理监控体系、政府财政财务信息分析报告体系、政府采购管理体系、国债管理体系和国库现金管理体系，为加强和完善财政管理、贯彻落实财税政策、实施宏观调控提供手段和保障。为达此目标，本章提出相关建议，为进一步完善地方国库管理制度提供参考。

报告研究方法的特点：一是坚持科学性、客观性和系统性统一设计指标。本报告的研究目标是一个分层的多目标体系，构建了一级指标共8个，二级指标共27个，三级指标共154个。其中，一级指标属于决策指标，其结果反映一项财政预算管理活动的水平；二级指标属于分类指标，依据构成、程序和其他标准将一级指标予以完整而清晰的分类；三级指标属于反映指标，包括描述性和分析性两种指标的交互作用，既客观反映管理活动的情况，又对管理活动中的缺陷和不足进行必要的显示。通过总目标层、子目标层和目标指标层，将目标体系构建成为一个纵向和横向网状交织的立体网络。二是组织全国性的国库管理数据采集。为了得到第一手资料，我们组织了全国性的问卷调查，问卷搜集工作主要针对省本级和市本级两级，一共搜集了26个省本级（包括杭州、宁波2个副省级市）、299个市本级的样本数据，分别占全国省、市的比例为74.2%、65.97%。其中东部地区、中部地区、西部地区的样本数分别为9、7、8个，分别占到总样本数的37.5%、29.2%、33.3%，样本的区域分布相对均衡。指标体系测算对应的样本观测值共达21.7万个，这些样本数据为指数测算提供了坚实的基础数据库。三是问卷设计工作进一步完善。在不同层级的问题间和同一问卷内设计部分甄别性问题（如汇总指标、交叉判断、重复提问等），以判断问卷内容的真实度。同时考虑到管理中的因地制宜和艺术性因素，问卷适当增加了主观性问题，总结各单位的创新经验。四是充分运用定量分析支撑研究效果。将计量分析方法纳入国库管理研究是报告的一个亮点，在定性分析的基础上，通过问卷对相应的三级指标进行赋值，并通过统计方法将三级指标集成为二级指标值或一级指标值，进而通过数学期望或标准差等统计手段，得出我国国库管理的平均水平与区域间的差距。五是在表述的形式上突出直观效果。以大量直观性的图表反映我国二级国库管理的全貌，图表多达292幅，将复杂的问题分析和冗长的文字表述简明化、形象化、生动化、立体化，增强了指标的直观对比性。

这本全面反映我国省、市级国库管理水平的研究报告，是在财政部领导关心、财政部国库司热情指导、全国省、市、自治区财政厅局的财政科研所（政研室）组织配合、用友政务软件有限公司大力支持、财政部科研所课题组刻苦努力下形成的成果。在此，我谨代表财政部科研所致以衷心的感谢！

2015年1月1日

目　　录

第 1 章

总　　论

国库，原意指国家金库，属于“经管国家预算收支的机构”，其职能主要是组织预算收入和负责预算支出。随着我国社会经济体制的发展改革以及国家职能的扩大，国库管理职能和内容都发生了较大变化。按照国际通用解释（国际货币基金组织的定义），“国库不单是指国家金库，更重要的是指财政代表政府控制预算的执行、保管政府资产和负债的一系列管理职能。”我国国库管理内容涵盖预算执行管理监控、政府财务信息分析和报告、政府采购管理、国债和地方政府债务管理、国库现金管理等诸多领域。所以，国库管理职能具有典型的财政管理性质，是财政管理总体框架中重要组成部分，发挥着重要的作用。本报告研究的主题是指当前现代国库管理制度。

1.1　研究意义

财政管理是政府为了履行职能，依法运用一定手段，对财政收支及相关经济活动过程进行决策、计划、组织、协调和监督等行为和方式，贯穿于研究制定和实施财政政策、编制和执行预算以及财政法制建设等财政工作的全过程，是财政部门的基本工作。财政管理水平的高低，直接影响到财政职能作用的发挥和财政资金的使用效率。国库管理是财政管理的核心环节，也是预算执行和决算管理的重要载体。国库管理对于提升财政管理科学化、规范化、信息化水平，加强财政宏观调控效果，推动经济社会的协调发展具有重要作用。

党的十八届三中全会通过的《中共中央关于全面深化改革若干重大问题的决定》（以下简称《决定》）将“推进国家治理体系和治理能力现代化”确立为全面深化改革的总目标，明确提出：“财政是国家治理的基础和重要支柱，科学的财税体制是优化资源配置、维护市场统一、促进社会公平、实现国家长治久安的制度保障”、“建立现代财政制度”。这一论断的提出，充分反映出对财政职能作用的新认识和财税改革的重要地位。财政是国家治理的基础和重要支柱，财政国库管理工作是整个财政运行的基础和重要支撑，是国家治理基础中的基础，其重要性不言而喻。建立现代国库管理制度是建立现代财政制度的题中应有之意和重要组成部分。党的十八届三中全会对财政地位的最新定位，为进一步深化财政国库管理改革，构建和完善现代国库制度指明了方向。

鉴于此，本报告在国家治理现代化取向下，把国库管理放在市场经济和国家社会事业发展的大环境下进行考量，既注重对国库管理制度规范与建设的研究，又注重国库管理制度的执行与落实的分析，充分挖掘国库管理在促进宏观经济调控、推进国家治理体系和治理能力现代化方面的职能和作用，意义重大。

1.2 研究目的

国库管理是预算活动的重要构成部分，并直接影响财政管理活动的目标实现，在财政管理总体框架中发挥着基础保障、风险控制和监督制衡等重要的作用。21世纪初启动实施的国库集中收付制度改革，是我国改革开放以来，继分税制改革之后，对预算管理制度进行的一次根本性重大变革，被称为一场“财政革命”。经过各方面十余年的努力，这项改革已经取得决定性进展和重大历史性成就，具有重要的政治和经济意义。国库集中收付制度已成为我国预算管理的基本制度，成为财政财务运行的基础和重要保障；财政报告体系初步形成，财政、财务信息完整性和透明度得到强化；国债和地方政府债券发行以及国库现金管理逐步走向依托市场配置；财政资金管理的安全性和规范性有所提高；财政国库业务运行实现信息化、网络化和电子化。这些成绩的取得，充分证明现代国库制度理念和基本框架的正确性，充分彰显现代国库制度旺盛的生命力和广泛的影响力。

但我们也要清醒地看到，目前的财政国库管理还存在一些突出问题和薄弱环节，影响着现代国库管理功能的发挥。一是法律制度建设滞后于改革进程。财政资金收缴和支付的制度还停留在规范性文件的层次，缺乏约束力和威慑力，国债管理的法规建设任务仍很艰巨。二是业务流程还有待进一步优化。非税收入收缴、专项转移支付资金的国库集中支付模式以及国库现金管理机制等都有改进的空间。三是预算执行的控制机制还存在缺失。一些地方财政部门预算执行控制机制没有发挥应有作用，虚列支出、虚增收入、违规借款、违规开户现象时有发生。规范性关系到安全性，违规操作势必会对财政资金安全带来隐患。四是信息化手段应用不足。一体化信息管理系统建设尚未全部覆盖，“信息孤岛”问题还比较严重。县级信息化水平较低，乡级信息化建设处于起步阶段。

上述问题的解决需要我们以十八届三中全会的精神为指导，以国家治理体系和治理能力现代化为取向，以构建现代财政制度为目标，进一步深化财政国库管理改革。本报告以地方国库管理制度为重点进行全面深入的分析研究，是加强财政管理的需要，是建立现代财政制度的需要，是深化财税体制改革的需要，是增强国家治理能力的需要。报告从预算执行管理、国库集中支付管理、决算管理、地方政府债券管理、地方国库现金管理、政府采购管理、政府会计管理和财政信息化管理八个方面，对国库管理各构成结构指标值与发展情况进行研究，在此基础上，对国库管理综合发展进行测度，以综合评价模型为基础，形成对我国国库管理的有效分析和客观总结，并对2012年地方国库管理改革取得突出成就的地区经验进行总结，从而提出完善地方国库管理的总体思路、改革设想与政策建议。

1.3 国库管理的地位与作用

1.3.1 国库管理在财政管理中的地位与作用

财政管理是国家对财政分配过程进行组织、协调、控制等一系列活动的总称，而预算则是实现财政管理科学化、规范化目标的主要手段。国库管理是预算活动的重要构成部分，并直接影响财政管理活动的目标实现，在财政管理总体框架中发挥着重要的作用。

首先是基础保障作用。国库集中收付制度是国库管理的基本内容，不仅构成了公共财政下高效、规范的预算执行制度，是财政资金有效运行的前提，在财政财务管理制度中居于基础地位，也是其他公共财政管理行为得到顺利、有效实施的重要保证。

其次是风险控制作用。国库管理的根本目的在于规范财政资金运行方式、高效管理国库现金及债务、提供高质量预算执行评价报告、促进财政部门科学理财、防范资金风险、提高财政资金使用效益。

最后是监督制衡作用。在对财政资金收付过程进行完整动态记录与反映的基础上，强化财政支出的全程监督。注重国库管理在整个财政管理中的协调配合、促进等职责，提升财政政策实施效果。图1-1展示了国库管理在财政管理活动中的地位与作用。

1.3.2 国库管理在财政改革中的地位与作用

国库管理涉及财政资金的拨付时间、方法、模式和机制等多项内容，同时也是财政资金出入国库的重要控制环节，其管理体系本身就是财政改革的重要组成部

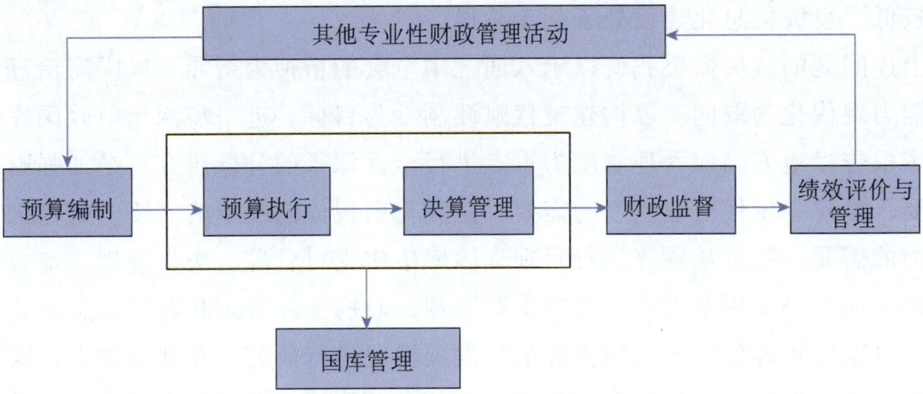

图 1－1　国库管理在财政管理中的地位与作用

分，同时也将财政管理改革与政府管理改革相衔接，承担了“突破口”和“缓冲器”的双重作用。国库管理在财政改革中的地位与作用如图 1－2 所示：

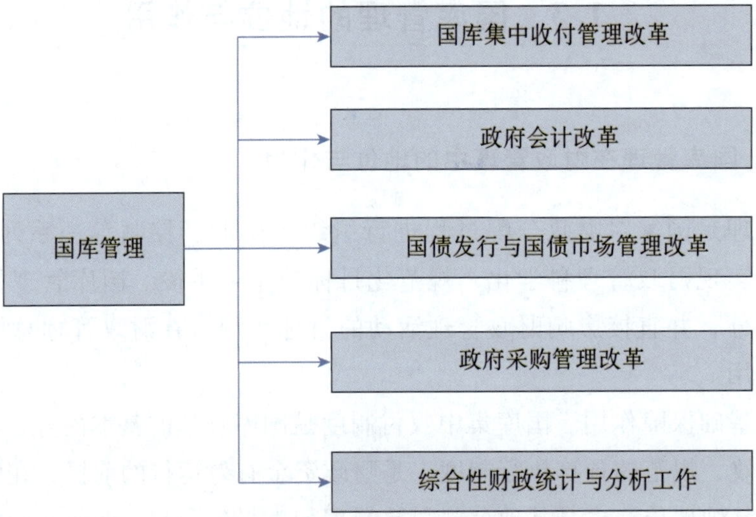

图 1－2　国库管理在财政改革中的地位与作用

1.3.3　国库管理在财政宏观调控和经济社会发展中的地位与作用

国库管理与财政资金活动紧密相关，对预算部门、政府经济活动对象和社会经济活动主体都将通过不同的渠道产生影响，并成为财政与货币政策联结的重要节点。因此，国库管理水平的高低直接影响财政宏观调控的效果和对经济社会发展的支撑力度。图 1－3 展示了国库管理的宏观调控作用和经济社会发展支撑功能。

1.3.4　国库管理研究直接支持国库管理部门的工作

本报告以规范的指标体系、问卷设计、调查分析和综合评价作为主要分析方

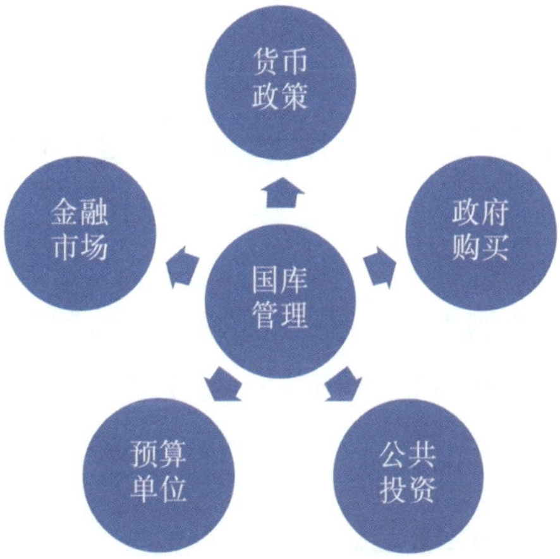

图1-3 国库管理的宏观调控作用和经济社会发展支撑功能

法，涉及省、市两级财政部门的国库管理活动，可以在六个方面为国库管理部门的工作提供支持：一是建立与国库管理部门工作紧密联系的指标体系，为国库管理指标库的建设作了前瞻性的准备；二是形成符合国库管理要求和改革方向的规范问卷，促进国库管理部门调研工作的规范化水平；三是获得覆盖省、市两级的国库管理活动的基础数据，而该数据可望在3年以内为国库管理分析和掌握地方国库管理活动提供一手的、权威的数据支撑；四是提供影响当前地方国库管理活动的主要矛盾和问题，以有针对性地进行解决；五是按照国库管理部门要求，调研全国国库管理活动的完成情况，形成中国国库管理指数；六是提供地方国库管理的典型案例，作为经验在全国范围内推广。具体支撑作用见图1-4所示：

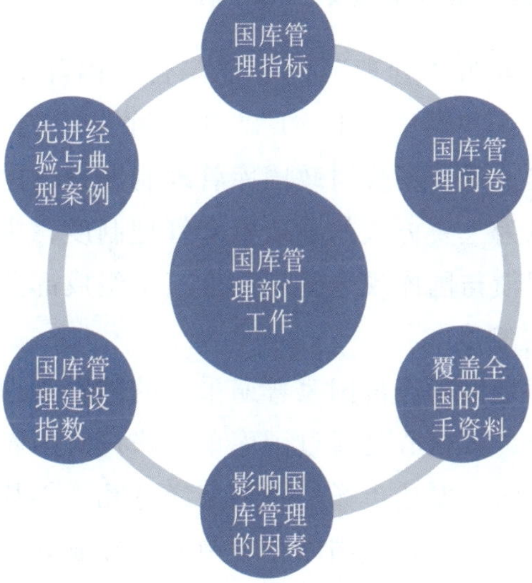

图1-4 国库管理研究对国库管理部门工作的支持

1.4 现代财政国库管理制度的主要内容

研究现代财政国库管理制度，首先要回答这样的问题：什么是现代财政国库管理制度？其主要内容、功能和特征有哪些？回答这一问题，首先要从现代财政国库的职能定位谈起。

1.4.1 现代财政国库的职能定位

目前国际上对国库职能的定位，一般采用国际货币基金组织（IMF）的定义，即国库不单是指国家金库，更重要的是指财政代表政府控制预算执行，保管政府资产和负债的一系列管理职能。国际货币基金组织的这一定义，从本质上将现代财政国库管理制度与传统意义上的国库区别开来，赋予了现代国库管理更为丰富的内涵。主要体现为：第一，财政国库是财政部门受政府委托、代表政府履行职能的一种体现；第二，财政国库不是简单意义上的国库资金收支操作，而是一系列管理职能的集中体现；第三，财政国库重在控制预算执行，要保证财政资金收支严格按照部门预算规定执行；第四，财政部门要对政府资产和负债实施管理，要提高政府资产和负债的管理效率。财政国库职能定位的上述四方面内涵，代表着当前各国现代财政国库管理的发展方向，也是丰富与完善现代财政国库职能的基础。

1.4.2 现代财政国库管理制度的主要内容

基于现代财政国库重在“管理”的职能定位，国际上，又将现代财政国库管理制度称为“国库单一账户制度（TSA）”，美国称为“统一基金制度”。不管具体名称如何，从主要内容上看，现代财政国库管理制度是以国库单一账户为基础，资金缴拨以国库集中收付为主要方式的财政资金管理制度，主要包括国库集中收付制度、政府采购制度、国债与国库现金管理制度三个组成部分。

（1）国库集中收付制度

国库集中收付制度是市场经济国家普遍采用的国库管理制度，指的是对财政资金实行集中收缴和支付，其核心是通过国库单一账户对国库现金进行集中管理。这项制度起源于英国，在西方发达市场经济国家经过几十年甚至上百年的探索，逐渐形成并发展成一套行之有效的现代国库管理制度，并成为国际的通行做法，为世界上绝大多数市场经济国家所采用。其主要有三个基本特征：一是财政部门统一开设国库单一账户（即国库），预算单位不再设立银行账户，所有财政资金收付活动都要通过国库单一账户办理。二是财政资金收付方式规范。税收和非税收入通过银行系统及时缴入国库单一账户；财政资金支出由国库支付给商品和劳务供应者或用款单位。财政资金余额只保存在国库单一账户。三是实现财政收支实时动态监控。财政部门实时监控每一笔财政资金收入以及支出情况。在这一制度下，财政收支比较规范，财政资金使用效益可以明显提高。

（2）政府采购制度

政府采购制度是市场经济国家管理政府公共支出的有效手段，指的是以各级政府及其所属机构，为开展日常政务活动或为满足社会公共需要，运用财政资金按照国家法律、法规及相关政策规定及相关程序和方式采购工程、货物和服务的行为。政府采购制度则是对政府采购行为的制度化和规范化，是为规范政府采购行业而制定的一系列法律、法规、规章和办法的总称。

（3）国债与国库现金管理制度

国债管理制度是以政府借贷方式，集中部分社会资金支持经济发展，并实现宏观经济政策目标的有效手段。国债管理通常与国库现金管理密不可分，既包括宏观的国债政策管理，也包括微观的现金流量管理。国债管理与国库现金制度通常是财政政策与货币政策的有效结合。

上述三方面制度，共同构成现代财政国库管理制度的主要内容。

1.4.3 现代财政国库管理制度的基本特征

对现代财政国库管理制度的基本特征，国际上基本形成了共识，这就是以国际货币基金组织为代表的标准，即效益、透明、监控。

所谓效益，是指提高财政资金效益和运行效率。主要体现在三个方面：一是通过制度设计，简化资金收付流程，减少资金收付中间环节，提高财政资金入库效率和支付效率。二是通过高效管理国库现金流量，使国库资金保值增值，提高国库资金使用效益。三是通过国库资金调度与短期国债发行的有机结合，降低国债筹资成本，提高国债发行效益。传统体制下，我国对财政资金效益重视不够，由于账户分散重复设置，导致资金分散、层层支付，财政资金使用效益不高、运转效率低下。公共财政体制建立以来，特别是实行国库集中收付制度改革后，资金的使用效益不断提高。一方面，对国库资金实行了库款计算，下一步要加快实施国库现金管理的步伐，通过商业银行定期存款及买回国债等方式降低债务筹资成本，增加财政收益。另一方面，通过国库集中收付，加快财政资金入库速度和支付效率，加速资金周转，减少了资金在途时间，按照货币时间价值计算，也提高了资金的使用效益。

所谓透明，就是提高政府财政收支活动向透明度。政府是受全体纳税人委托管理政府资产和资源，因此政府有责任向纳税人披露履行受托责任情况，包括政府资产负债等财务状况、政府运营情况和宏观经济运行情况。就我国而言，这里要特别强调预算执行上的透明，即提高财政资金收支过程中的透明度，要促进政府公共服务的市场化发展，让每一笔钱都花在“阳光”下。具体可分两个方面来讲，一是财政部门在预算执行上程序透明，预算指标的下达、用款计划和授权支付额度的审批下达以及用款申请的审核支付，不仅在制度上做出规定，而且在运作机制和技术手段上都有要求，必须按照规范的程序进行。另一方面，预算部门及预算单位资金支付使用过程透明，财政部门通过信息系统掌握财政资金每一笔支付记录，资金支付使用的透明度比较高。

所谓监控，是指对预算执行进行控制和监督。通过制度设计和利用现代信息网络系统，对所有财政资金的收付活动进行动态监控，对违规或不规范操作进行及时核查处理，强化预算执行，保证财政资金支付使用的安全性、规范性和有效性。我国实行国库集中收付制度后，建立了监控系统，将财政资金支付活动置于财政部门视野之内，财政部门可以实时监控到财政资金的具体活动情况，比如能够掌握一笔资金活动的详细信息：谁付款、从哪个账户付款、什么账号、哪个开户行、支付金额多大、用途如何、列支什么预算科目、收款人是谁、收款人银行、收款人账号、资金以什么方式支付、什么方式结算、什么时间结算等等。系统不仅能够实时提供上述信息，而且对违规或不规范活动进行预警，及时发现疑点和问题，重大问题立即核查，能够在较短的时间内纠正或解决问题。

从我国财政国库管理改革实践来看，现代财政国库管理制度除了上述三个特征外，还要强调“规范”和“安全”。这是因为与国际上市场经济国家相比，我国实施国库集中收付制度改革时间不长，还缺乏各方面成熟的经验。一是制度体系建设还不甚完备，需要进一步健全；二是改革初期在运作机制上，有些操作还属于过渡性质，不很规范；三是技术系统还在进一步建设之中，特别是我国长期以来，由于计划经济体制的弊端，财政资金管理比较薄弱，截留、挤占、挪用等问题比较严重，资金管理薄弱这种惯性特点不是短期内能够完全消除的，加之我国信用体系不够健全，这就决定了我国现代财政国库管理制度建设中，还要特别重视“规范”和“安全”问题。这里讲的“规范”和“安全”，是指所有财政资金纳入国库单一账户体系管理，并按照规范的设计程序、运转机制进行收付。通过国库单一账户体系，财政收入直接缴入国库或财政专户，直接支付给收款人或用款单位，取消传统管理方式下的收入过渡性账户，规范预算单位银行账户。同时，积极采取措施，对财政直接支付和财政授权支付中的风险进行控制，一方面通过用款计划申报审批、用款申请审核、会计核算管理等运作机制控制预算执行，保证预算执行与人大批准的预算相符合；另一方面通过动态监控，强化对资金支付的全过程监督，及时发现并纠正违规问题，提高资金使用的安全性。

根据现代国库管理制度的基本特征，国际上衡量国库管理水平的指标主要有两个：一是国库现金与债务管理的效益，也就是说，是否能够根据宏观经济发展，有效配合财政政策实施，实现对国库现金与债务的高效管理；二是能否及时准确地提供完整的预算执行报告，为财政管理和宏观调控提供依据。这也是我国现代国库管理制度的目标取向。

1.5 研究方案、方法与研究框架

1.5.1 研究方案

本报告的研究经历五个步骤：一是确立研究思路与逻辑框架。通过与主要政府部门和专家学者的沟通形成了研究思路和逻辑原则，并形成基本的模型分析框架。二是进行典型调研并设计指标体系。课题组选择全国部分省市作为典型调研的样本点，以征询意见、交流思想和探索改革思路为主要手段，认真学习调研省市对国库管理所涉及的领域、问题、改革方案和管理措施的意见建议。在充分吸收调研意见的基础上，根据当前国库管理的基本法律法规和财政部对未来国库管理的改革设计，构建了国库管理研究与评价的指标体系。三是调查问卷发放与组织。课题组设计了省、市两极调查问卷，制定了以省为单位并设立专门联络员的问卷调查工作方案，确定了问卷数据的权利归属和分享办法，问卷回收后进行登录、整理，得出有效的数据。四是数据分析与问题总结。本着总结经验和发现问题的原则，本次数据分析和研究工作立足于解决四个方面的问题：（1）当前国库管理的真实情况究竟怎样；（2）国库管理改革推进情况如何，难点在何处；（3）国库管理的宏观效果如何，“政策—体制—管理—手段”的链条能否做到完整、系统；（4）与国库管理相关热点问题的案例研究。（5）在以上分析研究的基础上，分为预算执行管理、国库集中支付管理、决算管理、地方政府债券管理、地方国库现金管理、政府采购管理、政府会计管理和财政信息化管理八个方面分别撰写。

在研究过程中将完成三个方面分析评价：第一，国库管理状态的基本反映、分析和评价，形成研究分析的基础数据；第二，国库管理能力的基本分析和评价，形成对当前管理水平和未来管理提升的基本看法；第三，单位国库管理能力的综合评价，在单项评价的基础上，注重系统性和相关性，形成综合性的评价结构。其中，前两项是第三个方面评价的前提，但在各自的领域中仍将具有独立的意义和作用，第三个方面则对前两项产生必要的反作用，良好综合管理能力可以有效改善管理现状并激励提升管理能力。

研究方案始终坚持理论联系实际、深入调查研究为前提，合理确定指标与指数体系的数量测定与取值范围；坚持以财政业务工作的实践为研究基础，正视改革中的矛盾与问题；坚持以直观性的图表和定量测算为手段，全面反映我国财政国库管理的建设和改革成果。争取达到既可为财政系统改进国库管理提供思路、建议和借鉴，又可为其他领域的研究人员和实际业务工作者了解和掌握财政国库管理的基本规程和改革方向提供参考，还能够有助于一般读者加深理解和得到新的启示，为公共财政管理改革的深入推进贡献力量。

1.5.2 研究方法

本报告综合运用财政学、经济学、管理学、政治学、逻辑学、社会学的基本理论和分析范式，坚持规范分析与实证分析相结合、一般均衡与局部均衡相结合、法定标准与客观实际相对照的研究方法，注重研究的客观性、科学性和系统性，既有对国家财税体制改革新形势的判断，也有对国库管理具体问题细节的推敲，同时注意财政业务间管理协调的分析，在此基础上，还关注具体案例的特殊性和管理实践中的首创精神。总体上，研究在问卷设计与调查、指标设计、选取与赋值、指数构建与测算中形成了具有一定协同性和创新性的方法。

指标的选取是整个研究的逻辑起点和数据测算的基础。为保障指标选取的全面、客观、规范、有效，课题组学习参考了近年来国家和财政部颁行的与财政管理和国库管理相关的法律文件、部门规章和管理办法，选择其中核心的概念、管理流程、相关措施和要求作为基本的调查和评价指标，并根据《财政国库“十二五”规划》和相关国库管理制度改革思路设计，选取相对具有超前性的指标，以反映我国国库管理改革的最新进展。

调查问卷的设计是研究推进的重要环节。根据初始指标，课题组设计规划了8类财政国库管理所涉及的领域，并按照国库管理的基本原则和要求对其进行细化分解，形成了调查问卷中的客观型问题。考虑到问卷大规模发放中可能存在的误填、误判或其他主观因素的影响，相对保证问卷的填写质量，课题组还在不同层级的问题间和同一问卷内部设计了部分甄别性问题，如汇总指标、交叉判断、重复提问等，以判断问卷内容的真实度。此外，考虑到管理中的因地制宜因素，问卷适当增加了主观性问题，如思路、做法、创新，以突出地区特点，总结各单位的创新经验。

综合各方面的意见和建议，课题组共构建了8个一级指标，27个二级指标，共154个三级指标，指标体系测算对应的样本观测值共达21.7万个，涵盖了全部指标体系所要求的数据，包含制度、措施、手段、方法、控制、改革、创新等方面。

问卷调研、回收和分析工作是整个研究核心的基础性工作。问卷搜集工作主要针对省本级和市本级两级，一共搜集到 26 个省本级、299 个市本级的样本数据，分别占全国省、市的比例为 74.2%、65.97%。其中东部地区、中部地区、西部地区的样本数分别为 9、7、8 个，分别占到总样本数的 37.5%、29.2%、33.3%。样本的区域分布相对均衡。这些样本数据为其后的指数测算提供了坚实的基础数据库，如图 1-5 所示：

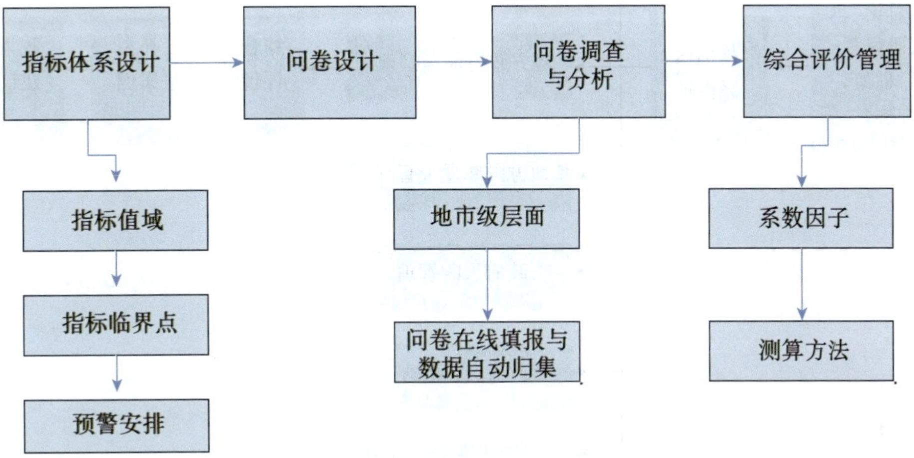

图 1-5 研究方法的创新

1.5.3 研究框架

报告的研究框架主要包括 6 章。第 1 章是总论，提出研究的主要目的、研究方案和内容、研究方法、研究框架等。第 2 章是指标体系设计的基本原理、思路、框架和指标遴选。第 3 章是以国库管理所涉及的内容为基础，确定国库管理各结构指标值与发展情况，具体包括：预算执行管理、国库集中支付管理、决算管理、地方政府债券管理、地方国库现金管理、政府采购管理、政府会计管理和财政信息化管理。第 4 章是国库管理综合发展的测度，即属于系统维度与财政业务维度、管理维度综合评价部分，将以综合评价模型为基础，形成对我国国库管理的有效分析和客观总结。第 5 章是对 2012 年地方国库管理改革取得突出成就的地区的经验总结，既包括典型业务领域的重要创新，也包括对省级预算管理业务的综合分析。第 6 章是完善地方国库管理的总体思路与政策建议，针对数据分析中存在的问题，提出未来的发展思路、改革设想。报告的研究框架如图 1-6 所示：

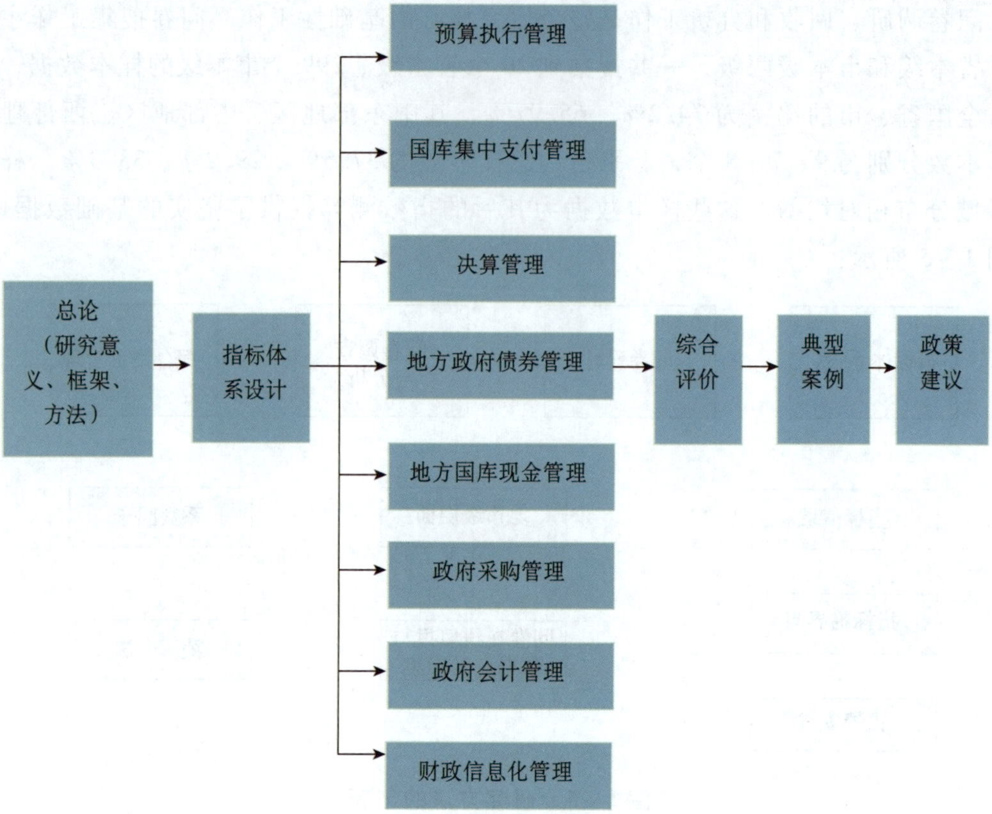

图1－6　报告的主要研究框架

1.6　当前我国国库管理分析研究的简要结论

近年来，我国国库管理取得了重大的进步，各省市在国库管理领域根据中央的要求和本地区的实际需要，做出了一系列的重大体制机制创新。这些创新，我们在后文还将具体论及。在此，谨就研究中涌现的各省市区所取得一些亮点和一些重点问题做一个简单的总结。

1.6.1　预算执行管理

预算执行管理包括的内容很多，近年来，在执行公开化、机制化、规范化等领域取得了巨大的进步。但其中，预算单位账户管理一直是执行管理的重要点和难点问题。从预算单位账户管理制度的建立情况来看，只有杭州一市已经出台了相关的账户管理规定和办法，而贵州的管理制度尚未出台，正在制定的过程之中。其他各省市区都处于尚未出台，也未开展相关规则制定活动的情况之中（见

图 1－7）。

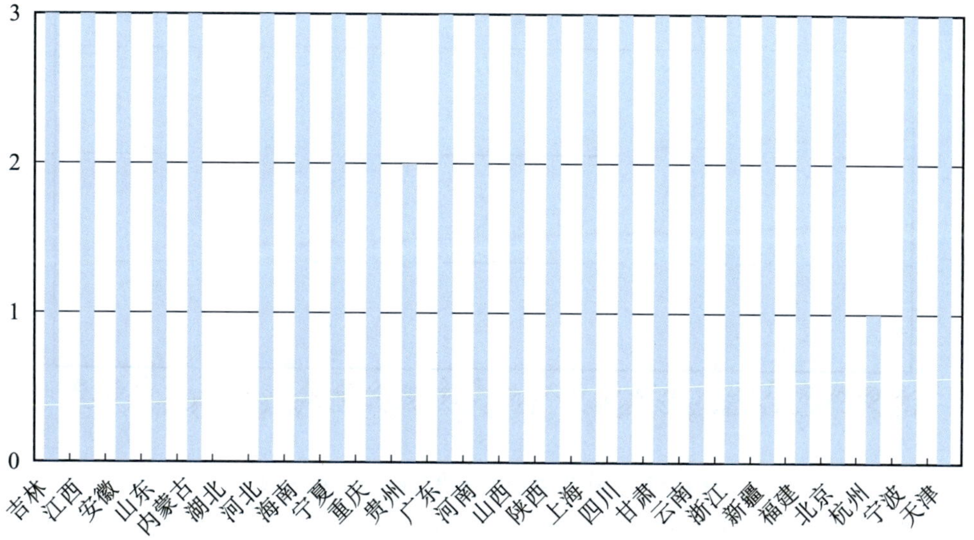

图 1－7 预算单位账户管理制度的建立情况

注：1 代表已经出台；2 代表尚未出台，但正在制定过程中；3 代表尚未出台，也未开展相关规则制定活动。

1.6.2 国库集中收付

受到财政专户清理工作和大量政府性基金和收费尚未进行有效规范的影响，我国国库集中收付管理目前在各省市主要体现在“支付”环节上。但从“支付”来看，国库集中支出管理取得了较为明显的进步，但仍存在明显的不足。

各省国库集中支付管理覆盖范围的情况是：只有重庆市实现了国库集中支付管理的全覆盖，全市范围内包括乡镇级预算单位在内都实现了国库集中支付；江西省还处于仅完全覆盖省直单位，尚未完全覆盖地市及以下单位；其他省市区都处于已经覆盖地市及以上的预算单位，但尚未覆盖到县以下的水平（见图 1－8）。

各省本级对国库集中支付覆盖的资金范围情况是：目前还没有任何一个省市区的国库集中支付覆盖了所有的财政性资金，但吉林、内蒙古、宁夏、重庆、广东、陕西、上海、甘肃、云南等 9 个省市区已经覆盖了部分非税收入资金，而其他各省市则仅覆盖了一小部分非税收入资金（见图 1－9）。

1.6.3 决算管理

决算信息公开和决算公审制度的建设是当前决算管理优化和提升的重要机制。各省本级要求的决算信息公开情况是：内蒙古和山西两省表示总决算的内容应该公

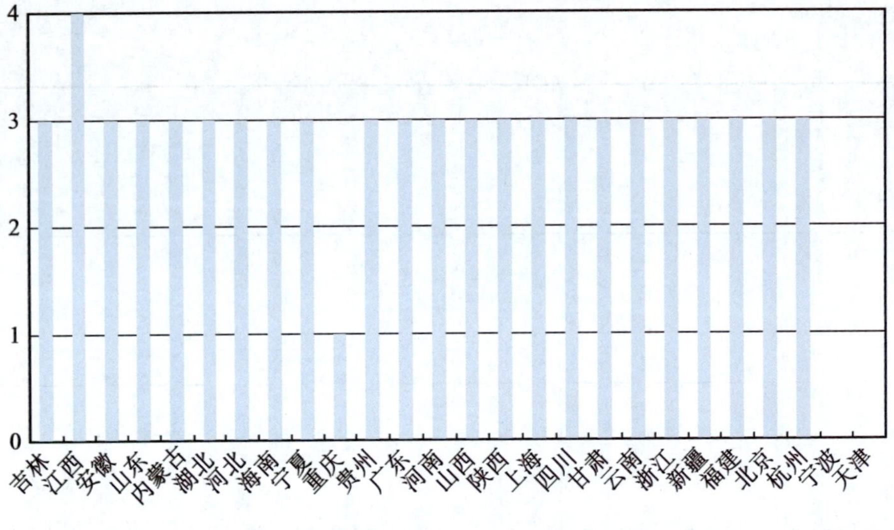

图 1－8 国库集中支付管理的机构范围

注：1 为已经覆盖所有预算单位，包括乡镇级预算单位；2 为已经覆盖所有县及县以上的预算单位，但尚未完全覆盖到乡镇；3 为已经覆盖所有地市及以上的预算单位，但尚未完全覆盖到县及县以下；4 为仅完全覆盖省直单位，尚未完全覆盖地市及以下单位。

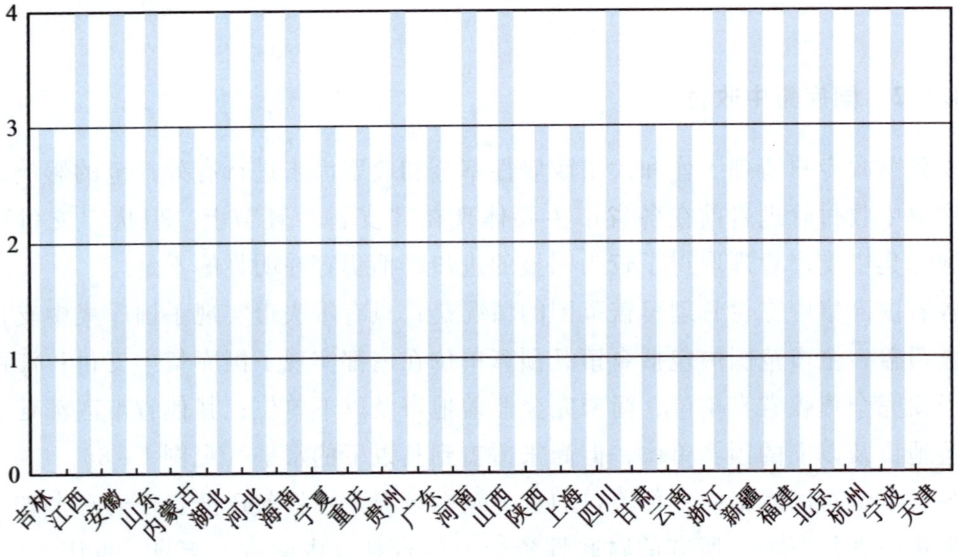

图 1－9 国库集中支付覆盖的资金范围

注：1 代表已经覆盖所有的财政性资金；2 代表已经覆盖大多数非税收入和政府性基金；3 代表已经覆盖部分非税收入资金；4 代表仅覆盖了小部分非税收入资金。

开，公开的层次达到“项目”层级；吉林、山东、河南等 3 省表示总决算的内容应该公开，公开的层次达到“项”层级；湖北、河北、海南、重庆、四川、浙江、天津等 7 个省市表示总决算内容应该公开，公开的层级为“款”级；其他各省市区则属于需要报请人大或政府批准，并根据批准的情况予以公开（见图 1－10）。

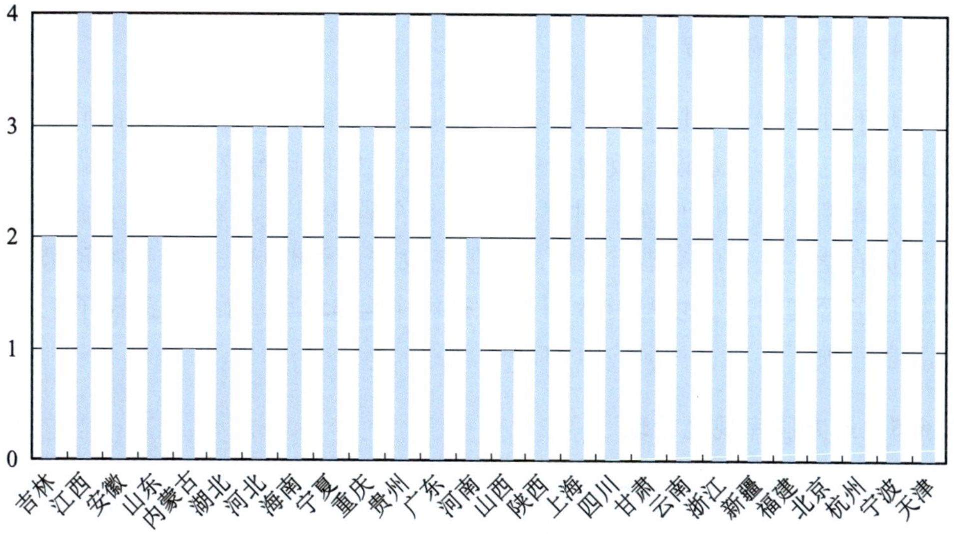

图 1－10 省本级的决算信息公开情况

注：1 为公开到“项目”层级；2 为公开到“项”层级；3 为公开到“款”层级；4 为需要人大或政府的批准。

决算会审制度是省本级决算管理中的薄弱环节：目前只有贵州省表示，决算会审制度已经由其他非国库的财政部门建立，并负责召开。其他各省市区均表示尚未建立该制度，也未开始推进工作（见图 1－11）。

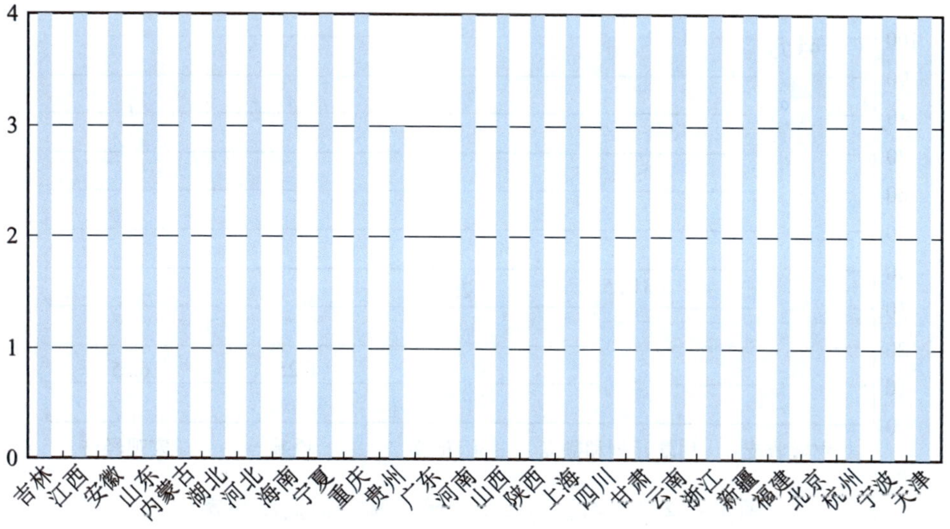

图 1－11 省本级决算会审制度建设情况

注：1 为已经由国库部门建立，并负责召开；2 为由其他财政部门建立；3 为尚未建立，正在推进中；4 为尚未建立，也未开始推进工作。

1.6.4 地方政府性债务管理

地方政府性债务管理是地方财政管理中风险、难度和敏感度最大的问题。但目前，各地财政已经着手建设有效的债务管理制度。根据问卷统计，除了内蒙古、湖北、河北、海南、贵州、广东、甘肃、福建8个省份外，围绕政府性债务管理制度、政府负有偿还责任的举借审批制度、债务收支计划编制、债务风险预警制度这四项主要债务管理制度，填写有效问卷的省份中有35.7%的省份覆盖了上述四项内容，覆盖三项、二项、一项均为21.4%。

1.6.5 地方国库现金管理

地方国库现金管理刚刚获得预算法修正案的正式授权，因此，在原来缺乏法律环境的情况下，地方国库现金管理只能停留在一些基础建设和部分尝试层面上，基础数据库建设及其开展的现金预测是其中最重要的构成内容。

国库现金统计中一项基础工作就是建立一个全面完备的基础统计数据库，应该包含财政收支、税基、宏观经济、部门预算、用款计划和额度等信息。有效问卷统计结果显示，93.75%的省市自治区本级国库基础数据库都包含了财政收支信息，31.25%的省市自治区本级国库基础数据库包含了用款计划和额度信息，25%的省市自治区本级国库基础数据库包含部门预算信息（见图1－12）。

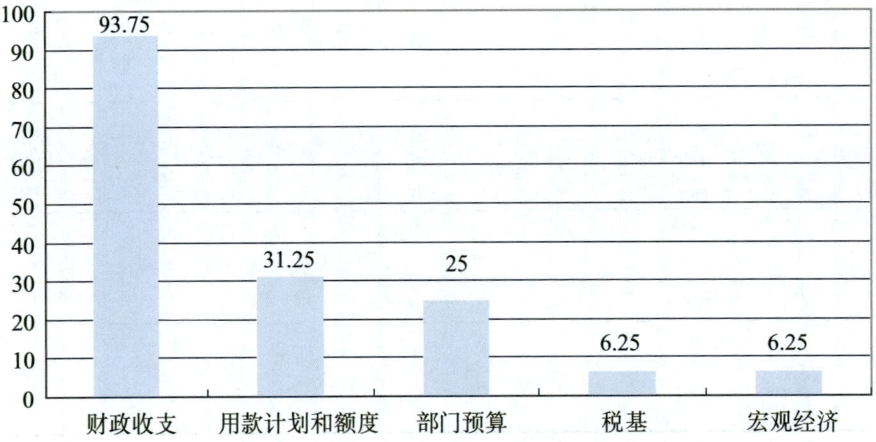

图1－12 省本级国库现金管理基础数据库内容

有效问卷调查结果显示（见图1－13），国库现金流预测精确到季度的省市自治区本级比例为14.29%，精确到月度的省市自治区本级比例为42.86%，精确到周的省市自治区本级比例为28.57%，精确到天的为14.29%。

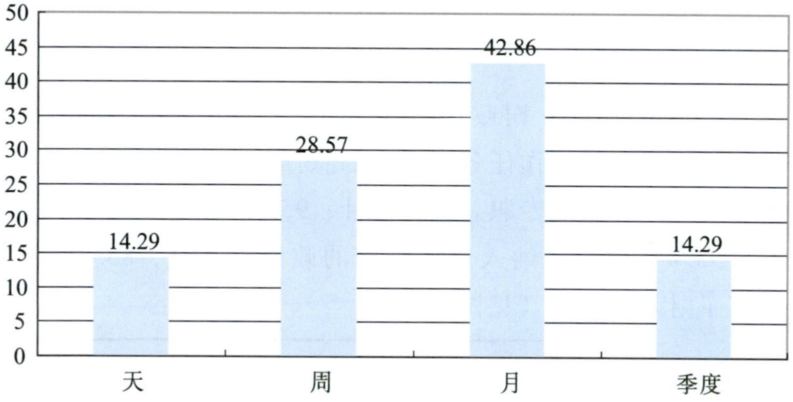

图 1－13　省本级国库现金流预测精确度

1.6.6　政府采购管理

近年来，随着我国加入 WTO 的诸边协定 GPA 的进程的不断加快，政府采购管理的规范化和法治化的程度不断提升。从政府采购结构看，有效问卷中省本级货物类采购占本级总采购支出比例平均为 38.91%，工程类采购占本级总采购支出比例平均为 53.86%，服务类采购占本级总采购支出比例平均为 7.24%。大部分省市自治区的采购结构基本都是如此（见图 1－14），工程类最多、货物类次之，服务类最少；其中，工程类采购比例最高的为重庆市达到 89.84%，贵州最少为 7.14%；货物类采购比例最高是贵州达到 86.92%，最少为重庆达到 9.66%；服务类最高为湖北比例为 26.41%，最低为重庆达到 0.50%。

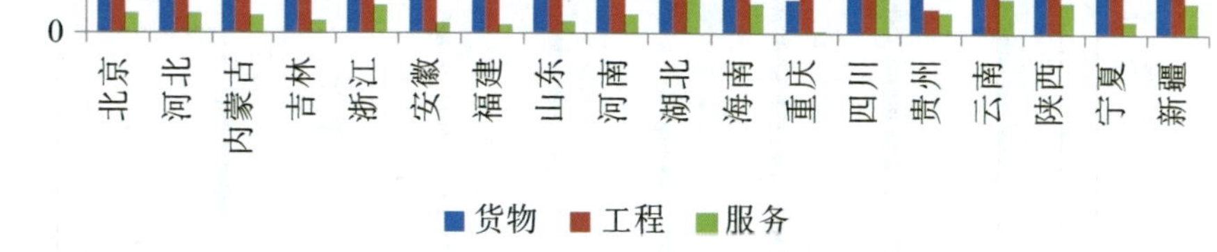

图 1－14　省本级政府采购支出结构

有效问卷统计结果表明，省本级政府预算单位编制政府采购预算的比例在 70% 以上的比例为 64.71%，本级政府预算单位编制政府采购预算的比例在 11%—30%、51%—70% 和 10% 以下的均为 11.76%。

1.6.7 政府会计管理

省本级有效样本中，100%财政部门均实行了总预算会计制度；91.3%财政部门根据工作需要设置了与其工作任务相适应的总预算会计机构；95.5%财政部门根据工作需要配备了一定数量的专职总预算会计；95.8%总预算会计核算管理涵盖了一般预算资金，95.8%涵盖了纳入预算管理的政府性基金，83.3%涵盖了专用基金，54.2%涵盖了财政周转金（见图1-15）。

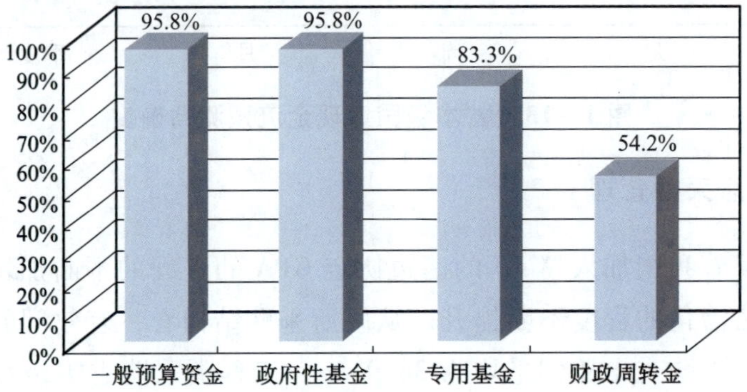

图1-15 省本级总预算会计核算管理涵盖的内容

1.6.8 财政信息化管理

省本级有效样本中，100%制定了具体的信息化办法；100%设置了专门的信息化管理机构；100%配备了专门的信息化管理人员；83.3%预算管理信息系统应用领域包括预算编制；83.3%包括预算审核；79.2%包括预算调整；83.3%包括基本预算支出和项目预算支出的部门预算编制；70.8%包括预算控制数编制；66.7%包括预算批复；45.8%包括在线查询；50%包括在线汇总；12.5%包括在线审计（见图1-16）。

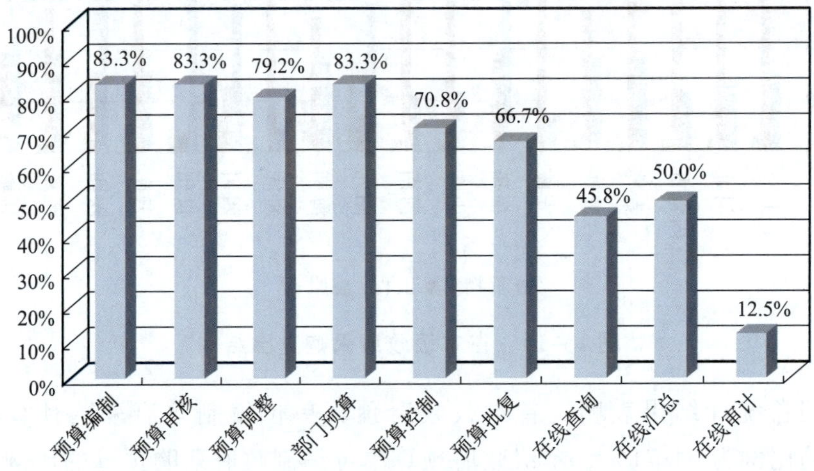

图1-16 省本级预算管理信息系统应用领域

第2章

指标体系的设计原则和基本调研方法

指标体系设计对于开展好国库管理评价工作具有基础性和系统性的作用。从历史经验看，导致评价结果与实际情况差异最大的原因有三个，即片面性、滞后性和失衡性，而导致的基础因素则是指标体系设计上的缺陷与不足。为此，课题组高度重视指标体系设计的基础理念、基本框架、主体布局和主要内容，从系统论出发，重视指标的多重模式应用和技术便利，完成好本项研究的指标体系建设工作。

2.1 指标方案构成：基本思想与结构布局

受到财政业务综合性的影响，考虑到调查覆盖全国的意义，课题组将预算执行、决算及其支撑结构的现代统计指标体系看作一个巨系统。以预算执行和决算管理为核心的财政活动是一个包括社会活动、经济活动和政府活动的总体，彼此之间相互联系、相互作用、相互补充。与其相对应的各层次财政预算管理及其支持框架指标体系成为总系统的子系统，既包括预算执行和决算，又包括国库改革、体系建设和信息化的内容，是一个多层次的综合性概念。

上述财政国库管理总体系并不是各个程序性、结构性子体系的简单加总，而是一个再创造。我们坚持认为，总体系较各个子体系指标的总和更为重要。因为除了各个子体系的信息外，它能提供由于各局部的相互作用而产生的新信息，提供整个体系运行和发展中的信息，从而会引出许多子系统所不具有的功能。每个子系统在总体的构造中了都根据各自属性和运行规律有所创新、有所发展和拓广。也即它们在维护总体属性和总体目标的情况下，也都扩展了以往各自所具有的功能。各子系统处于一个大系统中，可以避免一些指标重复和计算方法的混乱；处于一个大型指标数据库中，可以做到资源共享、综合开发。

财政业务的综合性决定了财政国库管理及其支撑结构的指标体系的研究和设计是一项规模巨大、结构复杂、因素众多的统计设计，属于一项巨系统工程。指标设计是认识过程的先行阶段，从客观对象、性质、功能的认识和分析，到确定对象的范围，找出欲达到的目标，最后确定反映对象数量方面和质量方面的统计指标并构成指标体系。我们坚持使整个指标体系的研究和设计，都是按照系统工程的程序进行。

2.1.1 总体目标与设计原则

不同系统有不同的功能和目标。本书的研究目标是一个分层的多目标体系，包括预算执行、国库集中收付、决算管理、地方政府债券、国库现金管理、政府采购、政府会计、财政信息化建设，共 8 个一级指标，27 个二级指标，154 个三级指标。

为构建上述指标体系，课题组坚持以下四个方面的指标设计思想：

①坚持把公共财政的基本理论和我国的具体实践相结合，根据时代特征和财政战略的需要建立具有中国特色的指标体系。

②在研究财政总体发展战略的同时，深入研究财政制度、管理和技术发展战略和发展规律，进行综合研究，建立一个促进财政制度、管理和技术协调发展的指标体系。从研究目标上看，我们研究和设计的指标体系是财政管理的总体系，财政国库管理的各个层面也会因不同需要、反映其不同特征和规律而建立有一定独立功能的子体系。这些子体系必须为总体系目标服务，并为总体全局相容。从功能上讲，这个指标体系不但有利于财政管理、制度和技术的协调发展，也要有利于子体系内部的协调发展。

③借鉴国外经验和成果，在我国已有成就的基础上建立一个利于国内外对比、便于某些统计数据延续的兼容体系。它应该立足我国财政管理现状，展望未来，是一个开放、可持续的指标体系。

④综合利用好三大横向学科的崭新成就支撑本项研究的指标体系设计。即利用系统论、控制论和信息论来支持指标体系的建设，并充分发挥现代信息处理的手段和功能，设计好指标统计值、问卷归集值和问题标准化之间的关系。

2.1.2 经济、社会和财政“三位一体”的总体结构

财政与经济、社会的发展紧密相连。因此，在指标设计中，我们坚持财政管理为财政改革和发展服务，为经济和社会发展服务，形成了“社会、经济、财政三位一体”的指标体系模式（见图 2-1）。

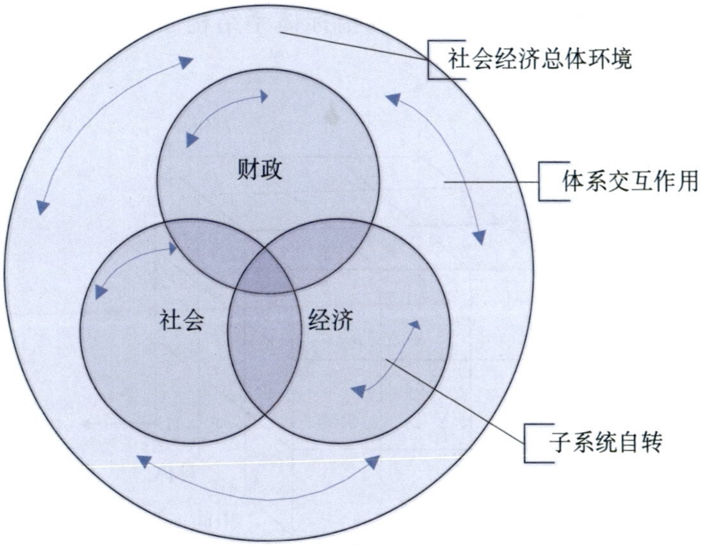

图 2-1 “社会、经济、财政三位一体”的指标体系模式图

这个“三位一体”的模块，反映了社会、经济、财政之间的关联关系。在整个社会环境的约束下，三者间既相互独立、自成体系，又相互影响、交叉重叠。作为反映客观现象的指标体系，必然要遵从这一客观事实，并将形成社会、经济、财政 3 个横向子系统。也即在具体指标的设计中，在每一个财政预算管理及其支撑框架的指标构成上，社会子体系、经济子体系、财政子体系既有各自独立部分，又有三者两两相关的部分以及三者共有的重叠部分。因此，我们在确立研究指标体系的时候，坚持厘清三者交汇的结合部指标，以及这些指标的目标和功能，从而建立起一套既能适应“三位一体”特征、又能保证整个指标体系的整体联系以及不同体系间指标含义与口径统一协调的科学的指标体系。

2.1.3 指标体系的层次结构与功能

我们坚持指标体系是一个系统。系统功能的发挥以及系统的总体效应，在很大程度上取决于系统结构的合理性和系统的有序性。为建立一个稳定的有序结构，我们构筑了一个纵向和横向相结合的立体网络。

从纵向来看，可以分为整体的指标体系、中间的指标体系以及具体的指标体系等三个层次。凡属于落实国家或地区政府统一规划和指示的指标为整体指标体系，凡属于财政自身改革和发展需要的指标体系称为中间的指标体系，凡属于着力于业务操作的、体现管理要求的指标体系称为具体指标体系。

从横向来看，可以分为基础描述性指标体系、分析评价型指标体系和规划决策型指标体系等三个层次。

综合来看，会形成如图 2－2 所示的指标体系结构图。

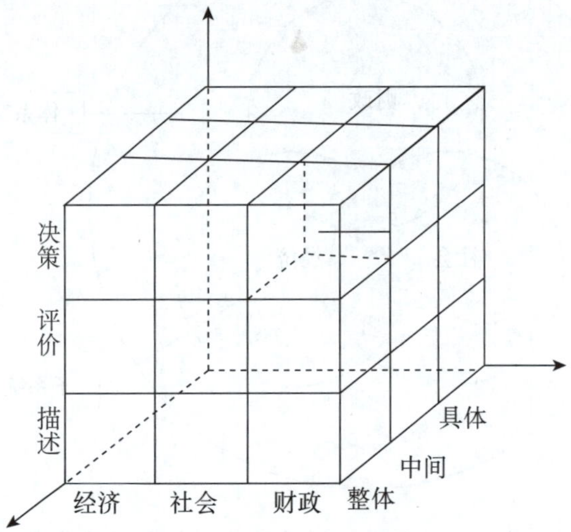

图 2－2 指标体系结构图

在该指标体系中，描述指体系可建立数据库，而评价指标体系和决策指标体系则是程序库。在这三个层次中，前面层次的指标体系是后面层次指标体系的支持系统，而决策指标体系又是建立在描述、评价指标体系的基础上的。反过来，后面层次指标体系又对前面层次的指标体系提出需要，前面层次指标体系的建立必须根据后面层次指标体系的需要来加以选择。图 2－3 提出了本书研究的总体框架。

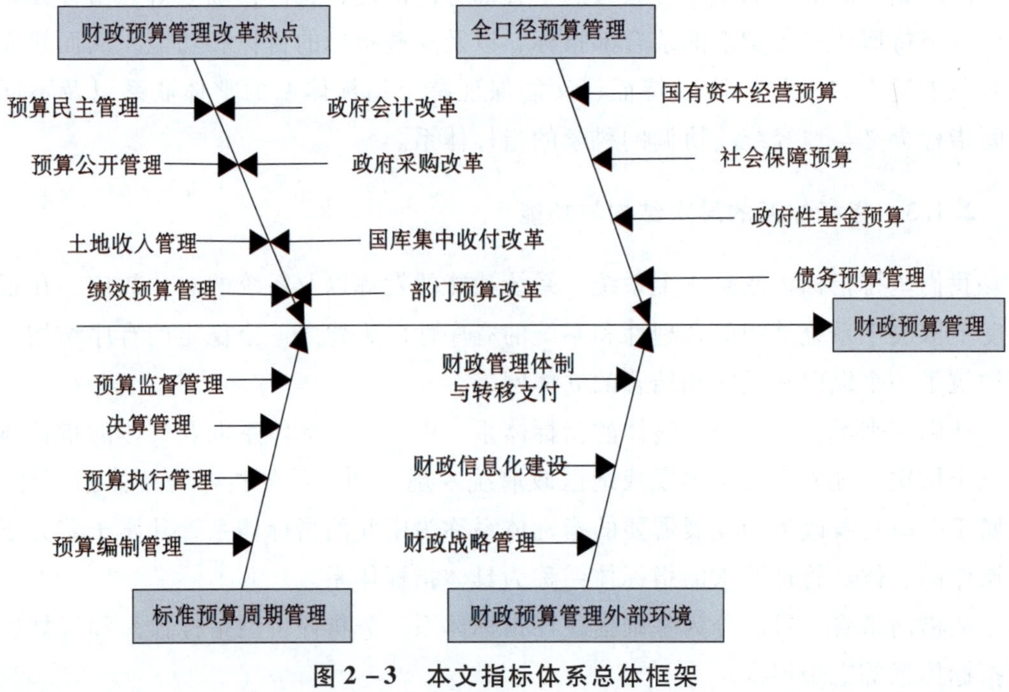

图 2－3 本文指标体系总体框架

2.2 目标体系：指标体系的功能与框架

目标体系的构成反映了指标体系的核心内容。总体设计思想是：从总体出发，反映社会生活活动、经济活动和财政活动相互影响、互为条件的现代财政国库算管理特征。在实质上，建立目标体系即是总体方案中的评价指标体系，是总指标体系中不可缺少的一部分。目标体系的构造与完善过程贯穿于整个研究活动的始终。整个指标体系的研究与设计是按照系统工程的程序开展的，构造目标体系也是从概略到详细、从局部到整体来构造的，目标体系成为指标体系设计的监控器。

2.2.1 目标体系的基本构成

目标体系服务的对象是财政国库管理，是一个具有多领域、多层次、多功能的相对广义的系统，从而决定了我们目标规划的多目标性。目标体系的不同层次分隔，大体上分为总目标层、子目标层和目标指标层，基于经济、社会、财政活动的目标相关性，将目标体系构建成为一个纵向和横向网状交织的立体网络。

从层次上看，本文的目标体系有三个层次的功能分隔：

第一层，财政国库管理及其支撑体系的总目标层。总目标体现目标体系的全局性，也是整个目标体系的高度概括，是目标体系的最高层，也即本项研究的一级指标。

第二层，是为了实现各个总目标而必须具备的子目标层。子目标所反映的是总目标实现的必要条件、任务重点及其具体结果。子目标是总目标的下一个层次，是本项研究的二级指标。

第三层，是围绕目标的实现而展开的一系列目标指标层，也是基础层。目标指标是目标的支持系统层，它总是同一定的目标相联系，两者之间具有一定逻辑上的统一性。我们坚持指标必须为目标体系服务，而目标体系必须由目标指标来反映，在本项研究中，目标指标构成三级指标。从功能上看，三级指标又可分为描述性指标和评价型指标，这两类指标在体系中并用。

从纵向来看，目标体系要反映社会、经济、财政三个方面协调发展，因此，“经济增长”、“社会发展” 和 “财政改革与发展” 就是研究的总体要求。而财政预算管理是本项研究的落脚点和切入点，根据需要，我们选择了 8 个方面为一级指标来对其进行分析和讨论。

（1）预算执行管理

预算执行管理是财政管理的重要组成部分，是预算实施的关键环节。预算执行管理水平的高低，直接关系党和国家大政方针的贯彻落实，关系到各项财政政策实施的效果，关系到财政资金使用效益的提高。近年来，按照建立中国特色公共财政体系的要求，通过体制、机制和制度创新，我国的预算执行管理发生了根本性的变化，逐步构建起中国特色现代财政国库管理体系，涵盖了国库集中收付、国库现金管理、政府采购管理、预算执行情况报告、政府会计核算管理以及财政国库动态监控等诸多方面，并形成相互促进的有机整体，为加强和完善财政管理、贯彻落实财税政策、实施宏观调控提供了有效手段和坚强保障。

（2）国库集中收付管理

所谓国库集中收付制度是指将所有财政性资金全部集中到国库单一账户，并规定所有的支出必须由国库直接支付给商品或劳务供应者或用款单位，实行收支两条线管理。在这种制度下，财政资金的使用由各部门、单位根据细化的预算自主决定，由财政部门核准后支出，财政资金将由国库单一账户直接拨付给商品和劳务供应商，而不必经过支出单位进行转账结算。为便于各部门、单位小额零散支出的需要，财政部门可为预算单位设立小额现金账户和当日清算的零余额账户，在实际支付之前，所有资金都集中在国库，财政部门可以统一调度。建立国库集中收付制度，改革了财政资金的支出方式，支出按照不同的支付主体分别实行财政直接支付和财政授权支付。建立国库集中收付制度，基本上不改变现行资金申请拨付程序，不改变预算单位资金使用权限，不改变会计核算和财务管理职责，但将引起预算单位的会计核算和财务管理模式的变革，也必将对单位尤其是财务部门的机构设置和职责定位产生一定的影响。

（3）决算管理

决算是全面反映、检查各部门、各单位预算执行情况和工作成效的重要依据。决算管理是财政管理的一部分。通过决算编审，可为以后年度的预算编制、预算执行、预算监督和改进部门和单位的工作提出重点和方向。对提高财政经济管理水平，合理、节约、有效地使用国家资金具有重要作用。

（4）地方政府债券管理

地方政府债券，是指经国务院批准同意，以省、自治区、直辖市和计划单列市政府为发行和偿还主体，由财政部代理发行并代办还本付息和支付发行费的2009年地方政府债券。地方政府债券收入可以用于省级（包括计划单列市，下同）直接支出，也可以转贷市、县级政府使用。地方政府债券收支实行预算管理。地方政府债券收入全额纳入省级财政预算管理，市、县级政府使用债券收入的，由省级财政转贷，纳入市、县级财政预算。地方政府债券收入安排的支出纳入地方各级财政预算管理。用地方政府债券发行收入安排支出的部门和单位，要将支出纳入部门预算和单位预算，严格按照预算制度管理。地方政府债券支出根据各级财政使用债券收入或者债券转贷收入安排的支出编制。地方政府债券预算支出，要充分体现科学发展观的要求，积极促进经济结构调整和发展方式转变。资金主要用于中央投资地方配套的公益性建设项目及其他难以吸引社会投资的公益性建设项目支出，严格控制安排用于能够通过市场化行为筹资的投资项目，不得安排用于经常性支出。

（5）国库现金管理

国库现金管理，是在确保国库资金安全完整和财政支出需要的前提下，对国库现金进行有效的运作管理，实现国库闲置现金余额最小化、投资收益最大化的一系列财政资金管理活动。主要包括库存现金、活期存款和与现金等价的短期金融资产。通过实行国库现金管理，可以减少闲置现金与弥合资金缺口，最大限度提高国库库存资金使用效率，促进金融市场创新，冲抵财政政策对货币政策的“挤出效应”，健全两者之间的协调机制，提高中央政府的宏观调控能力，使社会经济沿着健康稳定的良性轨道发展。包括商业银行定期存款、买回国债、国债回购和逆回购等。在当前的实践中，主要实施商业银行定期存款和买回国债两种操作方式。

（6）政府采购管理

政府采购，是指采购机关以购买、租赁、委托或雇用等方法获取货物、工程和服务的行为。财政部负责全国政府采购的管理和监督工作，履行下列职责：拟定政府采购法律、法规草案，制定政府采购政策和规章；研究确定政府采购的中长期规划；管理和监督政府采购活动；收集、发布和统计政府采购信息；组织政府采购人员的培训；审批进入中央政府采购市场的供应商资格；审批社会中介机构取得中央政府采购业务的代理资格；确定并调整中央政府集中采购目录和公开招标采购范围的限额标准；编制中央采购机关年度政府采购预算；处理中央政府采购中的投诉事项。省、自治区、直辖市和计划单列市人民政府财政部门负责本地区政府采购的管理和监督工作。财政部门不得参与和干涉政府采购中的具体商业活动。

（7）政府会计管理

政府会计是指用于确认、计量、记录和报告政府和事业单位财务收支活动及其受托责任的履行情况的会计体系。本研究将政府会计界定为是一门用于确认、计量、记录政府受人民委托管理国家公共事务和国家资源、国有资产的情况，报告政府公共财务资源管理的业绩及履行受托责任情况的专门会计。政府会计内容包括三部分：概括起来可称为“一项制度，两个体系”，即政府会计准则体系、政府会计制度体系和政府财务报告制度。政府会计有三个特征：一是政府单位执行统一规范的政府会计准则和会计制度。这就是说，无论是政府的行政部门、非行政部门或是其构成实体等，执行的准则和制度是统一的，不是分类的（比如，我国预算会计就是分类的，包括总预算会计、行政单位会计、事业单位会计、基本建设会计等）。另外，所有政府单位使用的政府性资金和管理的政府性资产，所有的政府活动形成的财政资源和财政责任，都要纳入政府会计的核算和管理。二是实行政府财务报告制度。政府财务报告制度全面、系统地反映财政预算执行和政府单位的财务活动及财务状况，综合披露政府及政府单位的资产、负债和净资产的真实信息。三是提供科学有效的政府会计信息。政府会计全面、系统、准确地反映政府资产负债状况、政府预算执行情况及政府的种类经济活动状况，这些科学有效的信息有利于立法机关对政府的监督，有利于强化政府的会计责任，有利于政府自身的科学民主决策，有利于推进宏观经济管理。

（8）财政信息化建设

财政信息化是进一步优化财政管理，提高财政服务效率的重要支柱。当前，财政信息化已经不仅仅是信息手段，而成为财政管理改革中的重要内容。各地区财政部门在开展财政信息化建设工作中，在计算机网络通讯系统建设、单项财政业务系统建设等方面取得了明显的成绩，如中央、省、市级财政的财政信息化网络基本铺通，中央和省级财政部门、部分市县财政部门均建立了部门预算编制系统和国库集中支付系统等。但在全国财政系统进行财政信息化建设的过程中也存在许多问题，如财政信息化建设的理论指导欠缺，很多地区财政信息化建设中存在规划性不强等，在理论和实践层面都迫切需要对财政信息化进行整体研究和分析，课题组据此设计了财政信息化建设的相关内容。

在子目标的设计中，我们坚持以下原则，即必须围绕总目标展开，构成总目标的子系统，形成目标体系的纵向联系；而横向联系是通过总目标和子目标的分解和横向组合，通过总目标和子目标的统筹协调设计来实现。子目标的设计是和目标指标的设计同时进行的，因此，设计子目标还要考虑反映和测度的问题。围绕着子目标，又可形成许多不同的指标组，这些指标组构成了目标体系的第三个层次。

在选用目标指标的时候，课题组坚持具备以下特点，并维护它们在整个目标体系中应有的作用：第一，每一个指标能最大限度地反映其对应子目标的要求；第二，指标必须是可采集的，可测度的，作为计划指标应是能实现的（也即可行性）；第三，指标具有可比性，不适当的标新立异将难以进行地区间的有效对比，限制其功能的发挥；第四，在某些指标上赋予预测功能，以便于进行预测和规划。此外，在设置目标指标时，课题组强调精炼的原则，使其数量尽可能少，一方面减少信息收集和处理量，另一方面保持研究的系统性的规范性。

根据以上原则，指标体系分为三个层次，如图 2－4 所示：

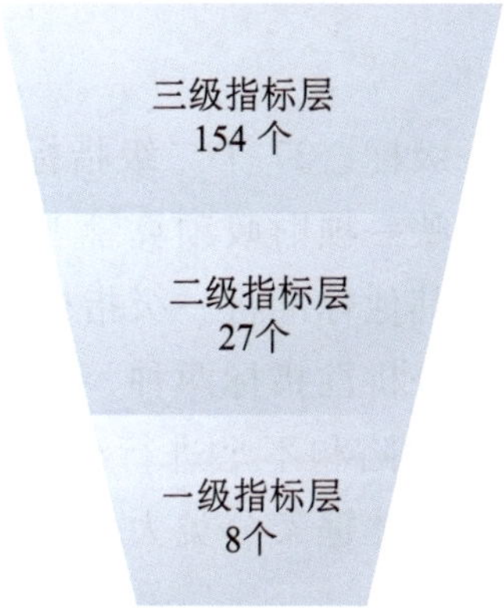

图2－4　目标体系构成简图

2.2.2　指标体系的功能

指标体系的第一功能是，明确地概括了财政国库管理的战略目标的主要方面。概括了为实现这一战略目标在宏观管理、考核和监控中所要掌握的全部重要活动和中心环节，以指标的形式使财政预算决策和管理明确方向、明确使用、明确职责、明确范围；又以指标的定量形式作为其强大的支持系统，便于分析、便于检查、便于监督。

指标体系的第二功能是，通过众多分层和分领域的目标以及相关的众多指标，构成了一个科学、系统而完整的立体网络，便于从整体上把握全局，掌握内在相互联系以及彼此影响，以支持决策和监控做到目标明确、统筹兼顾、协调发展。

指标体系的第三个功能是，通过指标体系实现了定量化，也就是定性目标可以用定量指标来说明，从而便于使用现代诸多科学方法和计算技术，建立各种模型进行系统模拟和系统规划，进行科学决策和指标统计。

指标体系的第四个功能是，作为制定和评价指标体系的依据和监控器。尽管具体的指标值在确定和评价中仍存在主观色彩偏浓的特点，但本文已经通过问卷与填写指导安排最大限度的控制主观色彩的随意性。

必须说明的是，指标体系功能众多，但呈现在本项研究中的只是阶段成果，尚需进一步完善和开发。比如在发挥指标体系评价功能时，必须建立结构精巧的数学模型，而指标只是实测值，对许多指标我们都有期望值，每一类指标在总体评价中并不是等价的，这样就应进行适当处理，如果假设 z 向量是综合评价值，A 向量为指标实测值，B 向量为期望值，K 向量为加权值，那么 $z=f(A,B,K)$ 将是一个复杂数学模型。但在研究中为了计算的简便，我们在坚持总量公平、结构均衡的情况下，采用了相对简单的静态的评价模型。

2.2.3 指标体系的框架

本文目标体系共包括 8 个一级标，27 个二级指标，154 个三级指标。其中，一级指标属于决策指标，其结果反映一项财政预算管理活动的水平状况；二级指标属于分类指标，依据构成、程序和其他标准将一级指标予以完整而清晰的分类；三级指标为反映指标，包括描述性和分析性指标两种，从而交互作用，既客观反映管理活动的情况，又对管理活动中的缺陷和不足进行必要的分析、反应。为简单起见，课题组仅以财政国库管理活动和总体框架分类为例反应本项研究的指标体系框架。

2.3 指标体系的说明

在图 2－4 的中，课题组根据财政国库管理及其支撑体系的需要，构建了三个层次的指标，基本上覆盖了财政国库管理的各个层面，加上 23 个省级样本、154 个地市级样本的调查问卷，形成了财政预算管理领域最具权威性的数据。在此，我们仅就指标体系的使用进行总结，并进行必要的自评价。

指标体系的说明包括模型构建和运行说明两部分。其中，模型构建的问题将在本书第 4 章予以分析，在此仅就运行说明作出总结。

①指标体系是总体的核心，是总体的纽带。指标是系统的投入，也是系统的产出。作为系统的投入，决定了系统的方向、功能和活动特征；作为系统的产出，则是系统活动的目的和结果。如果将财政预算管理指标体系与社会、经济和财政子体系进行相关分析，这种“信息”和“能量”的交换则如图 2－5 和图 2－6 所示。其中，图 2－5 表示各子系统与目标体系的静态关系，图 2－6 则表示动态过程。

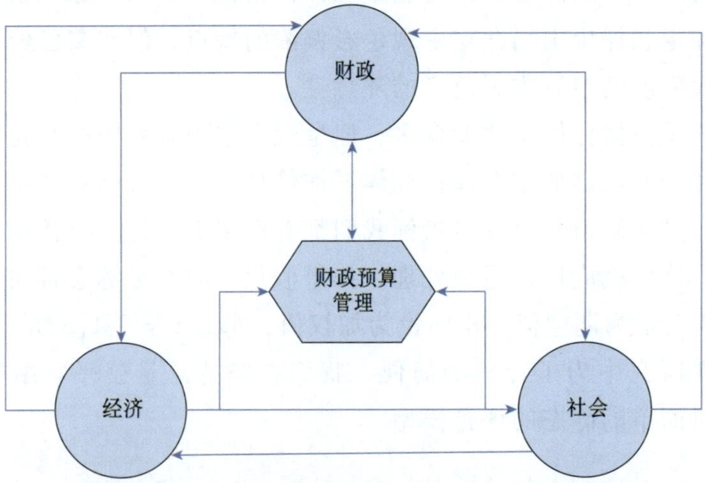

图 2－5　指标体系与目标结构静态关系

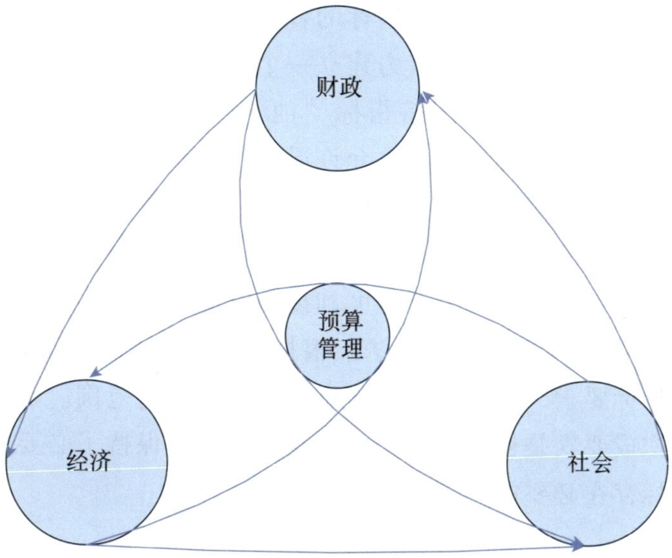

图 2－6　指标体系与目标结构动态关系

②总体系的构建，以及社会、经济、财政等子体系的建设，一般都需要强调综合运用。这是因为，对于一个子体系而言，另外两个子体系就是它的环境、条件和约束；另一方面，在设计时，为了保证每个总目标体现社会、经济、财政三者协调发展的原则而设计了一些外体系引进的指标。因此，在综合运用的时候，就需要借用其他领域的指标，相关分析模式对此可以发挥其应有的功能，再结合描述、评价和决策的功能层次，可以用图 2－7 说明指标功能综合运用系统的情况。

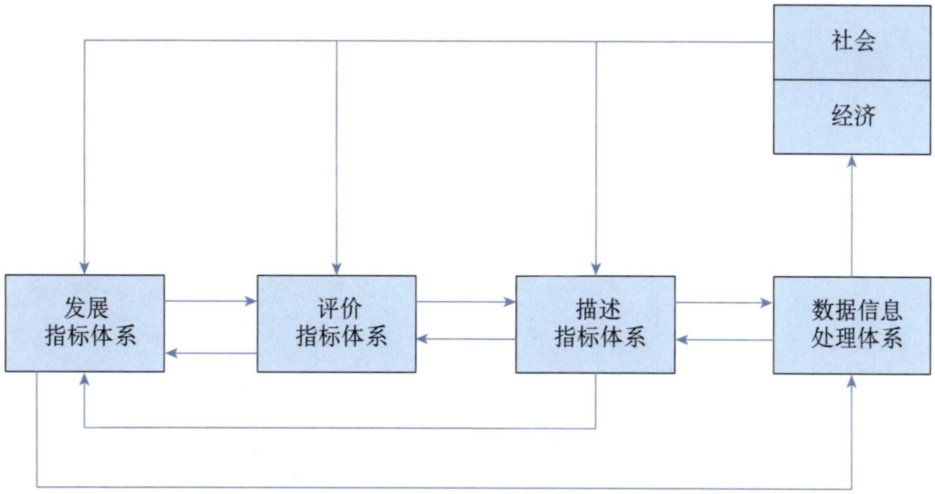

图 2－7　指标功能综合运用系统

③在设计上，坚持指标体系应是一个开放性框架，在具体的指标值的设计上，也应有动态发展的功能。动态发展的表现在两点，一是指标的延续性，可以适用于

变化后的实践和业务管理情况；二是指标的替换性，允许极少数指标的权重大幅度调整，甚至退出。在整体上，我们着力建立一个动态平衡机制，除非财政业务实践出现重大创新或转变，否则我们坚持指标“池子”的总量平衡，即允许个别子指标的权重互相补偿性的大幅度调整，也允许退出指标和新进入指标的数量平衡，但应控制该变化的幅度。在具体层面上，则应注意指标的选择和“量身打造”：对于能够反应财政管理活动的既有指标进行归纳整理，从中选择中最符合总目标和各项子目标的具体指标，以减少信息失真程度和搜集难度；对于缺乏有效现成反应指标的情况，课题组采取了创新指标的方法，根据所要反应财政管理活动的内涵和性质，提炼基本的指标要素，再根据要素为指标命名和确定范围。因此，项目研究中的部分指标及其构成要素是创新性的，既与其他的研究保持了必要的差异，又与业务单位的管理指标存在必要的不同。

第3章 我国地方国库管理指标分析

根据上一章设计的基本框架和指标体系，本章分为8个专题完成对全国省级和地市级国库管理指标情况的汇总和分析，并提出我国当前地方国库管理中的经验和不足。

3.1 预算执行管理

预算执行管理是财政管理的重要组成部分，预算执行管理水平的高低，直接关系党和国家重大方针政策的贯彻落实，关系到各项财政政策实施的效果，关系到财政资金的使用效益。预算执行管理的定义不同，其所涉及领域和范围也不同，本项研究是以促进全国财政系统的预算执行管理工作为目标的，因此，预算执行管理采用业务口径来进行定义。本部分所分析的预算执行管理的内容主要包括预算会计、账户管理、预算执行情况报告、财政决算和统计等，相关问题的设计和评判标准均以2010年以来财政部发文和财政部国库司发文为准，形成省级和地市级问卷。

本部分问卷共包括26份省级问卷[①]和299份地市级问卷。其中，省级问卷缺少辽宁、黑龙江、江苏、湖南、广西、西藏、青海7个省（区）的问卷，故在分析中也暂不将其列入，在问题分析中将上述省（区）也作为普遍性问题存在的省（区）对待。在问卷分析中，我们将区分省级和地市级问卷进行分析，并提炼相关共性和特殊性问题，力图将预算执行情况分层面、有重点地深入展开。

3.1.1 省本级预算执行管理情况分析

省本级预算执行管理近年来取得了较大的进步，在财政资金的预算执行安排、

① 含杭州、宁波两个副省级城市。

执行模式、执行方法和进度上都表现出效率高、准确性强和措施之间的协调性好的特点。但在具体执行工作中，也存在一定的不足，或者各省区在进度安排上存在一定的差异，课题组以问卷为基础，将上述不足和差异进行分析、归纳和总结，以满足优化财政治理方式和开展政策研究的需要。

3.1.1.1 预算结余的管理

预算结余是各项财政收入和支出年终相抵后的差额，名义上属于各级财政部门的净资产。如何合理、高效的加强财政预算结余的管理，是财政预算执行管理的重要内容。财政部于2006年颁布实施的《年终预算结余资金管理暂行规定》是我们开展结余资金管理分析的规范性文件，并着力开展以下8个方面的考核和分析工作。

(1) 年终账户上的结余资金处理方式

根据图3-1所示，有江西、湖北、海南、上海、宁波等5个省市采用年末全部注销，并于2日内恢复使用的方式，这一做法与财政部国库司对中央预算单位的管理基本一致，约占填报省级单位问卷的19.2%；有吉林、安徽、山东、重庆、贵州、陕西、河南、四川、云南、新疆、杭州、天津等12个省市区采用年末全部注销，结余于1周内恢复使用的方法，约占填报省级单位问卷的46.2%；有山西、福建、北京等3个省市采取年末全部注销，待国库部门提供余额信息后继续使用的方法；填报省市都不存在分项注销的情况，也即我国在填报过的省本级不存在结余资金直接转入下一年度执行的情况。

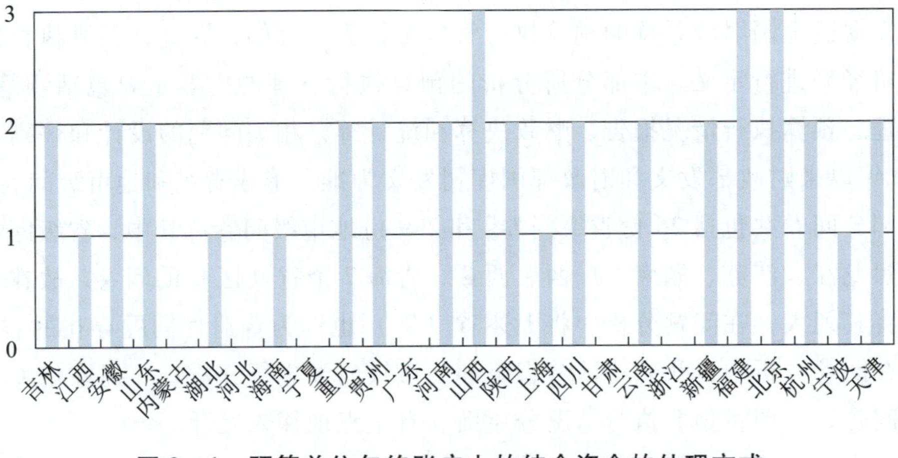

图3-1 预算单位年终账户上的结余资金的处理方式

注：纵坐标的1代表年末全部注销，并于2日内恢复使用；2代表年末全部注销，于1周内恢复使用；3代表年末全部注销，待国库部门提供余额信息后继续使用；4代表年末根据情况分项注销，未注销部分可继续使用。

（2）年末财政国库管理对部门管理单位实际支付数提供

根据国库司对各中央预算部门管理司的相关要求，每年需要 1 月 8 日前（遇节假日顺延）向各部门管理司提供上一年度预算单位的实际支付数，实际时间为 5—8 个工作日。根据问卷，各省市年末财政国库管理部门对部门管理单位的实际支付数的提交数据差异较大：安徽、重庆、广东、四川等 4 个省区要求在 5 天以内完成，与中央的要求基本一致或标准更高，占 15%；江西、湖北、海南、河南、陕西、上海等 6 个省市要求在 8 天内完成，占 23%；其余各省市区大多要求在一个月之内完成（见图 3－2）。

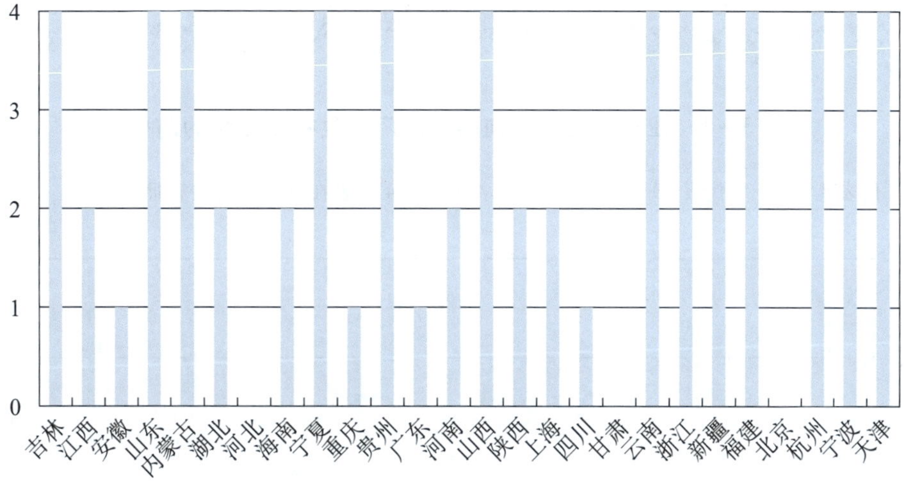

图 3－2　国库部门向业务管理部门提交实际支付数的时间

注：1 为 5 天内；2 为 8 天内；3 为 10 天内；4 为 30 天内。

（3）年末业务管理部门向国库部门回复初步结余

根据图 3－3，有湖北、重庆、山西、陕西、四川、云南等 6 个省市要求在 4 天的时间内业务管理部门需向国库部门回复初步结余，这一要求与国库司与其他部门管理司的要求基本一致，占比为 23%；有吉林、广东两省要求在 10 天内回复，占比为 8%；有安徽、山东、内蒙古、河南、新疆、杭州等 6 省市要求在 1 个月内回复，占比为 23%；而其余各省则只需在新一年预算批复前回复即可。

（4）年末一级预算单位向国库部门报送支出明细

根据国库司对中央一级预算单位的管理规定，要求在年度终了，一级预算单位须在 20 天内向国库部门报送支出的明细时间。在问卷中，只有山西一省的要求标准与中央一致；而安徽、山东、海南、河南、甘肃等 5 个省份要求在 1 个月内报送；吉林、贵州、广东、上海、云南等 5 个省市要求在国库部门核算定初步结余数据之后报送；而江西、湖北、重庆、陕西、新疆和杭州等省市则要求在新一年预算批复前报送（见图 3－4）。

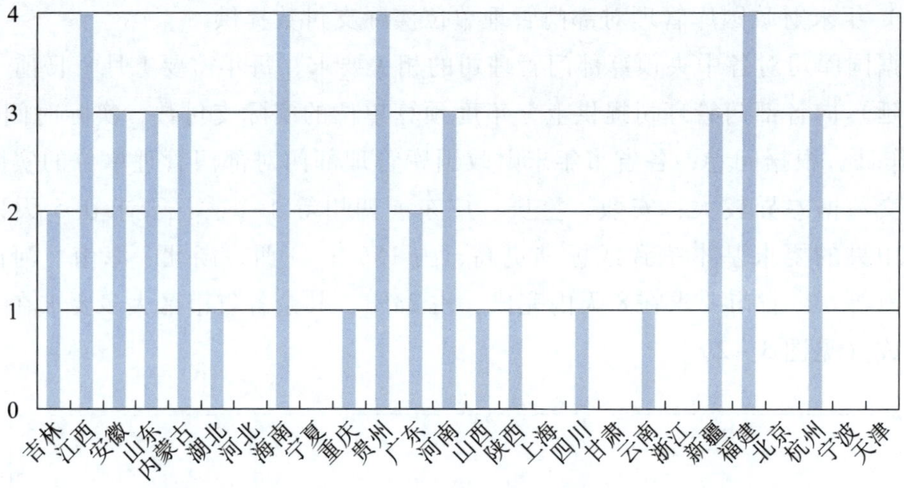

图 3－3　业务管理部门向国库部门回复初步结余的时间

注：1 代表 4 天内；2 代表 10 天内；3 代表 1 个月内；4 代表在下一年度预算批复前。

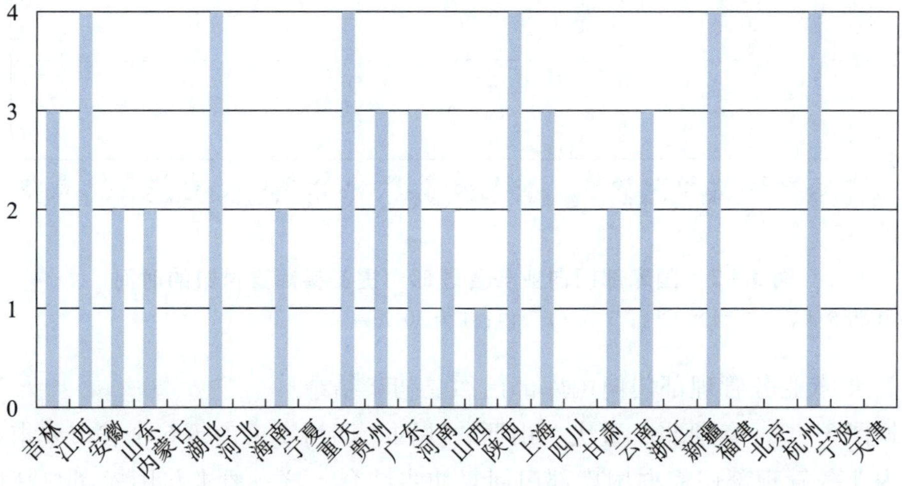

图 3－4　一级预算单位向国库部门报送支出明细的时间要求

注：1 代表 20 天内；2 为 1 个月内；3 为国库部门核定初步结余数据之后；4 为新一年预算批复前。

（5）国库部门完成一级预算单位支出明细的细致复核

国库部门接到一级预算单位报送的支出明细后，应积极开展细致复核工作，国库司的要求是中央本级需在 1 个月内完成。根据图 3－5，只有海南、广东、河、杭州等 4 个省市的要求同中央一致，占比在 15% 左右；而吉林则要求在 2 个月以内；其他省市区目前尚无明确时间要求。

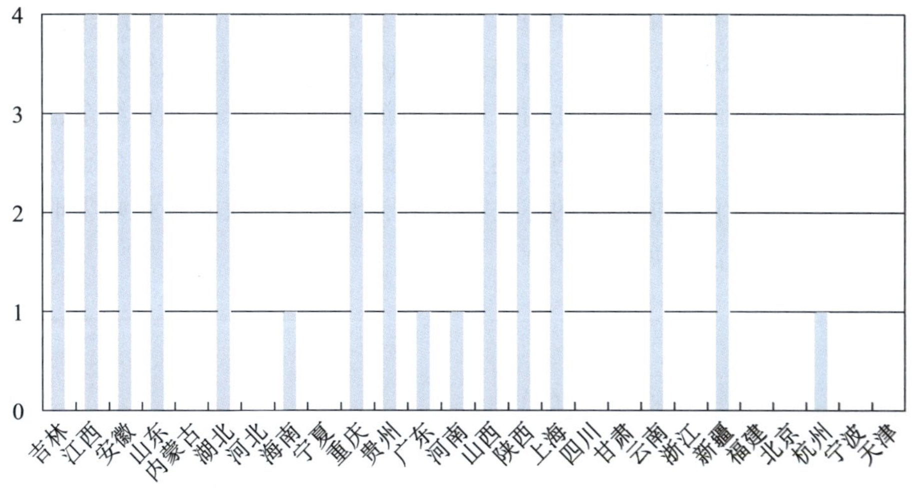

图 3－5　国库部门完成一级预算单位支出明细的细致复核时间

注：1 代表 1 个月内；2 代表 40 天内；3 代表 2 个月内；4 代表无明确时间表。

（6）对于核定结余与初步结余差异管理

各省市对于核定结余与初步结余的差异管理要求有明显的不同。江西省与国库司对中央预算执行管理的要求基本一致，即以核定结余为准；吉林、贵州、四川等 3 省份以初步结余为准；而其余各省市区则选择各自的其他处理方式，并且未列明处理方式的方法（见图 3－6）。

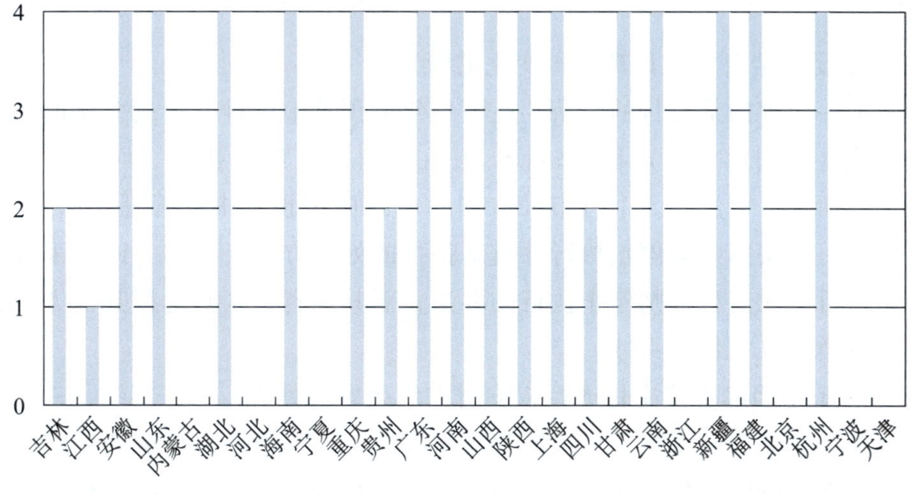

图 3－6　核定结余与初步结余差异的管理方法

注：1—以核定结余为准；2—以初步结余为准；3—以初步结余为准，但以核定结余评价新一年的预算编制；4—其他处理方式。

对于核定结余与初步结余相差较大的地区，处理差额的主要方法包括：吉林、江西、山东、湖北、重庆、广东、新疆等7省区选择将差额冲抵结余，不足的部分自本年度预算中核减的方法，但江西、湖北和新疆表示由于对初步结余留下了较长的核算时间，因此不会出现差异的表述；而安徽、河南和四川等3个省份则采取将差额直接在本年度度预算中核减的办法；海南、山西、福建和杭州则采取其他处理方法，且并未列明方法（见图3－7）。

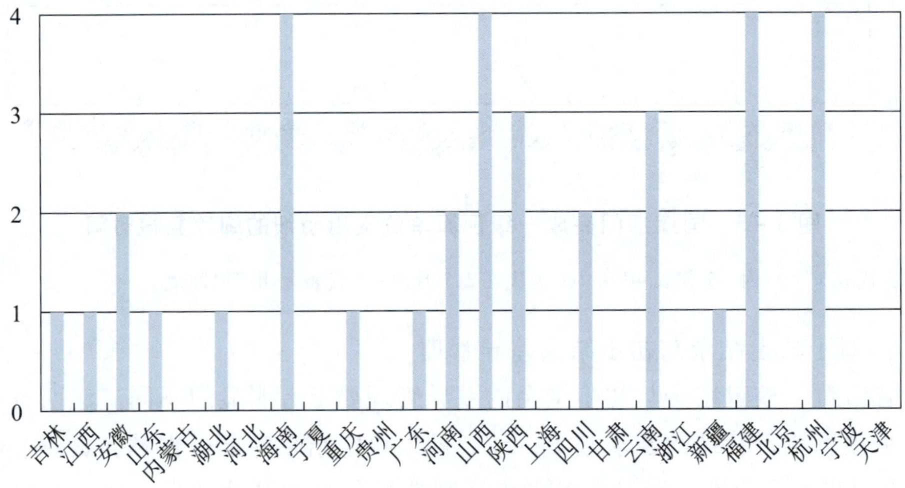

图3－7　差额较大的管理方法

注：1—将差额冲抵结余，不足的部分自本年度预算中核减；2—将差额直接在本年度预算中核减；3—将差额纳入本年度预算执行工作评价，并自下一年度预算中核减或核增；4—其他做法。

（7）年度间结余资金预算科目变化的管理

对于上一年度的某科目的结余，在下一年度预算中科目取消或变化的，国库司的处理方式是由国库司核定科目转换，并在新科目下继续执行。而从地方的情况看：山东、浙江、宁波等3个省市采取国库司在中央预算中的管理办法；而安徽、湖北、海南、重庆则采取停止执行并重新报批的处理方法；吉林、四川采取有新科目执行新科目，无新科目则停止执行的办法；而其他省市区则选择其他方法，并未列明方法的类型（见图3－8）。

（8）对于未明确直接支付或授权支付的结余资金处理

结余资金未能明确直接支付或授权支付性质的，地方各省市区的处理方法分别是：第一，自行确定支付方式，并按该支付方式编报用款计划，报请批复。共有江西、内蒙古、湖北、广东、河南、云南、浙江和福建等8个省区照此操作，占31%，这一处理方式与国库司对中央预算单位的要求基本一致。第二，提交用款计划，报请国库部门批复支付方式。共有海南、陕西、上海、四川、杭州、天津等6省市采用这一方法，占比为23%。第三，提请国库部门批复资金支付方式，待批

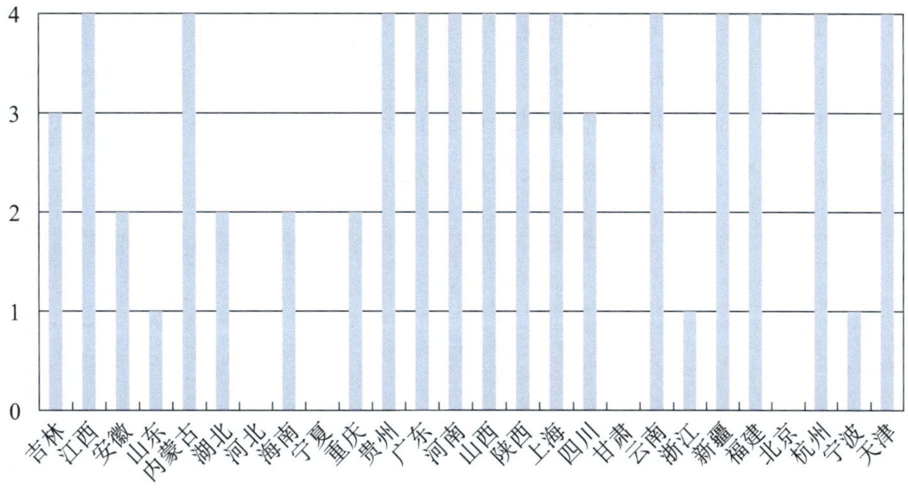

图 3 -8 年度间结余资金科目变化的管理方式

注：1—由国库部门核定科目转换，并在新科目下继续执行；2—停止执行，并重新报批；3—有新科目的执行新科目，科目取消的停止执行；4—其他处理方式。

复后，制定用款计划。采用这一方法的有安徽、山东、山西、新疆等 4 省区，占比为 15%。其他省区采用的是其他方式进行管理（见图 3 -9）。

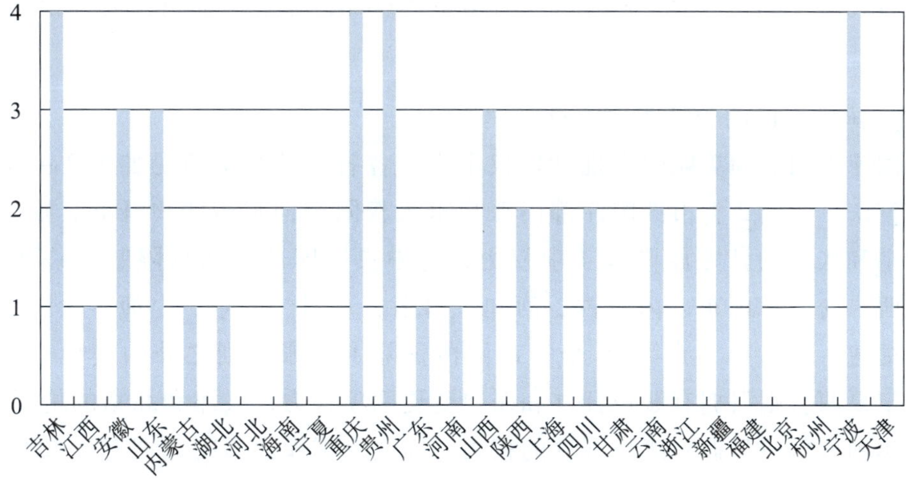

图 3 -9 未明确直接支付或授权支付结余资金的处理

注：1—自行确定支付方式，并按该支付方式编报用款计划，报请批复；2—提交用款计划，报请国库部门批复支付方式；3—报请国库部门批复资金支付方式，待批复后制定用款计划；4—其他方式。

3.1.1.2 预算单位账户管理

预算单位账户管理是预算执行管理的重要构成方面，也是保证预算执行高效、有序、准确和信息化的重要条件。课题组采用 12 个方面的问题对各省市区执行预算账户管理制度的情况进行分析和评价。

（1）预算单位账户管理制度的建立

从预算单位账户管理制度的建立情况来看，只有杭州一市已经出台了相关的账户管理规定和办法，而贵州的管理制度尚未出台，正在制定的过程之中。其他各省市区都处于尚未出台，也未开展相关规则制定活动的情况之中（见图 3－10）。

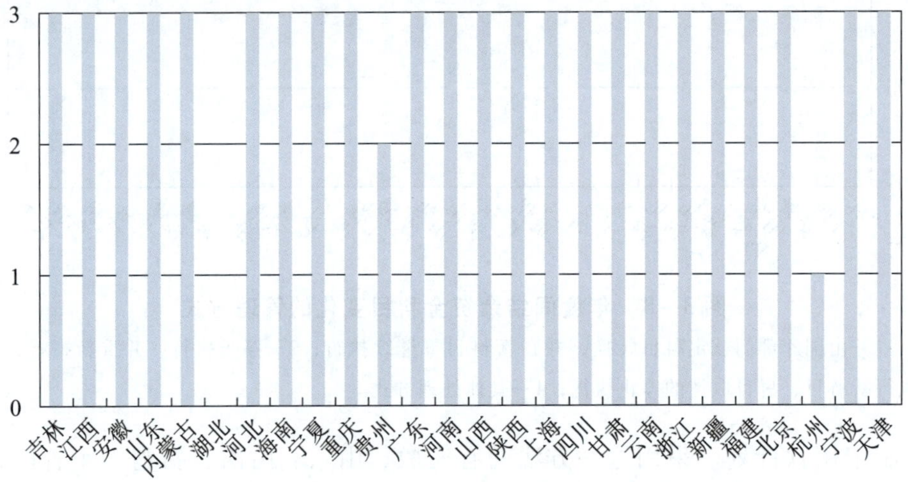

图 3－10　预算单位账户管理制度的建立情况

注：1 代表已经出台；2 代表尚未出台，但正在制定过程中；3 代表尚未出台，也未开展相关规则制定活动。

（2）国库部门的预算账户审批管理权限

在国库部门的预算账户审批管理权限中，各省区的基本情况如图 3－11 所示。其中，重庆、山西 2 省市的国库部门账户审批权限全面覆盖账户开立、账户变更、账户撤销和账户的计账原则等 4 项权力，与中央国库部门的权限基本一致；而吉林、江西、安徽、山东、内蒙古、河北、海南、贵州、广东、上海、云南、浙江、新疆、福建、北京和宁波等 16 个省市则覆盖除了计账原则之外的其他三项权力；湖北、宁夏两省则只拥有账户开立和账户变更两项权力；天津和北京的情况较为特殊，天津国库部门只拥有账户开立的权力，而北京国库部门则只拥有计账原则确定的权力。

（3）国库收付改革进程中的过渡账户管理

国库收付改革进程中，所形成的一些过渡账户的管理方法更有不同，见图 3－12 所示：只有安徽一个省采用针对不同账户规定确定的年限，到期自动取消的机制，这与国库司的管理规定基本一致；而贵州省的管理则超过了国库司管理规定要求的水平，即规定期限，到期全部取消；有甘肃和杭州两个省市采取随着国库集支付改革的推进，逐步择机取消灵活方式；而全国绝大部分省市都选择保持账户的过渡性质，直接集中支付同性质账户建立后才予取消的办法。

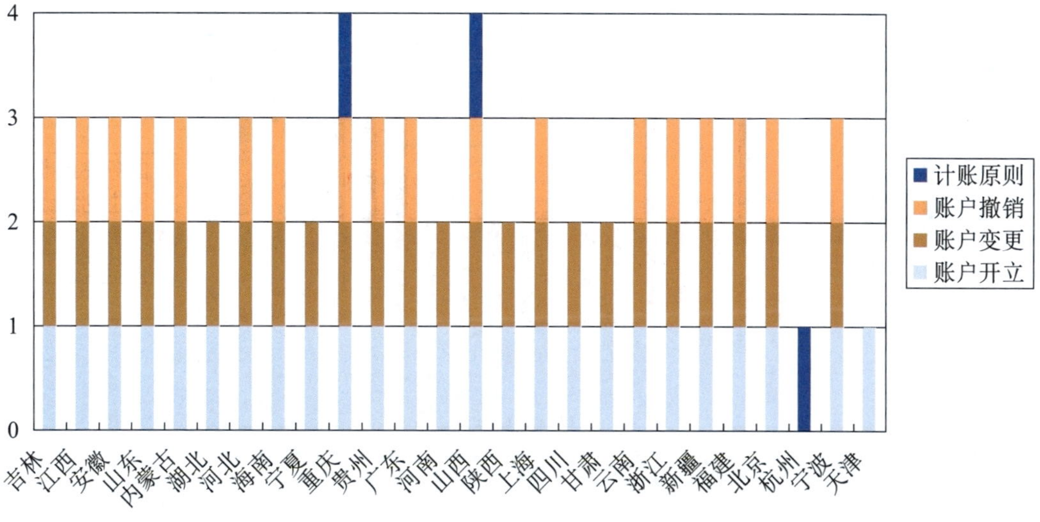

图 3－11 国库部门的预算账户审批管理权限情况

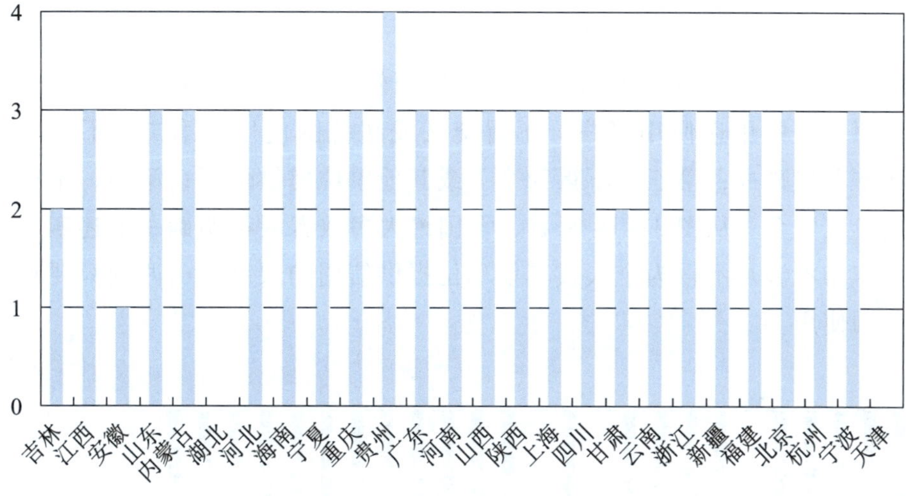

图 3－12 国库收付改革进程中的过渡账户管理办法

注：1—针对不同的账户规定确定的年限，到期自动取消；2—随着国库集中支付改革的推进，逐步择机取消；3—保持账户的过渡性质，直至集中支付同性质的账户建立后才予取消；4—规定期限，到期全部取消。

（4）允许各部门保有的特殊账户管理

各省市国库部门允许各预算单位保有的特殊账户范围情况如图 3－13 所示：吉林、内蒙古、山西、上海、杭州、天津允许保有的特殊账户全面覆盖工会经费、党费、民主党派经费和国务院批准的其他账户；而陕西省则只有工会经费账户予以保留；其他省市区的情况见图 3－13 所示。

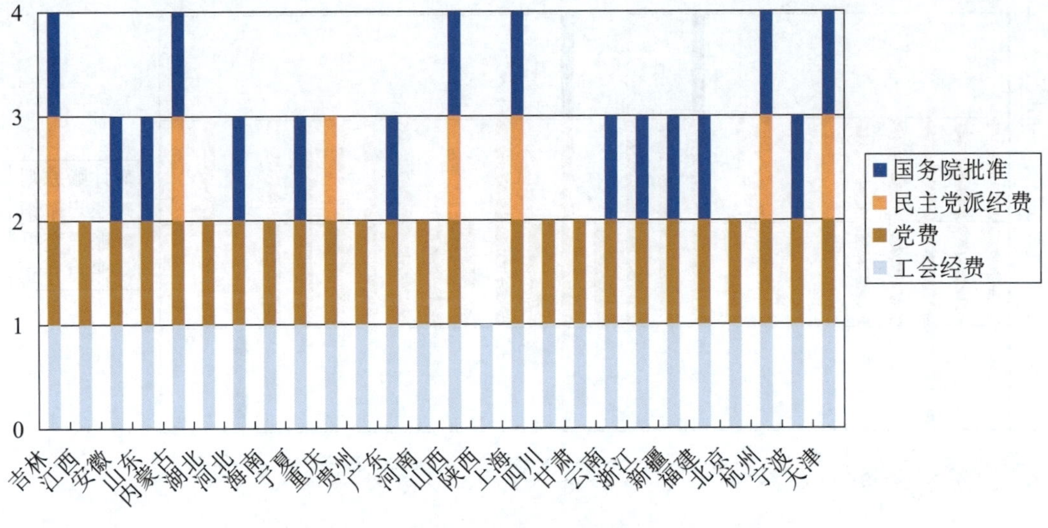

图 3－13 允许各部门保有的特殊账户管理情况

（5）财政部门对预算单位账户使用的管理

一般来讲，财政部门对预算单位账户使用管理涉及以下 4 个方面的内容：第一，应按照规定的用途使用账户，不得交叉或超范围使用；第二，不得出租、出借、转让本单位账户；第三，不得为个人或其他单位提供信用；第四，不得以个人名义存放单位资金。从图 3－14 来看，全国绝大多数省区都明确了上述四个方面的内容，而广东不涉及不得为个人或其他单位提供信用的限制，山西则只要求不得交叉或超范围使用。

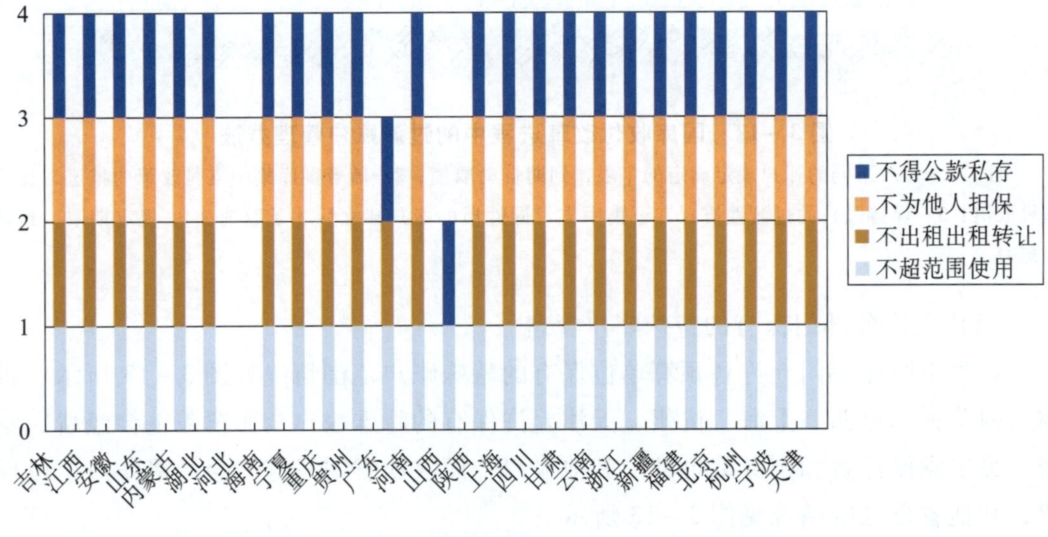

图 3－14 财政部门对预算单位账户使用管理要求

（6）预算账户管理信息系统的业务功能

当前，各省市财政部门一般都建立了预算账户管理信息系统，或在一体化的办公平台中集成了账户管理信息系统的功能。各省市信息系统建设情况如图 3－15 所示：

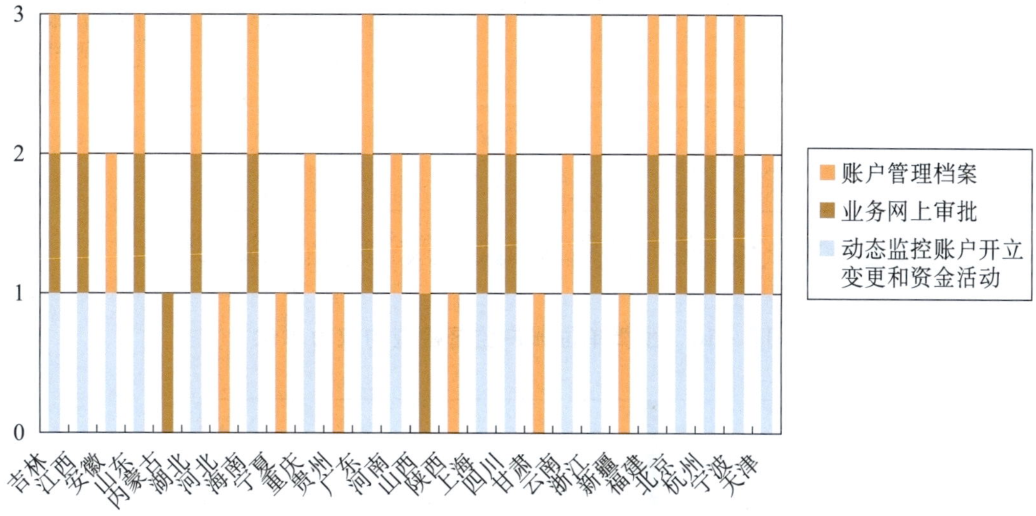

图 3－15　预算账户管理信息系统的业务功能

图 3－15 中，吉林、江西、山东、湖北、海南、广东、上海、四川、浙江、福建、北京、杭州、宁波等 13 个省市区全面覆盖了动态监控单位账户开立、变更、撤销及资金活动情况，账户业务实现网上审批和建立预算单位账户管理档案等 3 项功能，占 50%。此外，江西、湖北、浙江和天津还将账户年检也集成在信息系统的功能中，进一步提升了信息化的水平。

（7）有权对预算单位账户进行监督检查的单位

资金拨付机构、监督机构和账户所在机构原则上都可以从不同的角度对一笔资金的使用情况进行管理。从各省市的情况看，吉林、安徽、山东、内蒙古、海南、宁夏、广东、上海、四川、甘肃、浙江、新疆、福建、北京、杭州、宁波等 16 个省市区有权管理机构包括财政部门、人民银行及其分支机构、监察部门和审计部门；而河北省则最少，只有人民银行有权进行监督检查（见图 3－16）。

（8）预算单位财政资金专户的开立要求

财政专户是各级财政部门为核算具有专门用途的资金，在商业银行及其他金融机构开设的资金账户。按照规定，设立财政专户须有国务院及其财政部门、省级人民政府及其财政部门正式文件作为依据。图 3－17 列示了各省市财政专户的设立要求：

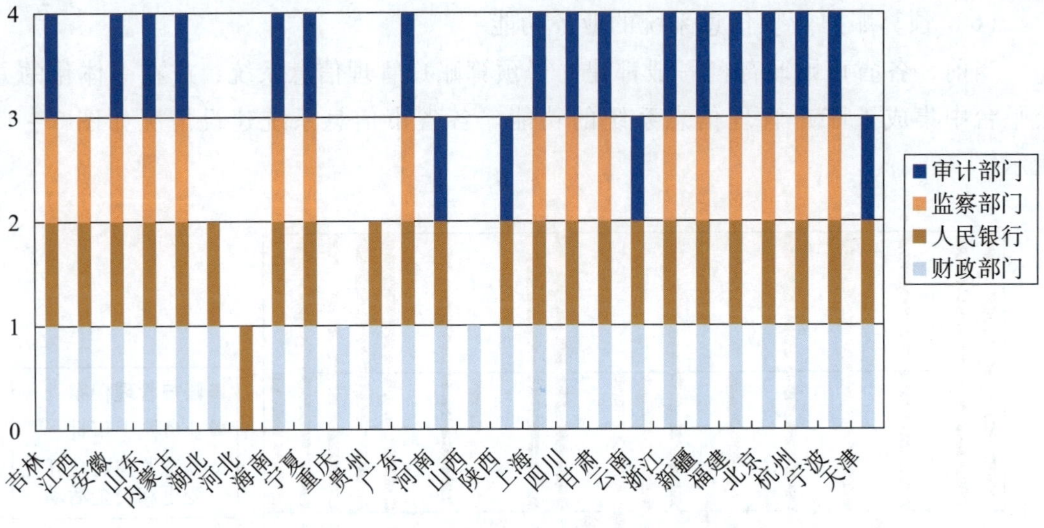

图 3－16　预算单位账户监督检查的权力单位

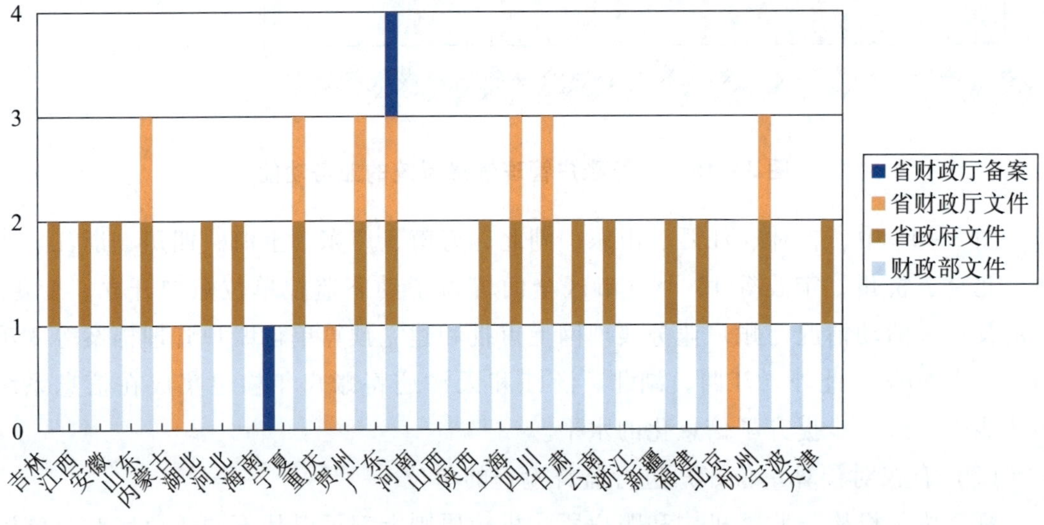

图 3－17　财政专户的开立要求

从各省的管理情况看，绝大部分省都对财政专户实行从严管理。如吉林、江西、安徽、湖北、河北、陕西、甘肃、云南、新疆、福建、天津等 11 个省市区只能依据财政部或省人民政府的文件开立，甚至宁波只能依据财政部的文件开立；而广东和海南则管理较为宽松，通过向财政厅备案的方式也可以由预算单位开立，门槛较低，权威性较弱。

（9）性质或用途相同或相似的资金专户管理

在财政专项资金中，会存在一定程度上存在性质或用途相同或相似的资金专户，对其管理的要求情况见图 3－18 所示：

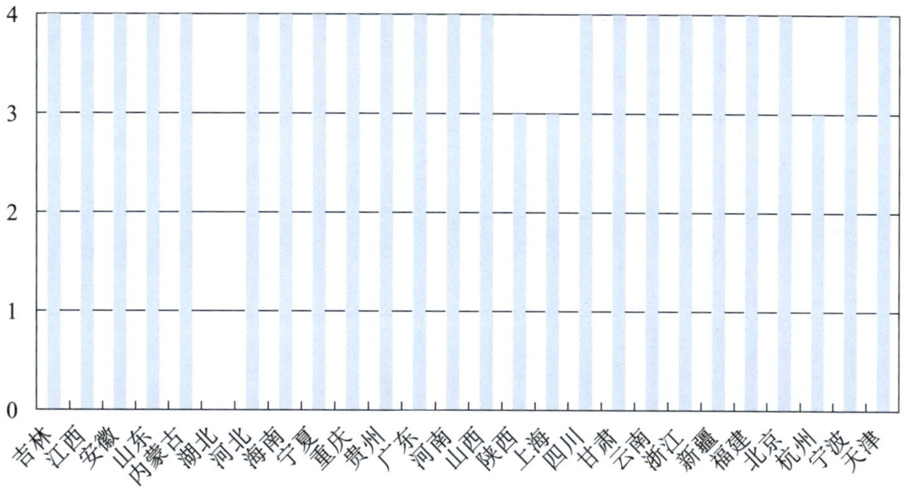

图 3－18　性质或用途相同或相似的资金专户管理

注：1 代表应进行归并，实行分账核算；2 代表应进行归并，进行统一核算；3 代表不进行归并，但给出统一核算的办法；4 代表保持现状，并保持与专项资金的一致，加强管理。

图 3－18 中，全国绝大部分省市区都对财政专户的归并管理持谨慎态度，大胆实施账户归并，并采取分账核算方式的省或是进行账户归并，但进行统一核算的省市都暂时没有。山西、陕西、杭州等 3 省市选择可不进行归并，但采取统一核算方法的要求，为下一步的账户整合创造了条件；其他各省市目前仍处于保持现状、加强管理的阶段。

（10）新增财政专户的管理要求

国库司对中央预算单位的新增财政专户管理较为严格，要求必须由预算单位向部门预算管理司提出申请，并会商国库司，由国库司统一开设。在各省市的实践中，仍存在多种管理方式：吉林、山东、内蒙古、河北、宁夏、贵州、广东、甘肃、福建、天津等 10 个省市区与国库司的规定基本一致，占比为 38%；而安徽、河南、四川、新疆等 4 个省区则采取由预算单位直接向国库管理部门进行申请，待批准后由其自行开设的办法，占 15%；而海南、重庆、山西、陕西、上海、北京、杭州等省市开设的标准则相对较低，由预算单位向部门预算管理处提出申请，待其批准后即可开设，国库部门负责备案管理（见图 3－19）。

（11）资金专户动态化管理的财政专户管理档案制度

对于资金专户加强资金动态化管理是提升财政资金管理科学化和精细化的重要举措。从全国各省区的管理档案制度的建设情况看，内蒙古、海南、陕西、杭州等 4 省市已经建立了该制度，并可实施专户的动态管理；而吉林、山东、河北、宁夏、贵州、福建、宁波等 8 省市区已经建立了管理档案制度，但在专户动态管理上还有一定的难度。目前已经建立的省市区共有 12 个，占比为 46%；而尚未建立的

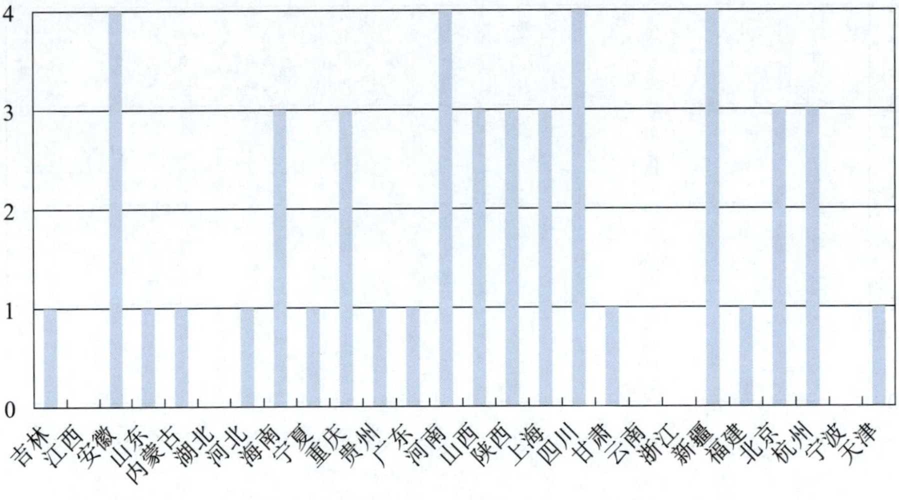

图 3－19　新增财政专户的管理要求

注：1—预算单位向部门预算管理处申请，会商国库部门，由国库部门统一开设；2—预算单位向部门预算管理处申请，会商国库部门，得到书面同意后，自行开设；3—预算单位向部门预算管理处申请，待批准后开设，国库部门备案；4—预算单位直接向国库部门申请，待批准后开设。

省区有 14 个，占比为 54%。具体如图 3－20 所示：

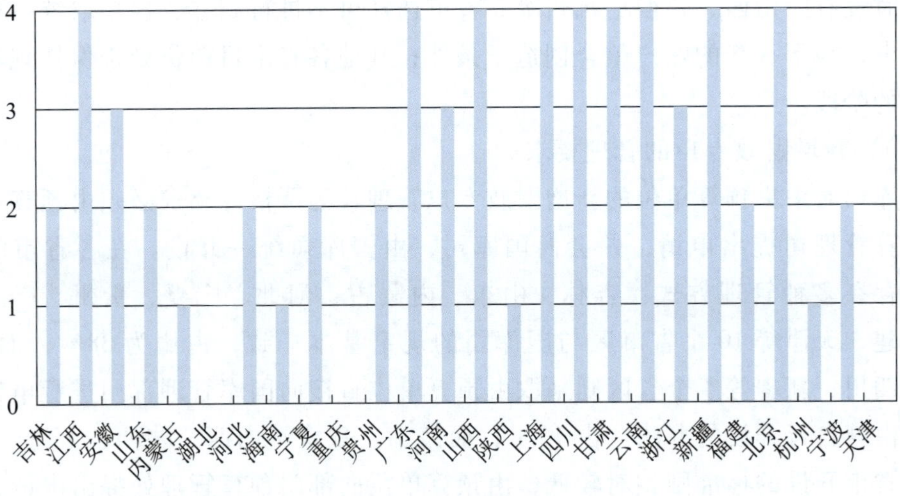

图 3－20　专户资金动态管理档案制度的建设情况

注：1—已经建立，并可实施专户动态管理；2—已经建立，在专户动态管理上还有一定的难度；3—尚未建立，但正在进程中；4—尚未开始着手建立。

(12) 财政资金专户的年度报告制度

对于财政资金专户的运行情况进行年度报告制度是加强财政管理，提高财政资金统一性的重要举措。目前海南、陕西、杭州等 3 个省市已经建立了专户年报制度并运行情况良好；山东、内蒙古、贵州、甘肃、福建等 5 个省市区已经建立了年报制度，但尚处于试运行阶段。但也有一些省区（如河北省）采取将财政专户动态监管记录的汇总和整理当作年报的做法，虽然信息上全面涵盖，但还是与规范的年报制度存在一定的差距（见图 3－21）。

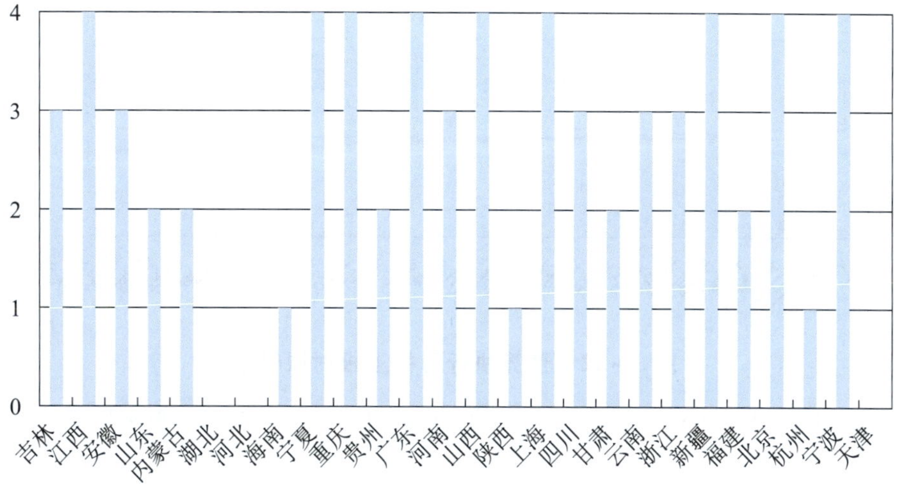

图 3－21　财政资金专户年度报告制度的建设情况

注：1—已经建立且运行情况良好；2—已经建立，但尚处于试运行阶段；3—正在建立的进程中；4—尚未着手建立。

3.1.1.3　预算执行报告管理的主要机制

预算执行管理的主要机制包括执行进度控制、资金安全保证、在途资金环节和时间控制以及国库报表制度等内容。以下从 9 个方面进行分析：

（1）预算执行月报管理

各省对省直预算单位和地市上报的预算执行情况月报报表的时间要求包括以下几种类型：第一，安徽、山东、海南、宁夏、重庆、贵州、陕西、四川、甘肃、云南、北京、天津等 12 个省市区在月度终了后的 4 个工作日内，占比为 46%，其中海南、宁夏等 5 个省区甚至把时间压缩在 1 个工作日内，其他省市区也多为 2 个工作日以内，明显超过国库司要求的 4 个工作日的标准；第二，杭州市等要求在 5 个工作日内；第三，山西省要求在 10 日内上报；第四，吉林、江西等省市区要求根据自身的需要决定执行月报的上报时间（见图 3－22）。

在地方上报执行月报后，国库部门应汇总分析各预算单位和地市上报的预算执行情况，分析报告的时间要求是：安徽、山东、贵州、陕西、四川、甘肃、云南、北京、天津等 10 个省市区要求在月度终了后的 8 个工作日内，与国库司的要求基本一致，甚至北京、云南等省市将分析报告的时间压缩到 2 个工作日内，其他省市也多有要求在 5 个工作日内完成的。其他省市的情况见图 3－23 所示：

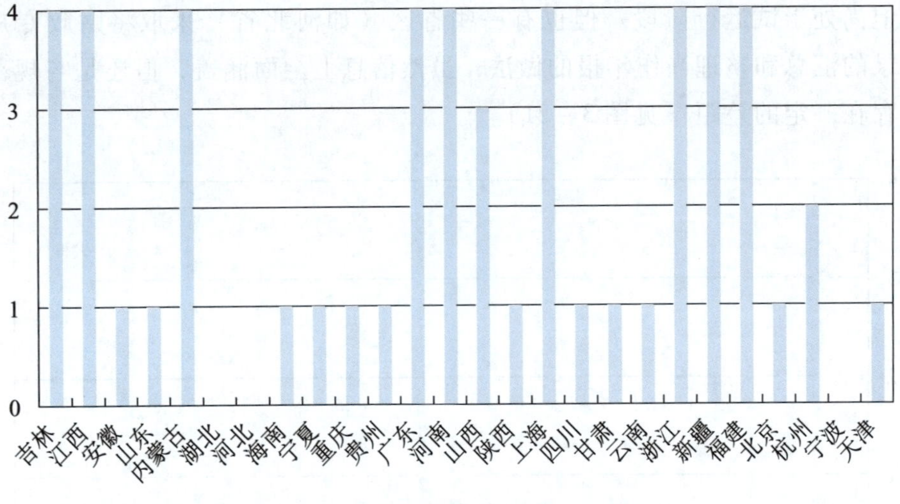

图 3－22　预算执行月报上报时限管理

注：1 代表 4 个工作日内；2 代表 5 个工作日内；3 代表 10 日内；4 代表其他时间内。

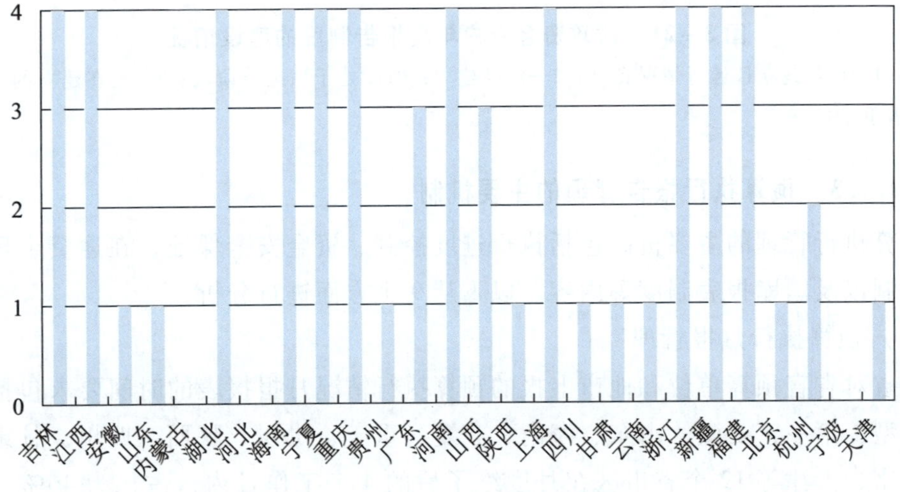

图 3－23　预算执行月报分析报告的时间

注：1—月度终了 8 个工作日内；2—月度终了 10 个工作日内；3—月度终了 15 个工作日内；4—其他时间要求。

（2）电子缴税横向联网中的电子缴库方式

在财税库银税收收入电子缴税横向联网中，电子缴库的方式在全国范围内已基本实现了以划缴方式为主，自缴方式为补充的管理模式（详见图 3－24 所示）：

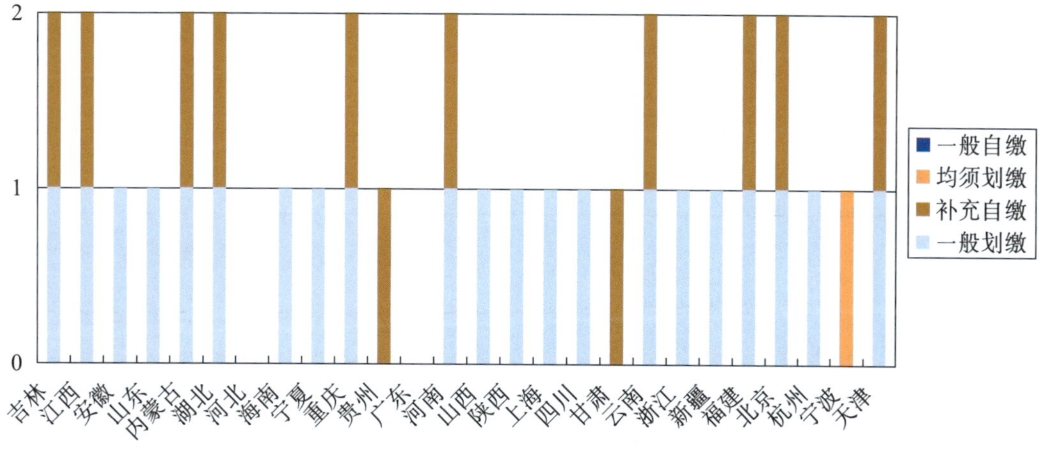

图 3－24　电子缴税横向联网中的电子缴库方式

（3）需要通过横向联网系统的国库业务类型

需要通过横向联网系统运行的国库业务类型很多，但大多属于人民银行国库部门的业务范围。从财政参与的工作来看，主要包括退库、更正、免抵调和对账等业务。目前，安徽、河南、上海、四川、新疆等 5 个省区财政部门配合人民银行国库部门全面覆盖了上述 4 项工作。具体见图 3－25 所示：

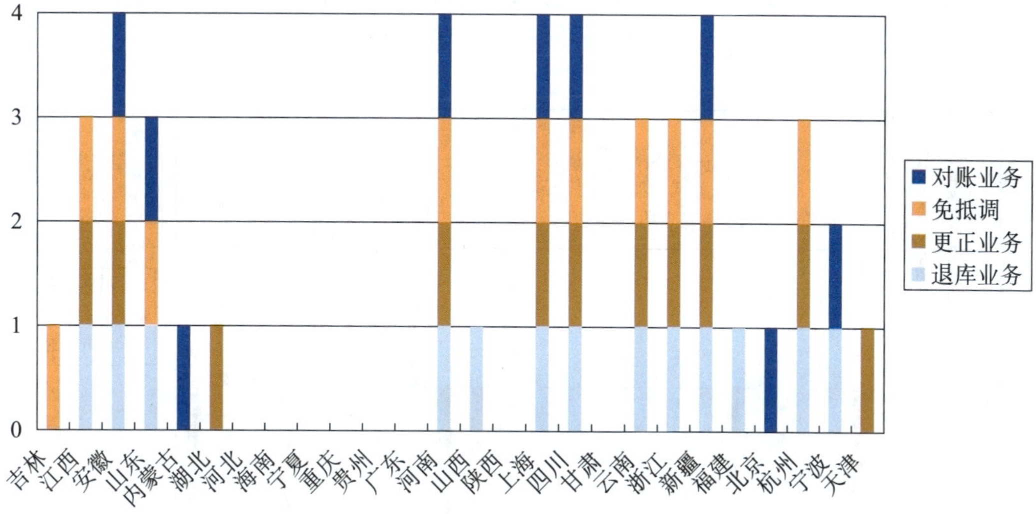

图 3－25　需要通过横向联网系统的国库业务类型

（4）财税库银四方的账户核对工作时限管理

为保证税款资金入库的安全性和准确性，省本级对财税库银四方的账户核对工作的时限要求包括：山西、新疆和天津等 3 个省市要求在 1 个工作日，这一要求与中央四方核对工作的要求基本一致，占比为 12%；宁夏、四川为 2 个工作日；福建、宁波为 3 个工作日；其余省区多为 5 个工作日（见图 3－26）。

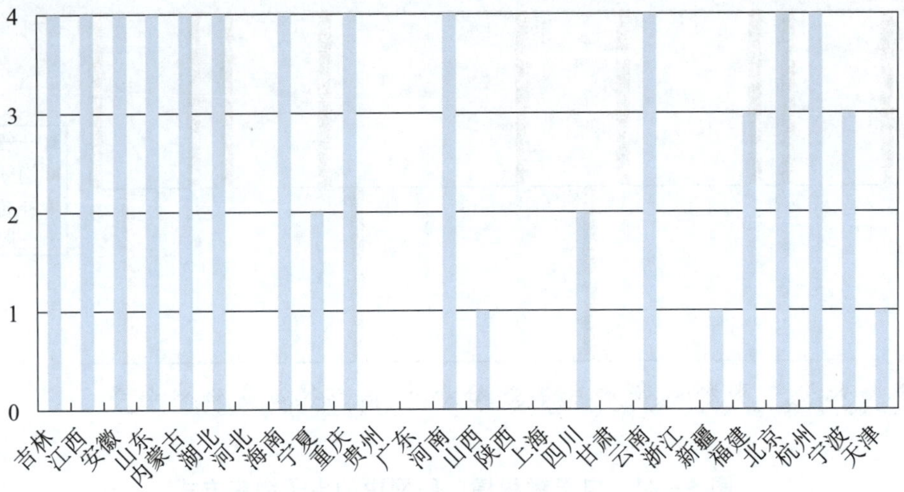

图 3－26 财税库银四方账户核对工作的时限要求

注：1 为 1 个工作日；2 为 2 个工作日；3 为 3 个工作日；4 为 5 个工作日。

（5）财税库三方通过横向联网进行信息共享的管理

各省本级对财税库三方通过横向联网系统进行信息共享的内容的情况是：江西、安徽、山东、湖北、海南、河南、山西、陕西、云南、浙江、新疆、福建、杭州、宁波等 14 个省市区实现了信息的按规定的程序自动交换信息的工作要求，占比为 54%。其他省市区则尚未实现这一标准（见图 3－27）。

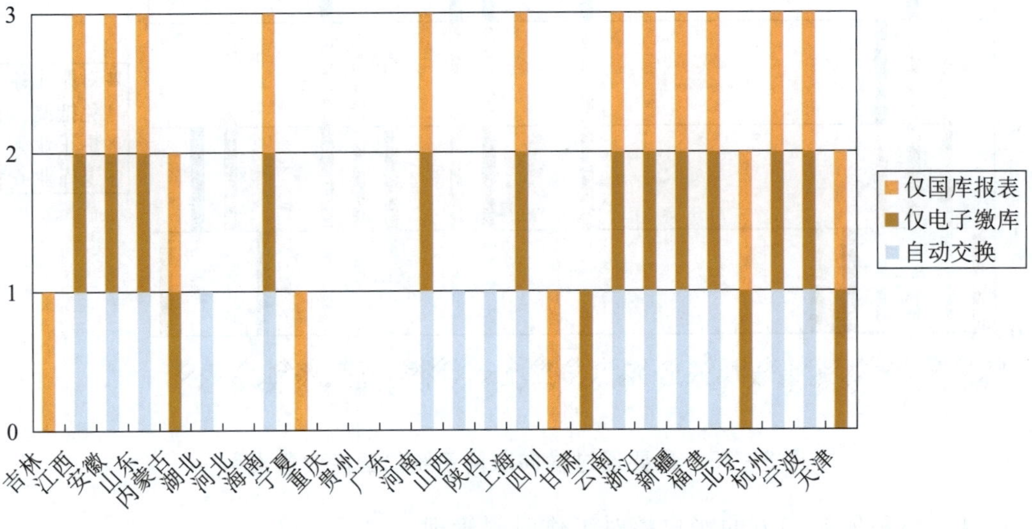

图 3－27 财税库三方信息共享管理

（6）国库报表制度建设

省本级根据规定对相关信息进行归类汇总的国库报表制度建设情况是：宁夏、新疆、杭州 3 省市已经建立，且运行良好；福建则属于已经建立，刚开始试行的阶段；内蒙古和四川则正处于建立的进程之中；其他各省市则尚未建立。

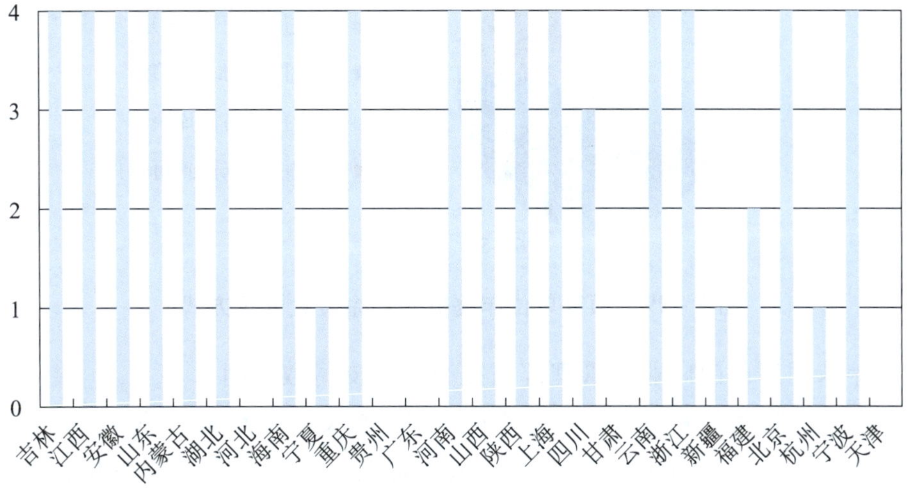

图 3－28 省本级国库报表制度的建设情况

注：1 为已经建立，运行良好；2 为已经建立，刚刚试行；3 为正在建立过程中；4 为尚未开始建立。

3.1.2 地市本级预算执行管理情况

地市级问卷覆盖了全部地市，共回收 301 份有效问卷，全面涉及上述 26 省级行政单位。问卷的质量较高，反映的问题也较为集中，同时，也较为综合性的反映了我国地市一级的财政预算执行管理的基本情况。

3.1.2.1 预算结余的管理

地市级面临着许多具体的支出任务，并且大多数本级还对县级的预算执行情况具有指导、监督和统计上的作用，因此预算结余管理的复杂性较高，规范的难度也相对较大。

(1) 预算单位年终账户结余资金管理

对于预算单位年终账户上的结余资金的处理方式的情况是：有 63 个地市本级选择年末全部注销，于 2 日内恢复使用的标准，这一标准与国库司对中央预算单位的要求基本一致，占比为 23%；有 126 个地市本级选择年末全部注销，并于 1 周内恢复使用，占比为 45%；有 60 个地市本级选择年末全部注销，并待国库部门提供余额信息后继续使用，占比为 21%；有 31 个地市本级仍采用年末分项注销的方法，未注销的部分可继续使用，占比为 11%。整体管理水平相对较高（见图 3－29）。

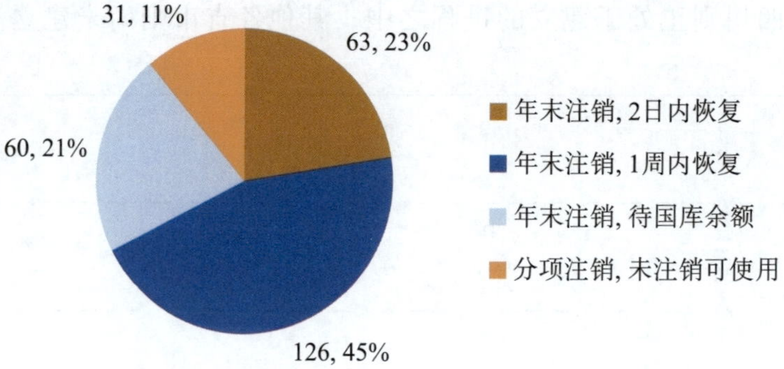

图 3－29　预算单位年终账户结余资金处理方式

（2）年末国库部门向业务管理部门提交实际支付数时间

年末终了，地市级国库部门向业务管理部门提交上一年度内预算单位实际支付数的时间情况是：有 21 个地市要求在 5 天内提交，与国库司对中央单位的要求基本一致，占比仅为 8%；有 47 个地市要求在 8 天内提交，占比为 17%；有 22 个地市要求在 10 天内提交，占比仅为 8%；而要求在 30 天以内的地市有 185 家，占比高达 67%（见图 3－30）。

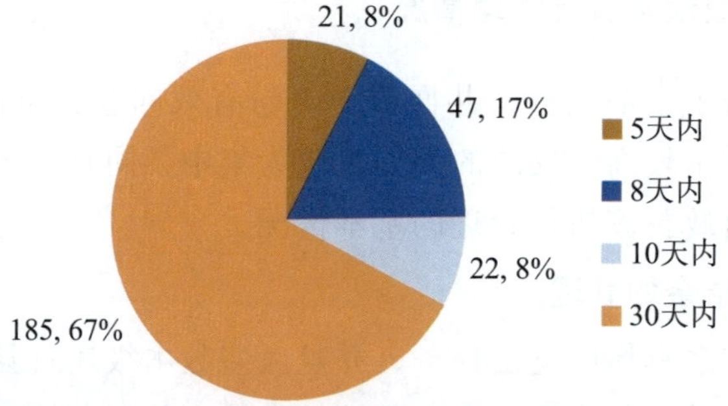

图 3－30　国库部门向业务管理部门提交实际支付数的时间

（3）业务管理部门向国库部门回复初步结余的时间

在接到国库部门的实际支付数后，业务管理部门要向国库部门回复初步结余，其时间要求是：有 15 个地市要求在 4 天内回复初步结余，这一规定与国库司对中央预算单位的要求基本一致，占比仅为 6%；有 42 个地市要求在 10 天内回复初步结余，占比为 17%；有 117 个地市要求在 1 个月内回复，占比达到 47%；而有 76 个地市要求在新一年的预算批复前回复，占比为 30%（见图 3－31）。

（4）年末财政一级预算单位向国库部门报送支出明细的时间

年度终了，财政一级预算单位向国库部门报送支出明细的时间要求是：有 8 个地市要求在 20 天内报送支出明细，这一规定与国库司对中央预算单位的要求基本一致，占比仅为 3%；有 48 个地市要求在 1 个月内报送支出明细，占比达到 19%；

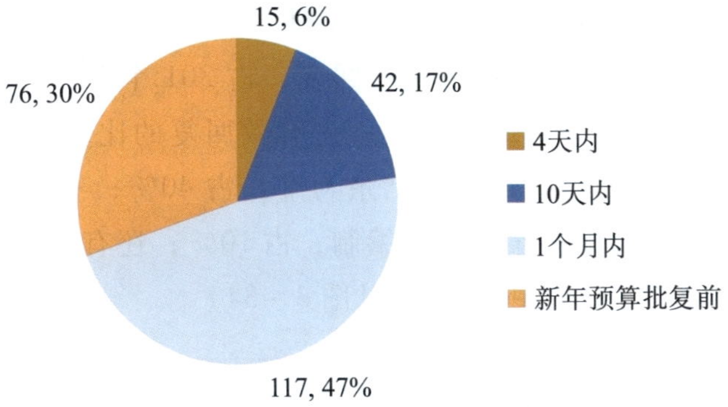

图 3－31　业务管理部门回复初步结余的时间要求

其他则取决于国库部门给出的初步结余时间或新一年预算批复前的时间等。具体见图 3－32 所示：

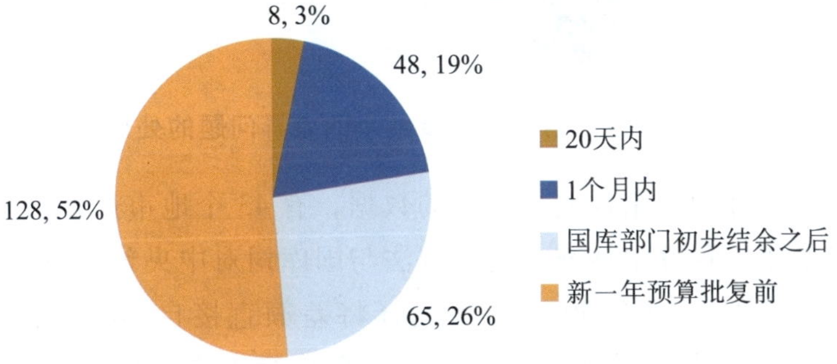

图 3－32　年末财政一级预算单位向国库部门报送支出明细的情况

（5）国库部门完成细致复核的时间要求

国库部门接到一级预算单位报送的支出明细后，各地市要求完成细致复核的时间也有较为明显的差异。其中：有 41 个地市要求在 1 个月内完成，与国库司的相关规定基本一致，占比仅为 17%；有 23 个地市要求在 40 天内完成，占比为 9%，有 20 个地市要求在 2 个月内完成，占比为 8%；有 165 个地市无明确的时间要求，占比高达 66%（见图 3－33）。

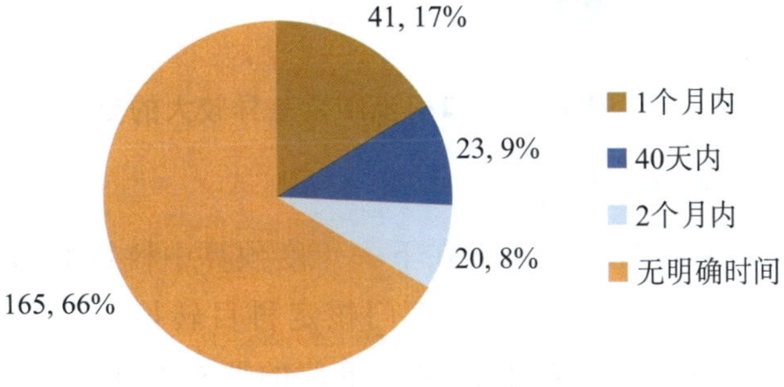

图 3－33　国库部门完成细致复核的时间要求

（6）核定结余与初步结余的差异问题管理

填报这一问题的地市只有48个有效回复，占301个总样本的比重仅为16%。其中，有16个地市选择以核定结余为准，占有效回复的比重为33%，与中央的规定保持一致；有19个地市选择以初步结余为准，占40%；有5个地市以初步结余为准，但以核定结余评价新一年的预算编制，占10%；还有8个地市明确表示将进行复核，以确保一致，占比达到17%（见图3－34）。

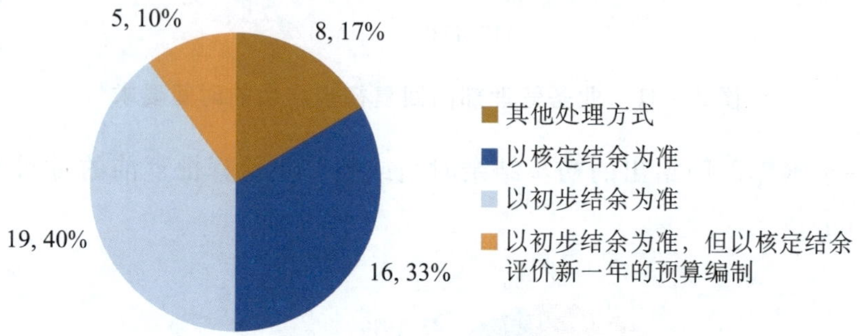

图3－34　核定结余与初步结余的差异问题的处理方式

对于核定结余和初步结余差异较大的数据，有43个地市选择将差额冲抵节余，不足的部分自本年度预算中核减，这一方法与国库司对中央预算单位的管理要求基本一致，占比为26%；而有59个地市选择将差额直接自本年度预算中核减，占36%；有31个地市选择将差额纳入本年度预算执行工作评价，并自下一年度预算中核减或核增，占比19%；还有30个地市选择在结余一致的情况下再行批复新一年的部门预算，占比为19%（见图3－35）。

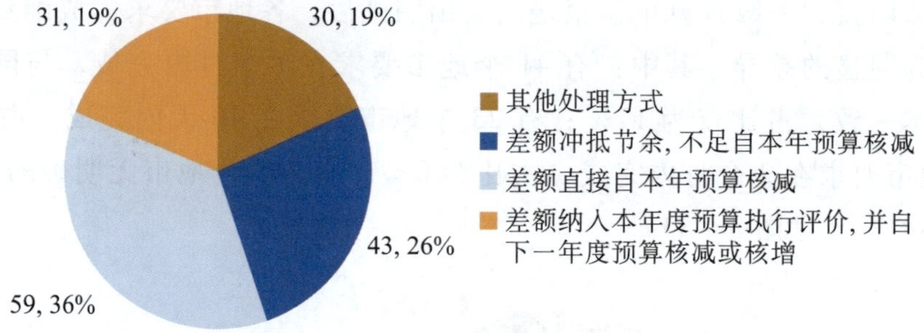

图3－35　核定结余和初步结余差异较大的处理方式

（7）结余资金科目变动管理

对于上一年度的某科目的结余，在下一年度预算中科目取消或变化的，采用的处理方式是：有25个地市选择由国库部门核定科目转换，并在新科目下继续执行相关结余，这一做法与国库司对中央预算单位的要求基本一致，占比为10%；有

30 个地市选择停止执行，相关结余资金应重新报批，占比为 12%；有 24 个地市选择是有新目执行新科目，科目取消的停止执行的办法，占比为 9%；有 179 个地市无规范的处理方式，占比高达 69%（见图 3－36）。

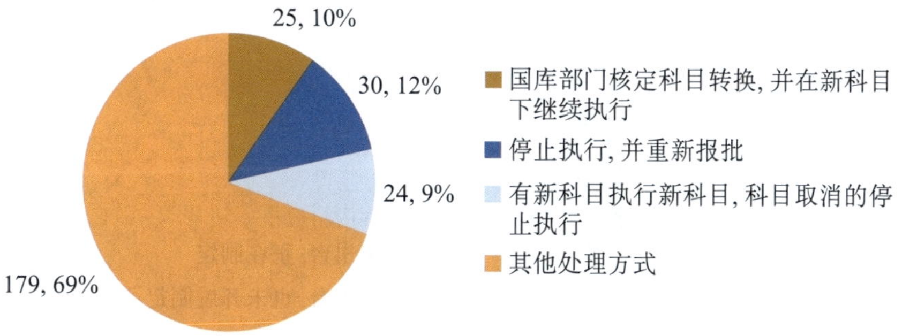

图 3－36　结余资金科目变动后的处理方法

（8）结余资金未明确支付性质的处理方法

对于结余资金未能明确直接支付或是授权支付性质的，各地市采用的处理方法是：自行确定支付方式，并按该支付方式编报用款计划，报请国库部门批复的有 25 个地市，与国库司对中央预算单位的要求基本一致，占比为 10%；提交用款计划，报请国库部门批复支付方式的，有 64 个地市，占比为 26%；报请国库部门批复资金支付方式，待批复后，制定用款计划的有 61 个地市，占比为 24%；还有 101 个地市无规范的处理方法，占比为 40%（见图 3－37）。

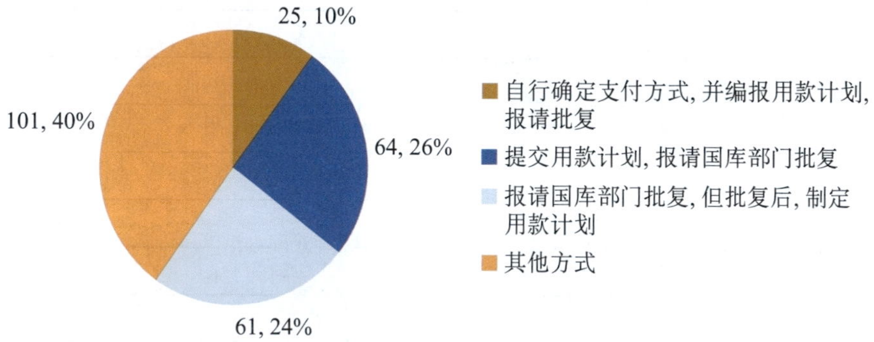

图 3－37　结余资金未明确支付性质的处理方法

3.1.2.2　预算执行账户的管理

地市级在账户管理上具有承上启下的特点，相关账户既是接受上级资金的重要平台，又是开展本级资金拨付和管理活动的重要载体。因此，地市级的账户管理工作涉及的问题较多，管理方式也较为复杂。具体有：

（1）预算单位账户管理制度的建设

专门的预算单位账户管理制度是促进账户管理工作科学化、规范化的重要制度保障。目前，有12个地市已经出台了本级的账户管理制度，占比为4%；27个地市尚未出台本级的账户管理制度，但正在制定的过程之中，占比为9%；262个地市尚未出台本级的账户管理制度，也未开始制定工作，占比为87%（见图3－38）。

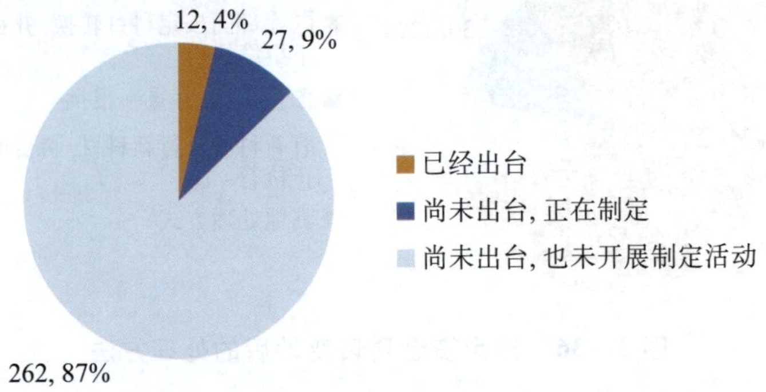

图3－38　预算单位账户管理制度的建设情况

（2）预算单位账户的审批管理权限情况

在地市本级的国库部门权限中，对预算单位账户的审批管理权限情况主要有：有289个地市的国库部门拥有账户开立权限，有269个国库部门拥有账户变更的权限，有235个地市的国库部门拥有账户撤销的权限，而只有22个地市的国库部门拥有账户的计账原则的管理权限（见图3－39）。

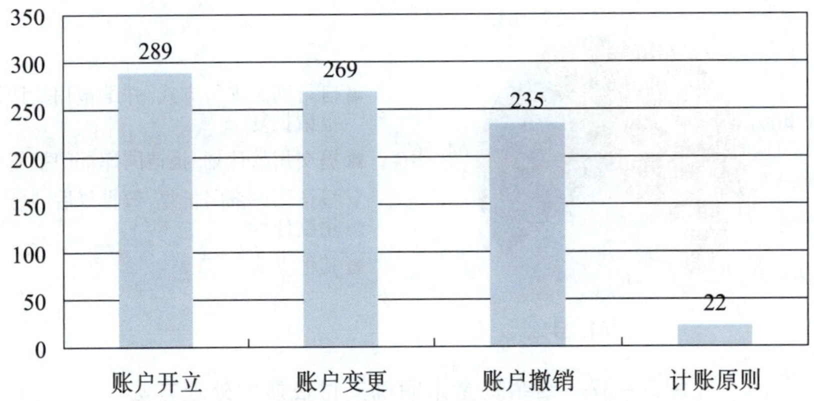

图3－39　预算单位账户的审批管理权限情况

横向来看，拥有上述4项权力中的3项的地市数量最多，约有218个地市，占比高达74%。而全面拥有4项权力的地市单位只有16个，占比仅为5%。具体见图3－40所示：

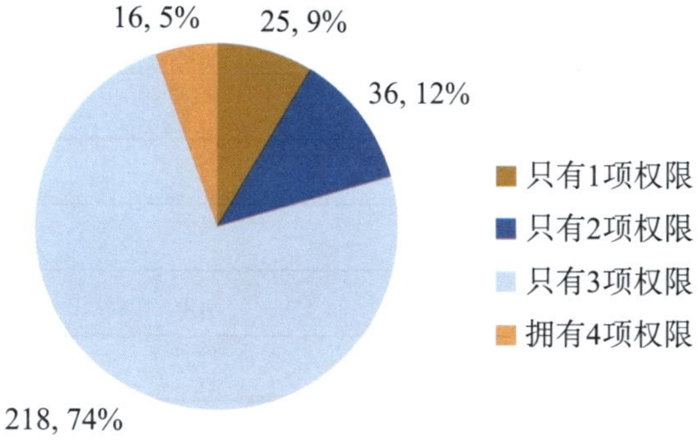

图 3 – 40　各地市预算账户管理权限的分布情况

（3）对于国库集中收付改革的过渡账户管理

各地市对国库集中收付改革进程中所形成的过渡账户，采用以下管理办法：有 42 个地市针对不同的账户规定确定的年限，到期后自动取消，这一办法与国库司对中央预算单位的管理要求基本一致，占比为 15%；有 34 个地市选择随着国库集中收付改革的推进，逐步择机取消，占比为 13%；有 188 个地市选择保持账户的过渡性质，直至集中收付改革同性质的账户建立后才予取消，占比为 68%；还有 11 个地市的管理要求超过了中央预算单位的管理，即规定期限，到期全部取消的方式（见图 3 – 41）。

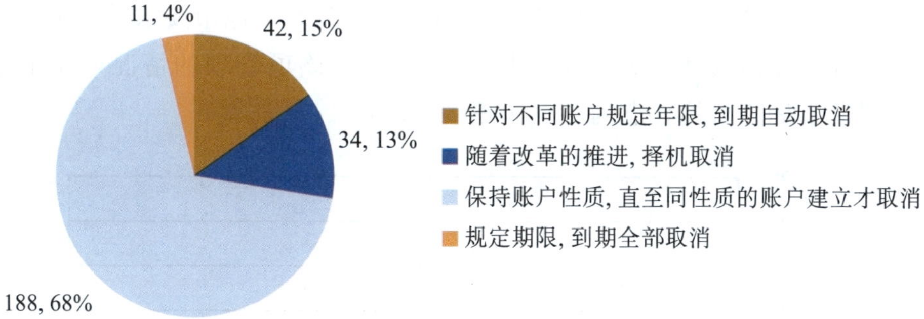

图 3 – 41　各地市对于国库集中收付改革的过渡账户管理

（4）目前允许各预算单位保有的特殊账户的范围

目前，各地市允许预算单位保有的特殊账户范围也有一定程度的差别：从图3 – 42 来看，工会经费账户、党费账户和国务院批准的其他情形分别达到了 251 个、203 个和 215 个，占比较高；而民主党派工作经费账户只有 48 个，据调查与本单位没有民主党派支部或是已经合并进入党费账户进行分账核算管理有关。

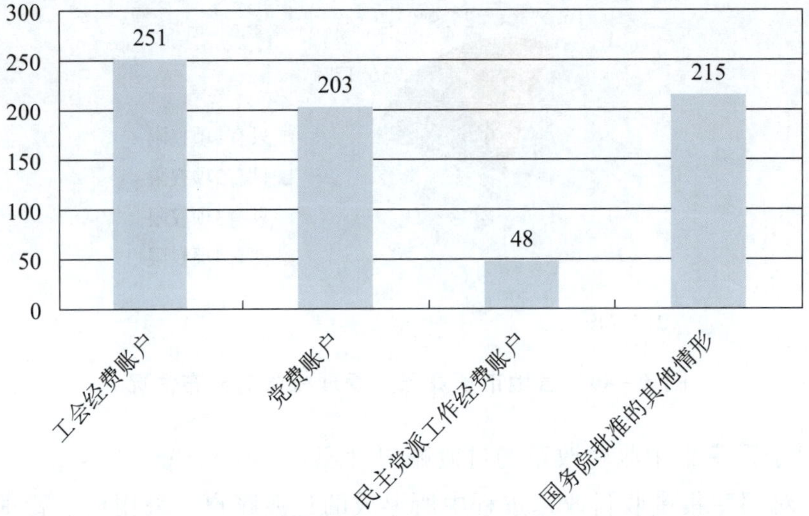

图 3－42　各地市允许各预算单位保有特殊账户的范围

（5）财政部门对预算单位账户使用的要求

地市级财政部门对预算单位账户使用的要求情况都比较严格，并在四类主要规定上与国库司的要求保持一致，即 289 个地市要求单位账户的使用要按照规定的用途使用，不得交叉或超范围使用，占 301 个的填报地市的 96%；283 个地市要求单位账户不得出租、出借和转让，占填报地市的 95%；有 278 个地市要求单位账户不得为单位和个人提供信用，占填报地市的 94%；有 275 个地市要求单位账户不得以个人名义进行资金存放活动，占填报地市的 93%。该项管理的情况处于地市级预算执行管理中非常突出的亮点内容（见图 3－43）。

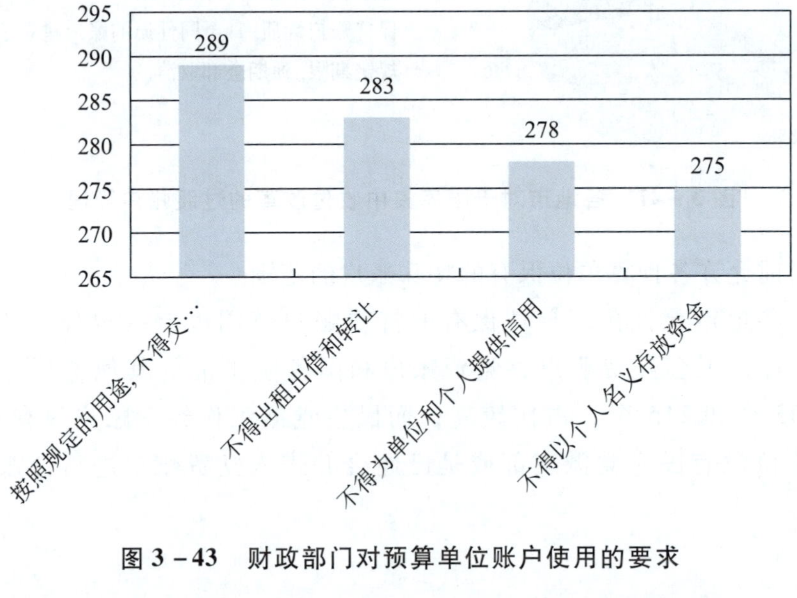

图 3－43　财政部门对预算单位账户使用的要求

（6）预算账户管理信息系统可以实现的业务功能

目前，地市级财政部门已经广泛建立了预算账户管理信息系统，并可以在以下业务功能上发挥作用：有 129 个地市的管理信息系统可以动态监控单位账户开立、变更、撤销及资金活动情况，占比为 43%；有 87 个地市的管理信息系统可以实现账户业务的网上审批功能，占比为 29%；有 206 个地市的管理信息系统可以建立预算单位账户管理档案，占比为 68%；还有 14 个单位有超过上述三个方面的功能，占比为 5%（见图 3 - 44）。

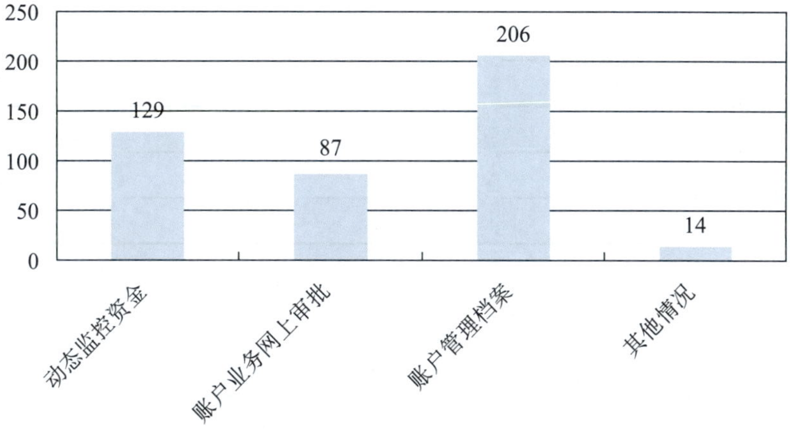

图 3 - 44　预算账户管理信息系统可以实现的业务功能

（7）具有对预算单位账户进行监督检查的单位情况

在有权对预算单位账户进行监督检查的单位上，各地市的情况是：有 294 个地市的财政部门有权对预算单位的账户进行监督检查，占比为 98%；有 256 个地市的人民银行分支机构具有对预算单位账户进行监督检查的权力，占比为 85%；有 234 个地市的监察部门具有对预算单位账户进行监督检查的权力，占比为 78%；有 251 个地市的审计部门具有对预算单位账户进行监督检查的权力，占比为 83%（见图 3 - 45）。

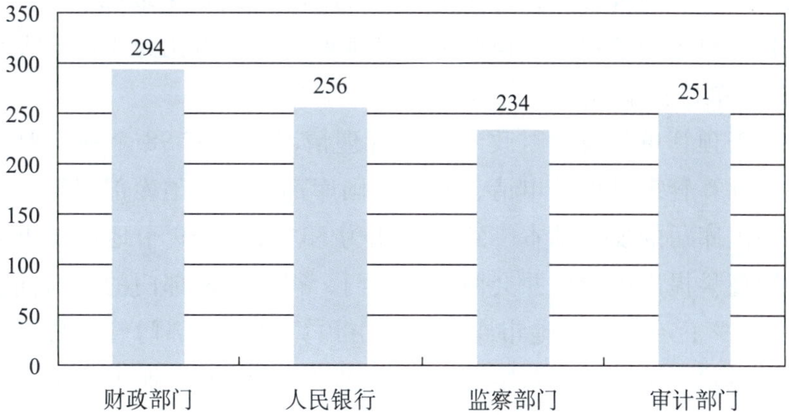

图 3 - 45　有权对预算单位账户进行监督检查的单位的情况

（8）预算单位财政资金专户的开立要求

各地市基本都建立了对预算单位财政资金专户管理的专门要求。目前，有259地市要求财政资金专户要根据财政部文件的要求开立；有210个地市可以根据省人民政府的文件开立；180个地市可以根据省财政厅的文件开立。上述开立要求与国家的财政专户开立要求基本一致，但也有116地市表示可以根据地市人民政府的文件开立财政专户（见图3-46）。

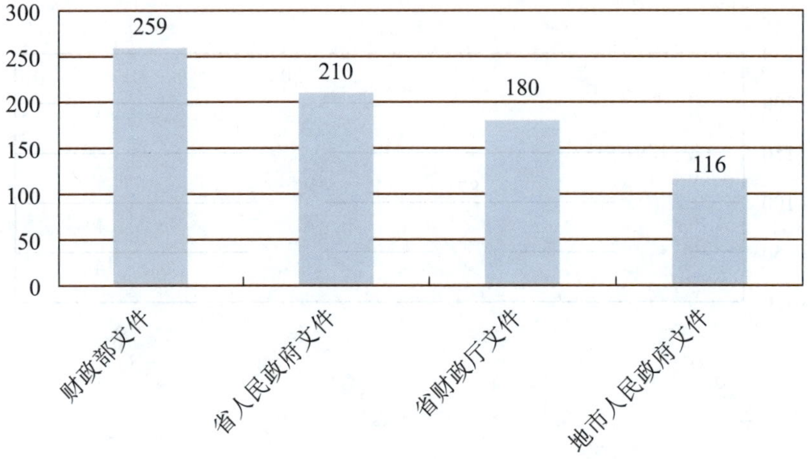

图3-46 预算单位财政资金专户的开立标准

（9）财政专项资金的相似性质的资金专户管理

在财政专项资金中，对于性质相关或相似的资金专户管理办法的情况是：有258个地市要求同一性质或相似性质的专项资金开设多个财政资金专户的，应进行归并，并实行分账核算，与财政部国库司对中央预算单位的要求基本一致，占比为86%；有26个地市对同一性质或相似性质的专项资金开设多个财政资金专户的，应进行归并，并进行统一核算，占比为9%；有6个地市采取可不进行归并，但要给出统一核算方法的管理方式，占比为2%；有10个地市采取除非专项资金实现了归并，否则各专户应保持现状，但要加强管理的方式，占比为3%（见图3-47）。

（10）预算单位新增财政专户的管理

各地市对于预算单位新增财政专户的管理情况是：有98个地市要求必须由预算单位向部门预算管理科提出申请，并会商国库部门，由国库部门统一开设，这一规定与财政部国库司的要求基本一致，占比为33%；有19个地市要求必须由预算单位向部门管理科提出申请，并会商国库部门，得到国库部门的书面同意后，各行开行，占比为6%；有116个地市要求必须由预算单位向部门管理科提出申请，待批准后开设，但须向国库部门备案，占比为39%；有48个地市要求必须由预算单位直接向国库管理部门申请，待批准后自行开设，占比为16%（见图3-48）。

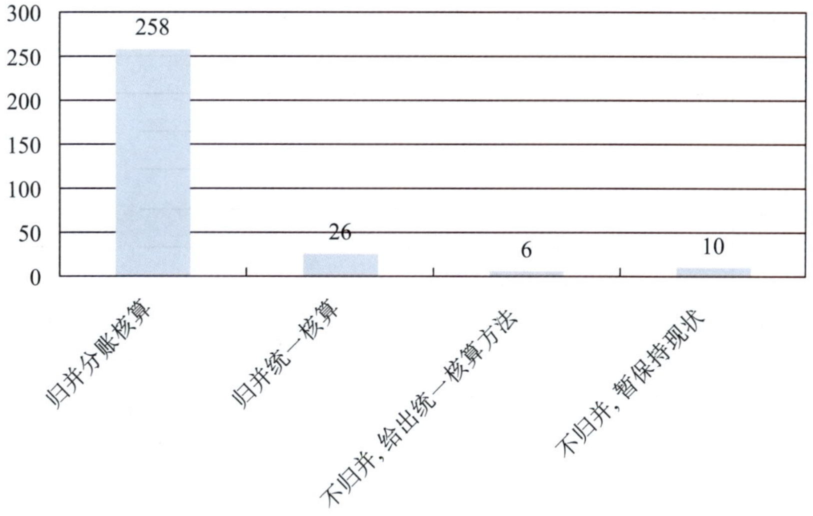

图 3－47　财政专项资金的相似性质资金专户管理

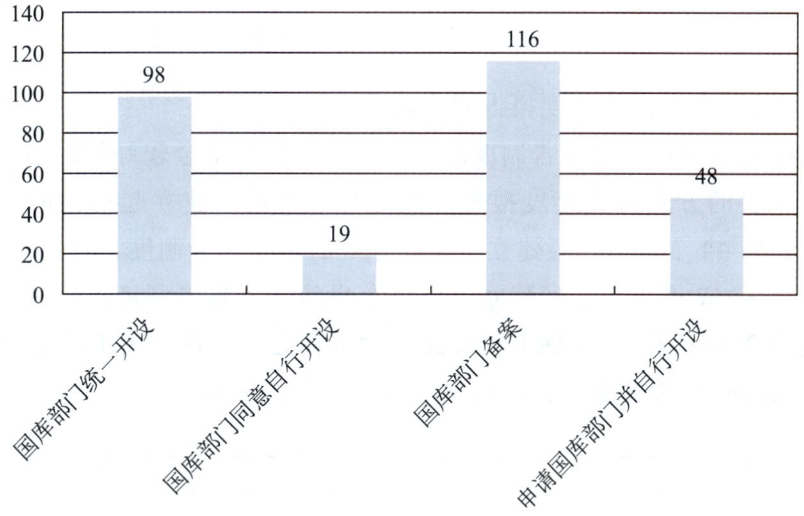

图 3－48　预算单位新增财政专户的管理要求

（11）财政专户管理档案制度的建设情况

财政资金专户实施资金动态化管理是提升财政资金效率的重要举措，在财政专户管理档案制度的建设中，实现的情况是：有 69 个地市已经建立了管理档案制度，并能够进行专户动态管理，占比为 23%；有 85 个地市已经建立了管理档案制度，但在专户动态管理上还有一定的难度，占比为 28%；而有 67 个地市则处于管理档案制度的建设进程之中，占比为 22%；而其余地市则尚未开始着手建立该制度，占比为 27%（见图 3－49）。

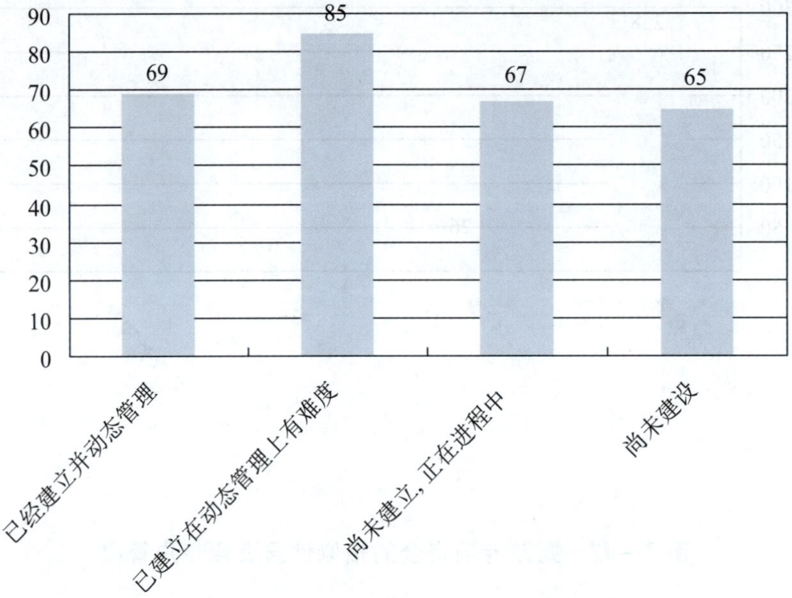

图 3－49 财政专户管理档案制度的建设情况

（12）财政资金专户的年度报告制度情况

对于财政资金专户年度报告制度的建设，在信息化基金较好的地市，存在以账户余额和明细表的方式替代年度报告，但也有一些地区建立起规范的年度报告制度。情况是：有 44 个地市已经建立了财政专户的年度报告制度，且运行情况良好，占比为 15%；有 62 个地市已经建立了财政专户的年度报告制度，但尚处于试运行阶段，占比为 20%；有 41 个地市正在建设的进程之中，占比为 14%；而有 146 个地市尚未着手建设年报制度，占比高达 49%（见图 3－50）。

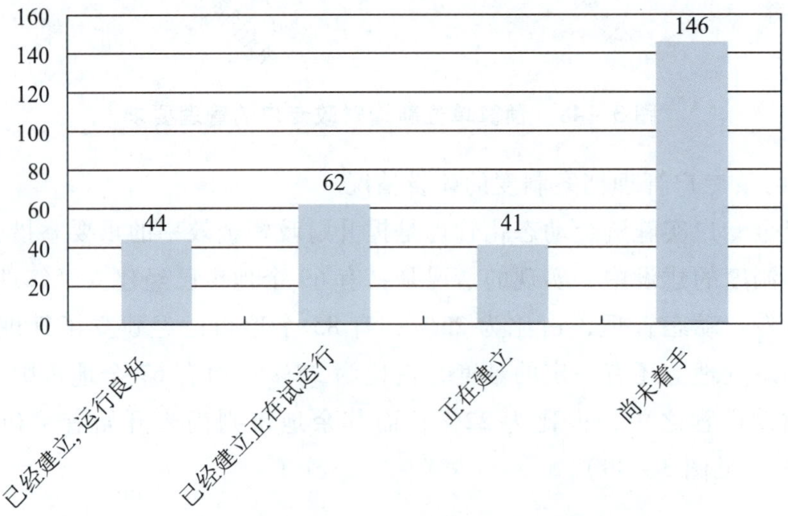

图 3－50 财政专户资金的年度报告制度的建设情况

3.1.2.3　预算执行报告管理

地市级的预算执行进度受到上级资金到位情况和本级事权推进情况的共同影响，为避免其他因素对国库管理情况的影响，课题组选择以下三个问题来反映预算进度的管理情况。

（1）预算执行情况月报管理

地市级国库部门对市直预算单位和县市上报的预算执行情况月报报表时间要求的情况较高，部分地市级国库部门甚至要求在每个月末的 29 日就即行上报预算执行情况，还有许多地市要求在月度终了后的 1 个工作日内上报预算执行情况月报。具体为：有 137 个地市要求在月度终了的 4 个工作日内上报预算执行情况的月报数据，与国库司对中央预算单位的要求基本一致，占比为 46%；而有 106 个地市的要求是小于 4 个工作日的，甚至在月末结束前 1 天就完成月报填报，占比为 35%；有 14 个地市要求是 5 个工作日内，占比为 5%；有 22 个单位要求是在 10 个工作日内提交，占比为 7%（见图 3－51）。

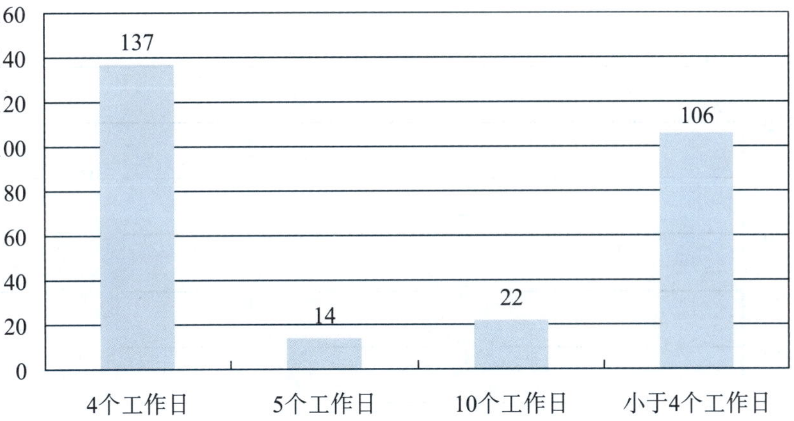

图 3－51　各地市对预算执行情况月报的管理

（2）国库部门的预算执行情况分析报告时间

各地市对市直预算单位和县市上报的预算执行情况分析报告的时间要求是：有 80 个地市要求不超过 8 个工作日，与国库司的要求基本一致，占比为 27%；有 132 个地市要求低于 8 个工作日，甚至只有 2 个工作日，占比为 44%；有 16 个地市要求是在 10 个工作日内，占比为 5%；有 43 个地市要求在 15 个工作日内，占比为 14%（见图 3－52）。

（3）财税库银四方的账户核对工作的时限要求管理

为保证税款资金入库的安全性和准确性，地市本级对财税库银四方的账户核对工作的时限要求是：有 41 个地市要求在 1 个工作日内要进行四方账户核对工作，这个标准与中央国库的核对标准基本一致，占比为 14%；有 77 个地市要求在 2 个

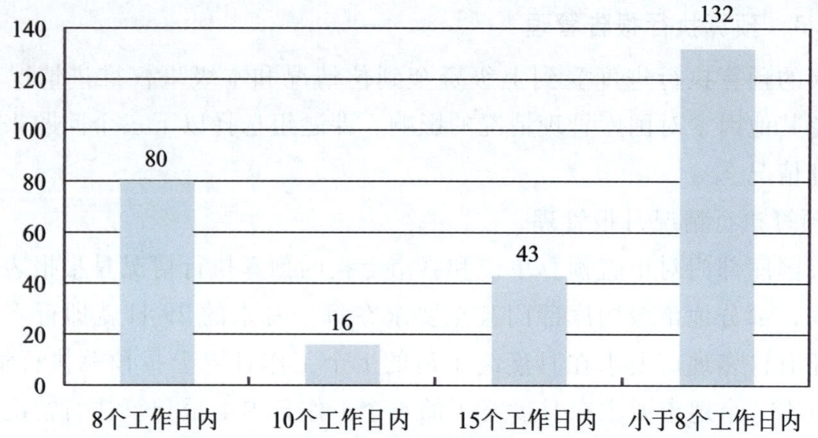

图3－52 各地市国库部门预算执行情况分析报告的时间要求

工作日内要进行四方账户的核对工作，占比为26%；有138个地市要求在3个工作日内进行四方账户的核对工作，占比为46%；有93个地市要求在5个工作日内进行四方账户的核对工作，占比为31%（见图3－53）。

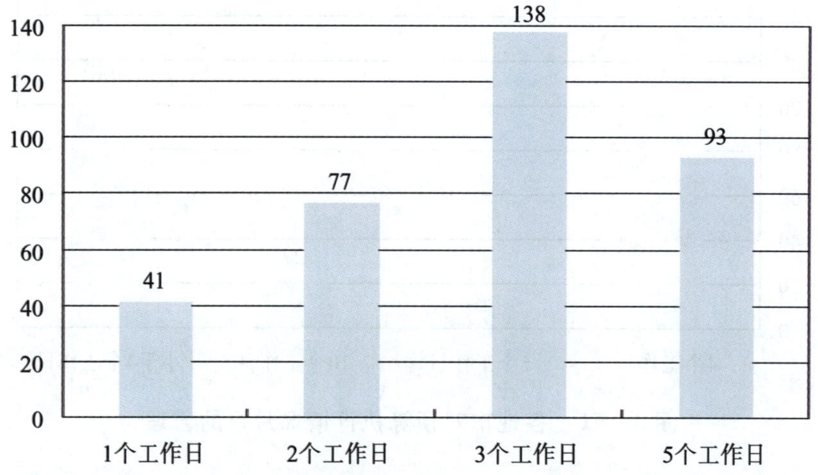

图3－53 各地市财税库银四方账户核对工作的时限要求管理

3.1.3 预算执行管理情况取得的进展和存在的问题

预算执行管理包括的内容非常广泛，课题组选择账户管理、报告管理和结余的管理等三个方面重点展开对预算执行管理的研究和分析，得出的重要创新和存在的主要不足。

3.1.3.1 预算执行管理取得的重要进展和成绩

（1）财政部门对预算单位账户的使用管理取得了重要突破

省本级财政部门对预算单位账户使用管理达到不超范围使用、不出租出借和转让账户、不得为其他单位个人提供信用、不以个人名义存放资金四个方面要求的已达 24 个省市，占全部调研省份的 92%。地市本级的使用管理要求也较高，目前已有 270 个地市对预算单位账户使用管理全面涵盖上述四个方面的要求，占比达到 90%。

（2）地市级对过渡资金账户的管理要求较高

从问卷的情况看，地市本级对于改革进程中的过渡账户要求较高，而且部分地市的管理标准超过了财政部要求的水平。如有 11 个地市采取了规定期限，到期全部取消的管理方式。

（3）预算账户管理信息系统的业务功能得到较大提升

目前，省本级中有 13 个省市区实现了对账户管理信息系统的全覆盖，如动态监控账户设立等功能；地市本级中有 129 个地市也可以实现对账户管理的动态实时监控管理。

（4）地市本级同类或相近似账户的管理水平得到明显提升

目前，地市本级对于同类资金和相近属性的资金账户的管理取得了重大进展，有 258 个地市本级表示对同类或相近的资金账户采用归并的方式进行管理，在账户内部实行分账核算的管理方式，占比高达 86%。

（5）预算执行月报的时效性要求明显提升

目前，达到国库司要求的 4 个工作日内完成预算执行管理分析报告的省本级共有山东、安徽等 12 个省区（其中多个省区达到了在 1 个工作日内完成的水平），而地市本级则有 137 个单位达到了该标准，占比为 46%。

（6）地市本级的国库部门的预算执行管理分析报告推进状况良好

目前，有 212 个地市本级建立了预算执行管理分析报告制度，并要求在财政部规定的 8 个工作日内完成，占比达到 71%。进展情况良好。

3.1.3.2　预算执行管理存在的问题和不足

（1）地市本级的国库部门向业务管理部门提交的实际支付数时效性滞后

目前，地市本级国库部门向业务管理部门提交实际支付数的时间要求达到 5 天以内时效水平的，只有 21 个地市，占比仅为 8%；而 185 个地市要求在 30 天以内提交即可，占比高达 67%，时效性滞后明显。

（2）预算管理部门向国库部门回复初步结余的时间偏长

目前，省本级中达到 4 天内由预算管理部门向国库部门回复初步结余的标准的只有 6 个省，占比仅为 23%；而地市本级要求在 4 天内回复的只有 15 个地市，占比在 5% 左右，而超过 10 天的地市本级则占到了 77%。

（3）一级预算单位向国库部门报送支出明细的时间较长

当前，一级预算单位向国库部门报送支出明细的时间要求在 20 天以内的，只有山西一省；而地市本级中也只有8个单位，占比仅为3%，而超过1个月时限的则有193个地市，占比高达78%。

（4）地市本级预算单位账户管理制度建设滞后

目前，地市本级中有262个地市尚未建立预算单位账户管理制度，占比达到87%。加强制度建设，增强管理工作的规范化和科学化是保障预算执行效率提升的重要举措。

3.2 国库集中收付管理

国库集中收付管理既是近年来预算执行管理改革的重点内容，又是国库管理和财政资金科学化、规范化和信息化管理的关键所在，在预算执行管理中，国库集收付管理居于主导地位。开展国库集中收付管理研究，对于深入分析财政国库管理改革方向，完善国库管理和预算执行的资金安全和效率具有十分重要的作用。

课题组将国库集中收付管理分为省本级和地市本级两级展开研究。每级问卷都分为14个问题，从国库集中收付的实施进度、覆盖范围、管理要求等方面出发，关注国库集中收付管理工作的核心和重点。

3.2.1 省本级国库集中收付管理

共有26个省本级（含副省级城市）参与了本次问卷调查工作。受到问题的题干表述和填表单位工作实践的限制，部分问题某些省级问卷存在空白的情况。在处理上，我们将空白问卷作为0分问卷处理，并自动归于管理情况最差的一档进行分析和统计工作，但在统计表现上，尊重其空白的事实，以数据空缺的形式列示。

3.2.1.1 国库集中支付管理范围

国库集中支付管理范围主要是指机构范围和资金范围。

（1）国库集中支付管理的机构范围

各省国库集中支付管理的覆盖范围的情况是：只有重庆市实现了国库集中支付管理的全覆盖，全市范围内包括乡镇级预算单位在内都实现了国库集中支付；江西省还处于仅完全覆盖省直单位，尚未完全覆盖地市及以下单位；其他省市区都处于已经覆盖地市及以上的预算单位，但尚未覆盖到县及县以下的水平（见图3－54）。

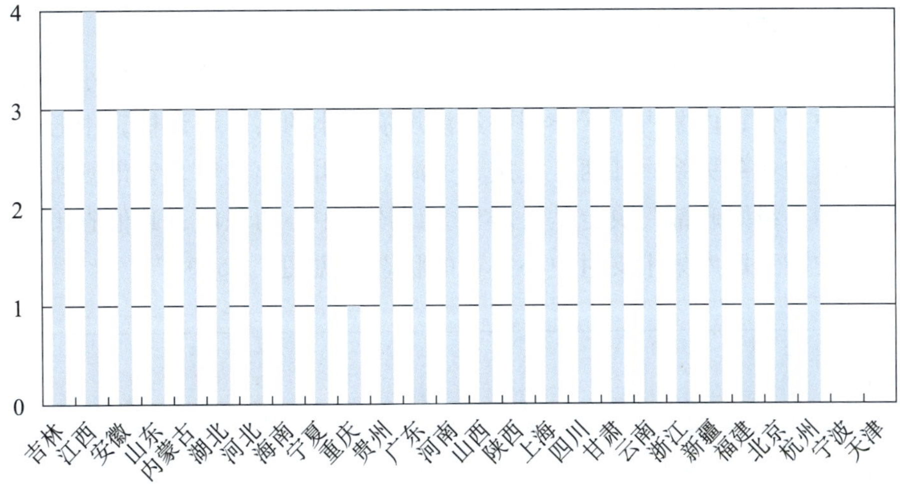

图 3－54　国库集中支付管理的机构范围

注：1 为已经覆盖所有预算单位，包括乡镇级预算单位；2 为已经覆盖所有县及县以上的预算单位，但尚未完全覆盖到乡镇；3 为已经覆盖所有地市及以上的预算单位，但尚未完全覆盖到县及县以下；4 为仅完全覆盖省直单位，尚未完全覆盖地市及以下单位。

（2）国库集中支付覆盖的资金范围

各省本级对国库集中支付覆盖的资金范围情况如下：目前还没有任何一个省市区的国库集中支付覆盖了所有的财政性资金，但吉林、内蒙古、宁夏、重庆、广东、陕西、上海、甘肃、云南等 9 个省市区已经覆盖了部分非税收入资金，而其他各省市则仅覆盖了一小部分非税收入资金（见图 3－55）。

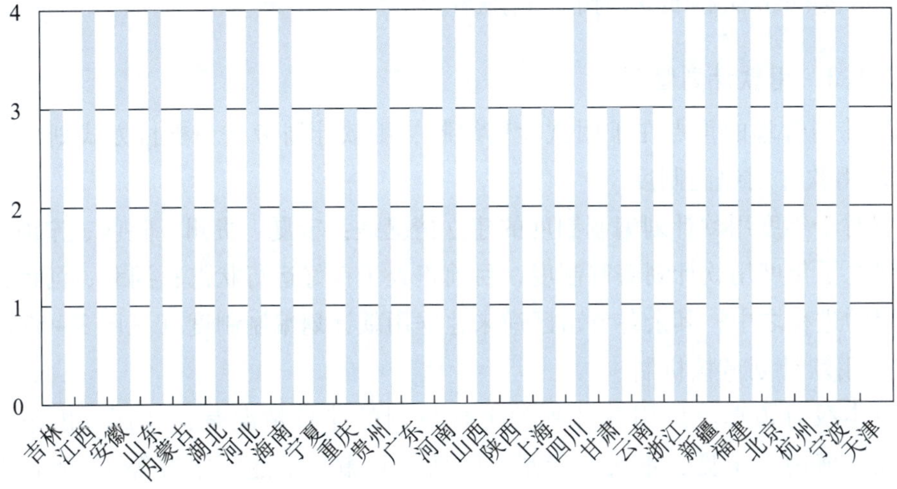

图 3－55　国库集中支付覆盖的资金范围

注：1 代表已经覆盖所有的财政性资金；2 代表已经覆盖大多数非税收入和政府性基金；3 代表已经覆盖部分非税收入资金；4 代表仅覆盖了小部分非税收入资金。

3.2.1.2 会计核算中心的管理方式

各省范围内的会计核算中心的管理方式是：海南省除经济规模较小的县外，全部已转为集中支付；内蒙古、天津则是经济规模较小的县，会计核算中心已全部调整为代理记账的业务关系；江西、重庆、上海、四川、福建等5省市则实施尊重现状，由地市和县级财政部门决定是否调整会计核算中心的职能；其他省市区则暂保持会计核算中心和国库集中支付中心并行的状态（见图3－56）。

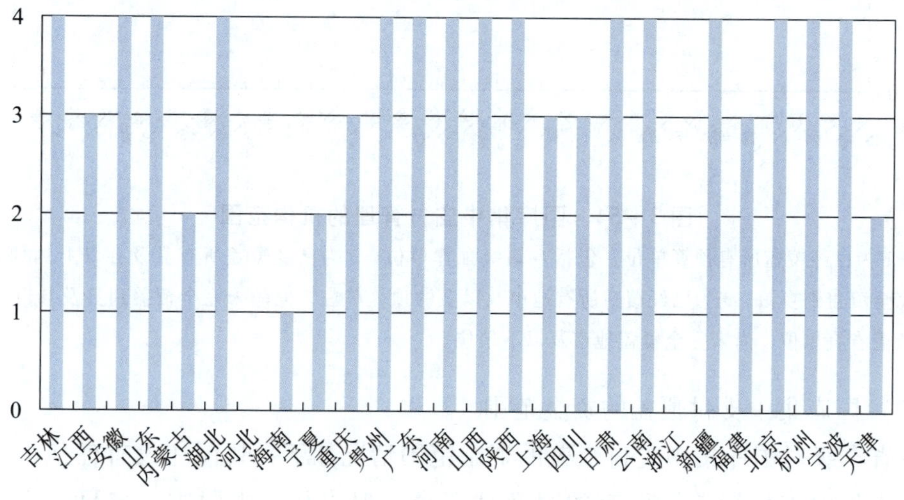

图3－56 各省对于会计核算中心的管理方式

注：1为除经济规模较小县外，全部已转为集中支付；2为经济规模较小的县，会计核算中心已全部调整为代理记账的业务关系；3为尊重现状，由地市和县级部门决定是否调整会计核算中心的职能；4为暂保持会计核算中心和国库集中支付中心并行状态。

3.2.1.3 用款计划管理

用款计划管理的重点在于用款计划编制、用款计划考核和支付方式划分。

（1）用款计划编制制度

各省对于年度用款计划编制制度的建立情况是：宁夏、贵州、陕西、宁波等4省市已经建立了年度用款计划编制制度，目前正处于良好运行状态；湖北、河南两省正处于制定的进程之中；其余各省市区尚未建立用款计划编制制度（见图3－57）。

（2）用款计划考核机制

各省本级对预算单位用款计划的考核机制的建设情况是：江西、山东、内蒙古、河北、海南、宁夏、重庆、贵州、陕西、甘肃、福建、宁波等12个省市已经建立了用款计划的考核机制，并良好运行；上海、吉林、北京3省市则已经建立了考核机制，但正在试行调整；湖北、河南、四川等3省正在制定的进程中；其他各省市区则尚未开始制定（见图3－58）。

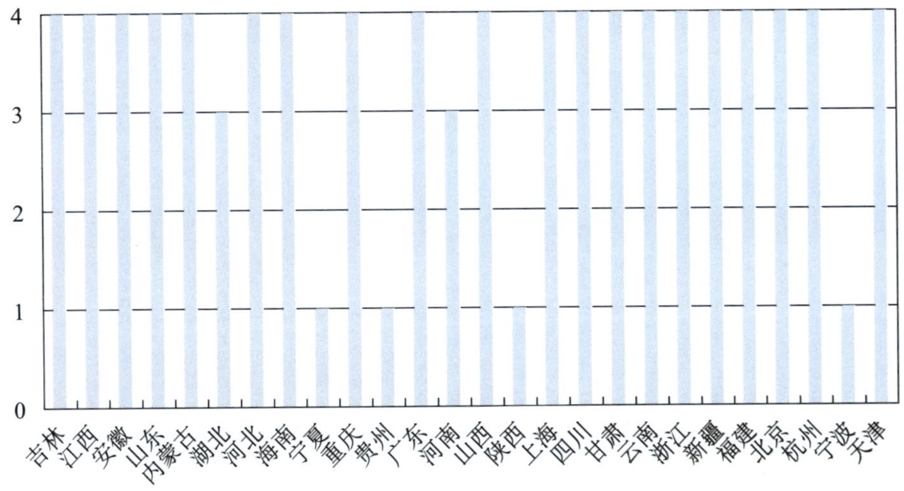

图 3－57　各省市的年度用款计划编制制度建立情况

注：1 为已经制定，并良好运行；2 为已经制定，正在试行调整；3 为正在制定的进程中；4 为尚未开始制定。

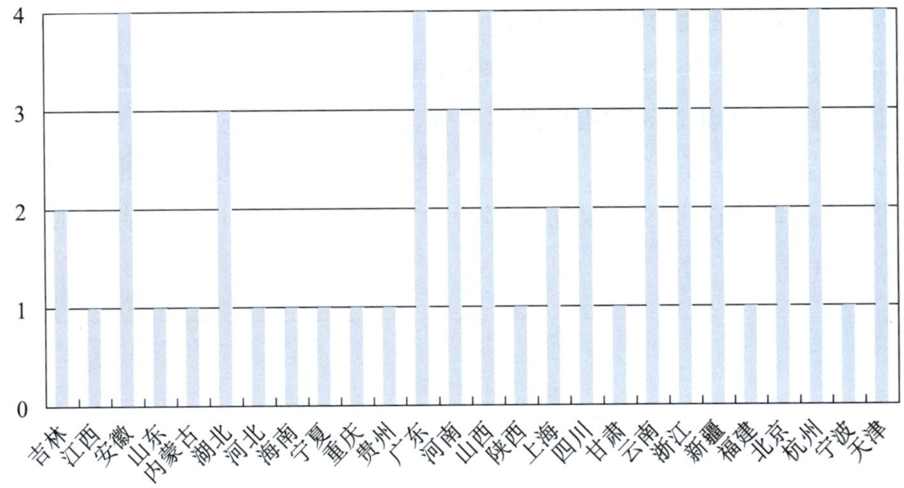

图 3－58　各省本级的用款计划考核机制

注：1 为已经制定，并良好运行；2 为已经制定，正在试行调整；3 为正在制定的进程中；4 为尚未开始制定。

（3）支付方式划分标准

各省本级的支付方式划分标准的建设情况为：只有山东、贵州、福建等 3 个省正处于划分标准的建设进程中；而其他绝大多数省区都处于尚未开始制定的状态（见图 3－59）。

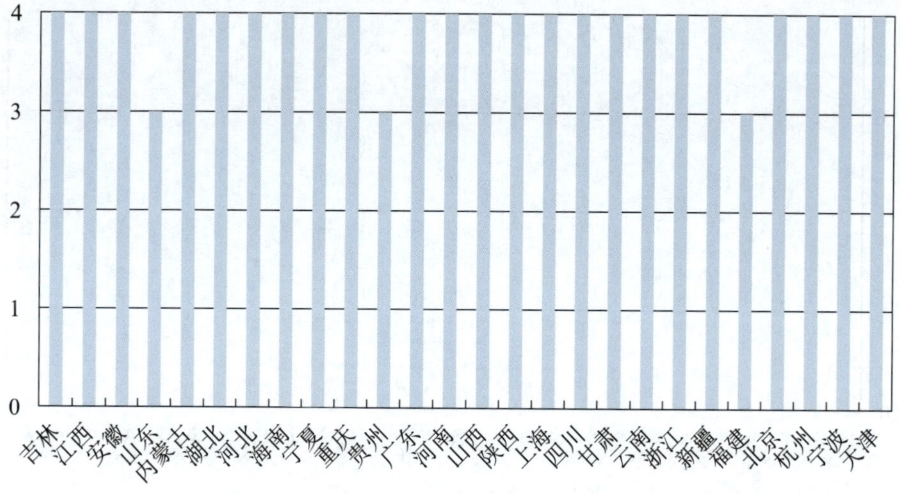

图 3-59 各省本级对支付方式划分标准的建设情况

注：1 为已经制定，并良好运行；2 为已经制定，正在试行调整；3 为正在制定的进程中；4 为尚未开始制定。

3.2.1.4 实有资金余额账户管理

各省本级对实有资金余额账户的管理情况是：湖北、河北、广东、陕西、上海、新疆、福建、天津等 8 省市区的实有资金余额账户已全部转为零余额账户，占比为 31%；吉林、江西、安徽、山东、内蒙古、海南、宁夏、贵州、四川、甘肃、云南、北京等 12 个省市区已限期全部转为零余额账户；其他各省区则情形各异（见图 3-60）。

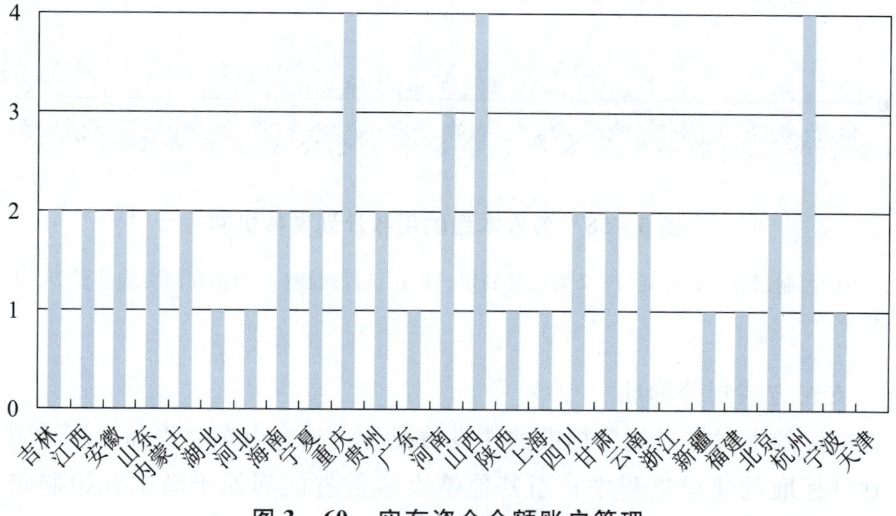

图 3-60 实有资金余额账户管理

注：1 为已全部转为零余额账户；2 为限期转为零余额账户；3 为暂时保持现状，择机转为零余额账户；4 为其他方式。

3.2.1.5 报账制管理

报账制管理是严格规范预算管理流程的有效方法。目前各省本级的情况是：江西、安徽、山东、宁夏、贵州、陕西、云南、福建、杭州等 9 个省市已经建立了报账制度，并运行良好；河南、新疆已经制定报账制度，正在试行调整；其他省市区则处于正在制定的进程中或尚未开始制定（见图 3－61）。

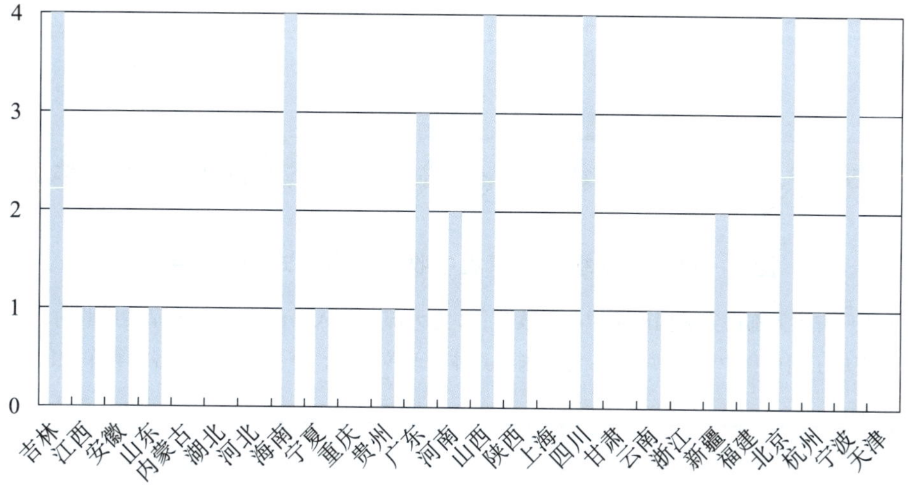

图 3－61 报账制管理机制的建设情况

注：1 为已经制定，并良好运行；2 为已经制定，正试行调整；3 为正在制定进程中；4 为尚未开始制定。

3.2.1.6 国库集中收付收缴方式管理

国库集中收付收缴方式管理主要包括以下三个方面：

（1）国库集中收付收缴方式改革要求

各省本级对国库集中收付收缴方式的改革要求是：只有陕西省表示大部分收入已经完成了国库集中收付改革；吉林、贵州、上海、四川、宁波等 5 个省市只有部分收入完成了国库集中收付改革；而其他各省市区则尚未有具体的改革要求，尊重各地市和各预算单位的管理现状（见图 3－62）。

（2）非税收入收缴管理体系

省本级的非税收入收缴管理体系的情况是：江西省已经建立了非税收入收缴管理体系，并且该体系已经成为主要的收缴方式；陕西、四川两省则已经建立了该体系，但正在试运行阶段；其他省市区则处于尚未建立和正在构建的进程中的阶段（见图 3－63）。

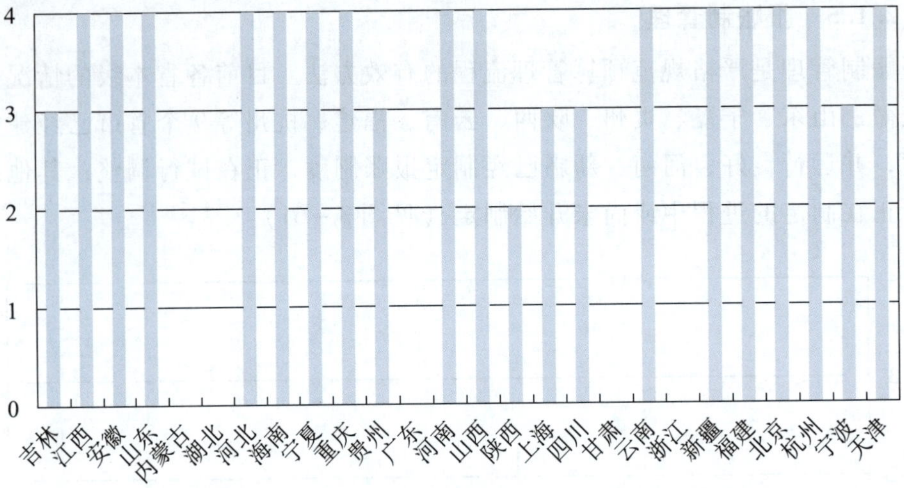

图 3-62 省本级对国库集中收付收缴方式的改革要求

注：1 为所有收入都已完成国库集中收付改革；2 为大部分收入已经完成了国库集中收付改革；3 为只有部分收入完成了国库集中收付改革；4 为尚未有具体的改革要求，尊重各地市和各预算单位的管理现状。

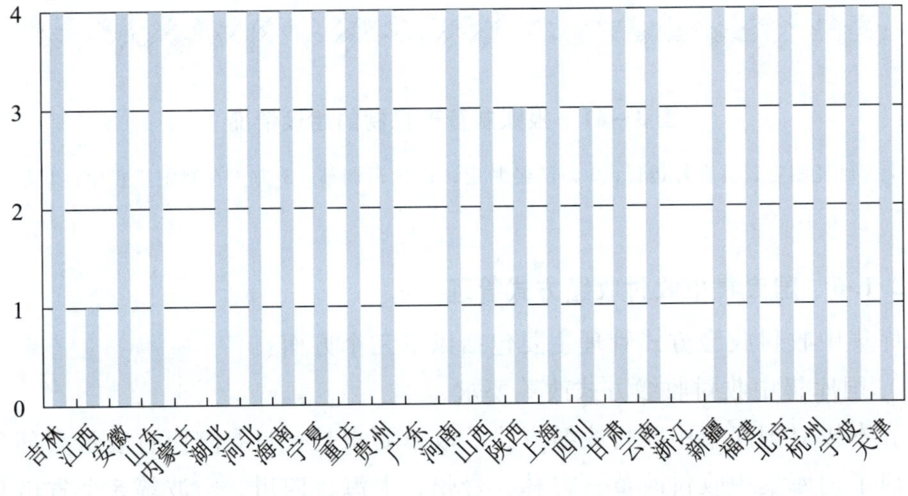

图 3-63 省本级非税收入收缴管理体系的情况

注：1 为已经建立，并且该体系已经成为主要收缴方式；2 为已经建立，该体系尚未成为主要收缴方式；3 为已经建立，正在试运行阶段；4 为尚未建立，正在构建的进程中。

（3）财政性收入就地缴库管理

省本级对财政性收入就地缴库管理的要求是：江西、山东、海南、陕西、四川、云南、新疆、福建、杭州等 9 个省市认为只要收入涉及政府间分成的，就可以选择就地缴库；安徽、山西两省认为在收入征收情况复杂条件下，无论是否涉及政府间分成，都可以先就地缴库；其他各省市区则选择不允许任何财政性收入实行就地缴库（见图 3-64）。

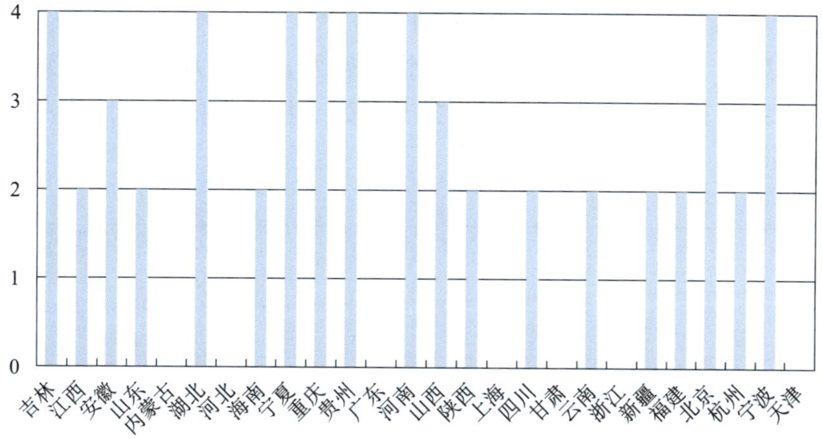

图 3－64　省本级对财政性收入就地缴库管理

注：1 为只有收入征收情况复杂，且收入涉及政府间分成的，才可实施就地缴库；2 为只要收入涉及政府间分成的，就可以选择就地缴库；3 为在收入征收情况复杂条件下，无论是否涉及政府间分成，都可以先就地缴库；4 为不允许任保财政性收入实行就地缴库。

3.2.1.7　公务卡管理

公务卡是加强国库集中支付、资金安全和使用监督的有效举措。公务卡管理的基本情况如下：

（1）公务卡的实施范围

省本级公务卡管理实施的范围情况是：重庆市已实现公务卡覆盖全部一级预算单位和部分二级预算单位；贵州、福建、杭州则覆盖部分一级预算单位和部分二级预算单位；其他各省市区的公务卡管理则只覆盖个别预算单位（见图 3－65）。

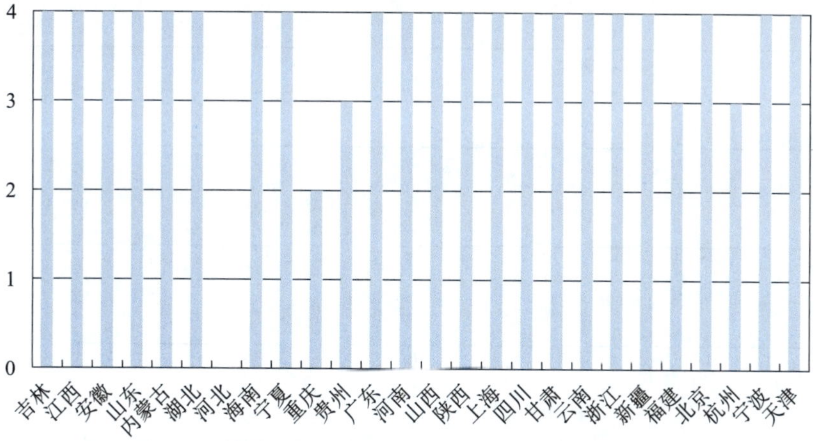

图 3－65　省本级公务卡管理的实施范围

注：1 为所有的一级和二级预算单位；2 为全部一级预算单位和部分二级预算单位；3 为部分一级和部分二级预算单位；4 为个别预算单位。

(2) 公务卡《强制结算目录》建立情况

省本级的公务卡强制结算目录的建立情况较差，具体为：只有福建省正处于建立的进程之中；而其他各省市区受到公务卡正处于推进期的影响，其《强制结算目录》均尚未建立（见图3-66）。

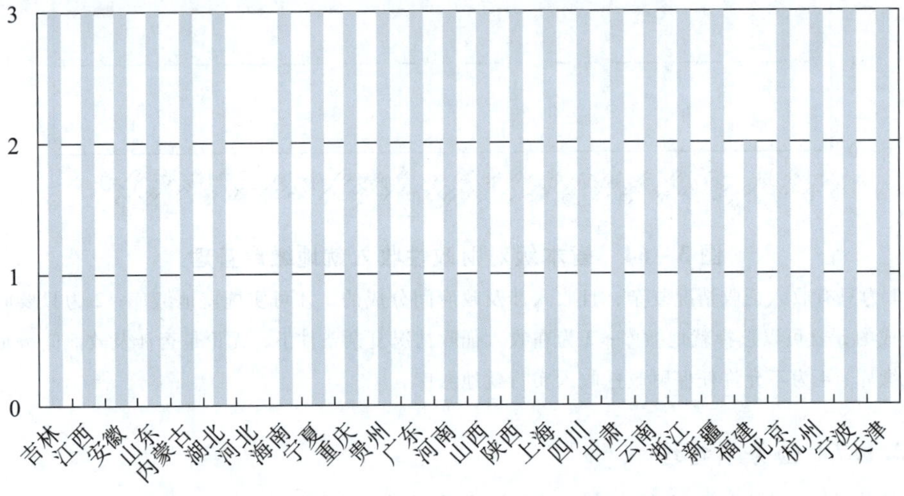

图3-66 省本级公务卡《强制结算目录》的建立情况

注：1—已建立；2—正在建立；3—尚未建立。

3.2.1.8 资金支付的到位率

各省本级国库支付系统按照支付的规定要求，资本支付到位率的情况是：江西、山东、四川等3省达到90%以上；宁夏、河南、山西、陕西、上海等5省市为80%—90%之间；其他各省市区尚不足80%（见图3-67）。

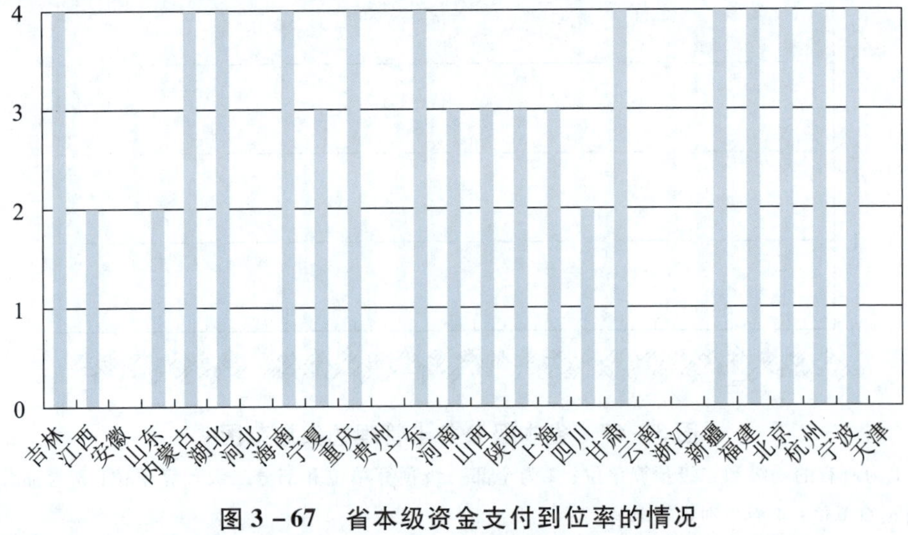

图3-67 省本级资金支付到位率的情况

注：1为100%；2为90%以下；3为80%—90%；4为不足80%。

3.2.2　地市级国库集中收付管理

共有 301 个地市本级参与了国库集中收付的问卷调查活动。相关问卷填写认真，质量较高，均属于有效问卷。但问卷中都有对个别问题的空白情况，我们均将其划分为最差的情形，但如果最差的情况超过了问卷所设计的栏目，我们则删掉这些空白数据，只保留有效数据。

3.2.2.1　国库集中支付管理的范围

（1）国库集中支付管理的机构范围

在问卷填报地市中，有 8 个地市表示已经覆盖所有的预算单位，包括乡镇级预算单位，占比为 3%，这 8 个地市的国库集中支付管理工作走在全国的最前列。其他地市的情况如下：有 24 个地市表示已经覆盖所有县及县以上的预算单位，但尚未完全覆盖到乡镇，占比为 8%；有 165 个地市表示已经覆盖所有地市本级预算单位，但尚未完全覆盖到县及县以下；有 104 个地市表示尚未完全覆盖地市本级预算单位，占比为 34%（见图 3-68）。

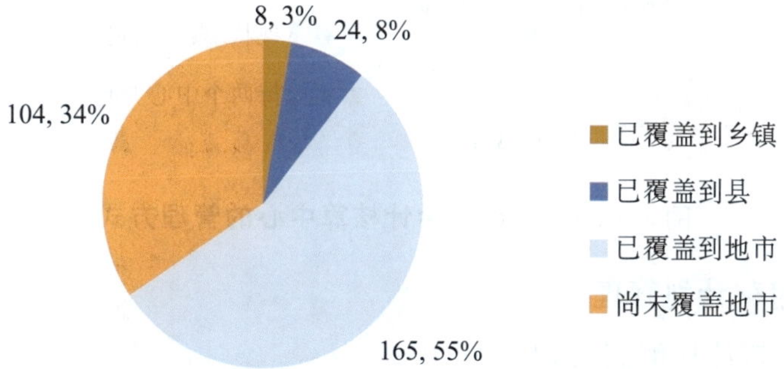

图 3-68　国库集中支付管理的机构范围

（2）国库集中支付覆盖的资金范围

受到国库集中支付改革整体进度的影响，国库集中支付覆盖的资金范围情况也不够理想：只有甘肃省酒泉市一市表示国库集中支付已覆盖所有的财政性资金；而 13 个地市表示已经覆盖了大多数非税收入和政府性基金，占比为 4%；有 46 个地市表示已经覆盖了部分非税收入资金，占比为 16%；有 236 个地市表示仅覆盖了小部分非税收入资金，占比为 80%（见图 3-69）。

3.2.2.2　会计核算中心的管理方式

各地市范围内的会计核算中心进入到调整和管理环节：有 44 个地市表示除经济规模较小的县外，已全部转为集中支付，占比为 20%；有 26 个地市表示除经济规模较小的县外，会计核算中心已全部调整为代理记账的业务关系，占比为 12%；有 29 个地市表示要尊重现状，由地市和县级财政部门决定是否调整会计核算中心

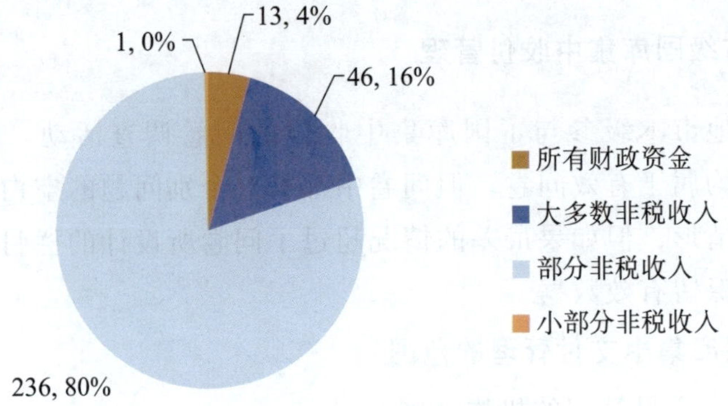

图 3－69 国库集中支付覆盖的资金范围情况

的职能，占比为13%；有123个地市则选择暂保持会计核算中心与国库集中支付中心的并行状态（见图3－70）。

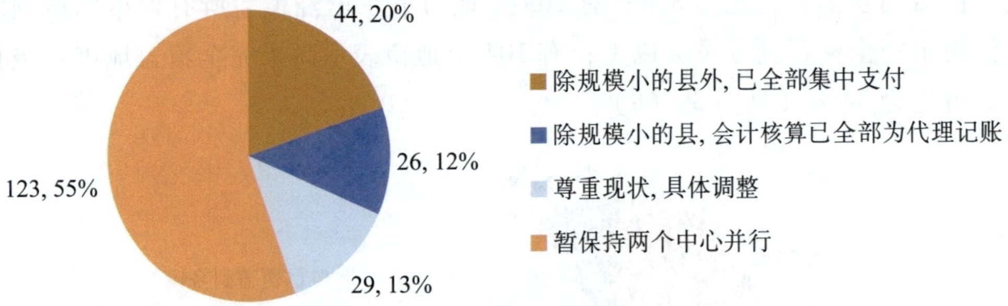

图 3－70 各地市会计核算中心的管理方式

3.2.2.3 用款计划管理

（1）年度用款计划编制管理

地市本级在要求建立年度用款计划编制制度上的管理情况是：有53个地市已经制定了年度用款计划编制制度，并实现良好运行，占比为18%；有24个地市已经制定了年度用款计划编制制度，正在运行调整，占比为9%；有24个地市正在制定年度用款计划，占比为9%；有189个地市尚未开始制定年度用款计划，占比高达65%（见图3－71）。

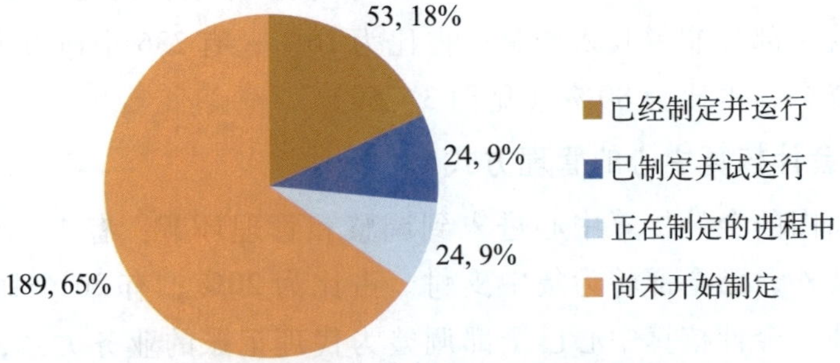

图 3－71 各地市年度用款计划编制情况

（2）用款计划考核机制

用款计划考核机制是提高用款计划编制科学性和准确性的重要手段。地市本级在预算单位用款计划考核机制的管理上的情况是：有 139 个地市已经制定了考核机制，并保持良好的运行状态，占比为 46%；有 56 个地市已经制定了考核机制，并在试运行和调试中，占比为 19%；有 21 个地市正在制定考核机制的进程中，占比为 7%；有 85 个地市尚未制定用款计划考核机制，占比达到 28%。各地市在用款计划考核机制的管理上，存在明显的差异（见图 3－72）。

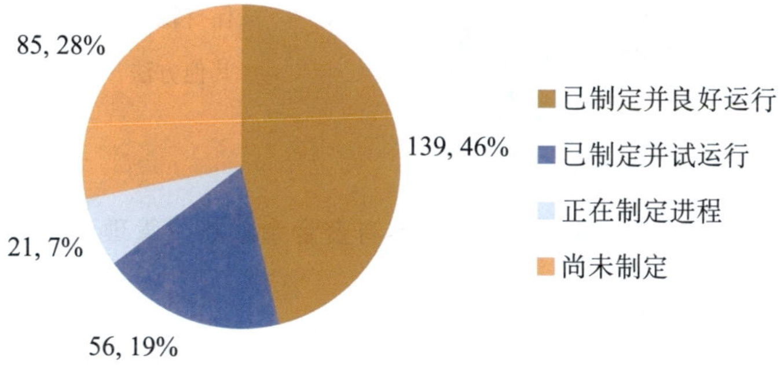

图 3－72　地市本级用款计划考核制的建设情况

（3）支付方式的划分标准

支付方式即财政资金的直接支付方式还是授权支付方式。各地市支付方式划分标准的建设情况是：有 18 个地市已经制定了该标准，并实现了良好运行，占比为 6%；有 17 个地市已经制定了该标准，并开始进入到试运行和调整阶段；有 49 个地市正在制定划分标准的进程中，占比为 17%；有 209 个地市表明尚未开始制定该标准，占比高达 71%（见图 3－73）。

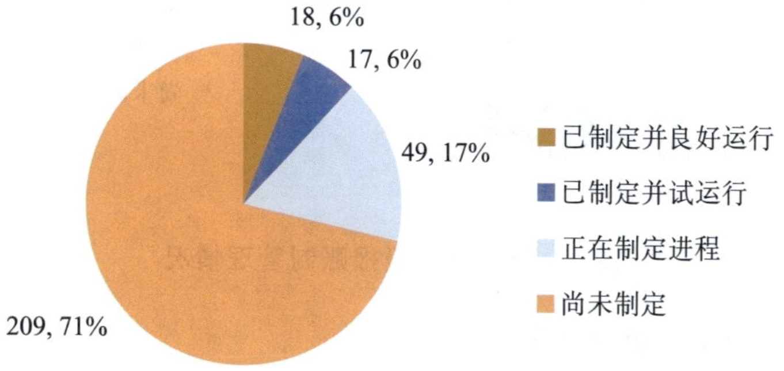

图 3－73　地市本级的支付方式划分标准

3.2.2.4　实有资金余额账户管理

地市本级对于实有资金余额账户的管理情况是：有 27 个地市已经将实有余额账户全部转为零余额账户，占比达到 9%；有 115 个地市限期将实有余额转为零余额账户，占比为40%；有18个地市提出暂保持现状，择机将其转为零余额账户，占比为6%；有129个地市表示采用其他方法进行管理，占比为45%（见图3-74）。

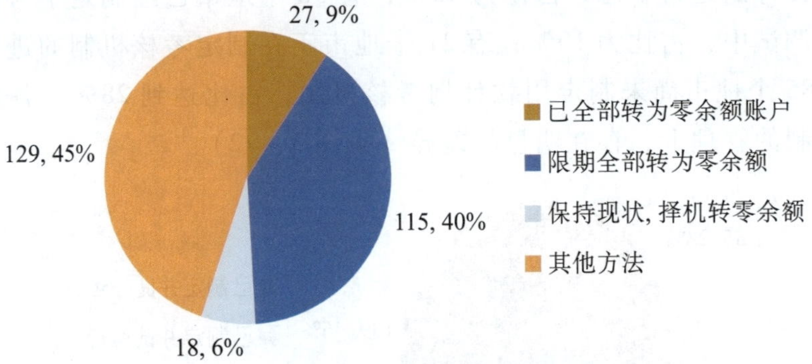

图3-74 地市本级实有资金余额账户管理

3.2.2.5 报账制管理

报账制管理是严格规范预算管理流程的重要举措。地市本级的情况是：有134个地市已经建立了报账制管理，并良好运行，占比为50%；有14个地市已经建立了报账制管理，但正在试运行调整阶段，占比为5%；有16个地市正在建立报账制管理，占比为6%；有103个地市尚未建立报账制管理，占比为39%（见图3-75）。

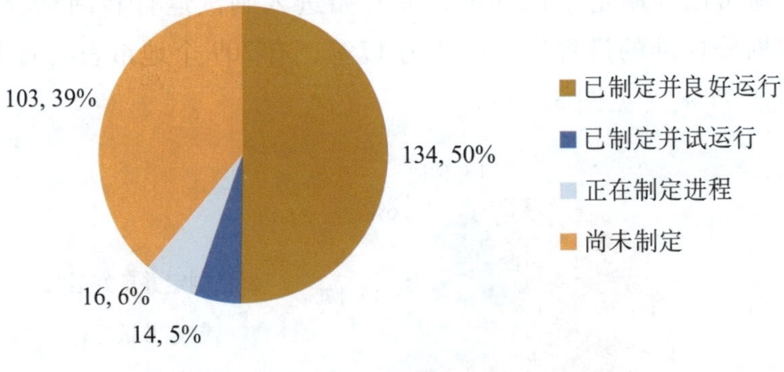

图3-75 地市级报账制管理情况

3.2.2.6 国库集中收付收缴管理

（1）国库集中收付的收缴方式

各地市对于国库集中收付收缴方式的改革要求情况是：有10个地市所有的财政收入都已经完成了国库集中收付改革，占比为4%；有9个地市大部分财政收入完成了国库集中收付改革，占比为3%；有78个地市只有部分财政收入完成了国库集中收付改革，占比为27%；而高达192个地市尚未有具体的改革要求，尊重各县市和各预算单位的管理现状，占比为66%（见图3－76）。

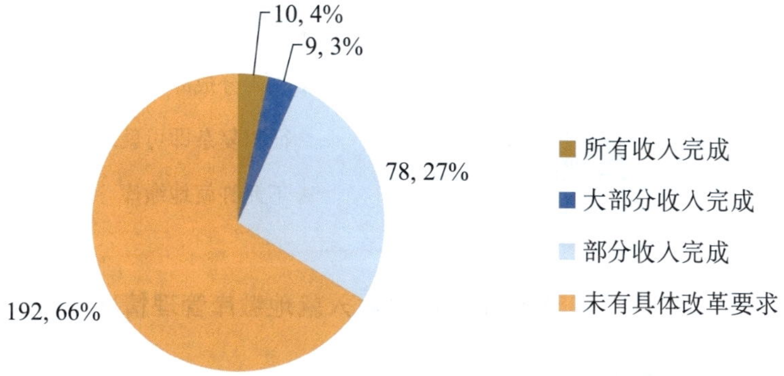

图3－76　国库集中收付的收缴方式改革

（2）非税收入收缴管理体系

各地市的非税收入收缴管理体系的建设情况是：有9个地市已经建立了该体系，并已经成为主要的收缴方式，占比3%；有10个地市已经建立了该体系，但并未成为主要收缴方式，占比为3%；有19个地市已经建立了该体系，正在试运行阶段，占比为7%；有255个地市尚未建立该体系，正在构建的进程之中（见图3－77）。

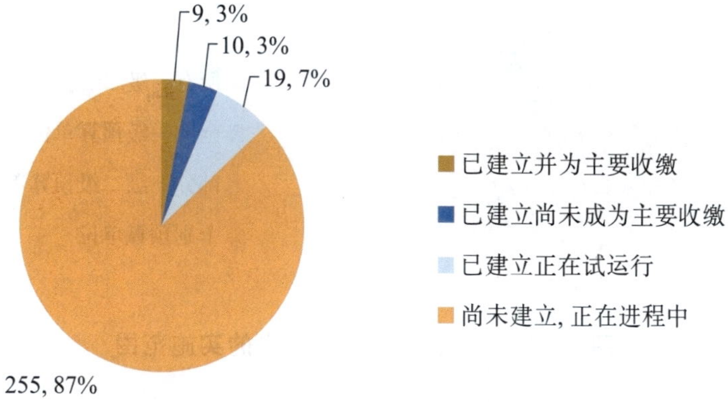

图3－77　地市本级非税收入收缴管理体系的建设情况

（3）财政性收入就地缴库管理

各地市对财政性收入就地缴库管理的要求是：有15个地市表示只有征收情况复杂，且收入涉及政府间分成的，才可以实施就地缴库，与国库司对中央收入的要求基本一致，占比为7%；有114个地市表示只要收入涉及政府间收入分成的，就可以选择就地缴库，占比为50%；有40个地市表示在收入征收情况复杂的条件下，无论是否涉及政府间分成，都可以先就地缴库，占比为17%；还有60个地市明确表示，不允许任何财政性收入实行就地缴库，占比为26%（见图3－78）。

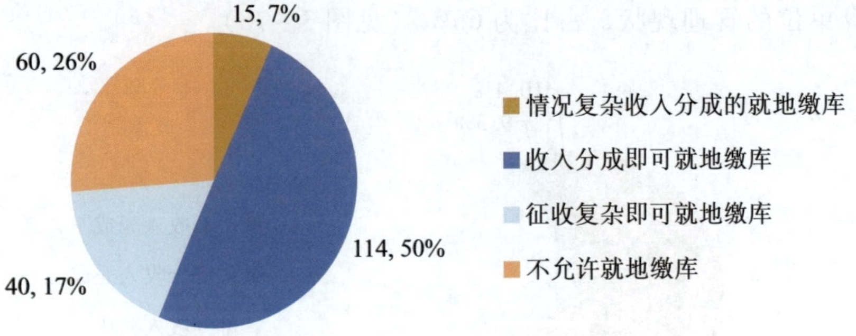

图 3-78 各地市财政性收入就地缴库管理情况

3.2.2.7 公务卡管理

(1) 公务卡的实施范围

地市本级公务卡管理实施的范围情况是：有 18 个地市本级的公务卡全面覆盖了所有了一级和二级预算单位，占比为 6%；有 10 个地市本级的公务卡全面覆盖了一级预算单位和部分二级预算单位，占比为 3%；有 38 个地市本级公务卡部分覆盖了一级和二级预算单位，占比 13%；有 229 个地市本级仅有个别预算单位纳入，占比高达 78%（见图 3-79）。

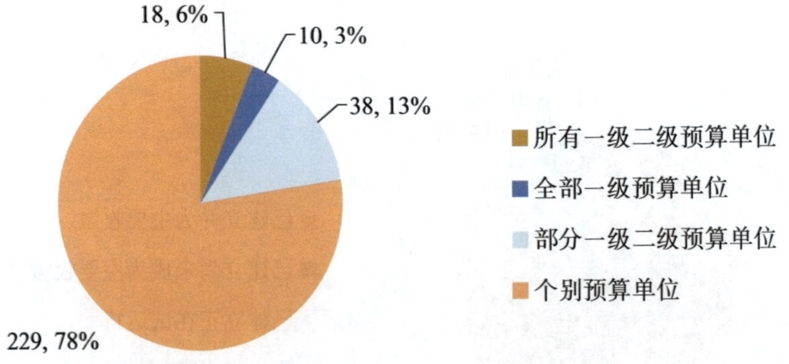

图 3-79 各地市本级公务卡的实施范围

(2) 公务卡《强制结算目录》编制

地市本级公务卡《强制结算目录》的编制情况如下：有 29 个地市建立了《目录》，占比 10%；有 43 个地市正在建立了进程中，占比为 14%；有 229 个地市尚未建立该《目录》，占比高达 76%（见图 3-80）。

3.2.2.8 资金支付到位率管理

地市本级国库支付系统按照支付的规定要求，目前达到了资金支付到位率的情况是：只有 15 个地市资金到位率达到 100%，占比为 6%；有 12 个地市到位率在 90% 以上，占比为 4%；有 44 个地市的到位率在 80%—90% 之间，到位率为 17%；有 195 个地市的到位率尚不足 80%，占比高达 73%（见图 3-81）。

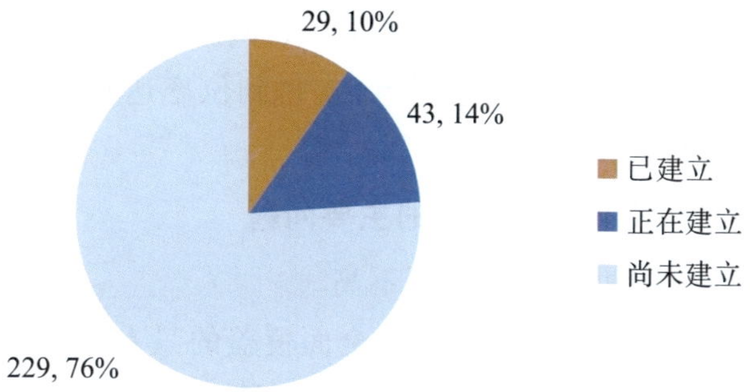

图 3－80　各地市公务卡《强制结算目录》的建设情况

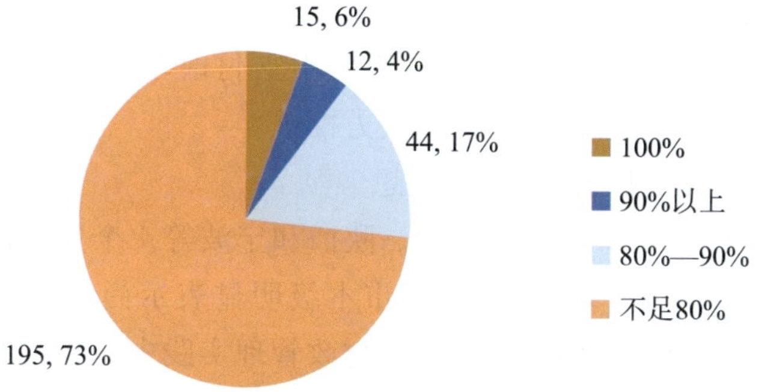

图 3－81　资金支付到位率的管理

3.2.3　国库集中收付管理的成绩和问题

国库集中收付管理是我国预算执行管理的核心改革和重大创新。目前，在全国各级财政系统的努力上，国库集中收付改革已经取得了显著进展，并形成了一系列具有科学性、规范性和效率性的机制和制度。

3.2.3.1　国库集中收付管理取得的主要成绩

（1）实有资金余额账户转零余额账户推进较快

目前有湖北、河北等 8 省市区已经实现了全部实有资金余额账户向零余额账户的转移，并有山东等 12 个省市区限期实有资金余额账户转为零余额账户，这一规定已经达到或超过了财政部的要求，占省本级填报比例达到 77%。地市级的推进情况也较好，有 6% 地市已经实现了实有资金余额账户向零余额账户的转移；有 40% 的地市已经对实有资金余额账户向零余额账户转移规定了具体的期限。

（2）地市本级的报账制管理情况转好

目前，已经有 50% 的填报地市本级实现了报账制管理，并在实践中良好运行，对财政资金的管理和预测的作用较大。

（3）资金支付到位率逐年提高，取得明显进展

在加强预算执行管理和采用国库集中收付等预算执行改革的推进下，资金支付

到位率逐年提高。目前，省本级中江西、山东、四川等3个省份已经达到90%以上的水平；而地市本级中，有6%的地市资金支付到位率达到100%，有4%的地市资金支付的到位率达到90%以上。

3.2.3.2 国库集中支付管理存在的主要问题

（1）国库集中支付的机构覆盖水平不高

从省本级层面看，实现对乡镇一级的全面覆盖的只有重庆一个省级单位；而在地市本级层面也只有3%的地市本级实现了对乡镇一级的全面覆盖。仍需大力推进国库集中支付改革的深度和广度。

（2）地市本级的国库集中支付包纳的资金种类较为有限

目前，我国地市本级中有80%的国库集中支付改革仅能覆盖小部分非税收入资金，在资金种类上涵盖面偏窄，仍须大力推进。

（3）用款计划管理机制推进较不理想

目前，省本级中，只有宁夏、贵州、陕西和宁波等4个省市区建立了用款计划管理制度；而地市本级中，有65%的地市本级明显表示尚未着手建设用款计划管理机制。用款计划管理机制仍需在各地的财政管理实践中得到关注和推进。

（4）国库集中支付方式划分标准制度建设滞后

目前，省本级中，只有山东、贵州和福建在国库集中支付方式划分标准的制度建设上取得了突破；而地市本级中，有209个地市本级明确表示未建立了划分标准层面的制度和机制，占比高达71%。

（5）国库集中收付的收缴方式改革覆盖的资金种类不多

目前，省本级中只有陕西省表示收缴方式已经覆盖了大部分非税收入，尚无一个省区覆盖全部的财政性资金；而地市本级中，未进行国库集中收付收缴方式改革的单位占总填报单位的66%。

（6）非税收入收缴管理体系仍处于探索阶段，改革情况不理想

目前，省本级中只有江西省建立了非税收入收缴管理体系，其他各省区都处于尚未着手建设的阶段；地市本级中，有255个地市明确表示尚未着手建立非税收入收缴管理体系，占填报地市的87%。

（7）公务卡改革进程较缓慢，建设和管理仍需大力推进

目前，省本级中只有重庆市一家实现了一级预算单位和二级预算单位全覆盖的情况，而有22个省市区则只实现了对个别单位的覆盖；地市本级中，有229个地市明确表示只覆盖了个别预算单位，占填报单位的比重达到78%。

对于《公务卡强制结算目录》的建设和管理也处于缓慢推进期。省本级中只有福建省处于正在建设的进程中，尚无一个省份建成；地市本级中，有229个地市明确表示未着手开展《目录》建设工作，占比高达76%。

3.3　决算管理

财政决算是政府、机关、团体和事业单位的年度会计报告，是根据年度预算的最终执行结果编制的。决算管理同预算相适应，通过决算管理可以检查和总结预算执行情况。财政决算是经法定程序批准的年度预算执行结果的会计报告，包括报表和文字说明两部分。

决算管理是财政预算执行管理的末端和关键节点，属于基础性的财政管理活动，内容重要且涉及的面较大。调研中，共有 26 个省本级和 301 个地市本级参与了问卷的调查活动；共设计了 9 个问题来反映决算管理的基本情况和内容。

3.3.1　省本级的决算管理

省本级的决算管理问卷共包括 9 个方面的问题，涉及决算公开、进度要求、决算审核和决算期间管理等。

3.3.1.1　省本级决算信息公开管理

省本级的决算信息公开管理包括一般决算信息和“三公”支出的决算信息两部分。

（1）决算信息公开

各省本级要求的决算信息公开情况是：内蒙古和山西两省表示总决算的内容应该公开，公开的层次达到“项目”层级；吉林、山东、河南等 3 省表示总决算的内容应该公开，公开的层次达到“项”层级；湖北、河北、海南、重庆、四川、浙江、天津等 7 个省市表示总决算内容应该公开，公开的层级为“款”级；其他各省市区则属于需要报请人大或政府批准，并根据批准的情况予以公开（见图 3 – 82）。

（2）“三公”支出的决算公开

省本级的“三公”支出的决算公开情况是：吉林、安徽、山东、内蒙古、湖北、宁夏、贵州、河南、山西、福建、北京、天津等 12 个省市达到了整体的“三公”决算数据都进行公开的管理方式；河北、海南、云南等 3 个省市要求部分“三公”决算数据进行公开；其他省市区则需要根据预算单位的情况和人大政府的授权情况来具体确定（见图 3 – 83）。

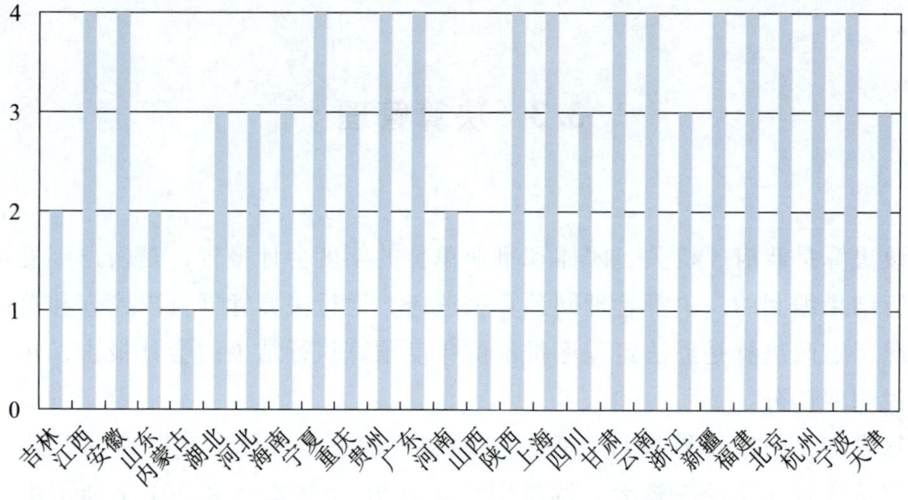

图 3－82 省本级的决算信息公开情况

注：1 为公开到“项目”层级；2 为公开到“项”层级；3 为公开到“款”层级；4 为需要人大或政府的批准。

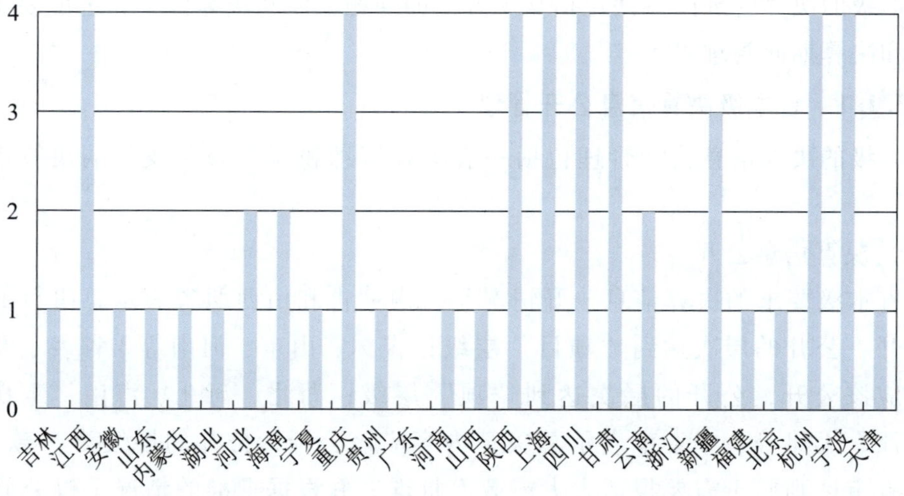

图 3－83 省本级“三公”支出的决算公开情况

注：1 为整体的“三公”决算数据都进行公开；2 为部分“三公”决算数据进行公开；3 为是否公开应由各预算单位根据具体情况决定；4 为是否公开应得到人大和政府的批准。

3.3.1.2 决算数据质量管理

省本级对保证决算数据质量的标准和要求情况是：江西、山东、内蒙古、湖北、河北、海南、宁夏、重庆、河南、甘肃、云南、浙江、新疆、福建、北京、杭州、宁波、天津等 18 个省市区与国库司的加强审核力度，确保完整和准确，账表一致、账证一致的原则完全一致；其他省市区则在原则上相对缺少，但对于完整性和准确性的要求都是各省坚持的基本准则。此外，河北和海南两省还将信息化、自动化的内容加入其中（见图 3－84）。

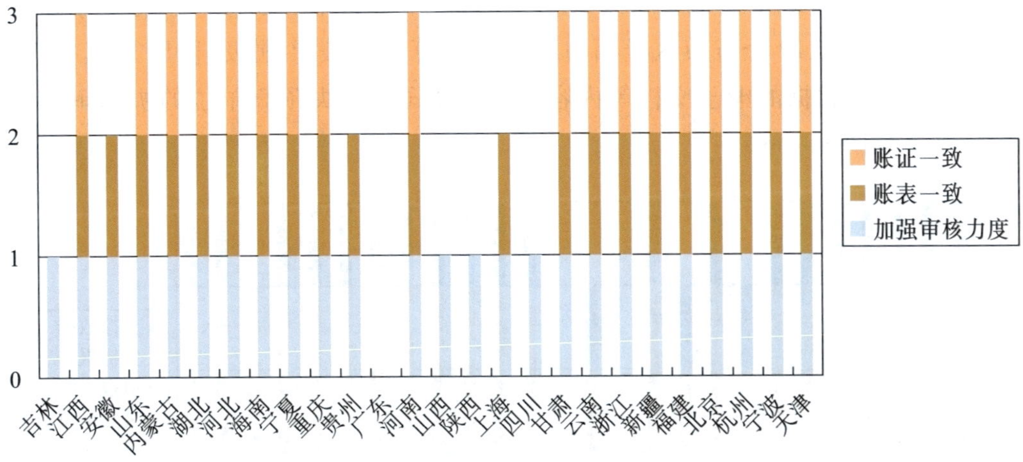

图 3－84 省本级的决算数据质量管理

3.3.1.3 预算单位决算时间管理

决算时间管理受到各项税款入库统计和其他财政管理活动的特殊要求相关。目前，只有四川和新疆两个省区要求各预算单位在 3 月底以前完成决算工作；吉林、内蒙古、湖北、重庆、浙江、北京等 6 个省市区要求预算单位在 4 月底前完成决算工作；其他省市区则要求在 5 月底前（见图 3－85）。

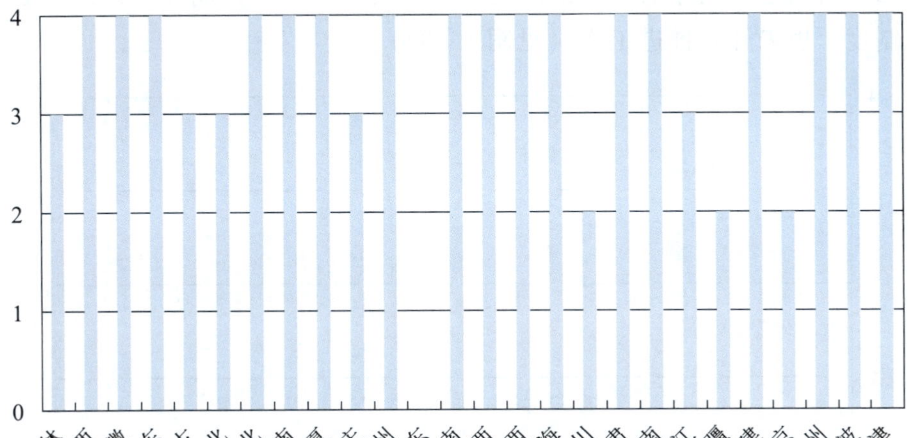

图 3－85 预算单位的决算时间要求

注：1 为 2 月底前；2 为 3 月底前；3 为 4 月底前；4 为 5 月底前。

3.3.1.4 决算审核管理

各省决算管理部门进行决算审核的情况是：吉林、江西、安徽、山东、内蒙古、湖北、宁夏、贵州、陕西、上海、四川、甘肃、云南、浙江、新疆、福建、北京、宁波、天津等19个省市区全面覆盖部门决算汇总表（项级科目）、填报说明、分析报告、支撑数据的电子文档等内容，与国库司对中央预算单位的决算审核要求基本一致（见图3-86）。

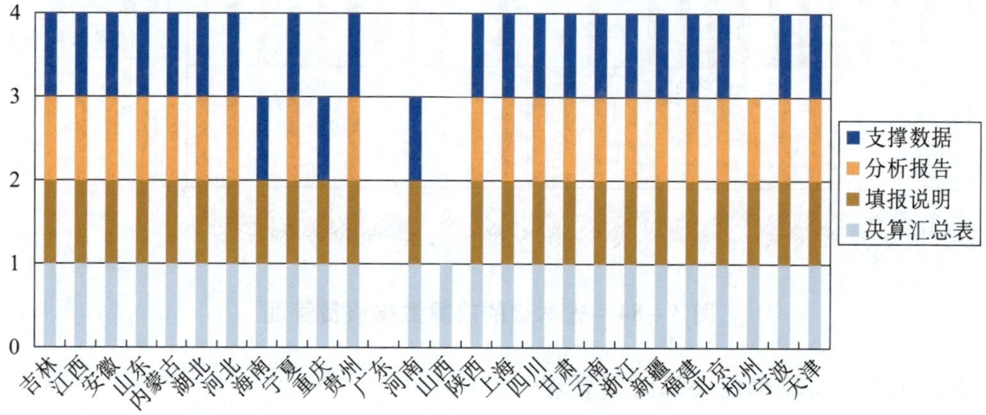

图3-86 各省本级决算审核管理情况

3.3.1.5 决算会审制度

决算会审制度是省本级决算管理中的薄弱环节：目前只有贵州省表示，决算会审制度已经由其他非国库的财政部门建立，并负责召开。其他各省市区均表示尚未建立该制度，也未开始推进工作（见图3-87）。

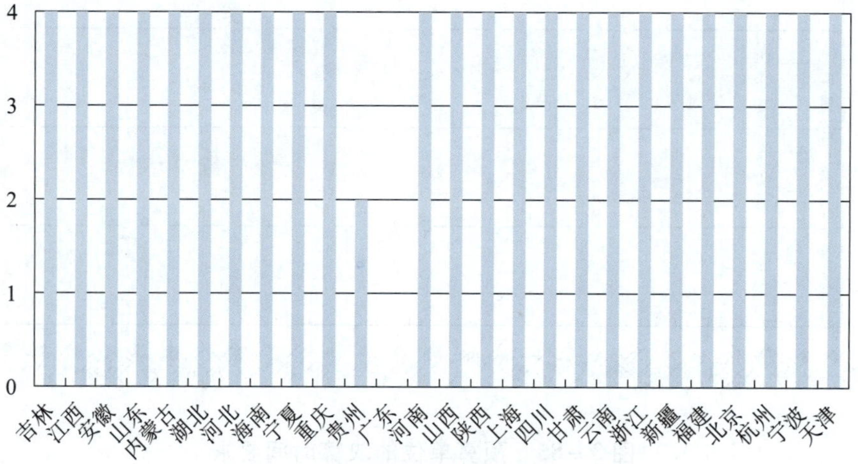

图3-87 省本级决算会审制度建设情况

注：1为已经由国库部门建立，并负责召开；2为由其他财政部门建立；3为尚未建立，正在推进中；4为尚未建立，也未开始推进工作。

3.3.1.6　财政资金的项目决算管理

项目决算管理是决算管理工作的重要构成。主要设计了决算时间管理、决算审核管理和决算期间管理等方面。

（1）项目决算时间管理

在使用财政资金的项目决算中，项目决算的时间要求情况是：山东、宁夏、重庆、河南、福建、北京、杭州、宁波、天津等 9 个省市要求项目建设单位应在项目竣工后一个月内完成竣工财务决算的编制工作，与财政部对项目单位的决算要求基本一致；安徽省要求在 3 个月内完成决算的编制工作；吉林、山西、四川、云南则要求在半年内完成决算的编制工作。其他各省市则未对项目决算有相关的规定（见图 3－88）。

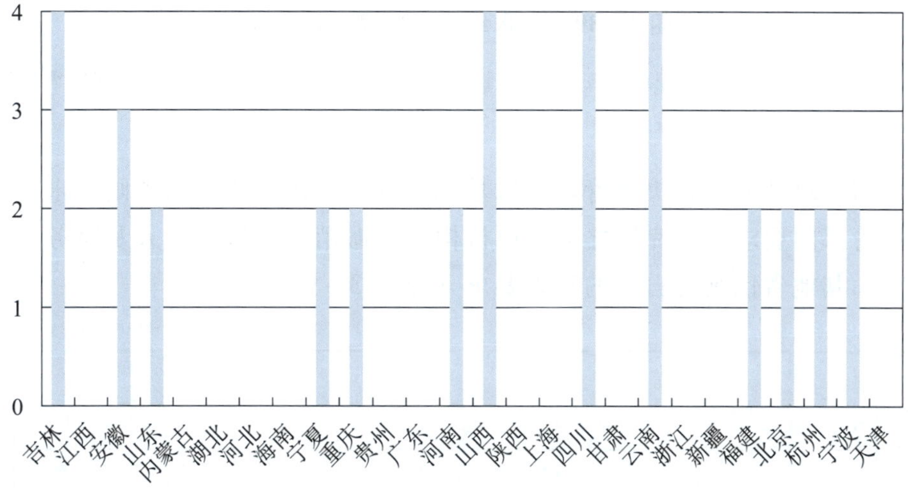

图 3－88　省本级对使用财政资金项目决算的时间管理

注：1 为项目竣工后即进入并完成决算编制；2 为项目竣工一个月内完成；3 为项目竣工 3 个月内完成；4 为项目竣工半年内完成。

（2）项目决算审核管理

省本级对项目决算中审核管理的情况是：山东省明确要求主管部门应在收到决算报告后一个月内完成审核工作，与财政部的相关管理规定基本一致；安徽、重庆、福建、宁波、天津等 5 省市则是主管部门审核后将决算报告报财政经建部门审批；其他省市区则表示为其他情况（见图 3－89）。

（3）项目决算期间原用款单位的管理要求

省本级对项目决算期间原用款单位的管理要求的情况是：云南省采取在决算未经财政部门批复之前，原机构不得撤销，项目负责人及财务主管人员不得调离的管

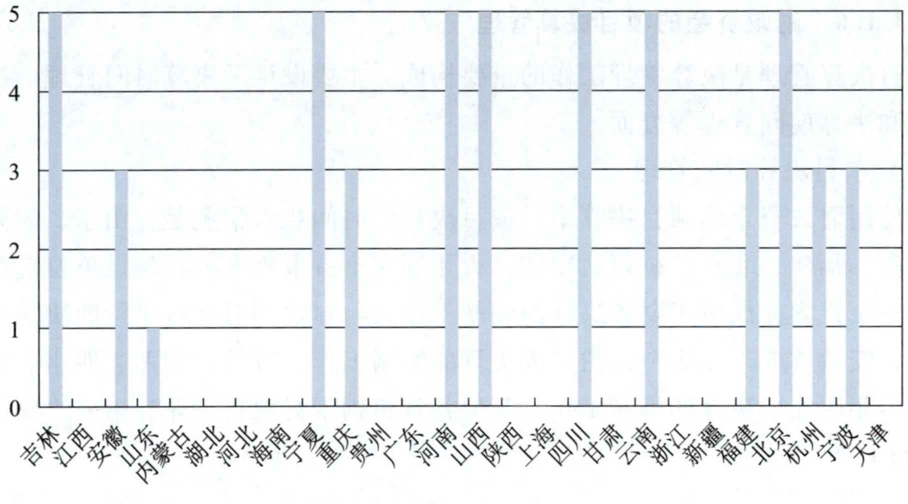

图 3－89　省本级项目决算审核管理

注：1 为主管部门一个月内完成审核；2 为主管部门 2 个月内完成审核；3 为主管部门审核后报财政经建部门；4 为主要部门审核后报财政国库部门；5 为其他情况。

理方式，与财政部的项目决算管理要求基本一致；山西、四川两省则要求在决算未能按照主管部门要求修改完毕之前，原机构不得撤销，项目负责人及财务主管人员不得调离。其他省区则有自身的管理要求（见图 3－90）。

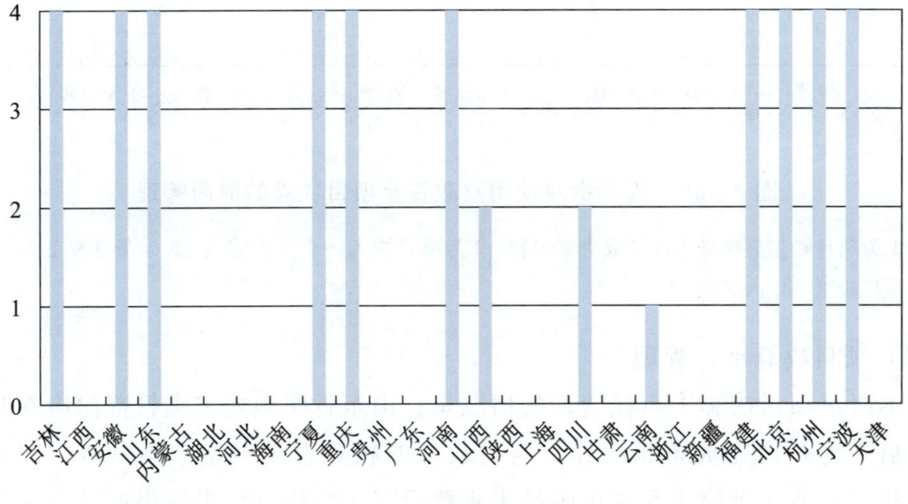

图 3－90　省本级对项目决算期间原用款单位的管理要求

注：1 为财政部门未批复前，原机构不得撤销，项目负责人及财务主管人员不得调离；2 为未能按照主管部门修改完毕前，原机构不得撤销，项目负责人及财务主管人员不得调离；3 为主管部门审核未完成前，原机构不得撤销，项目负责人及财务主管人员不得调离；4 为其他情况。

3.3.2　地市本级决算管理

通过地市本级问卷对决算信息公开、决算时效与数据质量和项目决算管理的相关内容进行反应与分析。

3.3.2.1　地市决算信息公开管理

（1）决算信息公开

各地市要求的决算信息公开情况是：有 198 个地市表示总决算的内容应该公开，公开的层次要达到“项目”层级，这一标准与财政部国库司推进的要求基本一致，占比为 74%；有 42 个地市要求公开的层次要达到“项”级，占比为 16%；有 14 个地市要达到“款”级，占比为 5%；有 15 个地市宣布总决算的内容应在人大和政府的批准下公开，占比为 5%（见图 3－91）。

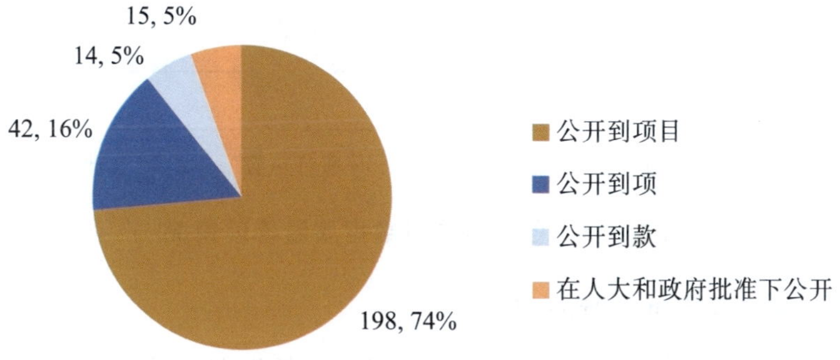

图 3－91　决算信息公开的情况

（2）“三公”支出的决算公开

各地市要求的“三公”支出的决算公开情况是：有 68 个地市的整体“三公”支出决算数据都进行公开，这一要求与财政部的要求基本一致，占比为 25%；有 31 个地市要求部分“三公”决算数据进行公开，占比为 12%；有 25 个地市要求是否公开应由各预算单位根据具体情况决定，占比为 9%；而有 145 个地市表示是否公开要根据人大和政府的批准，占比高达 54%（见图 3－92）。

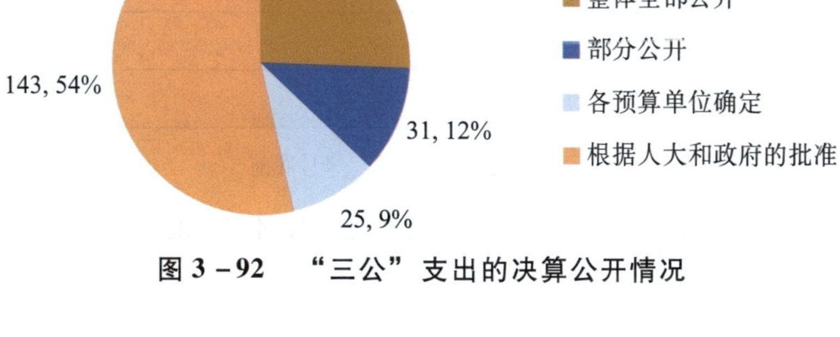

图 3－92　“三公”支出的决算公开情况

3.3.2.2 决算数据质量管理

各地市对保证决算数据质量的标准和要求的情况是：有 281 个地市的标准中有加强决算审核力度，确保决算信息的完整性和准确性的原则；有 214 个地市的标准中有账表一致的原则；有 172 个地市的标准中有账证一致的原则。根据统计，全面覆盖上述 3 个原则的地市共有 166 个地市，占比为55%，与财政部的决算数据管理要求基本一致（见图 3－93）。

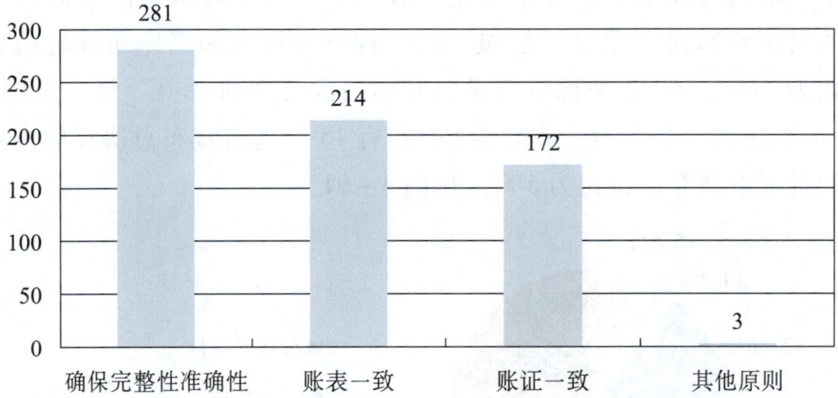

图 3－93 各地市决算数据质量管理情况

3.3.2.3 预算单位决算时间管理

各地市对各预算单位完成决算工作的时间要求情况是：有 2 个地市要求在 2 月底以前完成决算工作；有 4 个地市要求在 3 月底前完成决算工作；有 19 个地市要求在 4 月底前完成决算工作；而有 267 个地市要求在 5 月底以前完成决算工作，占比高达91%。这种决算时间安排有可能给省和中央的决算安排带来一定程度的影响（见图 3－94）。

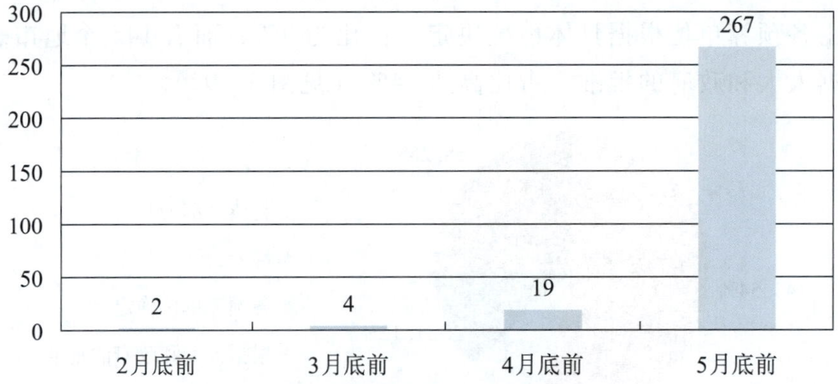

图 3－94 各地市预算单位决算时间情况

3.3.2.4 决算审核内容管理

各地市在决算审核中必须包括的内容的情况是：有 287 个地市将部门决算汇总表（项级科目）列为必审内容；有 276 个地市将填报说明列为必审内容；有 261 个地市将分析报告列为必审内容；有 242 个地市将支撑数据电子文档列为必审内容。总体上看，将上述 4 项内容全部包括的地市共有 221 家，占比为 73%，与财政部的规定基本一致（见图 3－95）。

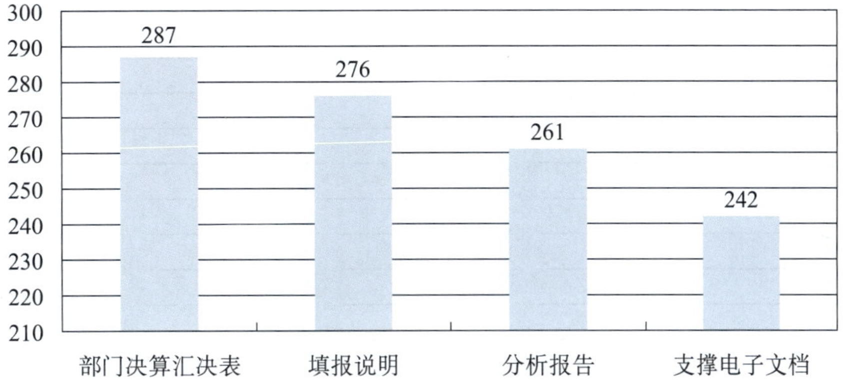

图 3－95 各地市的决算审核内容管理

3.3.2.5 决算会审制度管理

各地市决算会审制度的建立情况是：有 10 个地市已经由国库部门建立了决算会审制度，并负责召开，占比为 4%；有 17 个地市已经由其他的财政部门建立了该制度，并负责召开，占比为 6%；有 4 个地市尚未建立该制度，但正在推进的进程中；有 261 个地市尚未开始建立该制度，也未着手推进，占比高达 89%（见图 3－96）。

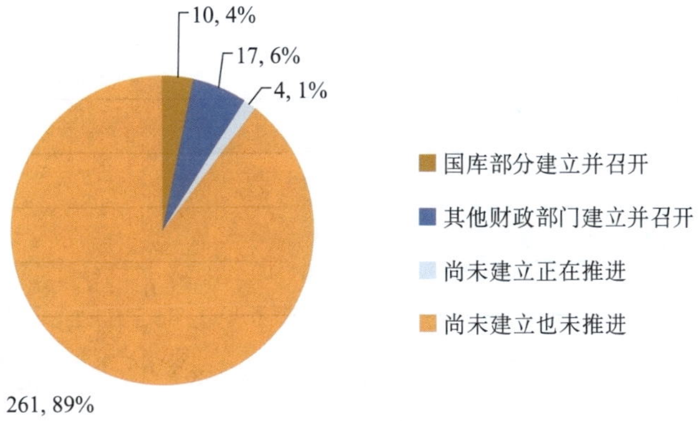

图 3－96 各地市决算会审制度管理情况

3.3.2.6 财政资金的项目决算管理

（1）项目决算的时间管理

各地市在使用财政资金的项目决算中，项目决算的时间要求情况如下：有13个地市要求项目建设单位应在项目竣工后即行完成竣工财务决算的编制工作；有83个地市要求建设单位应在项目竣工后的一个月内完成竣工财务决算的编制工作；有48个地市要求应在竣工的三个月内完成决算的编制工作；有55个地市要求应在竣工后半年内完成决算的编制工作（见图3－97）。

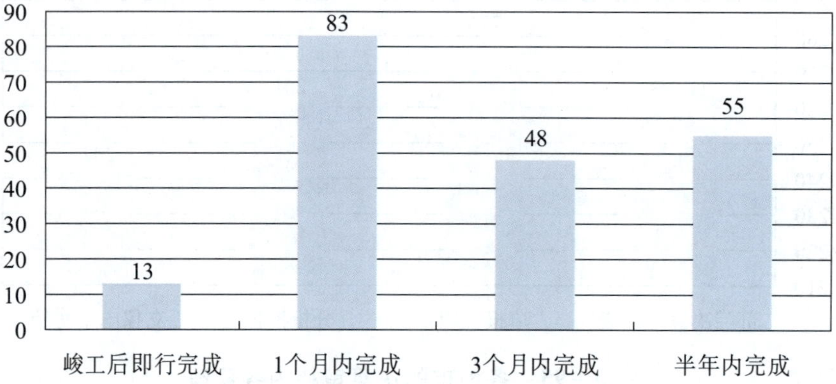

图3－97 各地市项目决算的时间管理

（2）项目决算审核管理

各地市本级对项目决算中审核管理的要求情况是：有20个地市要求主管部门应在收到决算报告后一个月内完成审核工作；有39个地市要求主管部门应在收到决算报告后两个月内完成审核工作；有54个地市要求主管部门审核后须报请财政经建部门审批；有54个地市选择其他的管理方式（见图3－98）。

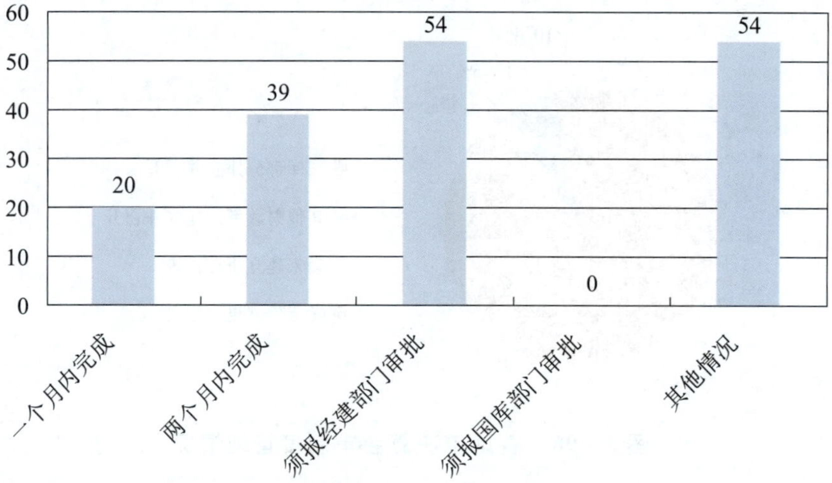

图3－98 各地市项目决算审核管理情况

（3）项目决算期间原用款单位管理

各地市对于项目决算期间原用款单位的管理要求情况是：有 8 个地市要求在决算未经财政部门批复之前，原机构不得撤销，项目负责人和财政主管人员不得调离；有 39 个地市要求在决算未能按照主管部门要求修改完毕之前，原机构不得撤销，项目负责人和财务主管人员不得调离；有 8 个地市要求在决算未经主管部门审核之前，原机构不得撤销，项目负责人及财务主管人员不得调离。有 131 个地市表示采用其他较为特殊的管理方法和要求（见图 3－99）。

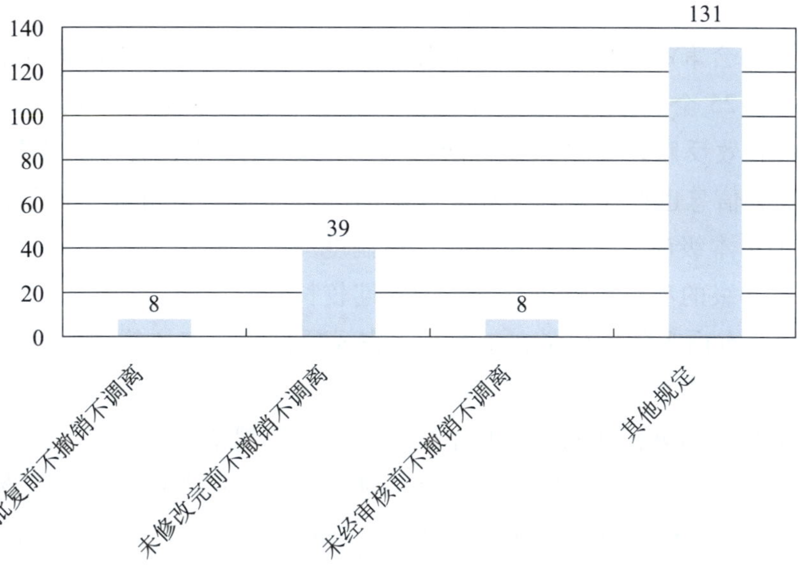

图 3－99　项目决算期间原用款单位管理情况

3.3.3　决算管理上主要的成绩和不足

决算管理是财政资金管理中关键性环节，对于保障预算编制的强制性，维护预算执行的有效性和加强财政资金的监督管理具有重要的意义。公共财政体系建设以来，我国的决算管理取得了长足的进步和发展，形成了推进现代财政制度建设的有效基础，但也存在一定的不足和问题，需要得到重视和改进。

3.3.3.1　决算管理上的主要创新和成绩

（1）决算数据公开成为共识，地市级在决算公开上取得重大进展

目前，省、市两级在决算数据公开，特别是“三公”支出数据公开上取得了重要进展：有山东、吉林等 12 个省市区按规定将“三公”支出数据完全公开，并且不须再报请人大和政府另行批准；而地市级已有 198 个地市选择将决算数据公开到“项目”级，超过了财政部的当期要求，占比高达 66%。

（2）决算审核管理的内容标准翔实

在决算审核管理中，有19个省市区将决算信息汇总表、填报说明、分析报告和支撑数据的电子文档全面列为审核材料；而在地市级层面则有73%的地市将上述四个方面的内容列为审核材料。决算审核的标准化和规范化程度大大提升。

（3）地市级项目决算时间管理中时效性的大大提高

在地市级项目决算中，有96个地市要求项目竣工后一个月内编制项目决算报告，占比高达32%。这一要求时效性强、难度高，但对企业和个人的资金流转和项目财政资金的安全管理具有重要的作用。

3.3.3.2 决算管理上的主要问题和不足

（1）决算会审制度推进缓慢，部分影响决算信息的完整性和准确性

目前，有25个省本级尚未着手建立决算会审制度，从而导致部分决算信息未能在决算中有效反映，或是重要的决算管理突破和改革没有得到重视的情况。此外，部分决算信息也存在失真、重复和疏漏的可能性。地市级层面情况也不乐观，有89%的地市本级尚未着手建设决算会审制度。

（2）省本级的项目决算审核管理的周期较长

目前，只有山东省做到了在1个月内完成项目决算审核管理的时效性要求，其他各省市区都超过了一个月。

（3）项目决算审核期间对项目单位的管理较不规范

根据财政部对中央财政资金投资项目的要求，在财政部门完成审核前，项目建设单位应不撤销，项目负责人和主要财务人员应不调离，但达到这一标准的省本级只有云南一省，而地市本级只有8个地市，占比仅为2%。

3.4 地方政府债券管理

作为地方政府财政的收入来源之一，债券资金已经成为配合中央积极财政政策的重要方式，它有利于增强地方安排配套资金和扩大政府投资的能力。最早始自1998年的国债专项资金转贷地方，最近的始自全球经济危机后2009年中央代发的地方政府债券，这些债券资金的管理效果直接决定积极财政政策效果，因此下面将针对这两类债券资金的管理进行考察分析。

3.4.1 省本级地方债券管理

地方政府债券管理包含了地方政府对国债专项资金以及中央代发地方债券的管理，从制度建设、债券收入使用及管理、债券支出结构等全面反映地方政府债券管

理使用能力。

（1）债务管理制度建设

根据问卷统计，除了内蒙古、湖北、河北、海南、贵州、广东、甘肃、福建这8个省份外，围绕政府性债务管理制度、政府负有偿还责任的举借审批制度、债务收支计划编制、债务风险预警制度这四项主要债务管理制度，填写有效问卷的省份中有35.7%的省份覆盖了上述四项内容，覆盖三项、二项、一项均为21.4%（见表3－1）。

表3－1 有效问卷中不同省份债务管理制度

省份	政府性债务管理制度	政府负有偿还责任的举借审批制度	债务收支计划编制	债务风险预警制度
吉林	√		√	√
江西				
安徽	√	√	√	√
山东	√		√	
宁夏	√			
重庆	√			√
河南			√	
山西	√	√	√	√
陕西	√			
上海	√	√		√
四川	√			√
甘肃				
云南	√	√		√
浙江	√	√	√	√
北京	√	√	√	√
天津	√	√	√	√

资料来源：2014年各省市财政国库管理问卷。

（2）国债专项资金使用

国债专项资金使用调查中，有吉林、安徽、海南、宁夏、山西、陕西、上海、云南等8个省份提供了统计数据，结果表明：吉林、海南、云南的国债专项资金投向集中在农林水利、交通建设、环保和市政、教育和医疗卫生这四大领域，安徽、陕西集中于农林水利、交通建设，宁夏集中在农林水利投资、环保和市政、教育和医疗卫生，山西集中在交通建设、环保和市政、教育和医疗卫生，上海集中在交通建设、环保和市政（见表 3－2）。

表 3－2　各省国债专项资金使用方向

省份	农林水利投资	交通建设	城乡电网	环保和市政	教育、医疗卫生	高科技	国家直属粮库	其他
吉林	√	√		√	√			
江西								
安徽	√	√						
海南	√	√		√	√			
宁夏	√			√	√			
山西		√		√	√			
陕西	√	√						
上海		√		√				
云南	√	√		√	√			√

资料来源：2014 年各省市财政国库管理问卷。

注：云南其他部分是“偿还以前年度债券本金及二级公路债务”。

（3）地方债券管理

按照中央要求，地方债券收入使用范围应包括保障性安居工程、农村民生工程和农村基础设施、医疗卫生、教育文化等社会事业基础设施、生态建设工程、地震灾后恢复重建以及其他涉及民生的项目建设与配套等。除了河北省、贵州省、广东省、新疆维吾尔自治区外，其他 20 个省市自治区本级提交的有效问卷统计显示，所有省市自治区本级都有投向保障性安居工程，94.74% 的省市自治区本级投向了生态建设工程，89.47% 的省市自治区本级投向医疗卫生及教育文化等社会事业基础设施，84.21% 的省市自治区本级投向农村民生工程和农村基础设施，63.16% 的省市自治区本级投向地震灾后恢复重建以及其他涉及民生的项目建设与配套（见图 3－100）。

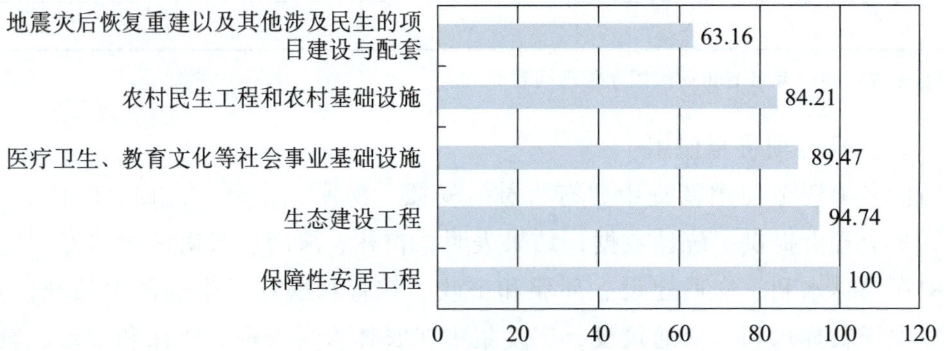

图 3－100　地方债券收入范围

在省级提交的有效问卷中，所有省市自治区本级在 2011 年、2012 年都能足额安排地方政府债券还本付息所需资金，及时向中央财政上缴地方政府债券本息、发行费等资金。83.3% 的省市自治区本级为了履行地方政府还款责任，制定了对逾期拖欠行为进行处罚的规章制度。

对于本级债务还本付息的压力感受调查中，有 29.41% 的省市自治区本级感觉压力很大，52.94% 的省市自治区本级感觉压力一般，17.65% 的省市自治区本级感觉压力很小（见图 3-101）。

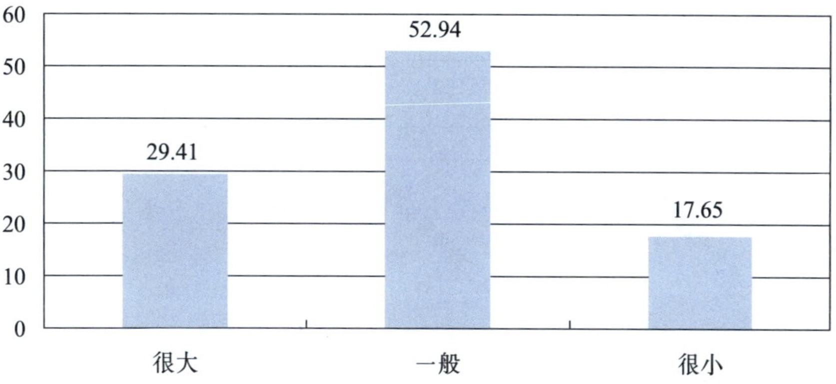

注：压力大小的依据是：本年度债务还本付息支出/本年财政收入 >20%，则压力很大；如果本年度债务还本付息支出/本年财政收入 <1% 则很小；一般则该比例为 10% 左右。

图 3-101　地方本级地方债还本付息压力程度

在省级提交的有效问卷中，用地方政府债券发行收入安排支出的部门和单位，全部将支出纳入部门预算和单位预算的比例为 70.59%，一半以上将支出纳入部门预算和单位预算的比例为 5.88%，暂时没有纳入预算的比例为 23.53%。94.44% 的省市自治区本级地方政府将地方债券收入全额纳入省级财政预算管理、94.12% 的省市自治区本级地方政府将地方政府债券收入安排的支出全额纳入地方本级财政预算管理。

此外，地方政府债券期限多数为短期。调查问卷结果显示，2011 年 84.21% 的省市自治区本级地方政府债券期限为 3 年期，2012 年 82.35% 的省市自治区本级地方债券期限为 3 年期。

3.4.2　地市本级地方债券管理

地方政府债券管理包含了地方政府对国债专项资金以及中央代发地方债券的管理，从制度建设、债券收入使用及管理、债券支出结构等全面反映地方政府债券管理使用能力。

（1）债务管理制度建设

有效问卷统计结果显示，36.93% 的地市本级国债专项资金管理使用了财政部文件，30.07%的地市本级国债管理使用了省级财政文件。54.9%的地市本级债务管理制度包含了政府性债务管理制度，24.51%的地市本级债务管理制度包含了政府负有偿还责任的举借审批，21.24%的地市本级债务管理制度包含了债务风险预警制度，15.69%的地市本级债务管理制度包含了债务收支计划编制，66.01%的地市本级债务管理制度还包含了其他制度（见图3-102）。

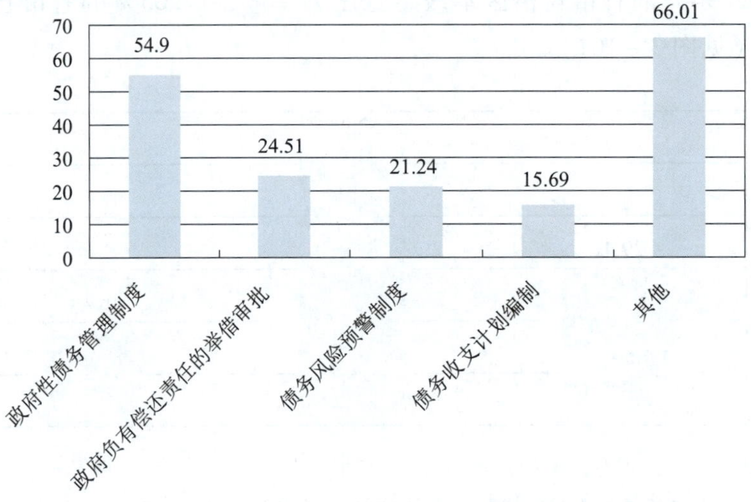

图3-102 地市本级债务管理制度涵盖领域

（2）国债专项资金使用

国债专项资金使用调查中，有20.92%的地市本级将国债专项资金投向了农林水利投资领域，20.26%的地市本级将国债专项资金投向了交通建设领域，17.32%的地市本级将国债专项资金投向了教育、医疗卫生领域，2.94%的地市本级将国债专项资金投向了城乡电网改造，1.63%的地市本级将国债专项资金投向了高科技领域，0.33%的地市本级将国债专项资金投向了国家直属粮库，总的来说这些领域都符合国家大的政策要求（见图3-103）。

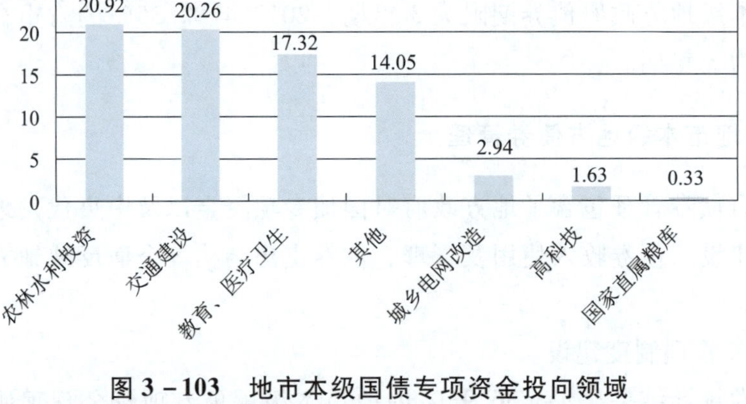

图3-103 地市本级国债专项资金投向领域

（3）地方债券管理

按照中央要求，地方债券收入使用范围应包括保障性安居工程、农村民生工程和农村基础设施、医疗卫生、教育文化等社会事业基础设施、生态建设工程、地震灾后恢复重建以及其他涉及民生的项目建设与配套等。有效问卷统计显示（见图 3－104），57.84% 的地市本级将地方债券收入投向保障性安居工程，51.63% 的地市本级将地方债券收入投向医疗卫生、教育文化等社会事业基础设施，44.77% 的地市本级将地方债券收入投向农村民生工程和农村基础设施，31.7% 的地市本级将地方债券收入投向生态建设工程，16.66% 的地市本级将地方债券收入投向地震灾后恢复重建以及其他涉及民生的项目建设与配套。

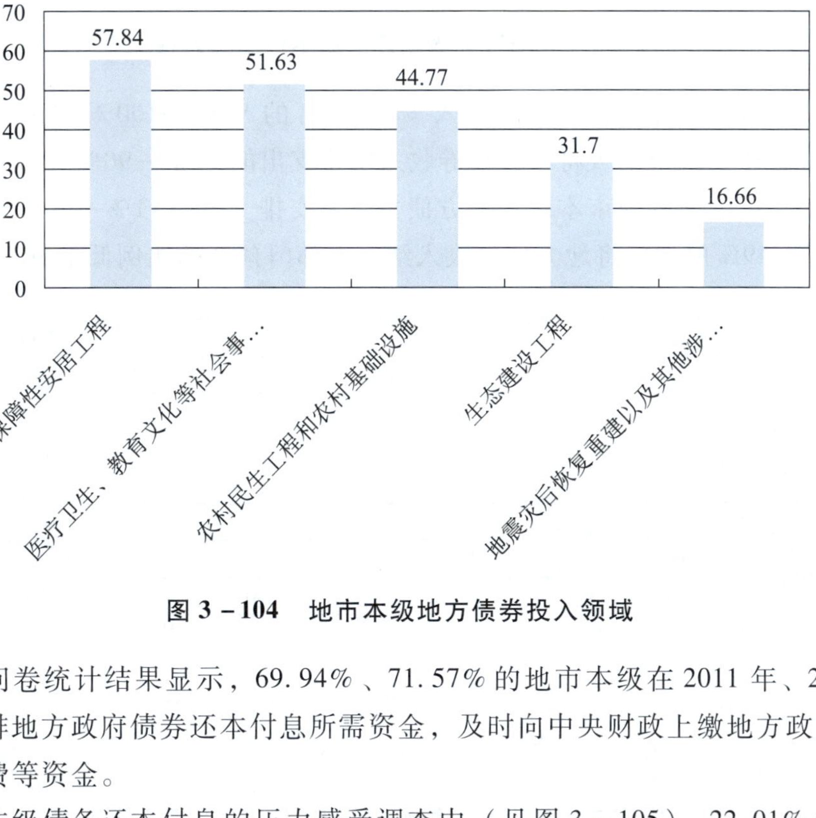

图 3－104　地市本级地方债券投入领域

有效问卷统计结果显示，69.94%、71.57% 的地市本级在 2011 年、2012 年都能足额安排地方政府债券还本付息所需资金，及时向中央财政上缴地方政府债券本息、发行费等资金。

对于本级债务还本付息的压力感受调查中（见图 3－105），22.01% 的地市本级感觉压力很大，47.70% 的地市本级感觉压力一般，30.28% 的地市本级感觉压力很小。

地方政府债券收入由省级财政转贷部分全额纳入市、县级财政预算的地市本级比例为 66.84%；70% 的地市本级将地方政府债券收入安排的支出全额纳入地方本级财政预算管理。

地市本级政府用地方政府债券发行收入安排支出的部门单位，将支出纳入部门预算的比例分布结果显示（见图 3－106）：38.22% 的地市本级全额纳入部门预算，

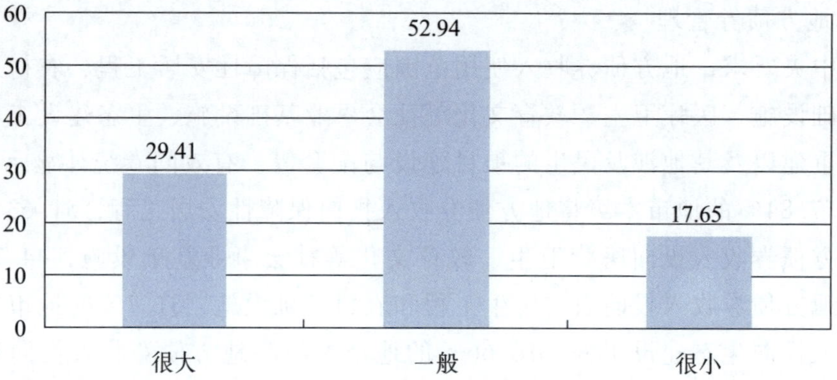

注：压力大小的依据是：本年度债务还本付息支出/本年财政收入 > 20%，则压力很大；如果本年度债务还本付息支出/本年财政收入 < 1% 则很小；一般则该比例为 10% 左右。

图 3－105　地方本级地方债还本付息压力程度

17.20% 的地市本级将地方债券收入安排支出的 91%—100% 纳入部门预算，1.27%、1.27% 的地市本级将地方债券收入安排支出的 71%—90%、51%—70% 纳入部门预算，0.64% 的地市本级将地方债券收入安排支出的 11%—30% 纳入部门预算，还有 39.49% 的部门将地方债券收入纳入本部门预算的比例低于 10%。

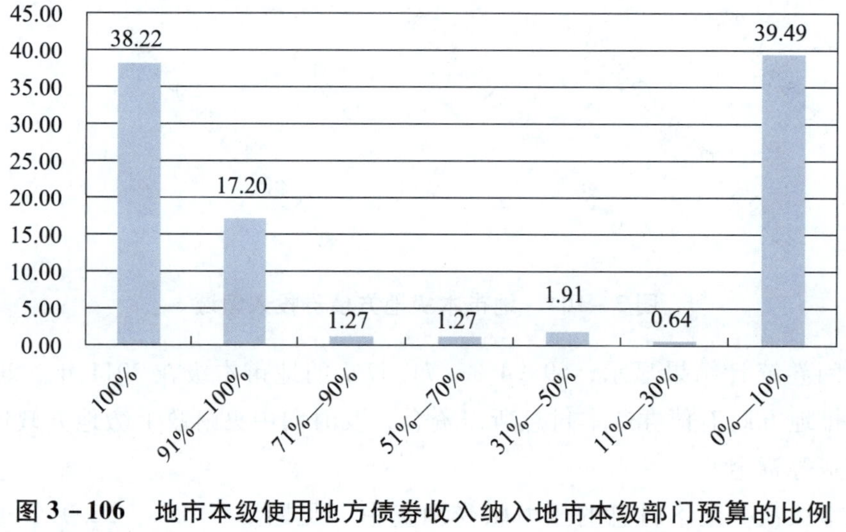

图 3－106　地市本级使用地方债券收入纳入地市本级部门预算的比例

有效问卷统计结果显示（见图 3－107），有 64.38% 的地市本级地方债券还本付息收入来源来自于一般预算收入，有 35.29% 的地市本级地方债券还本付息收入来源来自于土地出让收入，有 20.92% 的地市本级地方债券还本付息收入来源来自于政府性基金收入，有 9.8% 的地市本级地方债券还本付息收入来源来自于新发行地方债券收入，有 7.19% 的地市本级地方债券还本付息收入来源来自于上级转移支付，有 5.88% 的地市本级地方债券还本付息收入来源来自于国有资本经营收入，有 2.94% 的地市本级地方债券还本付息收入来源于国有资产变现收入。

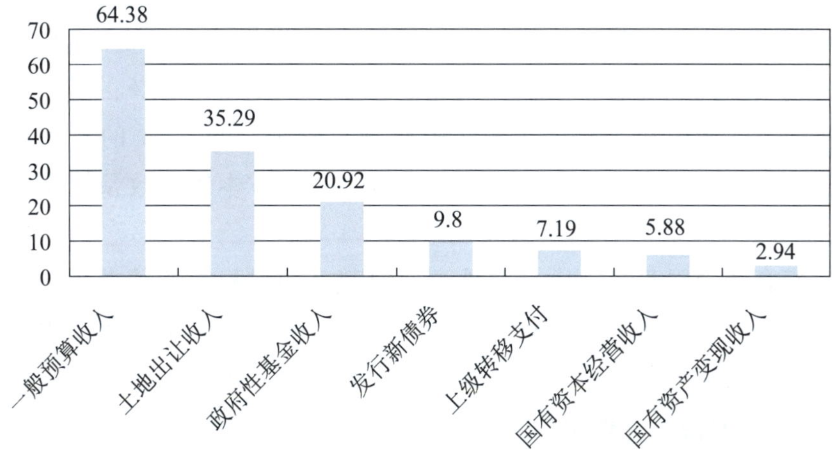

图 3-107　地市本级地方债券还本付息收入来源

此外，地方政府债券期限多数为短期。调查问卷结果显示，2011 年 84.21% 的地市本级地方政府债券期限为 3 年期，2012 年 82.35% 的地市本级地方债券期限为 3 年期。

3.4.3　地方债券管理中的成绩与不足

在全国各级地方财政系统的努力下，地方债券管理中已经形成了一套相对完善的管理制度，取得了一些成绩，也发现一些问题。

3.4.3.1　地方债券管理中的成绩

（1）国债专项资金使用方向规范。

通过对问卷的分析，我们发现无论省本级还是地市本级，其国债专项资金基本都投向了农林水利、交通建设、城乡电网、环保市政、教育医疗、高科技、国家直属粮库等基本民生领域。

（2）地方债券投向符合政策要求

通过对问卷的分析，我们发现大部分的省市自治区本级、地市本级都按照财政部门的要求将获得的地方政府债券收入投向了包括保障性安居工程、农村民生工程和农村基础设施、医疗卫生、教育文化等社会事业基础设施、生态建设工程、地震灾后恢复重建以及其他涉及民生的项目建设与配套等领域。

（3）地方政府基本都能正常履行还本付息责任

在省级提交的有效问卷中，所有省市自治区本级在 2011 年、2012 年都能足额安排地方政府债券还本付息所需资金，及时向中央财政上缴地方政府债券本息、发行费等资金；部分地方政府还就无法及时足额还本付息制定了相应的处罚制度。总体而言，省本级感受到的压力略小于地市本级。

(4) 大部分地方政府都将地方政府债券收入使用纳入部门预算管理

在省级提交的有效问卷中，用地方政府债券发行收入安排支出的部门和单位，全部将支出纳入部门预算和单位预算的比例为70.59%；94.44%的省市自治区本级地方政府将地方债券收入全额纳入省级财政预算管理、94.12%的省市自治区本级地方政府将地方政府债券收入安排的支出全额纳入地方本级财政预算管理。

(5) 地方政府还债具有稳定的收入来源

地方政府有效问卷显示，大部分地方政府都有相对稳定的债券还本付息收入来源，主要来自一般预算收入，还有土地出让收入、政府性基金收入，少数来自上级转移支付、国有资本经营收入，极少数来自国有资产变现收入以及发行新债收入。

3.4.3.2 地方债券管理中的不足

在看到成绩的同时，我们也要看到地方债券管理中也存在着一些问题，主要表现在下面两个方面：

(1) 地方本级债务还本付息来源规范性有待提高

地方本级地方债还本付息来源中，88.89%的省市自治区使用一般预算收入，22.22%的省市自治区使用上级转移支付，16.67%的省市自治区使用政府性基金收入，33.33%的省市自治区使用土地出让收入，5.56%的省市自治区使用国有资本经营收入或国有资产变现收入，61.11%的省市自治区发行新债券收入。

(2) 债务管理制度不健全

地市本级已经建立了相关的债务管理制度中，政府性债务管理制度、政府负有偿还责任的举借审批制度、债务收支计划编制、债务风险预警制度中，有33.01%的省市自治区没有建立上述制度，有35.29%的省市自治区仅仅建立了其中一项制度，12.75%的省市自治区仅有两项制度，9.8%的省市自治区仅有三项制度，8.5%的省市自治区仅有4项制度，五项都有的只有0.65%。有41.18%的地市本级建立了对逾期拖欠行为进行处罚的规章制度以督促地方落实还款责任。

3.5 地方本级国库现金管理

国库现金是财政部在央行总金库的活期存款。国库现金管理的方式主要包括银行定期存款和货币市场运作，有助于完善中国货币政策调控并协调财政货币政策。实施中央国库现金管理主要目的在于，在确保中央财政国库支付需要前提下，以实现国库现金余额最小化和投资收益最大化。

3.5.1　省本级国库现金管理

国库现金管理是财政管理的重要组成部分，即包括国库现金管理的一系列制度和管理基础工作，还包括国库与人民银行的协调、国库统计数据分析、国库现金收益以及国库风险控制等方面。

（1）国库现金管理制度基础

有效调查问卷显示，100% 的省市自治区本级都建立起国库集中支付制度，100% 的省市自治区本级省本级预算都实现了部门预算。

本地国库单一账户体系中，调查问卷显示，100% 的省市自治区本级建立了国库单一账户，95.65% 的省市自治区本级建立了财政开设的零余额账户[①]，91.3% 的省市自治区本级建立了预算单位零余额账户，60.87% 的省市自治区本级建立了预算外资金专户，69.57% 的省市自治区本级建立了特设专户，4.35% 的省市自治区本级建立了小额现金账户（见图 3－108）。

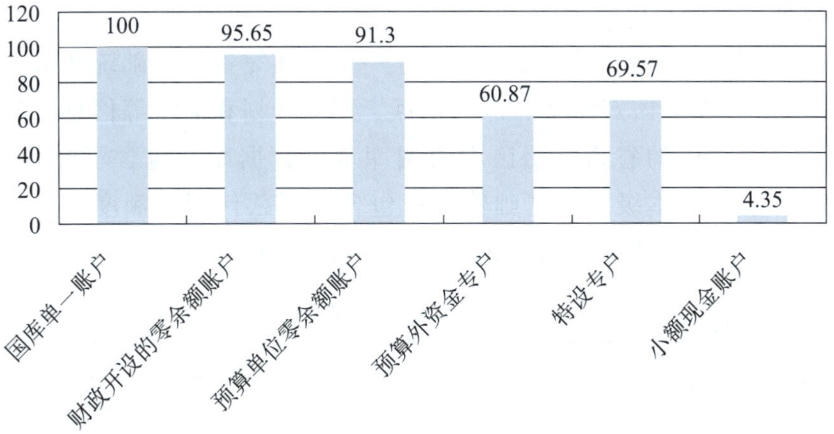

图 3－108　省本级国库单一账户体系涵盖内容

在 23 个有效省市自治区本级调查问卷中，仅有 10 个即 43.48% 的省市自治区本级制定了本地国库现金管理工作的制度文件；这 10 个省市自治区本级中有 9 个还给出了本地国库现金管理制度具体文件名。

（2）国库与人民银行间协调机制

有效统计问卷中，22 个省市自治区本级中有 21 个都建立了国库与人民银行间的协调机制，占比为 95.45%。

有效统计问卷中，省本级财政与人民银行横向联网工作按照上线运行、上线运行工作启动、联调测试评估、联调测试工作启动、前期准备工作、尚未进行来分

① 财政开设的零余额账户就是财政直接支付的账户；预算单位零余额账户是财政授权支付账户。

类，结果表明，65%的省市自治区本级财政与人民银行横向联网工作已经上线运行，30%的省市自治区本级财政与人民银行横向联网工作已经启动，还有5%的省市自治区本级财政与人民银行横向联网工作还处于前期准备阶段（见图3－109）。

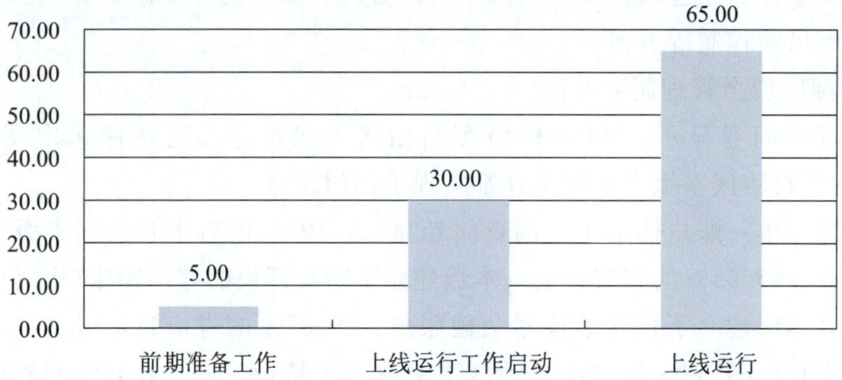

图3－109 省本级财政与人民银行间数据间横向联网程度

（3）数据库建设及预测

国库现金统计中一项基础工作就是建立一个全面完备的基础统计数据库，应该包含财政收支、税基、宏观经济、部门预算、用款计划和额度等信息。有效问卷统计结果显示，93.75%的省市自治区本级国库基础数据库都包含了财政收支信息，31.25%的省市自治区本级国库基础数据库包含了用款计划和额度信息，25%的省市自治区本级国库基础数据库包含部门预算信息（见图3－110）。

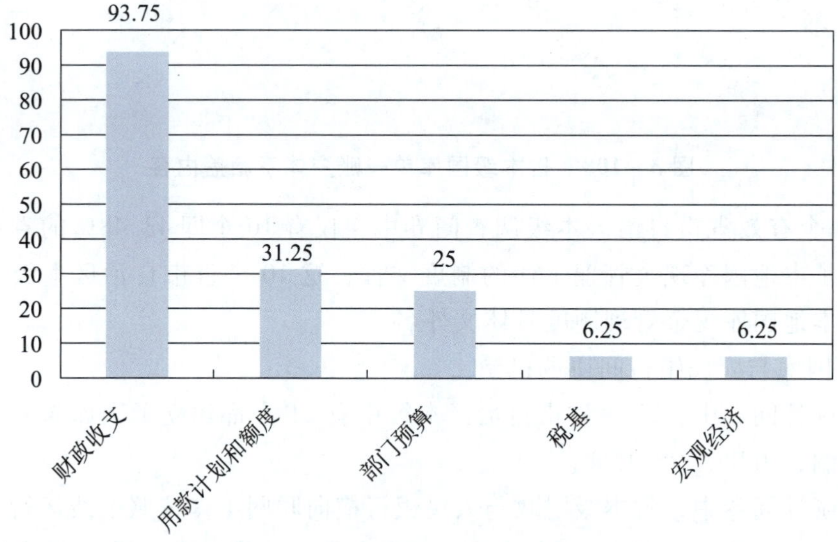

图3－110 省本级国库现金管理基础数据库内容

有效问卷调查结果显示（见图 3－111），国库现金流预测精确到季度的省市自治区本级比例为 14.29%，精确到月度的省市自治区本级比例为 42.86%，精确到周的省市自治区本级比例为 28.57%，精确到天的为 14.29%。

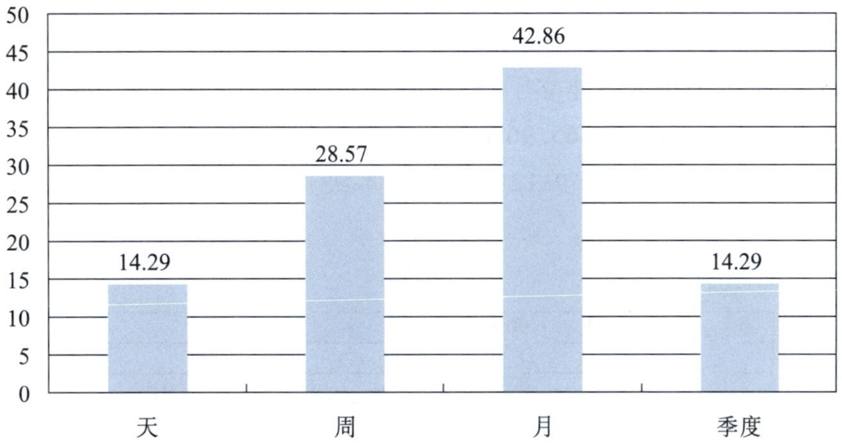

图 3－111　省本级国库现金流预测精确度

（4）国库现金收益

有效问卷统计结果显示，有 50% 的省市自治区本级尝试创新国库现金管理方式。鉴于目前中央没有制定关于地方开展国库现金收益的指导性文件，各个地方在这个方面有的进行了大胆尝试，有的鉴于现有制度制约未能进行尝试。大部分省市自治区本级主要适用商业银行存款形式进行，采用短期存款形式的比例为 31.25%，采用定期存款形式的比例为 75%，12.5% 的调入专户进行理财。

（5）国库现金管理风险控制

国库现金管理风险控制包括债券担保或抵押、政府资金安全核查、资金安全的预警机制，主要体现在国库现金收支匹配程度高低上，匹配程度高则说明管理风险效果明显。有效问卷统计显示，省市自治区本级国库现金收入和支出余额在时间和数量高度匹配的比例为 20%，46.67% 的地市本级为中度匹配。

地方本级财政部门对国库资金安全核查工作进行的频度为季度的省市自治区比例为 33.33%，频度为月度的省市自治区比例为 38.89%，频度为周的省市自治区比例为 11.11%，频度为日的省市自治区比例为 16.67%。此外，77.8% 的省市自治区建立了国库资金安全的预警机制。

3.5.2　地市本级国库现金管理

国库现金管理是财政管理的重要组成部分，即包括国库现金管理的一系列制度和管理基础工作，还包括国库与人民银行的协调、国库统计数据分析、国库现金收益以及国库风险控制等方面。

(1) 国库现金管理制度基础

有效调查问卷显示，98.27%的地市本级都建立起国库集中支付制度，98.6%的地市本级省本级预算都实现了部门预算。

本地国库单一账户体系中，调查问卷显示，93.33%的地市本级建立了国库单一账户，91.23%的地市本级建立了财政开设的零余额账户[①]，90.08%的地市本级建立了预算单位零余额账户，65.96%的地市本级建立了预算外资金专户，64.91%的地市本级建立了特设专户，9.12%的地市本级建立了小额现金账户（见图3-112）。

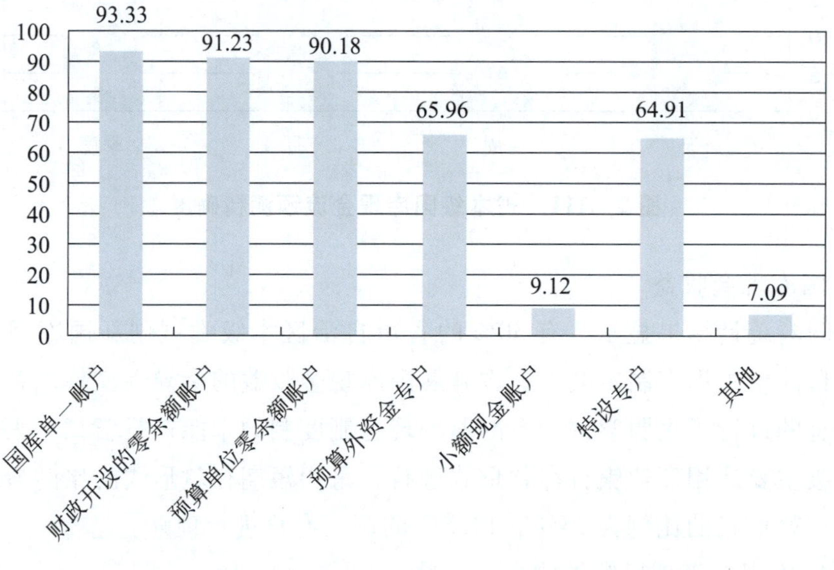

图3-112 地市本级国库单一账户体系涵盖内容

(2) 国库与人民银行间协调机制

有效问卷统计显示，有91.72%的地市本级财政国库部门建立了与人民银行间的协调机制。

有效问卷统计显示，本级财政与人民银行横向联网工作按照上线运行、上线运行工作启动、联调测试评估、联调测试工作启动、前期准备工作、尚未进行来分类，结果表明，54.28%的地市本级财政与人民银行横向联网工作已经上线运行，8.18%的地市本级财政与人民银行横向联网工作已经启动，18.22%的地市本级财政与人民银行横向联网工作还处于前期准备阶段，17.1%的地市本级尚未进行这一工作（见图3-113）。

① 财政开设的零余额账户就是财政直接支付的账户；预算单位零余额账户是财政授权支付账户。

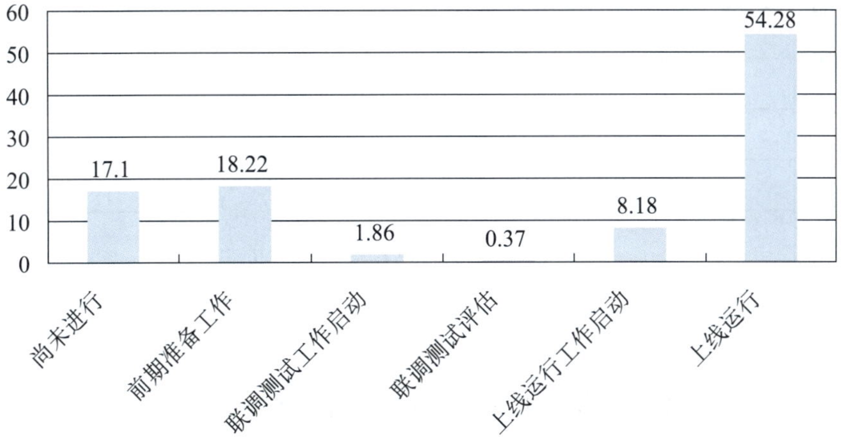

图 3－113　地市本级财政与人民银行间数据间横向联网程度（%）

（3）数据库建设及预测

国库现金统计中一项基础工作就是建立一个全面完备的基础统计数据库，应该包含财政收支、税基、宏观经济、部门预算、用款计划和额度等信息。有效问卷统计结果显示，87.75%的地市本级国库基础数据库都包含了财政收支信息，60.78%的地市本级国库基础数据库包含了用款计划和额度信息，49.02%的地市本级国库基础数据库包含部门预算信息（见图 3－114）。

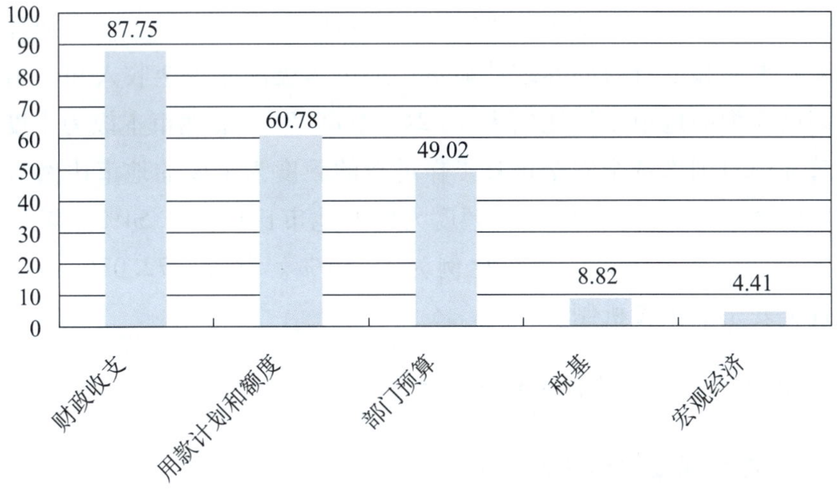

图 3－114　地市本级国库现金管理基础数据库内容

有效问卷调查结果显示（见图 3－115），和省级一样，大部分预测现金流的精度达到月度，精确到月度的地市本级比例为 54.76%，精确到季度的地市本级比例为 15.48%，精确到天的地市本级比例为 13.1%，精确到周的地市本级比例为 9.52%，精确到旬的地市本级比例为 7.14%。

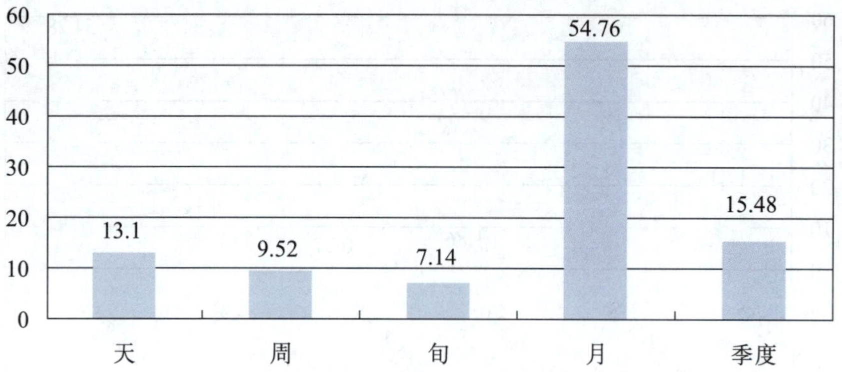

图 3－115　地市本级国库现金流预测精确度

（4）国库现金收益

鉴于目前中央没有制定关于地方开展国库现金收益的指导性文件，各个地方在这个方面有的进行了大胆尝试，有的鉴于现有制度制约未能进行尝试。有效问卷统计结果显示，有30%的地市本级尝试创新国库现金管理方式。大部分地市本级主要适用商业银行存款形式进行，采用短期存款形式的比例为30.48%，采用定期存款形式的比例为26.67%。

（5）国库现金管理风险控制

国库现金管理风险控制包括债券担保或抵押、政府资金安全核查、资金安全的预警机制，主要体现在国库现金收支时间和数量匹配程度高低上，匹配程度高则说明管理风险效果明显。有效问卷统计显示，地市本级国库现金收入和支出余额在时间和数量高度匹配的地市本级比例为21.24%，69.91%的地市本级为中度匹配。地方本级财政部门对国库资金安全核查工作进行的频度为季度的地市比例为16.81%，频度为月度的地市比例为53.54%，频度为旬的地市比例为3.54%，频度为周的地市比例为8.85%，频度为日的地市比例为16.81%。此外，72.03%的地市本级建立了国库资金安全的预警机制。

3.5.3　国库现金管理中的成绩与不足

3.5.3.1　国库现金管理中的成绩

国库现金管理是财政管理的重要组成部分，是财政与货币政策的交叉领域，做好国库现金管理意义重大，对照问卷，我们总结国库现金管理中的成绩如下：

（1）国库现金管理制度扎实

根据有效问卷显示内容，几乎所有的省市自治区本级都建立起相对完备的国库集中支付制度，大部分省市自治区因地制宜地制定了本地的国库现金管理制度。

（2）国库单一账户体系完备

根据有效问卷显示内容，全部的省市自治区本级都建立起完备的国库单一账户体系，涵盖了财政开设的零余额账户、预算单位零余额账户、预算外资金专户、特设专户、小额现金账户。

3.5.3.2　国库现金管理中的不足

地方国库现金受到的制约因素较多，目前只有中央国库有相对充足的政策工具可以运用，导致地方无法按照本地实际情况进行有效的国库现金管理，主要的问题还表现在下面一些方面：

（1）国库现金管理规范性不足

在 23 个有效省市自治区调查问卷中，仅有 10 个即 43.48% 的省市自治区制定了本地国库现金管理工作的制度文件。地市本级问卷中，仅有 36.36% 的地市本级制定了本级国库现金管理制度文件。

（2）财税库银横向联网共享不足

有效问卷统计显示，仅有 80% 的省市自治区本级财税库银横向联网全部共享信息，90% 的省市自治区部分实现联网信息共享。有效问卷统计结果显示，62.45% 地市本级财税库银横向联网信息部分共享，28.74% 的地市本级财税库银横向联网信息部分的没有共享，仅仅有 8.81% 的地市本级财税库银横向联网信息全部共享。

（3）国库基础数据库建设有待提升

国库基础数据库建设滞后，主要表现在两方面：一是内容不够全面。有效问卷统计显示，6.25% 的省市自治区国库基础数据库包含了税基以及宏观经济指标信息，8.82% 的地市本级国库基础数据库包含了税基，4.41% 的地市本级国库基础数据库包含了宏观经济指标信息，而这些统计数据恰恰是进行财政收支预测与风险预警等深度数据分析挖掘的基础数据。二是历史长度不够。52.94% 的省市自治区对政府收支按照 2007 年收支分类改革方案向前回溯了 1 年到 2 年，回溯 3 年到 7 年的仅有 11.76%，29.41% 的省市自治区没有进行回溯；23.32% 的地市本级没有进行数据历史回溯，61.32% 的地市本级进行了 1 年到 2 年的回溯，12.11% 的地市本级进行 3 年到 7 年的回溯，3.14% 的地市本级回溯了 8 年以上历史数据。现实表明国库基础数据库和大数据时代的要求不相符，将会严重制约国库管理效率提升，不利于现代国库制度建设。

（4）国库预测能力需要加强

国库现金管理中的一个重要工作是预测，但是调查发现，70.59% 的省市自治区对国库现金流预测仍然依靠经验判断，采用数据挖掘技术的只有 17.65%，使用计量经济学模型的仅仅为 5.88%；国库现金支出流预测依赖经验判断的省市自治区比例为 82.35%，使用数据挖掘的省市自治区比例为 17.65%，使用计量经济学模型的比例仅为5.88%；此外，仅有10.53%的省市自治区有关于国库现金流预测误差的修正机制。这些都反映出国库管理中预测能力弱无法适应新时代的财政管理科学化信息化要求。

（5）国库风险控制

有效问卷统计结果显示，为了防止国库现金管理中的各类违约风险，只有27.78%的地方建立了严格的债券担保或抵押制度。

3.6 政府采购管理

政府采购制度是公共财政管理的重要内容，也是政府调控经济的有效手段。政府采购制度确立的公平竞争、管采分离和成本效益原则，已逐步深入到政府采购活动的方方面面，推动了建设法治、责任、廉洁和服务政府的进程。

3.6.1 省本级政府采购管理

（1）政府采购结构

从政府采购结构看，有效问卷中省本级货物类采购占本级总采购支出比例平均为38.91%，工程类采购占本级总采购支出比例平均为53.86%，服务类采购占本级总采购支出比例平均为7.24%。大部分省市自治区的采购结构基本都是如此（图3-116），工程类最多、货物类次之，服务类最少；其中，工程类采购比例最高的为重庆市达到89.84%，贵州最少为7.14%；货物类采购比例最高是贵州达到86.92%，最少为重庆达到9.66%；服务类最高为湖北比例为26.41%，最低为重庆达到0.50%。

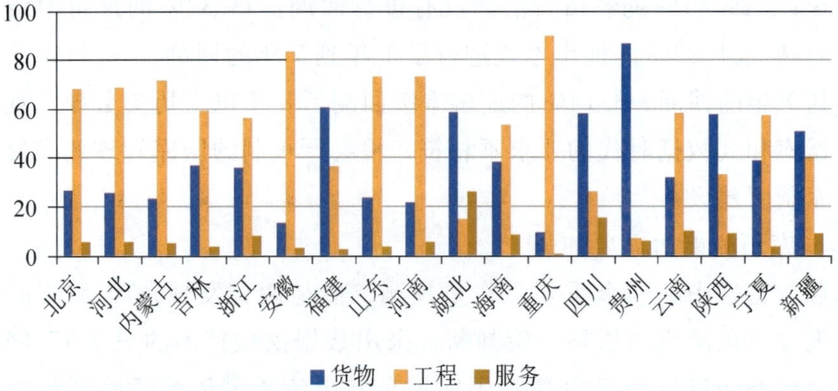

图3-116 省本级政府采购支出结构

有效问卷统计结果表明，省本级政府预算单位编制政府采购预算的比例在 70% 以上的比例为 64.71%，本级政府预算单位编制政府采购预算的比例在 11%—30%、51%—70% 10% 以下的均为 11.76%（见图 3－117）。

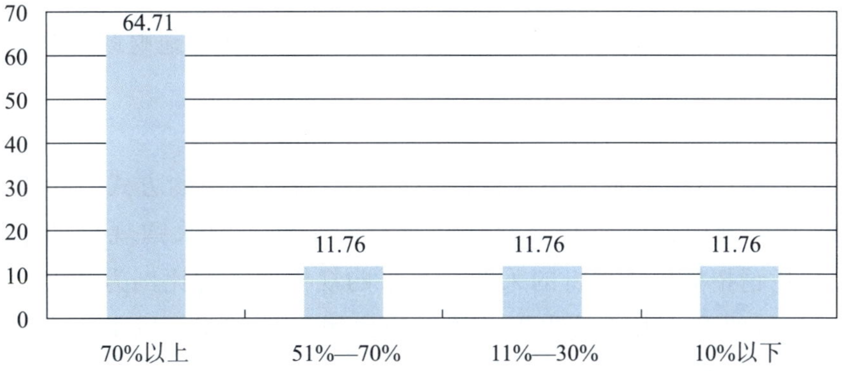

图 3－117　省本级政府部门编制采购预算的部门比例

（2）政府采购机构

有效统计问卷结果显示，2012 年底省内全部已实现“管采分离”的地市（盟）的省市自治区占比例为 87.5%；2012 年底省内区县全部已实现“管采分离”的省市自治区占比例为 47.06%。

（3）政府采购目录和标准

有效问卷统计结果显示，17 个有效问卷中有 14 个省市自治区本级给出了具体的采购目录制度文件名。有效问卷统计结果表明，2012 年，60% 的省市自治区本级本地政府购买的商品全部采用本地适用采购目录、标准中涵盖商品种类，66.67% 省市自治区本级本地政府购买的服务全部采用在本地适用采购目录、标准中涵盖服务种类中，60% 的省市自治区本级本地政府购买的工程适用在本地适用采购目录、标准中涵盖工程种类中。

（4）采购数据库建设

有效问卷统计结果显示，94.74% 的省市自治区本级本地政府采购基础数据库包括代理机构库，100% 的省市自治区本级本地政府采购基础数据库包括评审专家库，57.89% 的省市自治区本级本地政府采购基础数据库包括供应商库，42.11% 的省市自治区本地政府基础数据库包括商品信息库。

有效问卷统计结果显示，94.44% 的省市自治区本级制定对社会中介机构进行政府采购代理资格认定的规范和标准；94.44% 的省市自治区本级制定供应商质疑答复和投诉的处理办法；77.78% 的省市自治区本级对供应商投诉引入案例听证制度或法律顾问协助制度。73.68% 的省市自治区本级对供应商不良行为建立了信用记录。

有效问卷统计结果显示，全部省本级政府都建立了政府采购专家库，77.78%的省市自治区本级高度实现了专家的管理、使用分离和资源共享，89.47%的省市自治区本级制定专家聘用、抽选、评价、处罚等的管理制度文件，89.47%的省市自治区本级政府对采购评审专家的选择实现了随机选取。94.44%的省市自治区本级采购项目有特殊需要的，采购人或采购代理机构可以在异地财政部门专家库抽取专家并向本级财政部门备案。

（5）招投标管理

有效问卷统计结果显示，公开招标是最重要的政府采购方式。2012年省市自治区本级政府采购中，以公开招标形式进行的采购占总采购规模的平均比例为81.13%，以邀请招标形式进行的采购占总采购规模的平均比例为3.11%，以竞争性谈判形式进行的采购占总采购规模的平均比例为5.48%，以单一来源采购形式进行的采购占总采购规模的平均比例为5.46%，以询价形式进行的采购占总采购规模的平均比例为4.85%。

图3-118表明所有省市均以公开招标为主要采购形式，北京公开招标采购比例最高为99.4%，陕西最低为66%，其他各省基本上都在65%以上。

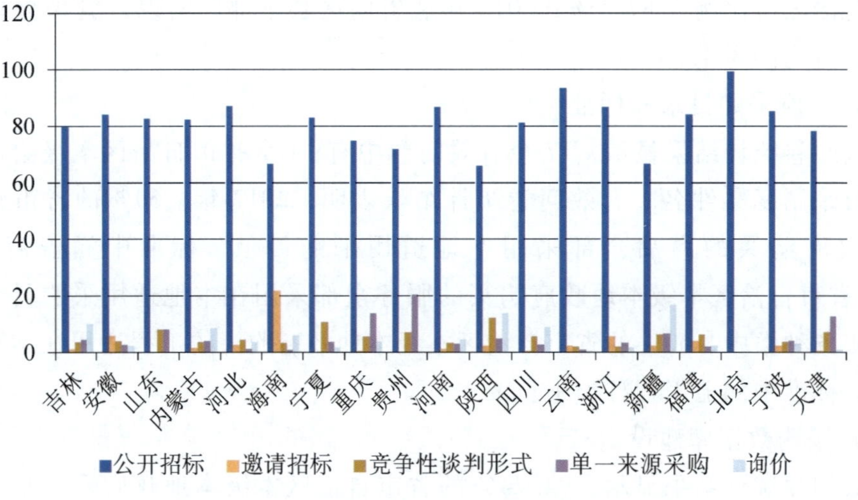

图3-118 各省本级政府采购的招标形式

有效问卷统计显示，几乎所有省市自治区招投标管理都依据的是财政部颁发的文件。

（6）政府采购的内部和外部监管

有效问卷统计结果显示，94.44%的省市自治区本级政府采购建立了内控机制，94.44%的省市本级政府采购建立了过程监督机制，88.89%的省市自治区本级政府采购建立了政府采购社会监督机制。94.12%的省市自治区本级政府采购在采购预算环节实行审计，82.35%的省市自治区本级政府采购在采购程序环节实行审计，

70. 59% 的省市自治区本级政府采购在采购管理环节实行审计。100% 的省市自治区本级政府采购建立了政府采购档案。

（7）采购资金节约率

有效问卷统计结果显示，大部分省市自治区政府采购都实现了节约，节约率最高的是安徽省达到了 22. 24%，节约率最低的是北京市为 2. 28%。当然，资金节约率只是衡量采购资金效益的一个指标，节约率高低只能部分反映采购预算执行的效果（见图 3－119）。

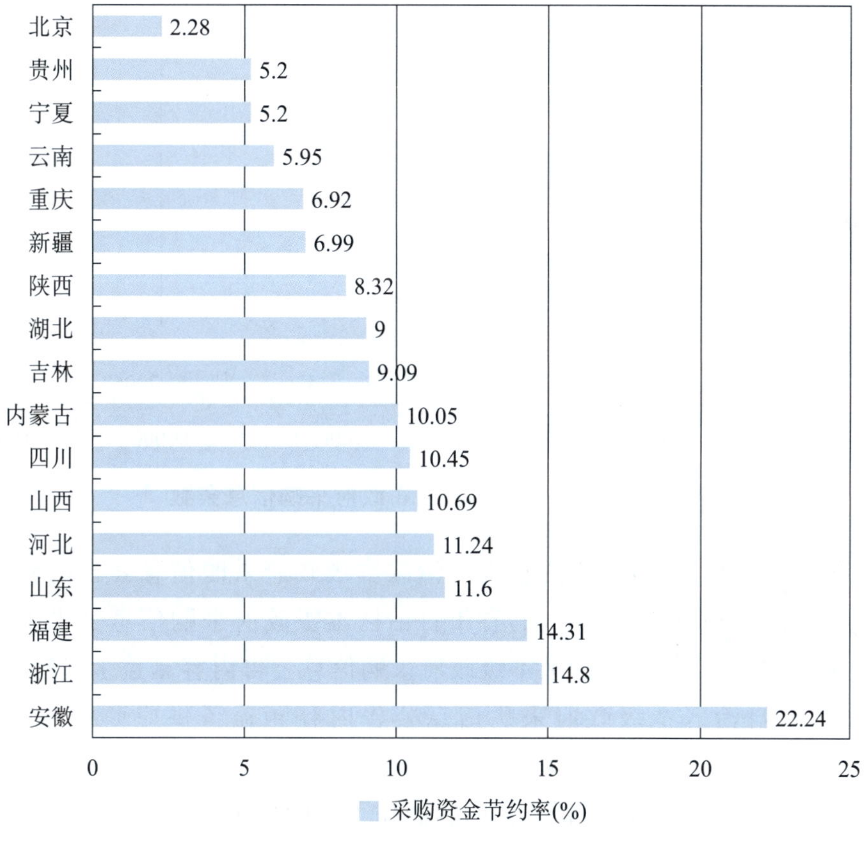

图 3－119　省本级政府采购资金节约率

（8）政府采购信息化

有效问卷统计结果显示，94. 4% 的省本级政府采购信息平台覆盖本级政府行政事业单位的比例在 80% 以上。78. 95% 的省本级政府采购基本实现了网上申报。

有效问卷统计结果显示（见图 3－120），福建发布最多达到了 79063 条信息，山东最少为 1280 条信息。

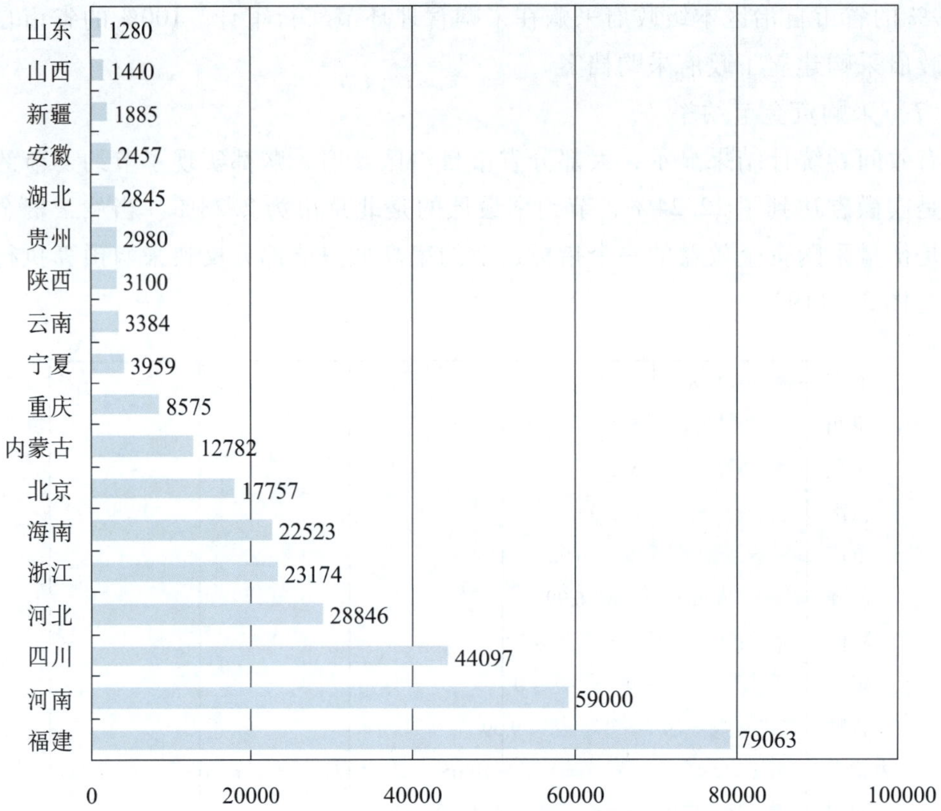

图 3－120　各省本级发布政府采购信息条数

有效统计结果显示，100%的省市自治区本级政府采购信息公告内容涵盖了政府采购法律、法规和政策，100%的省市自治区本级政府采购信息公告内容涵盖率招投标信息，100%的省市自治区本级政府采购信息公告内容涵盖了代理资格认证，68.42%的省市自治区本级政府采购信息公告内容涵盖了供应商资格预审条件，94.74%的省市自治区本级政府采购信息公告内容涵盖了投诉和检查处理，94.7%的省市自治区本级政府采购信息公告内容涵盖了采购目录和标准。

（9）采购人员培训

政府采购效果的好坏在很大程度上取决于采购人员的素质高低，有效问卷统计结果显示，57.89%的省市自治区本级政府采购部门在2012年都开展了采购人员的专项培训。此外，各省本级培训人次中最多的是四川省达到3000人次，最少的是宁夏180人次。

3.6.2　地市本级政府采购管理

政府采购制度是公共财政管理的重要内容，也是政府调控经济的有效手段。政府采购制度确立的公平竞争、管采分离和成本效益原则，已逐步深入到政府采购活动的方方面面，推动了建设法治、责任、廉洁和服务政府的进程。

（1）政府采购结构

有效问卷统计结果显示，就采购结构而言（见图 3－121），2012 年地市本级政府采购中货物采购占比大于 50% 的地市比例为 59.57%，工程类采购占本级总采购支出比例大于 50% 的地市比例为 56.35%，服务类采购占本级总采购支出比例大于 50% 的地市比例平均为 70.62%。

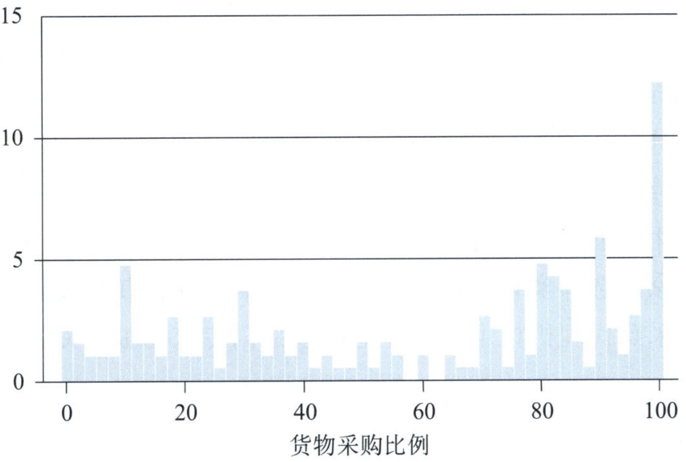

图 3－121 地市本级货物采购占总采购支出比例分布（%）

有效统计问卷结果显示，有 66.13% 的地市本级政府采购支出中工程类最多、货物类次之，服务类最少；有 66.01% 的地市本级政府采购工程支出均高于货物类和服务类采购支出。

（2）政府采购机构

有效统计问卷结果显示，2012 年底地市辖区内全部已实现"管采分离"的县（县级市、旗、区）地市比例为 74.55%。从预算编制机构看，本级预算单位全部实现采购预算的地市比例为 78.90%。

（3）政府采购目录和标准

有效问卷统计结果显示，71.9% 的地市本级给出了具体的采购目录制度文件名。有效问卷统计结果表明，2012 年，89.43% 的地市本级政府购买的货物超过 50% 采用本地适用采购目录、标准中涵盖货物种类，72.72% 市本级政府购买的服务超过 50% 采用本地适用采购目录、标准中涵盖服务种类，68.78% 的地市本级政府购买的工程超过 70% 采用本地适用采购目录、标准中涵盖工程种类；其中，全部采用本地标准的货物、服务、工程的地市本级所占比例分别为 34.8%、27.78%、33.17%。从中不难看出，工程采购中非本地目录及标准比例最高，货物采购中本地采购目录及标准比例最高。

（4）采购数据库建设

有效问卷统计结果显示，54.45%的地市本级本地政府采购基础数据库包括代理机构库，87.9%的地市本级本地政府采购基础数据库包括评审专家库，60.5%的地市本级本地政府采购基础数据库包括供应商库，36.65%的省市自治区本地政府基础数据库包括货物信息库。

有效问卷统计结果显示，52.54%的地市本级制定对社会中介机构进行政府采购代理资格认定的规范和标准；77.62%的地市本级制定供应商质疑答复和投诉的处理办法；57.89%的地市本级对供应商投诉引入案例听证制度或法律顾问协助制度。85.08%的地市本级对供应商不良行为建立了信用记录。

有效问卷统计结果显示，87.71%的地市本级政府都建立了政府采购专家库，44.41%的地市本级高度实现了专家的管理、使用分离和资源共享，77.82%的地市本级制定专家聘用、抽选、评价、处罚等的管理制度文件，79.60%的地市本级政府对采购评审专家的选择实现了随机选取。74.73%的地市本级采购项目有特殊需要的，采购人或采购代理机构可以在异地财政部门专家库抽取专家并向本级财政部门备案。

（5）招投标管理

有效问卷统计结果显示，公开招标是最重要的政府采购方式。2012年地市本级政府采购中，89.26%的地市都是以公开招标形式采购为主导形式；地市本级政府采购中，以公开招标形式进行的采购占总采购规模的平均比例为98.83%，以竞争性谈判形式进行的采购占总采购规模的平均比例为81.47%，以邀请招标形式、单一来源采购形式、以询价形式进行的采购平均比例均小于5%。

有效问卷统计中几乎所有89.19%的地市本级招投标管理依据文件是财政部出台的文件，67.91%的地市本级招投标管理依据的文件是省级政府出台的文件。

（6）政府采购的内部和外部监管

有效问卷统计结果显示，96.97%的地市本级政府采购中建立了内控机制，98.31%的省市本级政府采购建立了过程监督机制，86.53%的地市本级政府采购建立了政府采购社会监督机制。66.17%的地市本级政府采购在采购预算环节实行审计，62.45%的地市本级政府采购在采购程序环节实行审计，63.20%的地市本级政府采购在采购管理环节实行审计。98.65%的地市本级政府采购建立了政府采购档案。

（7）采购资金节约率

有效问卷统计结果显示（见图3－122），大部分地市本级政府采购都实现了节约，节约率不高于5%的地市本级比例为11.19%，节约率在5%—10%之间的地市本级比例为42.37%，节约率在10%—15%之间的地市本级比例为38.98%。当然，资金节约率只是衡量采购资金效益的一个指标，节约率高低只能部分反映采购预算执行的效果。

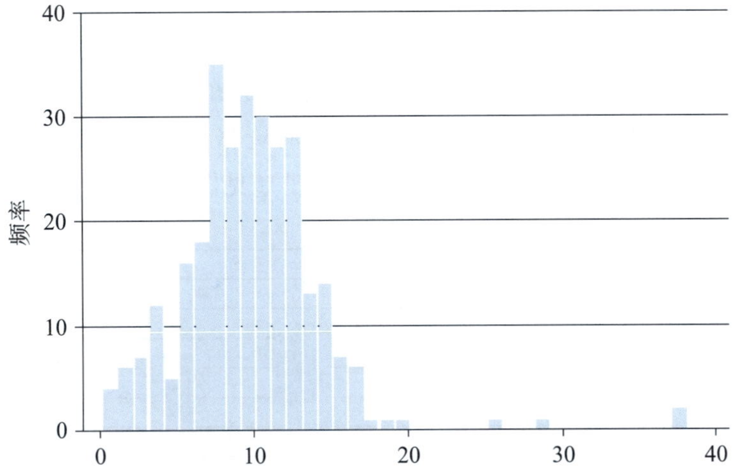

图 3-122　地市本级政府采购资金节余率频率分布（%）

（8）政府采购信息化

有效问卷统计结果显示，86.35% 的地市本级政府采购信息平台覆盖本级政府行政事业单位的比例在 80% 以上。50.34% 的地市本级政府采购基本实现了网上申报（见图 3-123）。

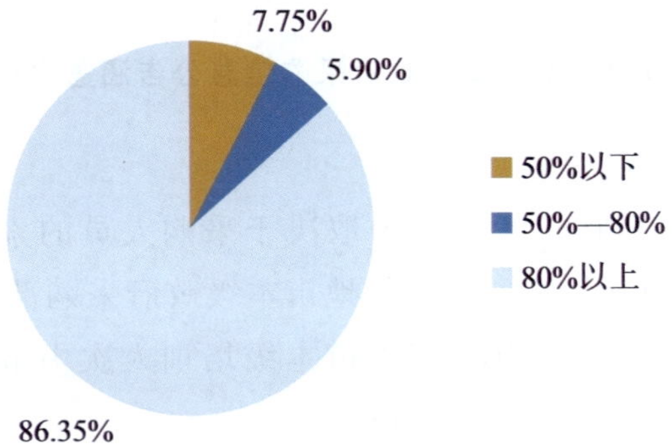

图 3-123　地市本级政府采购信息平台覆盖本级政府行政事业单位比例分布（%）

有效问卷统计结果显示，2012 年，52.14% 的地市本级平均每天都发布一条采购信息，最多的是浙江宁波市共发布 58725 条信息。

有效问卷统计结果显示，截至 2012 年，本地已经建成的政府采购系统中：92.04% 的地市本级建立了政府采购电子评审子系统，84.08% 的地市本级建立了政府采购计划管理子系统，75.43% 的地市本级建立了政府采购数据分析与决策支持子系统，65.97%的地市本级建立了政府采购监督预警子系统，54.33%的地市本级建立了政府采购合同管理子系统。

有效问卷统计结果显示，92.04%的地市本级政府采购信息公告内容涵盖了政府采购法律、法规和政策，84.08%的地市本级政府采购信息公告内容涵盖率招投标信息，75.43%的地市本级政府采购信息公告内容涵盖了代理资格认证，65.97%的地市本级政府采购信息公告内容涵盖了供应商资格预审条件，54.33%的地市本级政府采购信息公告内容涵盖了投诉和检查处理（见图3－124）。

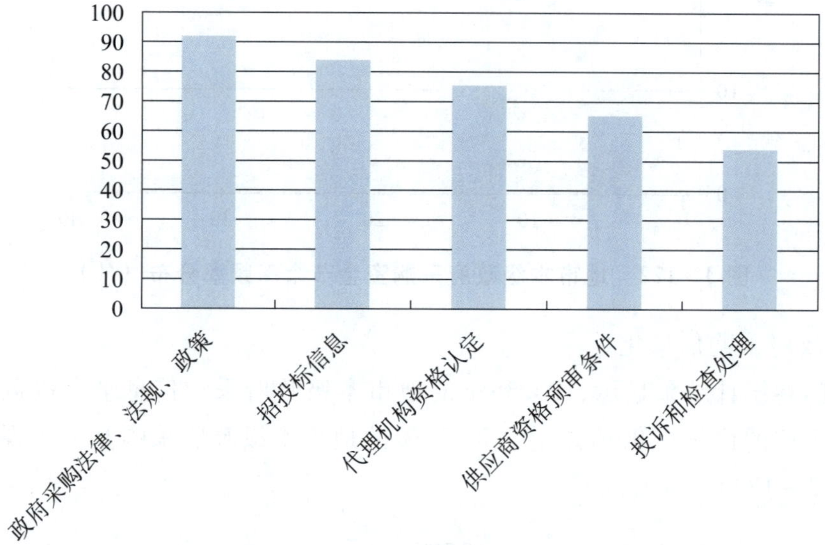

图3－124 地市本级政府采购信息公告涵盖内容情况

（9）采购人员培训

政府采购效果的好坏在很大程度上取决于采购人员的素质高低，培训必不可少。有效问卷统计结果显示，76.82%的地市本级政府采购部门在2012年都开展了采购人员的专项培训。此外，2012年地市本级培训人次中最多的是湘西土家族苗族自治州达到4000人次（见图3－125）。

3.6.3 政府采购管理中的成绩与不足

3.6.3.1 政府采购管理中的成绩

政府采购管理是财政管理的重要内容，政府采购的成效直接影响财政资金使用效果，在地方各级财政部门的努力下，中国的政府采购取得了一些成绩，主要表现在下面一些方面：

（1）规范的政府采购预算

有效问卷统计结果表明，大部分省本级和地市本级政府预算单位都已经编制了

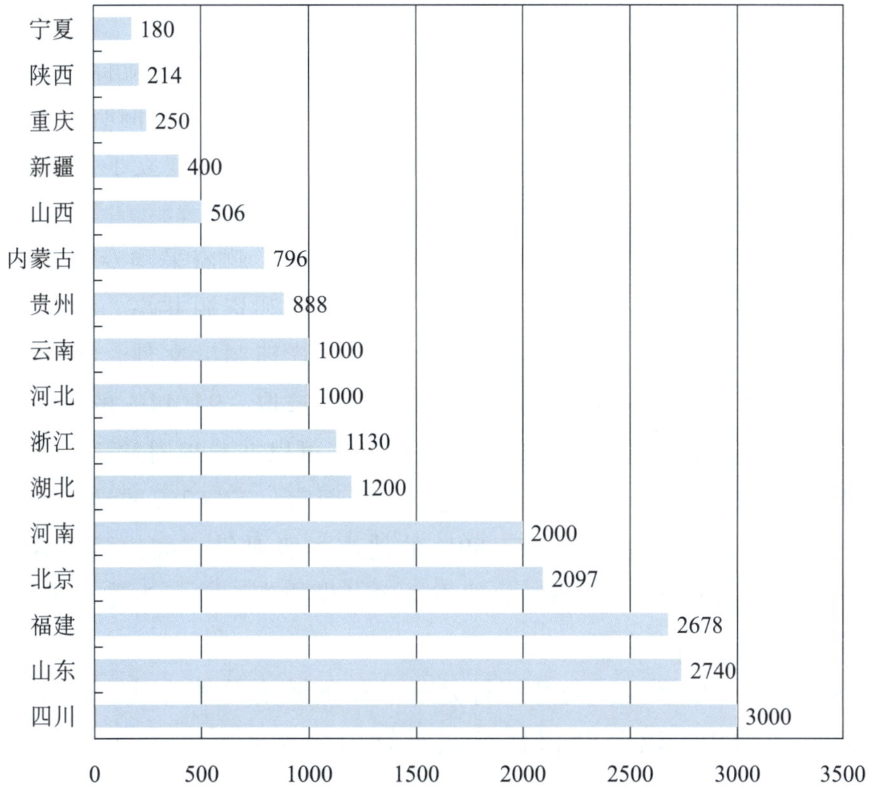

图 3－125　2012 年省本级参加政府采购培训人次

政府采购预算。规范的政府采购预算可以规范政府采购资金的使用，同时可以进行预算公开来接受社会各界监督，减少了资金使用中的寻租行为。

（2）地市本级实现管采分离

有效统计问卷结果显示，2012 年底省内全部已实现“管采分离”的地市（盟）的省市自治区占比例为 87.5%；管采分离可以提高政府采购管理的有效性、规范性。

（3）地方政府因地制宜制定了本地政府采购目录和标准

有效问卷统计结果显示，绝大部分省市自治区本级给出了具体的本地政府采购目录制度文件名，而且地方政府采购中大部分采用了这些采购目录、标准中涵盖商品、服务、工程。有效问卷统计结果显示，71.9% 的地市本级给出了具体的采购目录制度文件名，大部分地市采购适用本地政府采购目录。

（4）采购数据库建设相对完备

有效问卷统计结果显示，94.74% 的省市自治区本级本地政府采购基础数据库包括代理机构库，100% 的省市自治区本级本地政府采购基础数据库包括评审专家库。54.45% 的地市本级本地政府采购基础数据库包括代理机构库，87.9% 的地市本级本地政府采购基础数据库包括评审专家库。

（5）供应商管理制度完善

有效问卷统计结果显示，94.44%的省市自治区本级制定供应商质疑答复和投诉的处理办法；77.78%的省市自治区本级对供应商投诉引入案例听证制度或法律顾问协助制度。73.68%的省市自治区本级对供应商不良行为建立了信用记录。

（6）专家库建设完备

有效问卷统计结果显示，全部省本级政府都建立了政府采购专家库，77.78%的省市自治区本级高度实现了专家的管理、使用分离和资源共享，89.47%的省市自治区本级制定专家聘用、抽选、评价、处罚等的管理制度文件，89.47%的省市自治区本级政府对采购评审专家的选择实现了随机选取。94.44%的省市自治区本级采购项目有特殊需要的，采购人或采购代理机构可以在异地财政部门专家库抽取专家并向本级财政部门备案。此外，就地市本级而言，77.62%的地市本级制定供应商质疑答复和投诉的处理办法；57.89%的地市本级对供应商投诉引入案例听证制度或法律顾问协助制度。85.08%的地市本级对供应商不良行为建立了信用记录。

（7）公开招投标成为主流

有效问卷统计结果显示，公开招标是最重要的政府采购方式。2012年省市自治区本级政府采购中，以公开招标形式进行的采购占总采购规模的平均比例为81.13%。

（8）政府采购监管有力

有效问卷统计结果显示，94.44%的省市自治区本级政府采购建立了内控机制，94.44%的省市本级政府采购建立了过程监督机制，88.89%的省市自治区本级政府采购建立了政府采购社会监督机制。94.12%的省市自治区本级政府采购在采购预算环节实行审计，82.35%的省市自治区本级政府采购在采购程序环节实行审计，70.59%的省市自治区本级政府采购在采购管理环节实行审计。100%的省市自治区本级政府采购建立了政府采购档案。

（9）政府采购信息系统平台建设取得初步成效

有效问卷统计结果显示，94.4%的省本级政府采购信息平台覆盖本级政府行政事业单位的比例在80%以上。78.95%的省本级政府采购基本实现了网上申报。86.35%的地市本级政府采购信息平台覆盖本级政府行政事业单位的比例在80%以上。

（10）政府采购信息公开内容广泛

有效统计结果显示，100%的省市自治区本级政府采购信息公告内容涵盖了政府采购法律、法规和政策，100%的省市自治区本级政府采购信息公告内容涵盖率招投标信息，100%的省市自治区本级政府采购信息公告内容涵盖了代理资格认证，94.74%的省市自治区本级政府采购信息公告内容涵盖了投诉和检查处理，94.7%

的省市自治区本级政府采购信息公告内容涵盖了采购目录和标准。92.04% 的地市本级政府采购信息公告内容涵盖了政府采购法律、法规和政策，84.08% 的地市本级政府采购信息公告内容涵盖率招投标信息，75.43% 的地市本级政府采购信息公告内容涵盖了代理资格认证，65.97% 的地市本级政府采购信息公告内容涵盖了供应商资格预审条件。

（11）强化采购人员培训

政府采购效果的好坏在很大程度上取决于采购人员的素质高低，有效问卷统计结果显示，57.89% 的省市自治区本级政府采购部门在 2012 年都开展了采购人员的专项培训。76.82% 的地市本级政府采购部门在 2012 年都开展了采购人员的专项培训。

3.6.3.2 政府采购管理中的不足

在政府采购在取得上面成绩的同时，也存在着一些问题如下：

（1）政府采购支出比例不高

有效问卷统计结果表明，云南政府采购支出占本级财政支出比例最高仅为 27.54%，最低的陕西仅为 3.67%，其余大部分在 10% 以下。地市问卷统计结果也发现，地市本级政府采购支出占本级财政支出比例低于 10% 的比例为 59.70%，99% 的地市本级采购支出占本级财政支出比例小于 50%。

（2）采购预算编制覆盖面不够

有效问卷统计结果表明，省市自治区本级政府预算单位编制政府采购预算的比例在 70% 以下的为 35.28%，规范的政府采购需要严格的预算，这些需要在以后的工作中加以改进。同样，地市本级政府预算单位编制政府采购预算的比例在 70% 以上的比例为 30.83%，41.50% 的地市本级政府预算单位编制政府采购预算的比例在 10% 以下。

（3）采购数据库完备性不足

有效问卷统计结果显示，仅有 36.84% 的省市自治区本地政府采购基础数据库包括代理机构库、评审专家库、供应商库、商品信息库这四大类库，有 21.05% 的省市自治区本地政府采购基础数据库包括代理机构库、评审专家库、供应商库、商品信息库四类中的三个库，有 42.11% 的省市自治区本地政府采购基础数据库包括代理机构库、评审专家库、供应商库、商品信息库四类库中的两个。没有完备的采购数据库就难以作出科学的采购预算和采购决策，不利于规范政府采购。

（4）采购效益关注不足

有效问卷统计结果显示，仅仅有 35.29% 的省市自治区政府本地政府采购在采购效益环节实行了审计；在地市问卷中也发现，仅有 35.32% 的地市本级政府采购在采购效益环节实行了审计。政府采购效益高低事关政府采购成败，为了提高政府采购的效益，必须要加强对采购效益的评价与审计工作，要贯彻“以结果为导向”的绩效理念。

（5）政府采购电子化程度不高

政府采购的电子化可以提高政府采购的效率，使得政府采购更加透明、规范，但是有效问卷统计结果显示，仅有26.32%的省市自治区本级政府采购实现了网上招标，11.11%的省市自治区本级政府采购实现了网上评标，5.56%的省市自治区本级政府采购实现了网上决标。

政府采购信息系统中，包括政府采购计划管理子系统政府采购电子评审子系统、政府采购协议和定点采购子系统（电子商场）、政府采购合同管理子系统、政府采购监督预警子系统、政府采购诚信管理子系统、政府采购数据分析与决策支持子系统、政府采购信息服务门户子系统在内的八类政府采购信息子系统。有效问卷统计结果显示，截至2012年底，省本级政府已经建成的政府采购信息子系统中，仅有11.11%的省本级政府建立了其中的五类子系统，5.56%的省本级政府建立了其中的四类子系统，33.33%的省本级政府建立了其中的三类子系统，11.11%的省本级政府建立了其中的两类子系统，27.78%的省本级政府建立了其中的一类子系统，还有11.11%的省本级政府没有建立这些子系统；地市本级政府中仅有2.61%建立了完备的八类子系统，34.64%的地市本级政府没有建立这些子系统，24.84%的地市本级政府仅建立了一类子系统，13.40%的地市本级政府建立了二类子系统，10.46%的地市本级政府建立了三类子系统，5.56%的地市本级政府建立了四类子系统，5.23%的地市本级政府建立了五类子系统，2.29%的地市本级建立了六类子系统，0.98%的地市本级建立了七类子系统。

有效问卷统计结果显示，本地政府招投标过程全程电视直播的地市本级政府比例仅为1.75%，部分直播的地市本级政府比例为6.99%，没有直播的地市本级政府比例为91.26%。公开透明是提高政府招投标管理效率的重要原则，阳光下的招投标会最大限度地杜绝腐败寻租等行为，而这方面还有很多工作要做。

3.7 政府会计管理

政府会计在监控政府预算执行过程的合规性、提高财政透明度、评价政府绩效等多个方面都具有重要作用，政府会计管理是公共财政国库管理当中不可或缺的一项重要内容。本部分从我国省级和市级地方政府的总预算会计管理、财务报告管理、绩效会计管理、债务会计管理情况着手，对地方政府会计管理现状进行了细致的描述统计，深入分析了其中存在的典型问题。

3.7.1　省本级政府会计管理

省本级有效样本中，100% 财政部门均实行了总预算会计制度。分省来看，吉林、江西、安徽、山东、内蒙古、湖北、海南、宁夏、重庆、贵州、广东、河南、山西、陕西、上海、四川、甘肃、云南、浙江、新疆、福建、北京、天津财政部门均实行了总预算会计制度。

省本级有效样本中，91.3% 财政部门根据工作需要设置了与其工作任务相适应的总预算会计机构。分省来看，吉林、江西、山东、内蒙古、湖北、宁夏、重庆、贵州、广东、河南、山西、陕西、上海、四川、甘肃、云南、浙江、新疆、福建、北京、天津财政部门根据工作需要设置了与其工作任务相适应的总预算会计机构。

省本级有效样本中，95.5% 财政部门根据工作需要配备了一定数量的专职总预算会计。分省来看，吉林、江西、安徽、山东、内蒙古、湖北、宁夏、重庆、贵州、广东、河南、山西、陕西、上海、四川、甘肃、云南、浙江、福建、北京、天津财政部门根据工作需要配备了一定数量的专职总预算会计。

省本级总预算会计核算管理涵盖的内容较为全面。省本级有效样本中，95.8% 总预算会计核算管理涵盖了一般预算资金，95.8% 涵盖了纳入预算管理的政府性基金，83.3% 涵盖了专用基金，54.2% 涵盖了财政周转金（见图 3－126）。

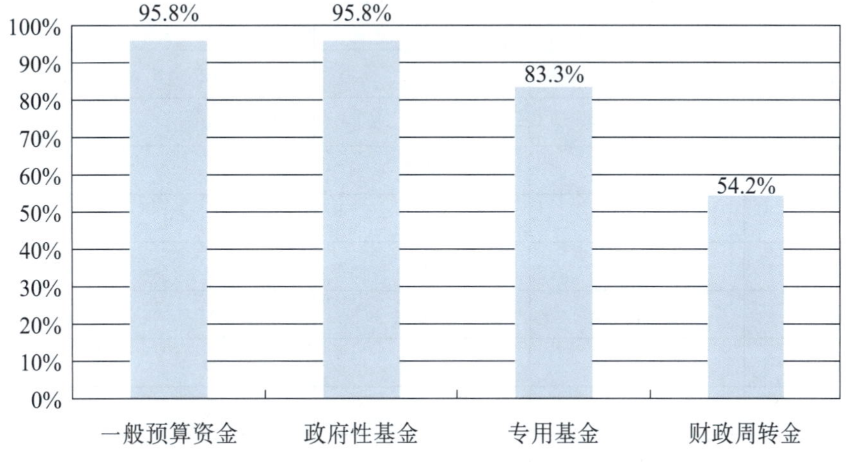

图 3－126　省本级总预算会计核算管理涵盖的内容

分省来看，吉林、江西、安徽、山东、内蒙古、湖北、海南、宁夏、重庆、贵州、广东、河南、山西、陕西、上海、四川、甘肃、云南、浙江、新疆、福建、北京、天津总预算会计核算管理涵盖了一般预算资金，吉林、江西、安徽、山东、内蒙古、湖北、海南、宁夏、重庆、贵州、广东、河南、山西、陕西、上海、四川、甘肃、云南、浙江、新疆、福建、北京、天津涵盖了纳入预算管理的政府性基金，吉林、安徽、山东、内蒙古、海南、宁夏、重庆、贵州、广东、河南、山西、陕西、四川、甘肃、云南、浙江、新疆、福建、北京、天津涵盖了专用基金，安徽、山东、海南、宁夏、广东、河南、山西、上海、四川、云南、浙江、新疆、福建涵盖了财政周转金（见表3-3）。

表3-3　　省本级总预算会计核算管理涵盖的内容（分省）

	一般预算资金	政府性基金	专用基金	财政周转金
吉林	√	√	√	
江西	√	√		
安徽	√	√	√	√
山东	√	√	√	√
内蒙古	√	√	√	
湖北	√	√		
海南	√	√	√	√
宁夏	√	√	√	√
重庆	√	√	√	
贵州	√	√	√	
广东	√	√	√	√
河南	√	√	√	√
山西	√	√	√	√
陕西	√	√	√	
上海	√	√		√
四川	√	√	√	√
甘肃	√	√	√	
云南	√	√	√	√
浙江	√	√	√	√
新疆	√	√	√	√
福建	√	√	√	√
北京	√	√	√	
天津	√	√	√	

资料来源：2012年各省财政国库管理问卷。

省本级有效样本中，95.5%财政性资金全部都由总预算会计统一在国库或指定的银行开立存款账户，未任意转存其他金融机构。分省来看，吉林、江西、安徽、山东、内蒙古、湖北、海南、宁夏、重庆、贵州、广东、河南、山西、陕西、上海、四川、浙江、新疆、福建、北京、天津财政性资金全部都由总预算会计统一在国库或指定的银行开立存款账户。

省本级有效样本中，33.3%财政仅使用财政结余购买国家指定由地方各级政府购买的有价证券。分省来看，安徽、内蒙古、海南、宁夏、贵州、福建仅使用财政结余购买国家指定由地方各级政府购买的有价证券。

省本级有效样本中，76.2%的地区对财政暂付及应收款项及时进行了清理结算，未出现长期挂账。分省来看，江西、安徽、山东、内蒙古、宁夏、重庆、广东、河南、山西、上海、四川、甘肃、浙江、福建、北京、天津对财政暂付及应收款项及时进行了清理结算。

省本级有效样本中，61.9%总预算会计对行政事业单位拨款按照单位领报关系转拨。分省来看，吉林、江西、安徽、内蒙古、宁夏、重庆、贵州、河南、山西、四川、福建、北京、天津总预算会计对行政事业单位拨款按照单位领报关系转拨。

省本级有效样本中，100%财政周转金的贷付、借出和回收按实际发生数额记账。分省来看，吉林、安徽、山东、内蒙古、海南、宁夏、重庆、贵州、广东、河南、山西、陕西、上海、四川、云南、浙江、福建财政周转金的贷付、借出和回收按实际发生数额记账。

省本级有效样本中，100%财政各类债务能够及时结算。分省来看，吉林、江西、安徽、山东、内蒙古、湖北、海南、宁夏、重庆、贵州、广东、河南、山西、陕西、上海、四川、甘肃、云南、浙江、福建、北京、天津财政各类债务能够及时结算。

省本级有效样本中，95.2%财政各项结余分别核算，未出现混淆。分省来看，吉林、江西、安徽、山东、内蒙古、海南、宁夏、重庆、广东、河南、山西、上海、四川、甘肃、云南、浙江、新疆、福建、北京、天津财政各项结余分别核算。

省本级有效样本中，87.5%财政预算周转金采用年度预算结余资金设置、补充或由上级财政部门拨入。分省来看，吉林、江西、安徽、山东、内蒙古、湖北、海南、贵州、广东、河南、山西、云南、浙江、福建财政预算周转金采用年度预算结余资金设置、补充或由上级财政部门拨入。

省本级有效样本中，71.4%财政周转金的利息收入（或占用费收入）按规定扣除必要的业务费用后用于补充财政周转金。分省来看，吉林、安徽、内蒙古、海南、重庆、广东、河南、山西、云南、浙江财政周转金的利息收入（或占用费收入）按规定扣除必要的业务费用后用于补充财政周转金。

省本级有效样本中，77.3%总预算会计未列报超预算的支出和未任意调整预算支出科目。分省来看，吉林、江西、山东、内蒙古、湖北、海南、宁夏、重庆、河南、陕西、上海、四川、甘肃、浙江、福建、北京、天津总预算会计未列报超预算的支出和未任意调整预算支出科目。

省本级有效样本中，100%基金预算支出和专用基金支出按规定的用途开支，先收后支，量入为出。分省来看，吉林、江西、安徽、山东、内蒙古、湖北、海南、宁夏、重庆、贵州、广东、河南、山西、陕西、上海、四川、甘肃、云南、浙江、新疆、福建、北京、天津基金预算支出和专用基金支出按规定的用途开支。

省本级有效样本中，100%财政资金调拨支出和财政周转金支出按上级财政部门的规定或实际发生数额记账。分省来看，吉林、江西、安徽、山东、内蒙古、湖北、海南、宁夏、重庆、贵州、广东、河南、山西、陕西、上海、四川、云南、浙江、新疆、福建、北京、天津财政资金调拨支出和财政周转金支出按上级财政部门的规定或实际发生数额记账。

省本级有效样本中，95.2%总预算会计每个月都进行会计结账。分省来看，江西、安徽、山东、内蒙古、湖北、海南、宁夏、重庆、贵州、广东、河南、陕西、上海、四川、甘肃、云南、浙江、新疆、福建、北京总预算会计每个月都进行会计结账。

省本级有效样本中，100%总预算会计在会计年度结束前会全面进行年终清理结算。分省来看，吉林、江西、安徽、山东、内蒙古、湖北、海南、宁夏、重庆、贵州、广东、河南、山西、陕西、上海、四川、甘肃、云南、浙江、新疆、福建、北京、天津总预算会计在会计年度结束前会全面进行年终清理结算。

省本级有效样本中，100%总预算会计对于不合法的会计事项会及时予以纠正或及时向领导反映。分省来看，吉林、江西、安徽、山东、内蒙古、湖北、海南、宁夏、重庆、贵州、广东、河南、陕西、上海、四川、甘肃、云南、浙江、新疆、福建、北京、天津总预算会计对于不合法的会计事项会及时予以纠正或及时向领导反映。

省本级有效样本中，100%总预算会计会按规定向审计及监察部门提供有关资料。分省来看，吉林、江西、安徽、内蒙古、湖北、海南、宁夏、重庆、贵州、广东、河南、山西、陕西、上海、四川、甘肃、云南、浙江、新疆、福建、北京、天津总预算会计会按规定向审计及监察部门提供有关资料。

省本级政府会计编制的基本财务报表种类较为全面。省本级有效样本中，91.7%政府会计编制的基本财务报表包括资产负债表；50%包括财务业绩表（收入支出表）；12.5%包括现金流量表；70.8%包括预算执行情况表（见图3-127）。

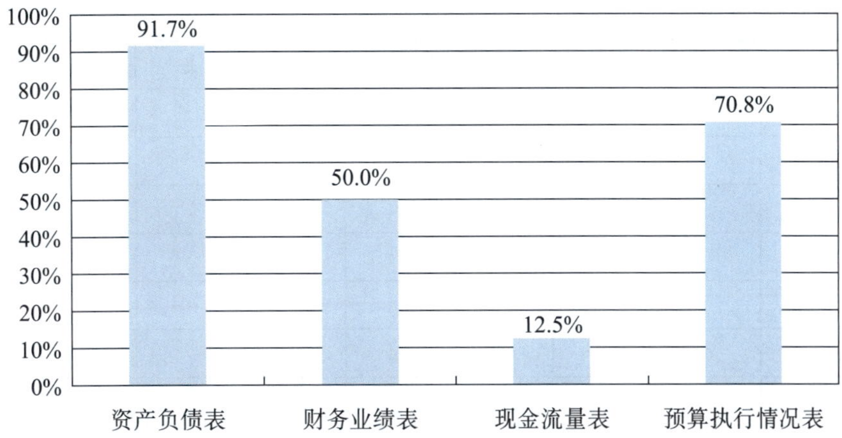

图 3－127　省本级政府会计编制的基本财务报表

分省来看，吉林、江西、安徽、山东、内蒙古、湖北、海南、宁夏、重庆、广东、河南、山西、陕西、上海、四川、甘肃、云南、浙江、新疆、福建、北京、天津政府会计编制的基本财务报表包括资产负债表；吉林、内蒙古、海南、宁夏、重庆、河南、陕西、云南、新疆、福建、北京、天津包括财务业绩表（收入支出表）；安徽、河南、山西包括现金流量表；江西、安徽、山东、内蒙古、海南、宁夏、重庆、广东、山西、陕西、上海、四川、甘肃、云南、新疆、福建、北京包括预算执行情况表（见表 3－4）。

表 3－4　　　省本级政府会计编制的基本财务报表（分省）

	资产负债表	财务业绩表	现金流量表	预算执行情况表
吉林	√	√		
江西	√			√
安徽	√		√	√
山东	√			√
内蒙古	√	√		√
湖北	√			
海南	√	√		√
宁夏	√	√		√
重庆	√	√		√
广东	√			√
河南	√	√	√	
山西	√		√	√
陕西	√	√		√

续表

	资产负债表	财务业绩表	现金流量表	预算执行情况表
上海	√			√
四川	√			√
甘肃	√			√
云南	√	√		√
浙江	√			
新疆	√	√		√
福建	√	√		√
北京	√	√		√
天津	√	√		

资料来源：2012 年各省财政国库管理问卷。

省本级政府会计编制的财务报表附注涵盖的内容较为全面。省本级有效样本中，66.7%政府会计编制的财务报表附注涵盖了对重要会计政策及其变更情况的说明；75%涵盖了对报表中重要项目的说明；41.7%涵盖了对或有事项和资产负债表日后事项的说明（见图 3－128）。

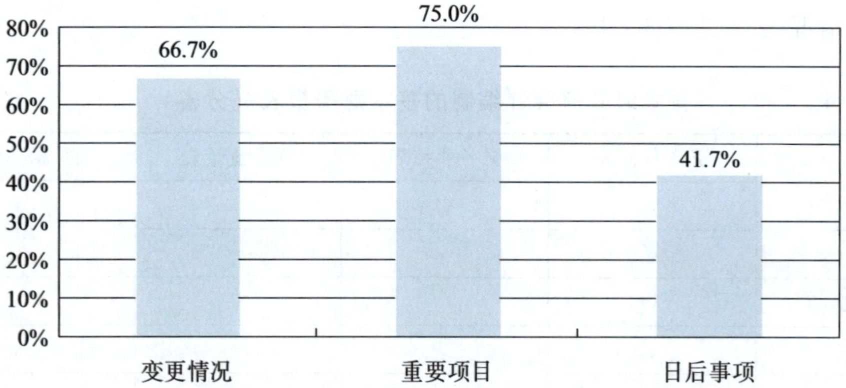

图 3－128 省本级政府会计编制的财务报表附注涵盖的内容

分省来看，吉林、安徽、山东、内蒙古、海南、重庆、河南、山西、上海、四川、云南、浙江、新疆、福建、北京、天津政府会计编制的财务报表附注涵盖了对重要会计政策及其变更情况的说明；吉林、安徽、山东、内蒙古、湖北、海南、宁夏、重庆、河南、山西、陕西、上海、四川、云南、浙江、福建、北京、天津涵盖了对报表中重要项目的说明；山东、重庆、河南、山西、上海、四川、云南、福建、北京、天津涵盖了对或有事项和资产负债表日后事项的说明（见表 3－5）。

表 3-5　省本级政府会计编制的财务报表附注涵盖的内容（分省）

	变更情况	重要项目	日后事项
吉林	√	√	
江西			
安徽	√	√	
山东	√	√	√
内蒙古	√	√	
湖北		√	
河北			
海南	√	√	
宁夏		√	
重庆	√	√	√
贵州			
广东			
河南	√	√	√
山西	√	√	√
陕西		√	
上海	√	√	√
四川	√	√	√
甘肃			
云南	√	√	√
浙江	√	√	
新疆	√		
福建	√	√	√
北京	√	√	√
天津	√	√	√

资料来源：2012 年各省财政国库管理问卷。

省本级有效样本中，70.8% 政府会计编制的财务报表附表包括预算收支明细表；50% 包括固定资产情况表；33.3% 包括借款表；8.3% 包括承诺事项表；4.2% 包括政府服务项目成本汇总表；8.3% 包括业绩指标表（见图 3-129）。

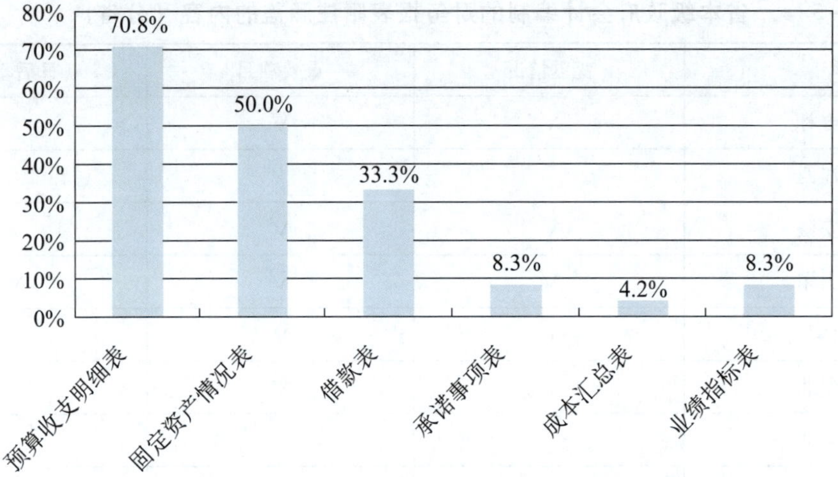

图 3－129　省本级政府会计编制的财务报表附表

分省来看，吉林、安徽、内蒙古、湖北、海南、宁夏、河南、山西、陕西、上海、四川、云南、浙江、新疆、福建、北京、天津政府会计编制的财务报表附表包括预算收支明细表；吉林、山东、内蒙古、海南、河南、山西、上海、云南、浙江、福建、北京、天津包括固定资产情况表；吉林、山东、内蒙古、山西、上海、浙江、北京、天津包括借款表；山西、北京包括承诺事项表；山西包括政府服务项目成本汇总表；内蒙古、山西包括业绩指标表（见表 3－6）。

表 3－6　　省本级政府会计编制的财务报表附表（分省）

	预算收支明细表	固定资产情况表	借款表	承诺事项表	成本汇总表	业绩指标表
吉林	√	√	√			
安徽	√					
山东		√	√			
内蒙古	√	√	√			√
湖北	√					
海南	√	√				
宁夏	√					
河南	√	√				
山西	√	√	√	√	√	√
陕西	√					
上海	√	√	√			
四川	√					

续表

	预算收支明细表	固定资产情况表	借款表	承诺事项表	成本汇总表	业绩指标表
云南	√	√				
浙江	√	√	√			
新疆	√					
福建	√	√				
北京	√	√	√	√		
天津	√	√	√			

资料来源：2012 年各省财政国库管理问卷。

省本级有效样本中，58.3% 政府会计编制的其他财务报告包括对政府整体财务状况和运营结果的分析；54.2% 包括关于报告主体一般情况的说明；33.3% 包括其他各类统计报告（见图 3－130）。

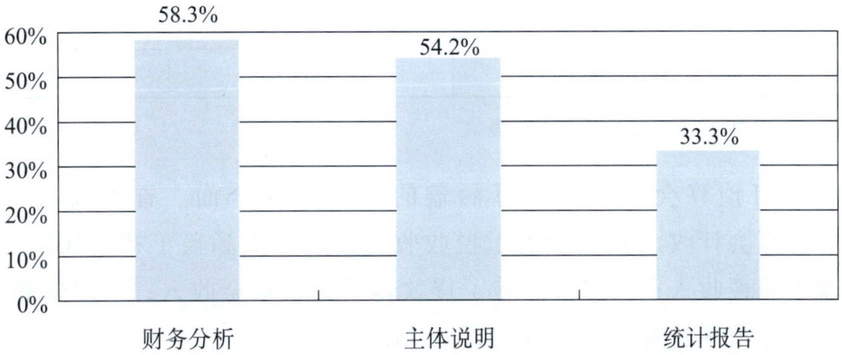

图 3－130　省本级政府会计编制的其他财务报告

分省来看，吉林、安徽、山东、内蒙古、海南、宁夏、重庆、河南、山西、上海、四川、浙江、福建、北京政府会计编制的其他财务报告包括对政府整体财务状况和运营结果的分析；吉林、山东、内蒙古、海南、重庆、河南、山西、上海、云南、浙江、新疆、福建、北京包括关于报告主体一般情况的说明；山东、内蒙古、湖北、重庆、陕西、上海、云南、北京包括其他各类统计报告（见表 3－7）。

表 3－7　　省本级政府会计编制的其他财务报告（分省）

	财务分析	主体说明	统计报告
吉林	√	√	
安徽	√		
山东	√	√	√

续表

	财务分析	主体说明	统计报告
内蒙古	√	√	√
海南	√	√	
宁夏	√		
重庆	√	√	√
河南	√	√	
山西	√	√	
陕西			√
上海	√	√	√
四川	√		
云南		√	√
浙江	√	√	
新疆		√	
福建	√	√	
北京	√	√	√

资料来源：2012 年各省财政国库管理问卷。

省本级政府预算会计收入核算涵盖的内容较为全面。省本级有效样本中，95.8%政府预算会计收入核算涵盖了税收收入；58.3%涵盖了社会保险基金收入；95.8%涵盖了非税收入；54.2%涵盖了贷款转贷回收本金收入；91.7%涵盖了债务收入；91.7%涵盖了转移性收入（见图 3－131）。

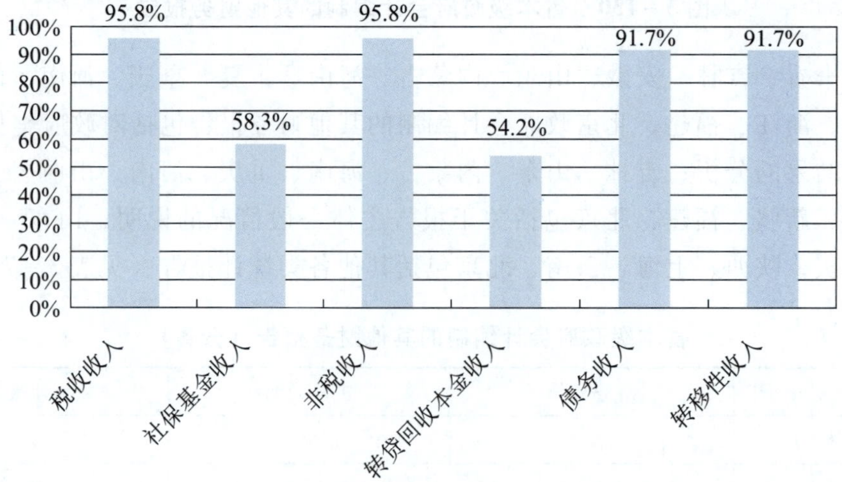

图 3－131　省本级政府预算会计收入核算涵盖的内容

分省来看，吉林、江西、安徽、山东、内蒙古、湖北、海南、宁夏、重庆、贵州、广东、河南、山西、陕西、上海、四川、甘肃、云南、浙江、新疆、福建、北京、天津政府预算会计收入核算涵盖了税收收入；吉林、内蒙古、湖北、宁夏、重庆、贵州、广东、山西、上海、四川、云南、福建、北京、天津涵盖了社会保险基金收入；吉林、江西、安徽、山东、内蒙古、湖北、海南、宁夏、重庆、贵州、广东、河南、山西、陕西、上海、四川、甘肃、云南、浙江、新疆、福建、北京、天津涵盖了非税收入；安徽、内蒙古、宁夏、重庆、贵州、广东、河南、山西、四川、云南、福建、北京、天津涵盖了贷款转贷回收本金收入；吉林、江西、安徽、山东、内蒙古、湖北、海南、宁夏、重庆、贵州、广东、河南、山西、陕西、上海、四川、甘肃、云南、新疆、福建、北京、天津涵盖了债务收入；吉林、江西、安徽、山东、内蒙古、湖北、海南、宁夏、重庆、贵州、广东、山西、陕西、上海、四川、甘肃、云南、浙江、新疆、福建、北京、天津涵盖了转移性收入（见表 3 -8）。

表 3 -8　　省本级政府预算会计收入核算涵盖的内容（分省）

	税收收入	社保基金收入	非税收入	转贷回收本金收入	债务收入	转移性收入
吉林	√	√	√		√	√
江西	√		√		√	√
安徽	√		√	√	√	√
山东	√		√		√	√
内蒙古	√	√	√	√	√	√
湖北	√	√	√		√	√
海南	√		√		√	√
宁夏	√	√	√	√	√	√
重庆	√	√	√	√	√	√
贵州	√	√	√	√	√	√
广东	√	√	√	√	√	√
河南	√		√	√	√	
山西	√	√	√	√	√	√
陕西	√		√		√	√
上海	√	√	√		√	√
四川	√	√	√	√	√	√
甘肃	√		√		√	√
云南	√	√	√	√	√	√
浙江	√		√			√
新疆	√		√		√	√
福建	√	√	√	√	√	√
北京	√	√	√	√	√	√
天津	√	√	√	√	√	√

资料来源：2012 年各省财政国库管理问卷。

省本级政府预算会计功能性支出核算涵盖的内容较为全面。省本级有效样本中，95.8%政府预算会计功能性支出核算涵盖了一般公共服务；62.5%涵盖了外交；91.7%涵盖了国防；95.8%涵盖了公共安全；95.8%涵盖了教育；95.8%涵盖了科学技术；95.8%涵盖了文化体育与传媒；95.8%涵盖了社会保障和就业；75%涵盖了社会保险基金支出；95.8%涵盖了医疗卫生；95.8%涵盖了环境保护；83.3%涵盖了城乡社区事务；95.8%涵盖了农林水事务；95.8%涵盖了交通运输；95.8%涵盖了工业商业金融等事务；95.8%涵盖了其他支出；79.2%涵盖了转移性支出（见图3－132）。

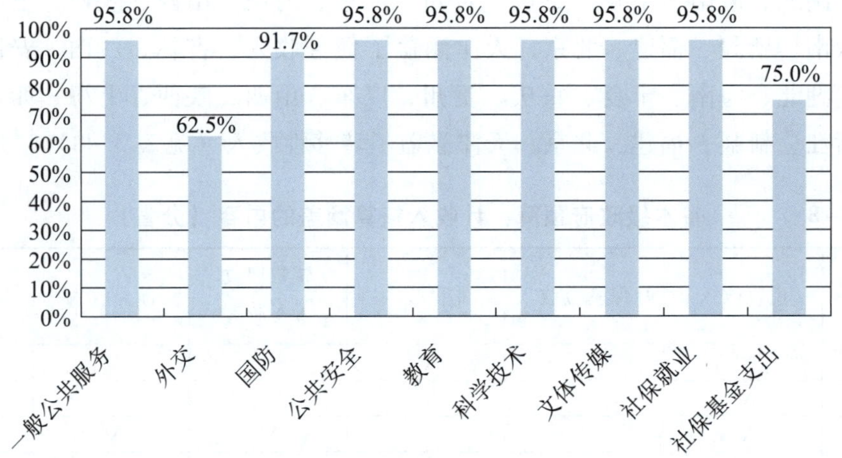

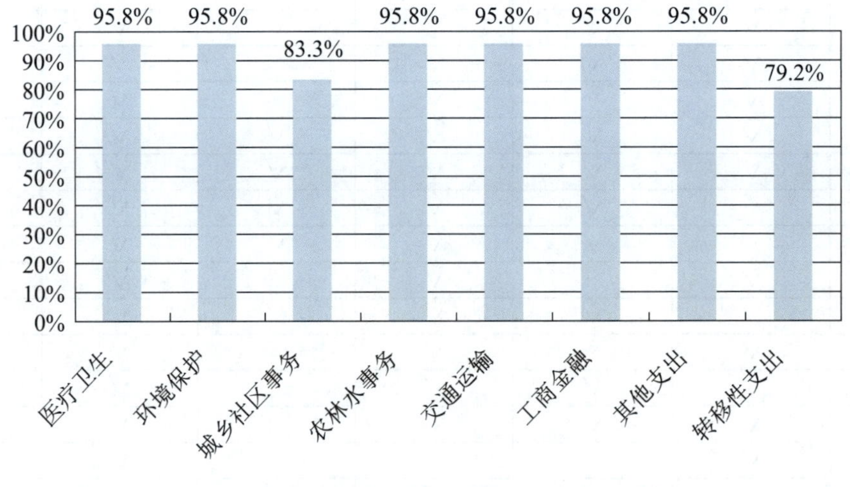

图3－132 省本级政府预算会计功能性支出核算涵盖的内容

分省来看，吉林、江西、安徽、山东、内蒙古、湖北、海南、宁夏、重庆、贵州、广东、河南、山西、陕西、上海、四川、甘肃、云南、浙江、新疆、福建、北京、天津政府预算会计功能性支出核算涵盖了一般公共服务；安徽、内蒙古、湖北、海南、重庆、贵州、山西、上海、四川、云南、浙江、新疆、福建、北京、天津涵盖了外交；吉林、江西、安徽、山东、内蒙古、湖北、海南、宁夏、重庆、贵州、广东、河南、山西、陕西、上海、四川、甘肃、云南、浙江、福建、北京、天津涵盖了国防；吉林、江西、安徽、山东、内蒙古、湖北、海南、宁夏、重庆、贵州、广东、河南、山西、陕西、上海、四川、甘肃、云南、浙江、新疆、福建、北京、天津涵盖了公共安全；吉林、江西、安徽、山东、内蒙古、湖北、海南、宁夏、重庆、贵州、广东、河南、山西、陕西、上海、四川、甘肃、云南、浙江、新疆、福建、北京、天津涵盖了教育；吉林、江西、安徽、山东、内蒙古、湖北、海南、宁夏、重庆、贵州、广东、河南、山西、陕西、上海、四川、甘肃、云南、浙江、新疆、福建、北京、天津涵盖了科学技术；吉林、江西、安徽、山东、内蒙古、湖北、海南、宁夏、重庆、贵州、广东、河南、山西、陕西、上海、四川、甘肃、云南、浙江、新疆、福建、北京、天津涵盖了文化体育与传媒；吉林、江西、安徽、山东、内蒙古、湖北、海南、宁夏、重庆、贵州、广东、河南、山西、陕西、上海、四川、甘肃、云南、浙江、新疆、福建、北京、天津涵盖了社会保障和就业；吉林、江西、安徽、山东、内蒙古、湖北、宁夏、重庆、贵州、广东、河南、山西、四川、甘肃、云南、浙江、福建、北京涵盖了社会保险基金支出；吉林、江西、安徽、山东、内蒙古、湖北、海南、宁夏、重庆、贵州、广东、河南、山西、陕西、上海、四川、甘肃、云南、浙江、新疆、福建、北京、天津涵盖了医疗卫生；吉林、江西、安徽、山东、内蒙古、湖北、海南、宁夏、重庆、贵州、广东、河南、山西、陕西、上海、四川、甘肃、云南、浙江、新疆、福建、北京、天津涵盖了环境保护；江西、安徽、山东、内蒙古、湖北、海南、宁夏、重庆、贵州、河南、陕西、上海、四川、甘肃、云南、浙江、新疆、福建、北京、天津涵盖了城乡社区事务；吉林、江西、安徽、山东、内蒙古、湖北、海南、宁夏、重庆、贵州、广东、河南、山西、陕西、上海、四川、甘肃、云南、浙江、新疆、福建、北京、天津涵盖了农林水事务；吉林、江西、安徽、山东、内蒙古、湖北、海南、宁夏、重庆、贵州、广东、河南、山西、陕西、上海、四川、甘肃、云南、浙江、新疆、福建、北京、天津涵盖了交通运输；吉林、江西、安徽、山东、内蒙古、湖北、海南、宁夏、重庆、贵州、广东、河南、山西、陕西、上海、四川、甘肃、云南、浙江、新疆、福建、北京、天津涵盖了工业商业金融等事务；吉林、江西、安徽、山东、内蒙古、湖北、海南、宁夏、重庆、贵州、广东、河南、山西、陕西、上海、四川、甘肃、云南、浙江、新疆、福建、北京、天津涵盖了其他支出；吉林、江西、安徽、山东、内蒙古、湖北、海南、宁夏、重庆、贵州、广东、山西、陕西、甘肃、云南、新疆、福建、北京、天津涵盖了转移性支出（见表 3 -9）。

表3－9　省本级政府预算会计功能性支出核算涵盖的内容（分省）

	一般公共服务	外交	国防	公共安全	教育	科学技术	文体传媒	社保就业	社保基金支出
吉林	√		√	√	√	√	√	√	√
江西	√		√	√	√	√	√	√	√
安徽	√	√	√	√	√	√	√	√	√
山东	√		√	√	√	√	√	√	√
内蒙古	√	√	√	√	√	√	√	√	√
湖北	√	√	√	√	√	√	√	√	√
海南	√	√	√	√	√	√	√	√	
宁夏	√		√	√	√	√	√	√	√
重庆	√	√	√	√	√	√	√	√	√
贵州	√	√	√	√	√	√	√	√	√
广东	√		√	√	√	√	√	√	√
河南	√		√	√	√	√	√	√	√
山西	√	√	√	√	√	√	√	√	√
陕西	√		√	√	√	√	√	√	
上海	√	√	√	√	√	√	√	√	
四川	√	√	√	√	√	√	√	√	√
甘肃	√		√	√	√	√	√	√	√
云南	√	√	√	√	√	√	√	√	√
浙江	√	√	√	√	√	√	√	√	√
新疆	√	√		√	√	√	√	√	
福建	√	√	√	√	√	√	√		√
北京	√	√	√	√	√	√	√	√	√
天津	√	√	√	√	√	√	√	√	

续表

	医疗卫生	环境保护	城乡社区事务	农林水事务	交通运输	工商金融	其他支出	转移性支出
吉林	√	√		√	√	√	√	√
江西	√	√	√	√	√	√	√	√
安徽	√	√	√	√	√	√	√	√
山东	√	√	√	√	√	√	√	√
内蒙古	√	√	√	√	√	√	√	√
湖北	√	√	√	√	√	√	√	√
海南	√	√	√	√	√	√	√	√
宁夏	√	√	√	√	√	√	√	√
重庆	√	√	√	√	√	√	√	√
贵州	√	√	√	√	√	√	√	√
广东	√	√		√	√	√	√	√
河南	√	√	√	√	√	√	√	
山西	√	√		√	√	√	√	√
陕西	√	√	√	√	√	√	√	√
上海	√	√	√	√	√	√	√	
四川	√	√	√	√	√	√	√	
甘肃	√	√	√	√	√	√	√	√
云南	√	√	√	√	√	√	√	√
浙江	√	√	√	√	√	√	√	
新疆	√	√	√	√	√	√	√	√
福建	√	√	√	√	√	√	√	√
北京	√	√	√	√	√	√	√	√
天津	√	√	√	√	√	√	√	√

资料来源：2012 年各省财政国库管理问卷。

省本级政府预算会计经济性支出核算涵盖的内容较为全面。省本级有效样本中，83.3% 政府预算会计经济性支出核算涵盖了工资福利支出；83.3% 涵盖了商品和服务支出；79.2% 涵盖了对个人和家庭的补助；83.3% 涵盖了对企事业单位的补贴；75% 涵盖了转移性支出；54.2% 涵盖了赠与；75% 涵盖了债务利息支出；75% 涵盖了债务还本支出；75% 涵盖了基本建设支出；62.5% 涵盖了其他资本性支出；50% 涵盖了贷款转贷及产权参股；62.5% 涵盖了其他支出（见图 3－133）。

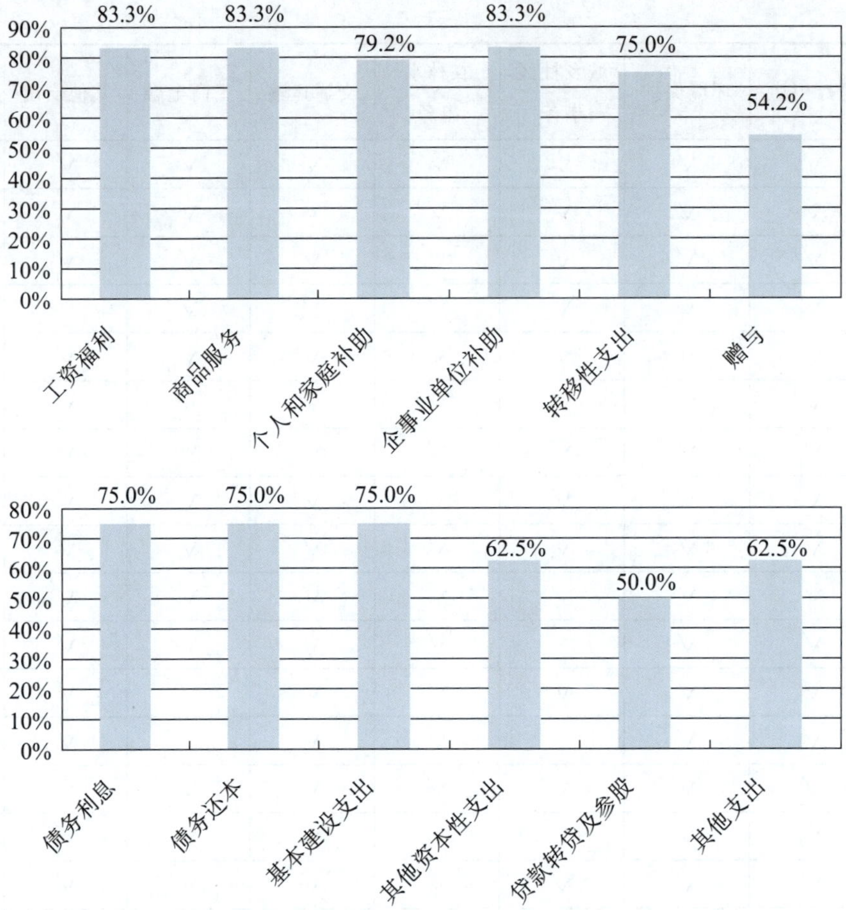

图 3－133　省本级政府预算会计经济性支出核算涵盖的内容

分省来看，吉林、安徽、山东、内蒙古、湖北、海南、重庆、广东、河南、山西、陕西、上海、四川、甘肃、云南、浙江、新疆、福建、北京、天津政府预算会计经济性支出核算涵盖了工资福利支出；吉林、安徽、山东、内蒙古、湖北、海南、重庆、广东、河南、山西、陕西、上海、四川、甘肃、云南、浙江、新疆、福建、北京、天津涵盖了商品和服务支出；吉林、安徽、山东、内蒙古、湖北、海南、重庆、广东、河南、陕西、上海、四川、甘肃、云南、浙江、新疆、福建、北京、天津涵盖了对个人和家庭的补助；吉林、安徽、山东、内蒙古、湖北、海南、重庆、广东、河南、山西、陕西、上海、四川、甘肃、云南、浙江、新疆、福建、北京、天津涵盖了对企事业单位的补贴；吉林、安徽、山东、内蒙古、湖北、海南、宁夏、重庆、广东、山西、陕西、四川、甘肃、云南、新疆、福建、北京、天津涵盖了转移性支出；安徽、山东、湖北、海南、重庆、广东、山西、陕西、上海、浙江、福建、北京、天津涵盖了赠与；安徽、山东、内蒙古、湖北、海南、重庆、广东、河南、山西、陕西、上海、四川、云南、浙江、新疆、福建、北京、天津涵盖了债务利息支出；安徽、山东、内蒙古、湖北、海南、宁夏、广东、河南、山西、陕西、四川、甘肃、云南、浙江、新疆、福建、北京、天津涵盖了债务还本支出；吉林、安徽、山东、内蒙古、湖北、重庆、广东、河南、山西、陕西、上海、四川、云南、浙江、新疆、福建、北京、天津涵盖了基本建设支出；吉林、安徽、山东、内蒙古、湖北、海南、重庆、广东、山西、陕西、上海、浙江、福建、北京、天津涵盖了其他资本性支出；安徽、内蒙古、湖北、海南、重庆、广东、山西、陕西、上海、浙江、福建、北京涵盖了贷款转贷及产权参股；安徽、山东、内蒙古、湖北、海南、宁夏、山西、上海、四川、云南、浙江、新疆、福建、北京、天津涵盖了其他支出（见表 3－10）。

表 3－10　省本级政府预算会计经济性支出核算涵盖的内容（分省）

	工资福利	商品服务	个人和家庭补助	企事业单位补助	转移性支出	赠与
吉林	√	√	√	√	√	
安徽	√	√	√	√	√	√
山东	√	√	√	√	√	√
内蒙古	√	√	√	√	√	
湖北	√	√	√	√	√	√
海南	√	√	√	√	√	√
宁夏					√	
重庆	√	√	√	√	√	√
广东	√	√	√	√	√	√
河南	√	√	√	√		
山西	√	√		√	√	√
陕西	√	√	√	√	√	√
上海	√	√	√	√		√
四川	√	√	√	√	√	
甘肃	√	√	√	√	√	
云南	√	√	√	√	√	
浙江	√	√	√	√		√
新疆	√	√	√	√	√	
福建	√	√	√	√	√	√
北京	√	√	√	√	√	√
天津	√	√	√	√	√	√

续表

	债务利息	债务还本	基本建设支出	其他资本性支出	贷款转贷及参股	其他支出
吉林			√	√		
安徽	√	√	√	√	√	√
山东	√	√	√	√		√
内蒙古	√	√	√	√	√	√
湖北	√	√	√	√	√	√
海南	√	√		√	√	√
宁夏		√				√
重庆	√		√	√	√	
广东	√	√	√	√	√	
河南	√	√	√			
山西	√	√	√	√	√	√
陕西	√	√	√	√	√	
上海	√		√	√	√	√
四川	√	√	√			√
甘肃		√				
云南	√	√	√			√
浙江	√	√	√	√	√	√
新疆	√	√	√			√
福建	√	√	√	√	√	√
北京	√	√	√	√	√	√
天津	√	√	√	√		√

资料来源：2012 年各省财政国库管理问卷。

省本级有效样本中，22.7% 政府财务会计核算基础主要为完全收付实现制；45.5% 主要为修正收付实现制；22.7% 主要为修正权责发生制；9.1% 主要为完全权责发生制（见图 3－134）。

分省来看，贵州、山西、陕西、云南、新疆政府财务会计核算基础主要为完全收付实现制；宁夏、重庆、广东、河南、上海、四川、浙江、福建、北京、天津主要为修正收付实现制；吉林、江西、山东、内蒙古、海南主要为修正权责发生制；安徽、湖北主要为完全权责发生制（见表 3－11）。

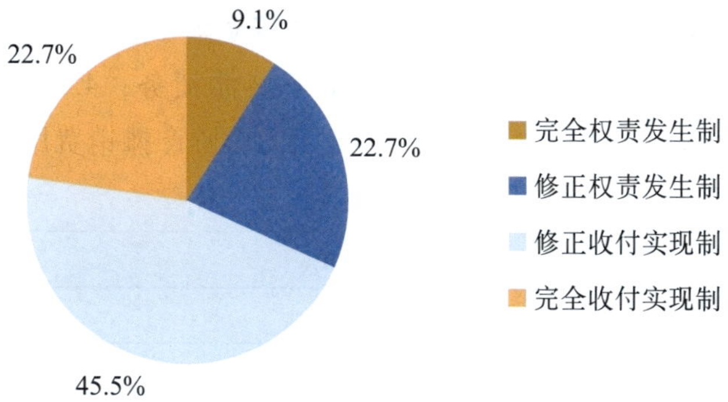

图 3－134　省本级政府财务会计核算基础

表 3－11　省本级政府财务会计核算基础（分省）

	完全权责发生制	修正权责发生制	修正收付实现制	完全收付实现制
吉林		√		
江西		√		
安徽	√			
山东		√		
内蒙古		√		
湖北	√			
海南		√		
宁夏			√	
重庆			√	
贵州				√
广东			√	
河南			√	
山西				√
陕西				√
上海			√	
四川			√	
云南				√
浙江			√	
新疆				√
福建			√	
北京			√	
天津			√	

资料来源：2012 年各省财政国库管理问卷。

省本级有效样本中，58.3%政府财务会计核算涵盖了金融资产；20.8%涵盖了自然资源；20.8%涵盖了无形资产；50%涵盖了显性债务；4.2%涵盖了隐性债务；20.8%涵盖了固定资产折旧费用；12.5%涵盖了无形资产摊销费用（见图3-135）。

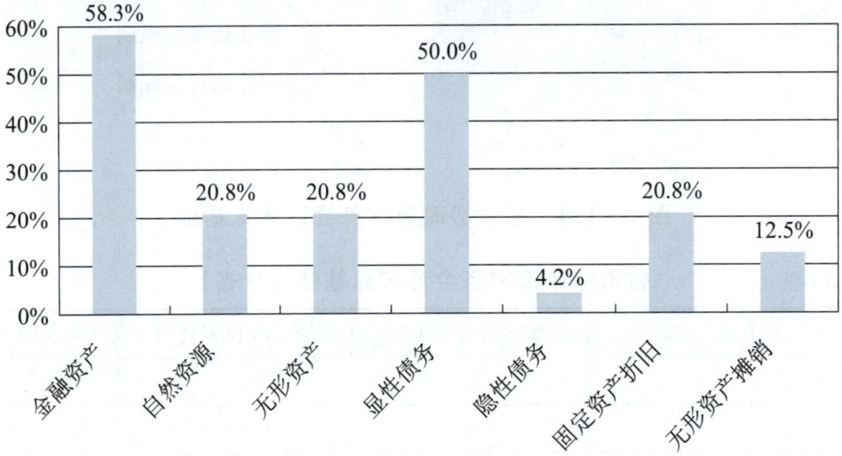

图3-135 省本级政府财务会计核算涵盖的内容

分省来看，吉林、内蒙古、湖北、海南、宁夏、重庆、河南、山西、陕西、上海、四川、云南、浙江、福建政府财务会计核算涵盖了金融资产；内蒙古、重庆、河南、山西、四川涵盖了自然资源；内蒙古、海南、山西、四川、天津涵盖了无形资产；吉林、江西、内蒙古、海南、宁夏、重庆、河南、山西、上海、四川、云南、天津涵盖了显性债务；四川涵盖了隐性债务；海南、河南、山西、四川、天津涵盖了固定资产折旧费用；海南、山西、四川涵盖了无形资产摊销费用（见表3-12）。

表3-12 省本级政府财务会计核算涵盖的内容（分省）

	金融资产	自然资源	无形资产	显性债务	隐性债务	固定资产折旧	无形资产摊销
吉林	√			√			
江西				√			
内蒙古	√	√	√	√			
湖北	√						
海南	√		√	√		√	√
宁夏	√			√			
重庆	√	√		√			
河南	√	√		√		√	
山西	√	√	√	√		√	√
陕西	√						

续表

	金融资产	自然资源	无形资产	显性债务	隐性债务	固定资产折旧	无形资产摊销
上海	√			√			
四川	√	√	√	√	√	√	√
云南	√			√			
浙江	√						
福建	√						
天津			√	√		√	

资料来源：2012 年各省财政国库管理问卷。

省本级有效样本中，28.6% 政府成本会计核算方法主要为分批成本法；57.1% 为成本核算的分步法；14.3% 为作业成本法（见图 3－136）。

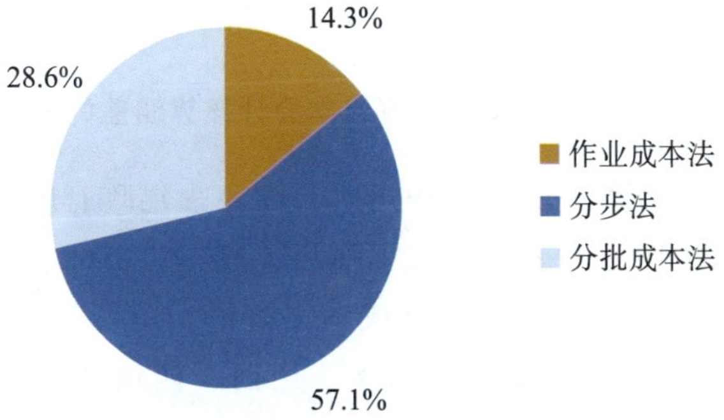

图 3－136　省本级政府成本会计核算方法

分省来看，海南、陕西政府成本会计核算方法主要为分批成本法；河南、山西、四川、云南为成本核算的分步法；吉林为作业成本法（见表 3－13）。

表 3－13　省本级政府成本会计核算方法（分省）

	作业成本法	分步法	分批成本法
吉林	√		
海南			√
河南		√	
山西		√	
陕西			√
四川		√	
云南		√	

资料来源：2012 年各省财政国库管理问卷。

省本级有效样本中，25%政府成本会计核算涵盖了相关成本；16.7%涵盖了不相关成本；12.5%涵盖了边际成本；12.5%涵盖了沉没成本；12.5%涵盖了直接成本；8.3%涵盖了间接成本；16.7%涵盖了总成本；16.7%涵盖了单位成本（见图3－137）。

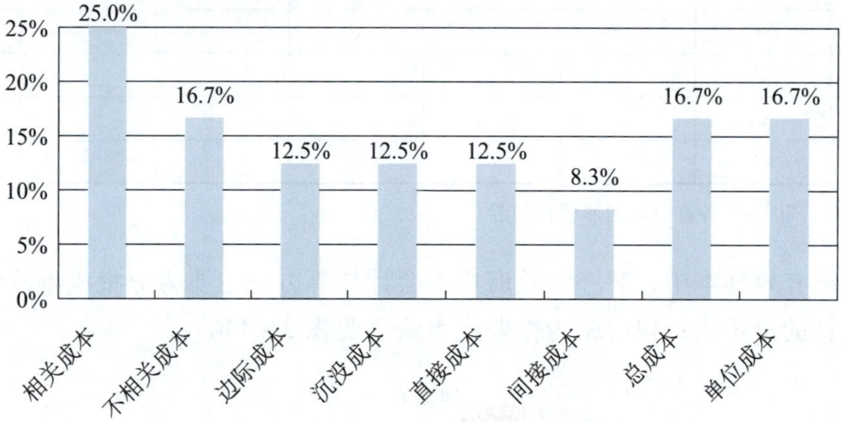

图3－137　省本级政府成本会计核算涵盖的内容

分省来看，吉林、海南、山西、四川、云南、福建政府成本会计核算涵盖了相关成本；吉林、山西、四川、云南涵盖了不相关成本；吉林、山西、四川涵盖了边际成本；吉林、四川、云南涵盖了沉没成本；海南、山西、四川涵盖了直接成本；海南、四川涵盖了间接成本；海南、河南、山西、四川涵盖了总成本；海南、河南、山西、四川涵盖了单位成本（见表3－14）。

表3－14　省本级政府成本会计核算涵盖的内容（分省）

	相关成本	不相关成本	边际成本	沉没成本	直接成本	间接成本	总成本	单位成本
吉林	√	√	√	√				
海南	√				√	√	√	√
河南							√	√
山西	√	√	√		√		√	√
四川	√	√	√	√	√	√	√	√
云南	√	√		√				
福建	√							

资料来源：2012年各省财政国库管理问卷。

政府债务会计提供的信息质量标准主要包括以下几条：一是真实性标准，即政府会计对政府债务的核算以实际发生的有关负债活动的合法凭证为依据，如实反映政府债务的总体规模、债务构成以及债务增减变动情况；二是相关性标准，即政府披露的政府债务信息与政府债务风险评价所需的信息相关；三是完备性标准，即政府债务信息反映的是政府由于过去交易或事项引起的政府应当履行的所有支付责任；四是及时性标准，即政府债务的核算工作和披露工作能够及时进行；五是可比性标准，即政府在不同时期发生的相同或相似的政府债务事项应当采用一致的处理方法，政府财务报表中的负债项目及分类各期要保持一致；同一级政府对有关的债务事项应当确保会计信息口径一致、相互可比，同时也要与国际惯例尽量保持一致；六是经济性标准，政府不应仅以交易或事项的法律形式为依据而应当按照交易或事项的经济实质来进行会计确认、计量、记录和披露债务。

省本级有效样本中，41.7%政府债务会计提供的信息质量符合真实性标准；33.3%符合相关性标准；41.7%符合完备性标准；45.8%符合及时性标准；45.8%符合可比性标准；25%符合经济性标准（见图 3－138）。

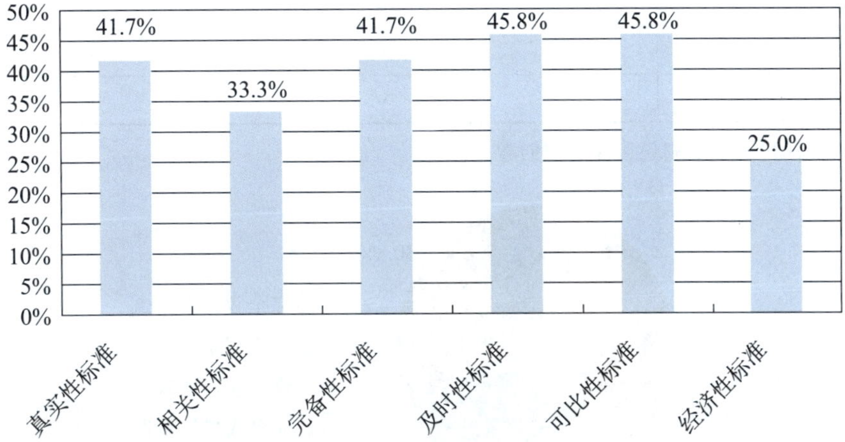

图 3－138　省本级政府债务会计提供的信息质量符合的标准

分省来看，江西、山东、内蒙古、海南、宁夏、重庆、河南、山西、上海、四川政府债务会计提供的信息质量符合真实性标准；吉林、山东、内蒙古、海南、重庆、河南、山西、四川符合相关性标准；吉林、山东、内蒙古、海南、重庆、河南、山西、上海、四川、云南符合完备性标准；吉林、山东、内蒙古、海南、宁夏、重庆、河南、山西、上海、四川、云南符合及时性标准；吉林、山东、内蒙古、海南、宁夏、重庆、河南、山西、上海、四川、云南符合可比性标准；山东、内蒙古、海南、重庆、河南、四川符合经济性标准（见表 3－15）。

省本级有效样本中，38.5%政府债务项目会计核算基础主要为完全收付实现制；7.7%主要为修正收付实现制；23.1%主要为修正权责发生制；30.8%主要为完全权责发生制（见图 3－139）。

表 3－15　省本级政府债务会计提供的信息质量符合的标准（分省）

	真实性标准	相关性标准	完备性标准	及时性标准	可比性标准	经济性标准
吉林		√	√	√	√	
江西	√					
山东	√	√	√	√	√	√
内蒙古	√	√	√	√	√	√
海南	√	√	√	√	√	√
宁夏	√			√	√	
重庆	√	√	√	√	√	√
河南	√	√	√	√	√	√
山西	√	√	√	√	√	
上海	√		√	√	√	
四川	√	√	√	√	√	√
云南			√	√	√	

资料来源：2012 年各省财政国库管理问卷。

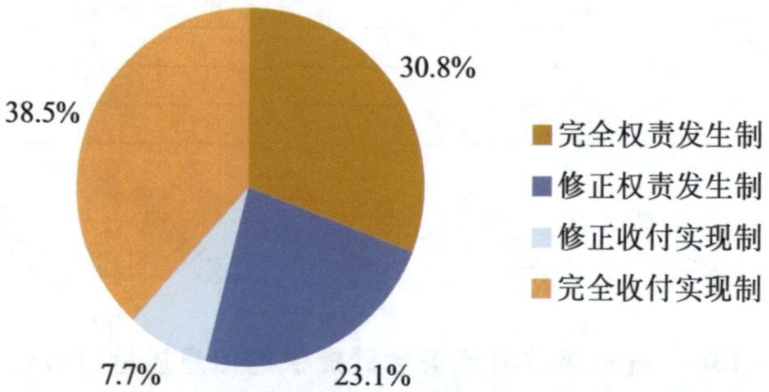

图 3－139　省本级政府债务项目会计核算基础

分省来看，宁夏、广东、河南、云南、北京政府债务项目会计核算基础主要为完全收付实现制；重庆主要为修正收付实现制；内蒙古、海南、四川主要为修正权责发生制；吉林、江西、山东、湖北主要为完全权责发生制（见表 3－16）。

表 3－16　省本级政府债务项目会计核算基础（分省）

	完全权责发生制	修正权责发生制	修正收付实现制	完全收付实现制
吉林	√			
江西	√			
山东	√			
内蒙古		√		

续表

	完全权责发生制	修正权责发生制	修正收付实现制	完全收付实现制
湖北	√			
海南		√		
宁夏				√
重庆			√	
广东				√
河南				√
四川		√		
云南				√
北京				√

资料来源：2012 年各省财政国库管理问卷。

省本级有效样本中，54.2% 政府债务会计中确认和计量的项目涵盖了国债（包括内债和政府主权外债）本息；25% 涵盖了欠发财政供养人员工资形成的债务；37.5% 涵盖了应付未付款项；29.2% 涵盖了粮食收购和流通中的亏损挂账；8.3% 涵盖了公务员养老金负债；4.2% 涵盖了或有负债（见图 3－140）。

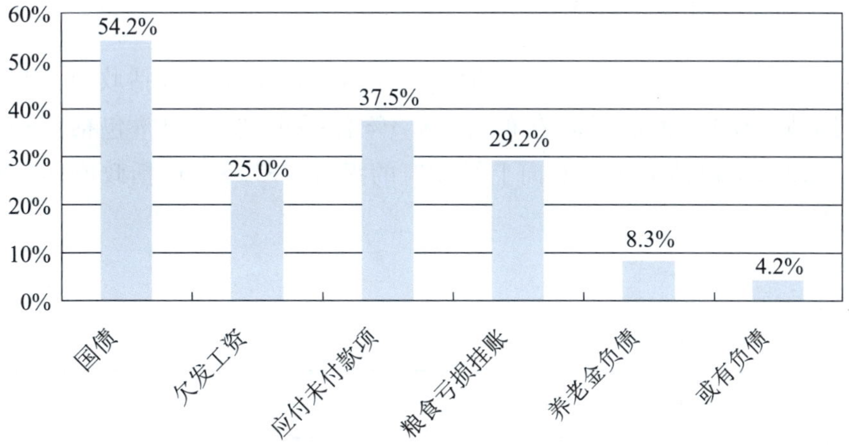

图 3－140　省本级政府债务会计中确认和计量的项目

分省来看，吉林、山东、内蒙古、海南、宁夏、重庆、广东、河南、山西、上海、四川、云南、福建政府债务会计中确认和计量的项目涵盖了国债（包括内债和政府主权外债）本息；吉林、内蒙古、海南、山西、四川、云南涵盖了欠发财政供养人员工资形成的债务；吉林、山东、内蒙古、海南、宁夏、山西、上海、四川、云南涵盖了应付未付款项；吉林、内蒙古、宁夏、河南、山西、四川、云南涵盖了粮食收购和流通中的亏损挂账；内蒙古、山西涵盖了公务员养老金负债；山西涵盖了或有负债（见表3－17）。

表3－17　　省本级政府债务会计中确认和计量的项目（分省）

	国债	欠发工资	应付未付款项	粮食亏损挂账	养老金负债	或有负债
吉林	√	√	√	√		
山东	√		√			
内蒙古	√	√	√	√	√	
海南	√	√	√			
宁夏	√		√	√		
重庆	√					
广东	√					
河南	√			√		
山西	√	√	√	√	√	√
上海	√		√			
四川	√	√	√	√		
云南	√	√	√	√		
福建	√					

资料来源：2012年各省财政国库管理问卷。

省本级有效样本中，12.5%政府债务会计信息披露途径包括政府公报；12.5%包括政府网站；8.3%包括新闻发布会；8.3%包括报刊；8.3%包括广播；12.5%包括电视；29.2%包括下级政府向上级政府的报告；37.5%包括政府向人大机关的报告（见图3－141）。

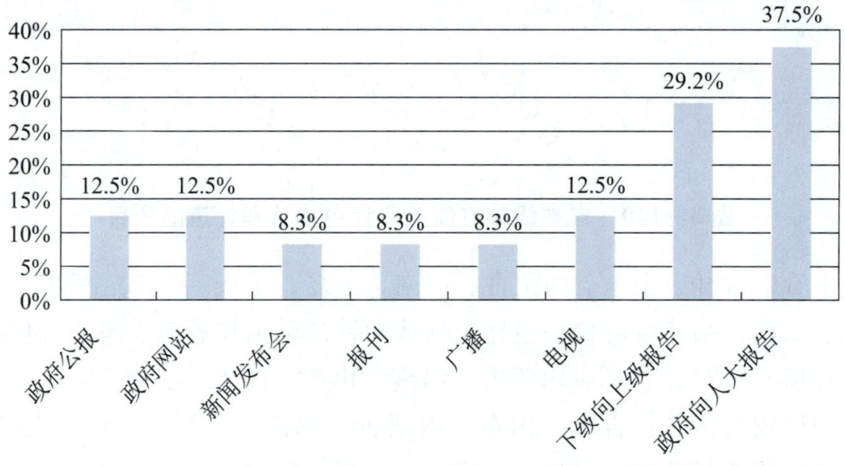

图3－141　省本级政府债务会计信息披露途径

各省省本级政府债务会计信息披露途径如表 3 - 18 所示。

表 3 - 18　　省本级政府债务会计信息披露途径（分省）

	政府公报	政府网站	新闻发布会	报刊	广播	电视	下级向上级报告	政府向人大报告
吉林	√	√	√		√	√		√
山东							√	√
内蒙古							√	√
海南	√	√		√		√		√
重庆							√	√
河南							√	√
山西	√	√	√	√	√	√	√	√
陕西								√
四川							√	√
福建							√	

资料来源：2012 年各省财政国库管理问卷。

省本级有效样本中，41.7% 政府债务会计信息披露形式包括资产负债表；37.5% 包括政府债务明细表；25% 包括政府债务会计报表附注（见图 3 - 142）。

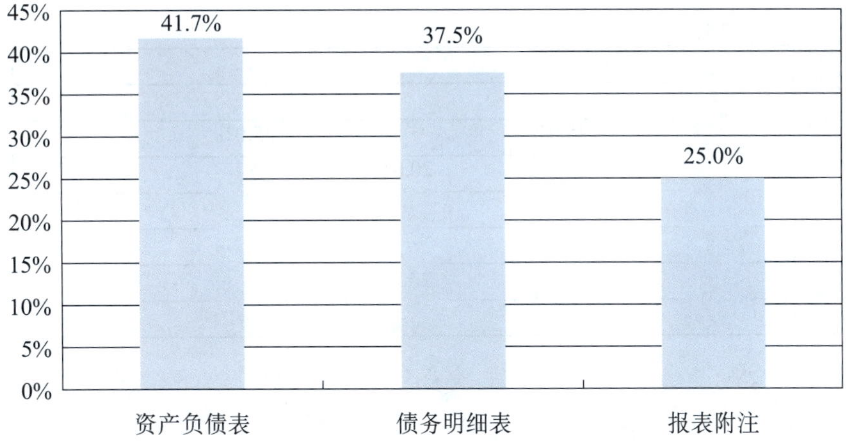

图 3 - 142　省本级政府债务会计信息披露形式

分省来看，吉林、内蒙古、海南、宁夏、重庆、河南、山西、陕西、新疆、北京政府债务会计信息披露形式包括资产负债表；吉林、山东、内蒙古、海南、重庆、河南、山西、福建、北京包括政府债务明细表；内蒙古、海南、重庆、河南、山西、北京包括政府债务会计报表附注（见表 3 - 19）。

表 3-19　　省本级政府债务会计信息披露形式（分省）

	资产负债表	债务明细表	报表附注
吉林	√	√	
山东		√	
内蒙古	√	√	√
海南	√	√	√
宁夏	√		
重庆	√	√	√
河南	√	√	√
山西	√	√	√
陕西	√		
新疆	√		
福建		√	
北京	√	√	√

资料来源：2012 年各省财政国库管理问卷。

省本级有效样本中，37.5% 政府债务会计信息披露涵盖了债务种类；25% 涵盖了债务形成原因；20.8% 涵盖了经济利益流出不确定性的说明；25% 涵盖了债务预计产生的财务影响；16.7% 涵盖了获取补偿的可能性（见图 3-143）。

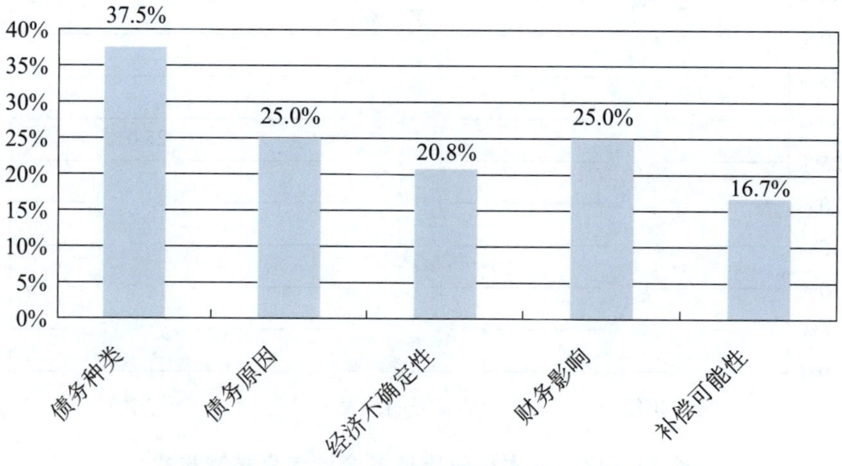

图 3-143　省本级政府债务会计信息披露涵盖的内容

分省来看，吉林、山东、内蒙古、海南、重庆、河南、山西、四川、北京政府债务会计信息披露涵盖了债务种类；山东、内蒙古、海南、重庆、山西、四川涵盖了债务形成原因；吉林、内蒙古、海南、重庆、山西涵盖了经济利益流出不确定性的说明；吉林、内蒙古、海南、重庆、河南、山西涵盖了债务预计产生的财务影响；内蒙古、海南、重庆、山西涵盖了获取补偿的可能性（见表 3－20）。

表 3－20　　省本级政府债务会计信息披露涵盖的内容（分省）

	债务种类	债务原因	经济不确定性	财务影响	补偿可能性
吉林	√		√	√	
山东	√	√			
内蒙古	√	√	√	√	√
海南	√	√	√	√	√
重庆	√	√	√	√	√
河南	√			√	
山西	√	√	√	√	√
四川	√	√			
北京	√				

资料来源：2012 年各省财政国库管理问卷。

省本级有效样本中，54.5% 政府债务会计信息披露流程具有规范的管理办法。分省来看，吉林、重庆、河南、山西、四川、新疆政府债务会计信息披露流程具有规范的管理办法。

省本级有效样本中，20% 政府债务会计信息每月均披露；10% 每季均披露；20% 每年均披露；50% 披露时间不确定（见图 3－144）。

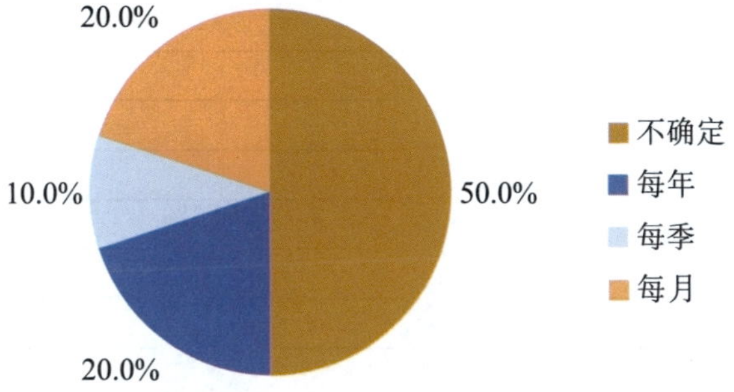

图 3－144　省本级政府债务会计信息披露时间

分省来看，山东、海南政府债务会计信息每月均披露；山西每季均披露；吉林、重庆每年均披露；江西、内蒙古、河南、陕西、四川披露时间不确定（见表 3－21）。

表 3－21　　省本级政府债务会计信息披露时间（分省）

	每月	每旬	每季	每年	不确定
吉林				√	
江西					√
山东	√				
内蒙古					√
海南	√				
重庆				√	
河南					√
山西			√		
陕西					√
四川					√

资料来源：2012 年各省财政国库管理问卷。

3.7.2　市本级政府会计管理

市本级有效样本中，98.6% 财政部门均实行了总预算会计制度，72.3% 财政部门根据工作需要设置了与其工作任务相适应的总预算会计机构，92.7% 财政部门根据工作需要配备了一定数量的专职总预算会计。

市本级总预算会计核算管理涵盖的内容较为全面。市本级有效样本中，94.7% 总预算会计核算管理涵盖了一般预算资金，93.7% 涵盖了纳入预算管理的政府性基金，61.1% 涵盖了专用基金，48.8% 涵盖了财政周转金（见图 3－145）。

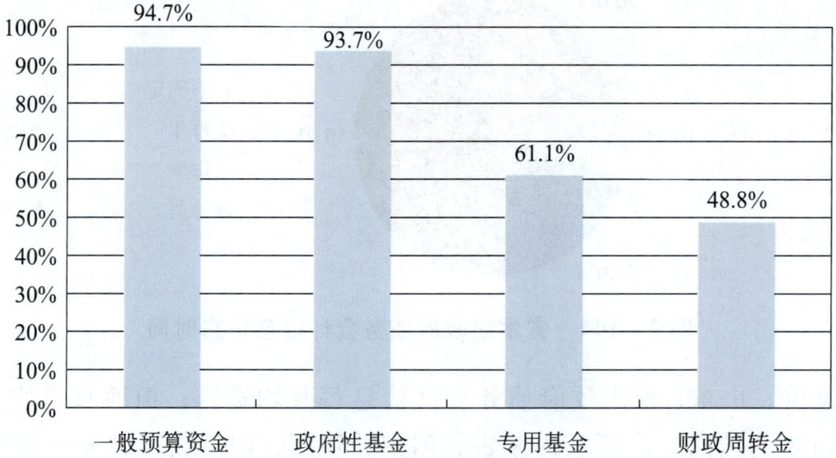

图 3－145　市本级总预算会计核算管理涵盖的内容

市本级有效样本中，98.3%财政性资金全部都由总预算会计统一在国库或指定的银行开立存款账户，未任意转存其他金融机构。22.5%财政仅使用财政结余购买国家指定由地方各级政府购买的有价证券。76.7%财政暂付及应收款项及时进行了清理结算，未出现长期挂账。

市本级有效样本中，55.6%总预算会计对行政事业单位拨款按照单位领报关系转拨。95.8%财政周转金的贷付、借出和回收按实际发生数额记账。86.7%财政各类债务能够及时结算。97.9%财政各项结余分别核算，未出现混淆。

市本级有效样本中，68.1%财政预算周转金采用年度预算结余资金设置、补充或由上级财政部门拨入。57.1%财政周转金的利息收入（或占用费收入）按规定扣除必要的业务费用后用于补充财政周转金。

市本级有效样本中，68.7%总预算会计未列报超预算的支出和未任意调整预算支出科目。99.6%基金预算支出和专用基金支出按规定的用途开支，先收后支，量入为出。98.9%财政资金调拨支出和财政周转金支出按上级财政部门的规定或实际发生数额记账。

市本级有效样本中，94.4%总预算会计每个月都进行会计结账。98.6%总预算会计在会计年度结束前会全面进行年终清理结算。99.7%总预算会计对于不合法的会计事项会及时予以纠正或及时向领导反映。99.7%总预算会计会按规定向审计及监察部门提供有关资料。

市本级政府会计编制的基本财务报表种类较为全面。市本级有效样本中，80.4%政府会计编制的基本财务报表包括资产负债表；67.4%包括财务业绩表（收入支出表）；13.6%包括现金流量表；72.8%包括预算执行情况表（见图 3－146）。

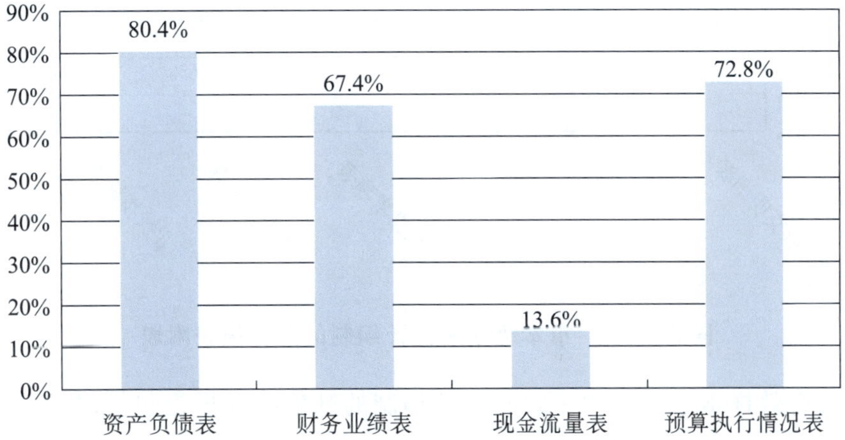

图 3－146　市本级政府会计编制的基本财务报表

市本级政府会计编制的财务报表附注涵盖的内容较为全面。市本级有效样本中，69.1%政府会计编制的财务报表附注涵盖了对重要会计政策及其变更情况的说明；71.8%涵盖了对报表中重要项目的说明；46.8%涵盖了对或有事项和资产负债表日后事项的说明（见图3－147）。

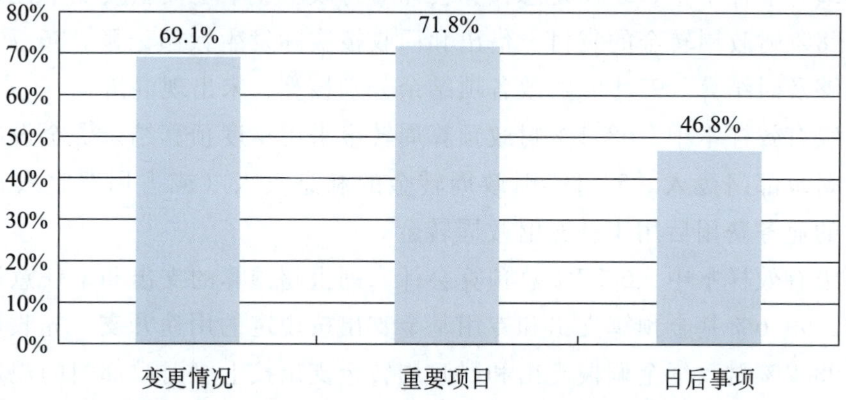

图3－147 市本级政府会计编制的财务报表附注涵盖的内容

市本级有效样本中，71.4%政府会计编制的财务报表附表包括预算收支明细表；44.5%包括固定资产情况表；38.5%包括借款表；11%包括承诺事项表；11.6%包括政府服务项目成本汇总表；10%包括业绩指标表（见图3－148）。

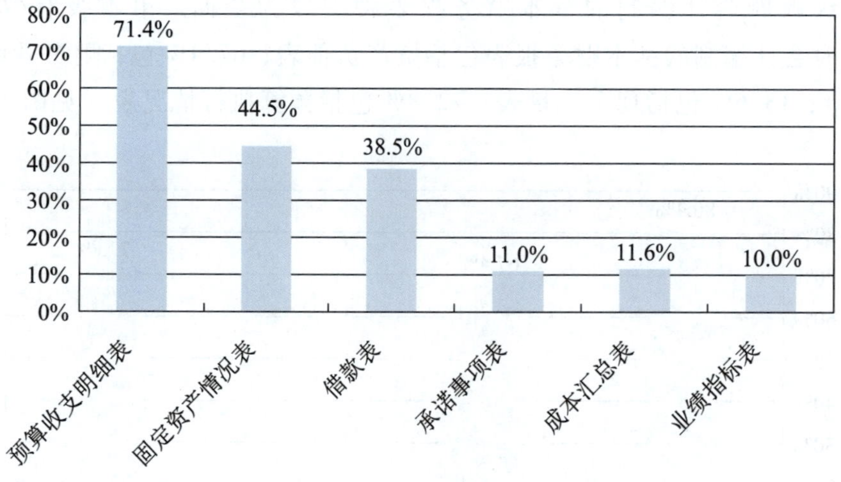

图3－148 市本级政府会计编制的财务报表附表

市本级有效样本中，55.8%政府会计编制的其他财务报告包括对政府整体财务状况和运营结果的分析；53.8%包括关于报告主体一般情况的说明；40.2%包括其他各类统计报告（见图3－149）。

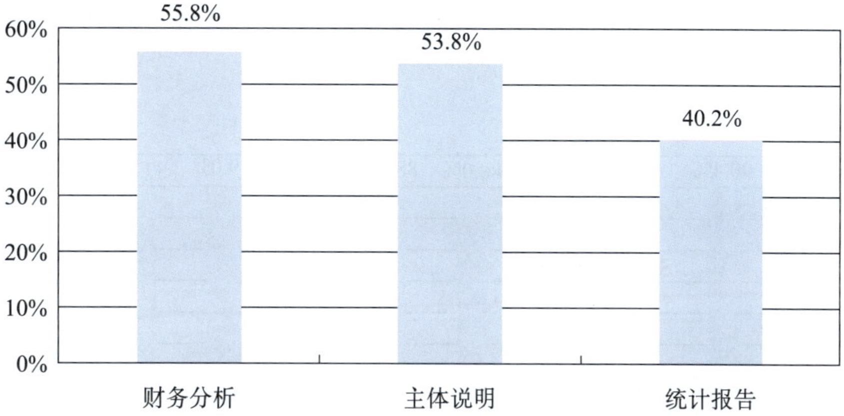

图 3－149　市本级政府会计编制的其他财务报告

市本级政府预算会计收入核算涵盖的内容较为全面。市本级有效样本中，89.4%政府预算会计收入核算涵盖了税收收入；53.5%涵盖了社会保险基金收入；87%涵盖了非税收入；47.5%涵盖了贷款转贷回收本金收入；56.1%涵盖了债务收入；72.4%涵盖了转移性收入（见图 3－150）。

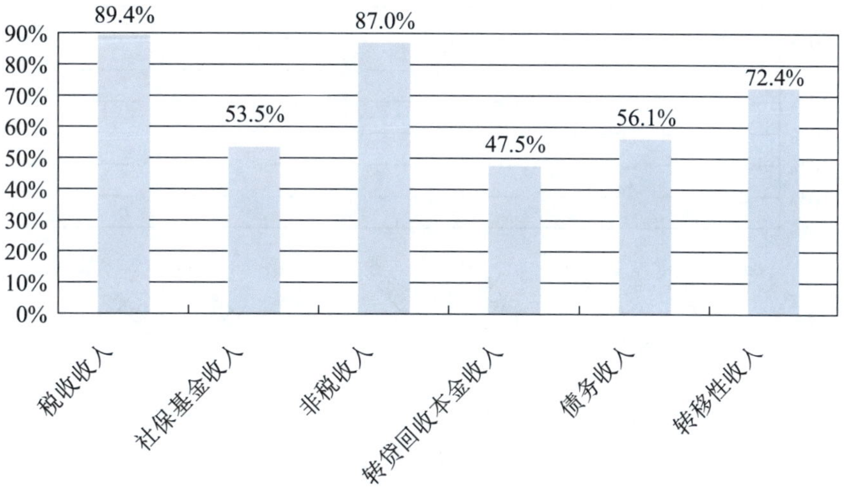

图 3－150　市本级政府预算会计收入核算涵盖的内容

市本级政府预算会计功能性支出核算涵盖的内容较为全面。市本级有效样本中，90.4%政府预算会计功能性支出核算涵盖了一般公共服务；53.2%涵盖了外交；77.1%涵盖了国防；88%涵盖了公共安全；88.4%涵盖了教育；87.4%涵盖了科学技术；89%涵盖了文化体育与传媒；87.7%涵盖了社会保障和就业；72.4%涵盖了社会保险基金支出；89%涵盖了医疗卫生；88.7%涵盖了环境保护；88%涵盖了城乡社区事务；87.7%涵盖了农林水事务；87%涵盖了交通运输；86.4%涵盖了工业商业金融等事务；87.7%涵盖了其他支出；63.1%涵盖了转移性支出（见图3-151）。

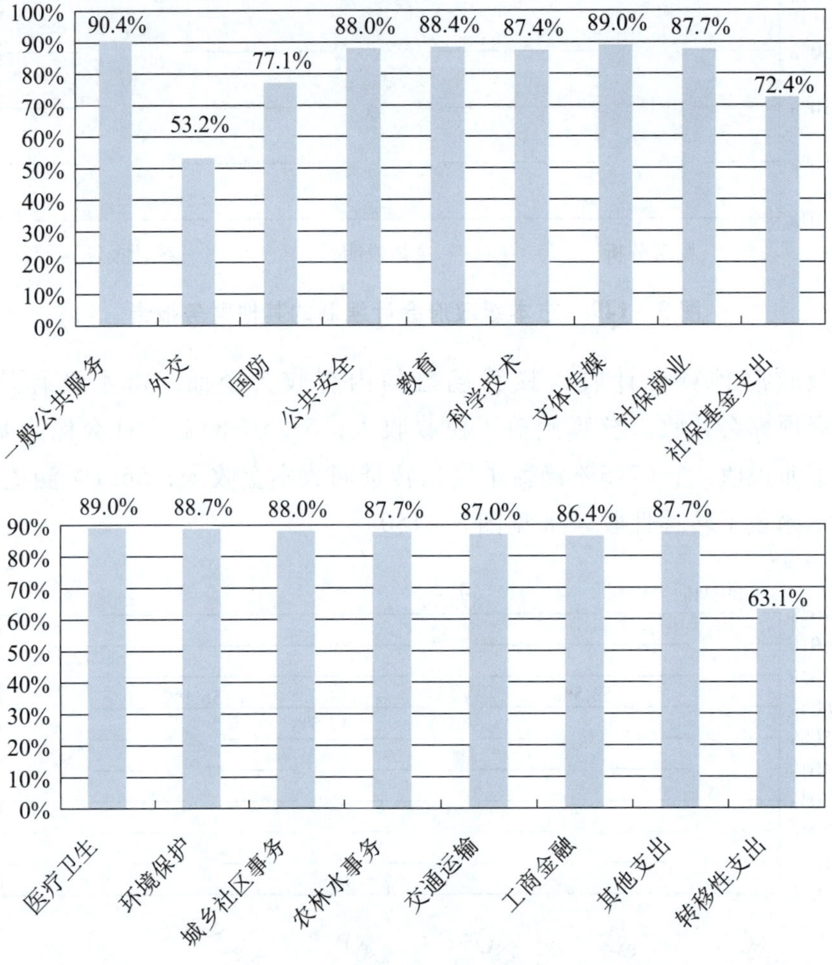

图3-151　市本级政府预算会计功能性支出核算涵盖的内容

市本级政府预算会计经济性支出核算涵盖的内容较为全面。市本级有效样本中，80.1%政府预算会计经济性支出核算涵盖了工资福利支出；79.7%涵盖了商品和服务支出；79.1%涵盖了对个人和家庭的补助；72.8%涵盖了对企事业单位的补贴；56.8%涵盖了转移性支出；54.2%涵盖了赠与；63.1%涵盖了债务利息支出；64.5%涵盖了债务还本支出；70.1%涵盖了基本建设支出；66.4%涵盖了其他资本性支出；45.5%涵盖了贷款转贷及产权参股；66.4%涵盖了其他支出（见图3-152）。

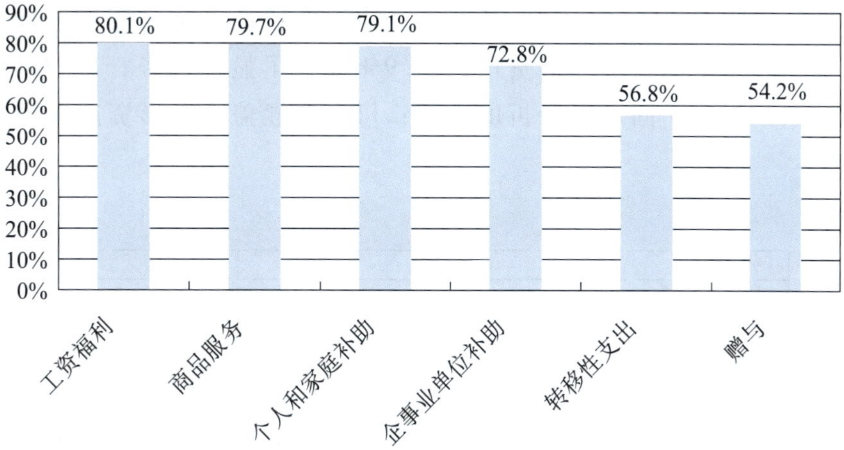

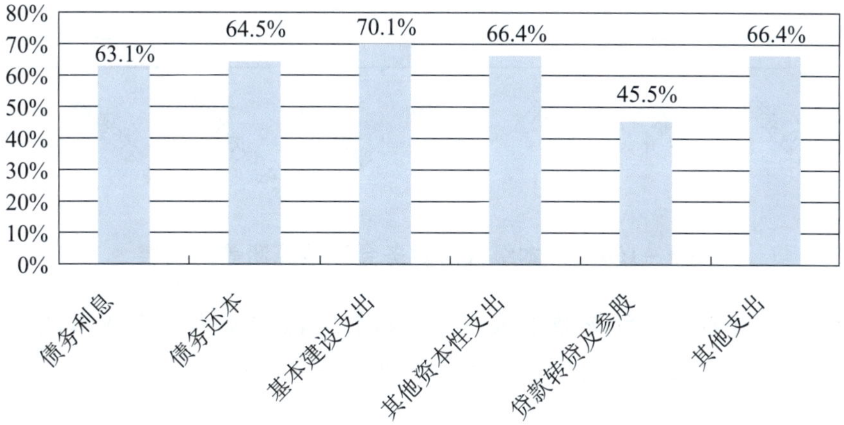

图 3－152　市本级政府预算会计经济性支出核算涵盖的内容

市本级有效样本中，63% 政府财务会计核算基础主要为完全收付实现制；26.4% 主要为修正收付实现制；5.3% 主要为修正权责发生制；5.3% 主要为完全权责发生制（见图 3－153）。

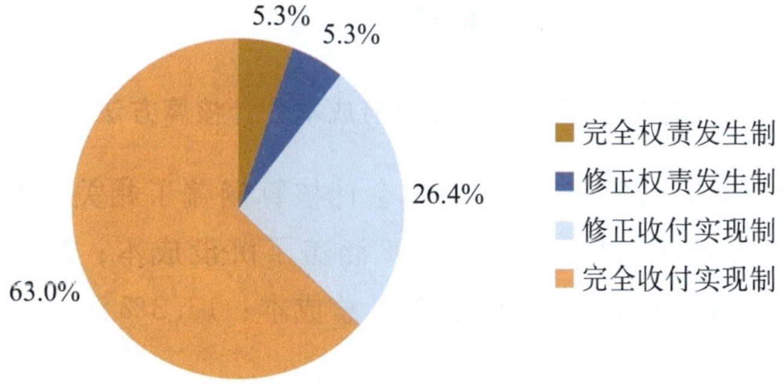

图 3－153　市本级政府财务会计核算基础

市本级有效样本中，46.2%政府财务会计核算涵盖了金融资产；16.9%涵盖了自然资源；22.9%涵盖了无形资产；34.9%涵盖了显性债务；13.3%涵盖了隐性债务；21.6%涵盖了固定资产折旧费用；11.6%涵盖了无形资产摊销费用（见图3－154）。

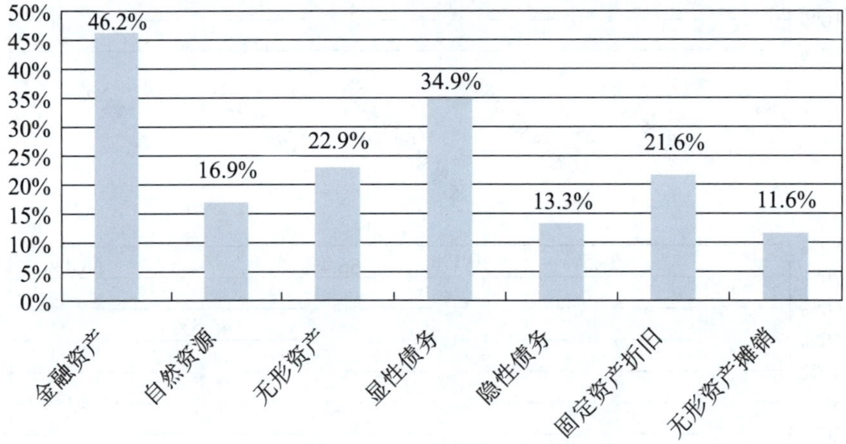

图3－154　市本级政府财务会计核算涵盖的内容

市本级有效样本中，50%政府成本会计核算方法主要为分批成本法；37.8%为成本核算的分步法；12.2%为作业成本法（见图3－155）。

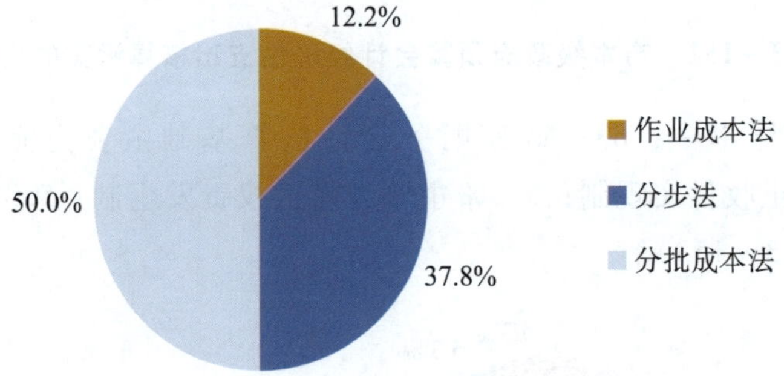

图3－155　市本级政府成本会计核算方法

市本级有效样本中，29.6%政府成本会计核算涵盖了相关成本；11.6%涵盖了不相关成本；14%涵盖了边际成本；8.3%涵盖了沉没成本；24.6%涵盖了直接成本；11.6%涵盖了间接成本；19.6%涵盖了总成本；13.3%涵盖了单位成本（见图3－156）。

市本级有效样本中，48.8%政府债务会计提供的信息质量符合真实性标准；32.2%符合相关性标准；34.2%符合完备性标准；31.2%符合及时性标准；31.2%符合可比性标准；19.6%符合经济性标准（见图3－157）。

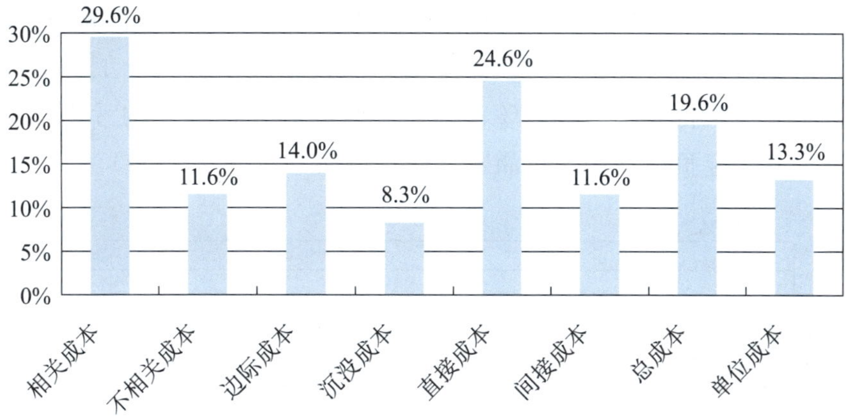

图 3-156　市本级政府成本会计核算涵盖的内容

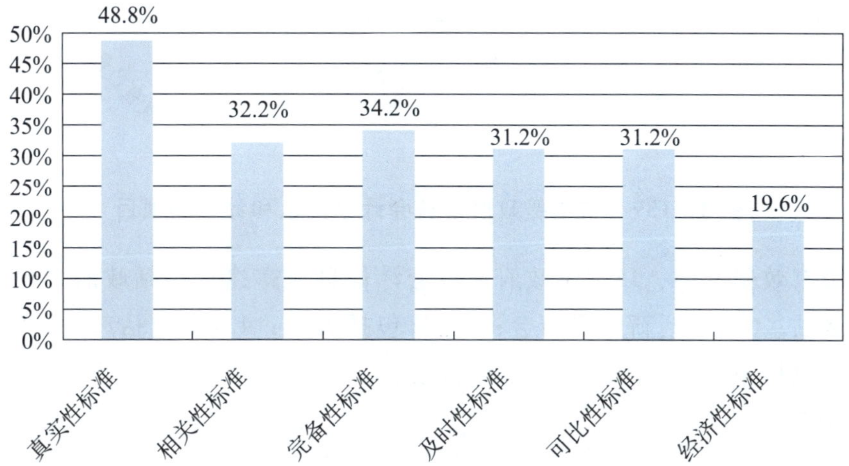

图 3-157　市本级政府债务会计提供的信息质量符合的标准

市本级有效样本中，66.1% 政府债务项目会计核算基础主要为完全收付实现制；15.8% 主要为修正收付实现制；6.7% 主要为修正权责发生制；11.5% 主要为完全权责发生制（见图 3-158）。

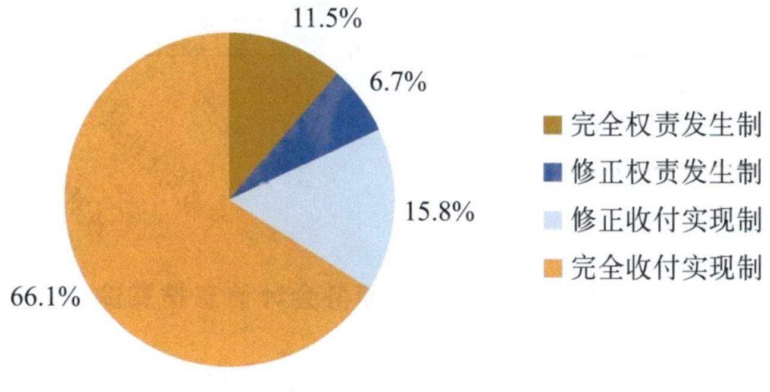

图 3-158　市本级政府债务项目会计核算基础

市本级有效样本中，49.2%政府债务会计中确认和计量的项目涵盖了国债（包括内债和政府主权外债）本息；15.9%涵盖了欠发财政供养人员工资形成的债务；33.6%涵盖了应付未付款项；22.9%涵盖了粮食收购和流通中的亏损挂账；8.3%涵盖了公务员养老金负债；16.3%涵盖了或有负债（见图3－159）。

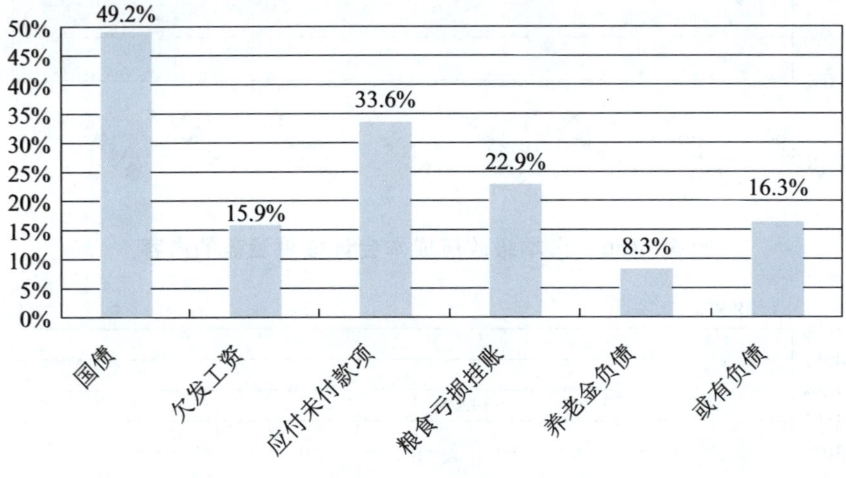

图3－159 市本级政府债务会计中确认和计量的项目

市本级有效样本中，15.3%政府债务会计信息披露途径包括政府公报；16.3%包括政府网站；6%包括新闻发布会；7.3%包括报刊；4.7%包括广播；5%包括电视；38.9%包括下级政府向上级政府的报告；44.2包括政府向人大机关的报告（见图3－160）。

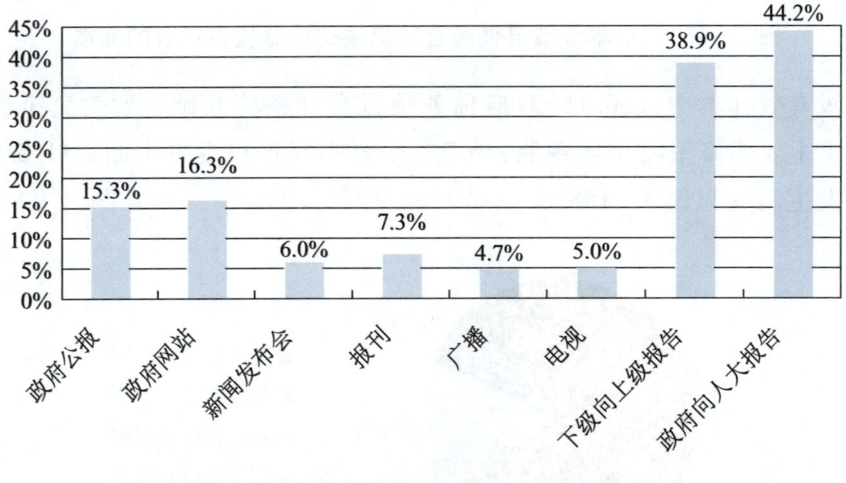

图3－160 市本级政府债务会计信息披露途径

市本级有效样本中，36.5%政府债务会计信息披露形式包括资产负债表；43.2%包括政府债务明细表；30.6%包括政府债务会计报表附注（见图3－161）。

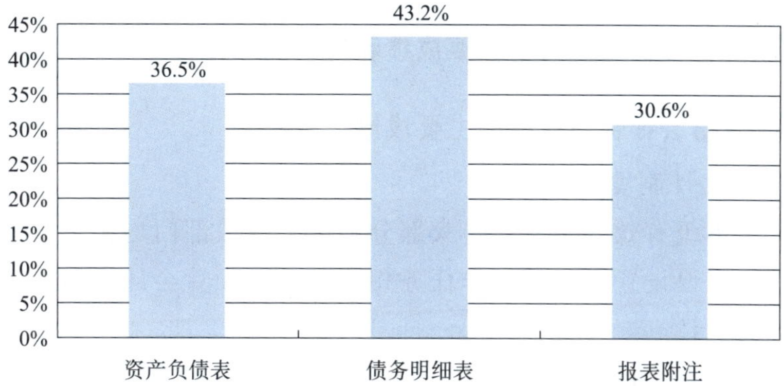

图 3－161 市本级政府债务会计信息披露形式

市本级有效样本中，49.8%政府债务会计信息披露涵盖了债务种类；42.2%涵盖了债务形成原因；16.3%涵盖了经济利益流出不确定性的说明；21.9%涵盖了债务预计产生的财务影响；15.3%涵盖了获取补偿的可能性（见图 3－162）。

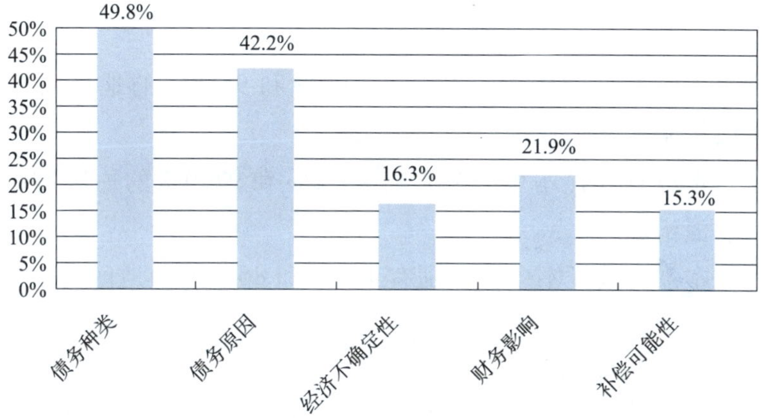

图 3－162 市本级政府债务会计信息披露涵盖的内容

市本级有效样本中，65.1%政府债务会计信息披露流程具有规范的管理办法。

市本级有效样本中，19.5%政府债务会计信息每月均披露；3.4%每旬均披露；8.1%每季均披露；26.2%每年均披露；43%披露时间不确定（见图 3－163）。

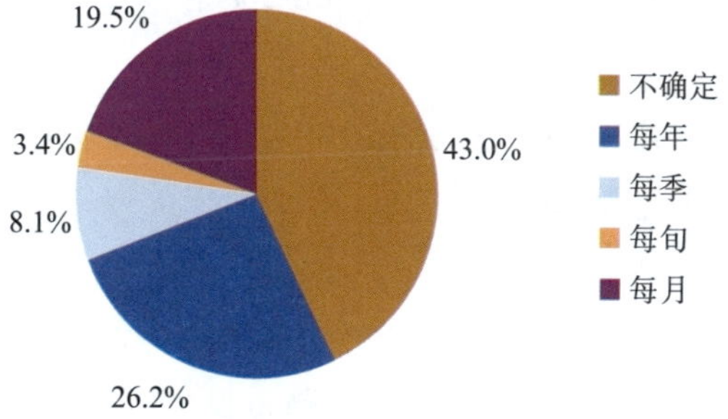

图 3－163 市本级政府债务会计信息披露时间

3.7.3 政府会计管理取得的主要成绩和有待完善之处

3.7.3.1 政府会计管理取得的主要成绩

（1）总预算会计制度较为健全

省本级和市本级有效样本中，绝大部分地区的财政部门均实行了总预算会计制度，并根据工作需要设置了与其工作任务相适应的总预算会计机构和配备了一定数量的专职总预算会计。

总预算会计核算管理涵盖的内容较为全面。省本级和市本级有效样本中，绝大部分地区的总预算会计核算管理涵盖了一般预算资金、纳入预算管理的政府性基金、专用基金和财政周转金。

（2）资产负债管理较为完善

省本级和市本级有效样本中，分别有95.5%和98.3%的地区财政性资金全部都由总预算会计统一在国库或指定的银行开立存款账户，未任意转存其他金融机构。

省本级和市本级有效样本中，分别有100%和95.8%的地区财政周转金的贷付、借出和回收按实际发生数额记账。

省本级和市本级有效样本中，分别有95.2%和97.9%的地区财政各项结余分别核算，未出现混淆。

省本级和市本级有效样本中，分别有100%和86.7%的地区财政各类债务能够及时结算。

（3）支出管理较为完善

省本级和市本级有效样本中，分别有100%和99.6%的地区基金预算支出和专用基金支出按规定的用途开支，先收后支，量入为出。

省本级和市本级有效样本中，分别有100%和98.9%的地区财政资金调拨支出和财政周转金支出按上级财政部门的规定或实际发生数额记账。

（4）会计结账和结算较为规范

省本级和市本级有效样本中，分别有95.2%和94.4%的地区总预算会计每个月都进行会计结账。

省本级和市本级有效样本中，分别有100%和98.6%的地区总预算会计在会计年度结束前会全面进行年终清理结算。

（5）会计发挥的监督作用较好

省本级和市本级有效样本中，分别有100%和99.7%的地区总预算会计对于不合法的会计事项会及时予以纠正或及时向领导反映。

省本级和市本级有效样本中，分别有100%和99.7%的地区总预算会计会按规定向审计及监察部门提供有关资料。

（6）基本财务报表的编制较为全面

省本级和市本级有效样本中，大部分地区政府会计编制的基本财务报表包括资产负债表、财务业绩表（收入支出表）、现金流量表和预算执行情况表。

（7）政府预算会计较为完善

政府预算会计收入核算涵盖的内容较为全面。省本级和市本级有效样本中，大部分地区政府预算会计收入核算涵盖了税收收入、社会保险基金收入、非税收入、贷款转贷回收本金收入、债务收入和转移性收入。

政府预算会计功能性支出核算涵盖的内容较为全面。省本级和市本级有效样本中，大部分地区政府预算会计功能性支出核算涵盖了一般公共服务、外交、国防、公共安全、教育、科学技术、文化体育与传媒、社会保障和就业、社会保险基金支出、医疗卫生、环境保护、城乡社区事务、农林水事务、交通运输、工业商业金融等事务、其他支出以及转移性支出。

政府预算会计经济性支出核算涵盖的内容较为全面。省本级和市本级有效样本中，大部分地区政府预算会计经济性支出核算涵盖了工资福利支出、商品和服务支出、对个人和家庭的补助、对企事业单位的补贴、转移性支出、赠与、债务利息支出、债务还本支出、基本建设支出、其他资本性支出、贷款转贷和产权参股以及其他支出。

3.7.3.2　政府会计管理有待完善之处

（1）违规使用除财政结余外的其他财政资金购买有价证券的情况较多

省本级有效样本中，33.3%财政仅使用财政结余购买国家指定由地方各级政府购买的有价证券。市本级有效样本中，22.5%财政仅使用财政结余购买国家指定由地方各级政府购买的有价证券。

（2）政府会计编制的财务报表附表不够全面

省本级有效样本中，仅 50%政府会计编制的财务报表附表包括固定资产情况表；33.3%包括借款表；8.3%包括承诺事项表；4.2%包括政府服务项目成本汇总表；8.3%包括业绩指标表。市本级有效样本中，仅 44.5%包括固定资产情况表；38.5%包括借款表；11%包括承诺事项表；11.6%包括政府服务项目成本汇总表；10%包括业绩指标表。

（3）政府会计编制的其他财务报告不够全面

省本级有效样本中，仅 58.3%政府会计编制的其他财务报告包括对政府整体财务状况和运营结果的分析；54.2%包括关于报告主体一般情况的说明；33.3%包括其他各类统计报告。市本级有效样本中，仅 55.8%政府会计编制的其他财务报告包括对政府整体财务状况和运营结果的分析；53.8%包括关于报告主体一般情况的说明；40.2%包括其他各类统计报告。

（4）政府会计核算基础采用完全权责发生制的不多

省本级有效样本中，仅9.1%政府财务会计核算基础主要为完全权责发生制，30.8%政府债务项目会计核算基础主要为完全权责发生制。市本级有效样本中，仅5.3%政府财务会计核算基础主要为完全权责发生制，仅11.5%政府债务项目会计核算基础主要为完全权责发生制。

（5）政府财务会计核算涵盖的内容不够全面

省本级有效样本中，仅58.3%政府财务会计核算涵盖了金融资产；20.8%涵盖了自然资源；20.8%涵盖了无形资产；50%涵盖了显性债务；4.2%涵盖了隐性债务；20.8%涵盖了固定资产折旧费用；12.5%涵盖了无形资产摊销费用。市本级有效样本中，仅46.2%政府财务会计核算涵盖了金融资产；16.9%涵盖了自然资源；22.9%涵盖了无形资产；34.9%涵盖了显性债务；13.3%涵盖了隐性债务；21.6%涵盖了固定资产折旧费用；11.6%涵盖了无形资产摊销费用。

（6）政府成本会计核算方法采用作业成本法的不多

省本级有效样本中，仅14.3%政府成本会计核算方法主要为作业成本法。市本级有效样本中，仅12.2%为作业成本法。

（7）政府成本会计核算涵盖的内容不够全面

省本级有效样本中，仅25%政府成本会计核算涵盖了相关成本；16.7%涵盖了不相关成本；12.5%涵盖了边际成本；12.5%涵盖了沉没成本；12.5%涵盖了直接成本；8.3%涵盖了间接成本；16.7%涵盖了总成本；16.7%涵盖了单位成本。市本级有效样本中，仅29.6%政府成本会计核算涵盖了相关成本；11.6%涵盖了不相关成本；14%涵盖了边际成本；8.3%涵盖了沉没成本；24.6%涵盖了直接成本；11.6%涵盖了间接成本；19.6%涵盖了总成本；13.3%涵盖了单位成本。

（8）政府债务会计提供的信息质量不高

省本级有效样本中，仅41.7%政府债务会计提供的信息质量符合真实性标准；33.3%符合相关性标准；41.7%符合完备性标准；45.8%符合及时性标准；45.8%符合可比性标准；25%符合经济性标准。市本级有效样本中，仅48.8%政府债务会计提供的信息质量符合真实性标准；32.2%符合相关性标准；34.2%符合完备性标准；31.2%符合及时性标准；31.2%符合可比性标准；19.6%符合经济性标准。

（9）政府债务会计中确认和计量的项目不够全面

省本级有效样本中，仅54.2%政府债务会计中确认和计量的项目涵盖了国债（包括内债和政府主权外债）本息；25%涵盖了欠发财政供养人员工资形成的债务；37.5%涵盖了应付未付款项；29.2%涵盖了粮食收购和流通中的亏损挂账；8.3%涵盖了公务员养老金负债；4.2%涵盖了或有负债。市本级有效样本中，仅

49.2%政府债务会计中确认和计量的项目涵盖了国债（包括内债和政府主权外债）本息；15.9%涵盖了欠发财政供养人员工资形成的债务；33.6%涵盖了应付未付款项；22.9%涵盖了粮食收购和流通中的亏损挂账；8.3%涵盖了公务员养老金负债；16.3%涵盖了或有负债。

（10）政府债务会计信息的披露途径不够完善

省本级有效样本中，仅12.5%政府债务会计信息披露途径包括政府公报；12.5%包括政府网站；8.3%包括新闻发布会；8.3%包括报刊；8.3%包括广播；12.5%包括电视；29.2%包括下级政府向上级政府的报告；37.5%包括政府向人大机关的报告。市本级有效样本中，仅15.3%政府债务会计信息披露途径包括政府公报；16.3%包括政府网站；6%包括新闻发布会；7.3%包括报刊；4.7%包括广播；5%包括电视；38.9%包括下级政府向上级政府的报告；44.2%包括政府向人大机关的报告。

（11）政府债务会计信息披露形式不够完善

省本级有效样本中，仅41.7%政府债务会计信息披露形式包括资产负债表；37.5%包括政府债务明细表；25%包括政府债务会计报表附注。市本级有效样本中，仅36.5%政府债务会计信息披露形式包括资产负债表；43.2%包括政府债务明细表；30.6%包括政府债务会计报表附注。

（12）政府债务会计信息披露涵盖的内容不够全面

省本级有效样本中，仅37.5%政府债务会计信息披露涵盖了债务种类；25%涵盖了债务形成原因；20.8%涵盖了经济利益流出不确定性的说明；25%涵盖了债务预计产生的财务影响；16.7%涵盖了获取补偿的可能性。市本级有效样本中，仅49.8%政府债务会计信息披露涵盖了债务种类；42.2%涵盖了债务形成原因；16.3%涵盖了经济利益流出不确定性的说明；21.9%涵盖了债务预计产生的财务影响；15.3%涵盖了获取补偿的可能性。

（13）政府债务会计信息披露不够及时

省本级有效样本中，仅20%政府债务会计信息每月均披露；10%每季均披露；20%每年均披露；50%披露时间不确定。市本级有效样本中，仅19.5%政府债务会计信息每月均披露；3.4%每旬均披露；8.1%每季均披露；26.2%每年均披露；43%披露时间不确定。

3.8　财政信息化建设

建立现代化的国库管理制度，迫切要求运用先进的计算机技术和网络技术，加强财政信息化建设，完整记录并实时处理财政收支数据，使得管理制度刚性化，达到实时监控、硬性约束的目的。本部分从我国省级和市级地方政府的信息化制度、财政业务应用系统建设、信息基础设施建设情况着手，对地方政府财政信息化现状进行了细致的描述统计，深入分析了其中存在的典型问题。

3.8.1 省本级财政信息化建设

省本级有效样本中，100%制定了具体的信息化办法。分省来看，吉林、江西、安徽、山东、内蒙古、湖北、河北、海南、宁夏、重庆、河南、山西、陕西、上海、四川、甘肃、云南、浙江、新疆、福建、北京制定了具体的信息化办法。

省本级有效样本中，100%设置了专门的信息化管理机构。分省来看，吉林、江西、安徽、山东、内蒙古、湖北、河北、海南、宁夏、重庆、河南、山西、陕西、上海、四川、甘肃、云南、浙江、新疆、福建、北京设置了专门的信息化管理机构。

省本级有效样本中，100%配备了专门的信息化管理人员。分省来看，吉林、江西、安徽、山东、内蒙古、湖北、河北、海南、宁夏、重庆、河南、山西、陕西、上海、四川、甘肃、云南、浙江、新疆、福建、北京配备了专门的信息化管理人员。

省本级预算管理信息系统应用领域较为广泛。省本级有效样本中，83.3%预算管理信息系统应用领域包括预算编制；83.3%包括预算审核；79.2%包括预算调整；83.3%包括基本预算支出和项目预算支出的部门预算编制；70.8%包括预算控制数编制；66.7%包括预算批复；45.8%包括在线查询；50%包括在线汇总；12.5%包括在线审计（见图3-164）。

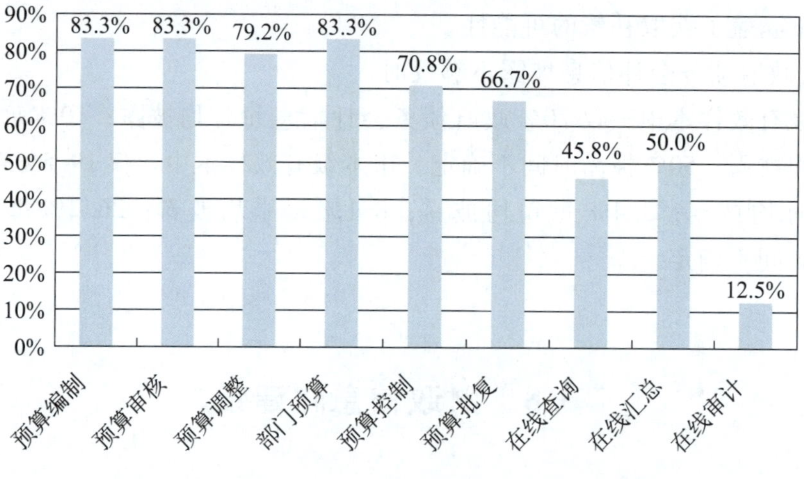

图3-164 省本级预算管理信息系统应用领域

分省来看，吉林、江西、安徽、山东、内蒙古、河北、海南、宁夏、重庆、河南、山西、陕西、上海、四川、甘肃、云南、浙江、新疆、福建、北京预算管理信息系统应用领域包括预算编制；吉林、江西、安徽、山东、内蒙古、河北、海南、宁夏、重庆、河南、山西、陕西、上海、四川、甘肃、云南、浙江、新疆、福建、北京包括预算审核；吉林、江西、安徽、山东、内蒙古、河北、海南、宁夏、重庆、河南、山西、陕西、上海、甘肃、云南、浙江、新疆、福建、北京包括预算调整；吉林、江西、安徽、山东、内蒙古、河北、海南、宁夏、重庆、河南、山西、陕西、上海、四川、甘肃、云南、浙江、新疆、福建、北京包括基本预算支出和项目预算支出的部门预算编制；吉林、江西、安徽、山东、内蒙古、海南、宁夏、重庆、河南、山西、陕西、上海、四川、甘肃、浙江、新疆、北京包括预算控制数编制；吉林、江西、山东、内蒙古、海南、宁夏、重庆、河南、山西、陕西、上海、甘肃、云南、浙江、新疆、北京包括预算批复；安徽、山东、内蒙古、海南、河南、陕西、上海、云南、浙江、新疆、北京包括在线查询；吉林、安徽、山东、内蒙古、海南、河南、陕西、上海、云南、浙江、新疆、北京包括在线汇总；上海、新疆、北京包括在线审计（见表 3－22）。

表 3－22　省本级预算管理信息系统应用领域（分省）

	预算编制	预算审核	预算调整	部门预算	预算控制	预算批复	在线查询	在线汇总	在线审计
吉林	√	√	√	√	√	√		√	
江西	√	√	√	√	√	√			
安徽	√	√	√	√	√		√	√	
山东	√	√	√	√	√	√	√	√	
内蒙古	√	√	√	√	√	√	√	√	
河北	√	√	√	√					
海南	√	√	√	√	√	√	√	√	
宁夏	√	√	√	√	√	√			
重庆	√	√	√	√	√	√			
河南	√	√	√	√	√	√	√	√	
山西	√	√	√	√	√	√			
陕西	√	√	√	√	√	√	√	√	
上海	√	√	√	√	√	√	√	√	√
四川	√	√		√	√				
甘肃	√	√	√	√	√	√			
云南	√	√	√	√		√	√	√	
浙江	√	√	√	√	√	√	√	√	
新疆	√	√	√	√	√	√	√	√	√
福建	√	√	√	√					
北京	√	√	√	√	√	√	√	√	√

资料来源：2012 年各省财政国库管理问卷。

省本级国库支付管理信息系统的应用领域较为广泛。省本级有效样本中，95.8%国库支付管理信息系统的应用领域包括分月用款计划管理；95.8%包括支付管理；41.7%包括采购订单管理；91.7%包括账务管理；75%包括预算执行分析管理（见图3-165）。

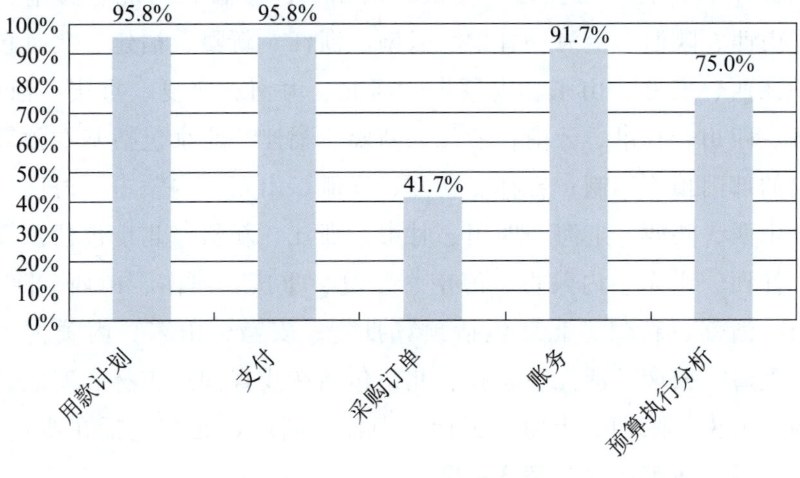

图3-165 省本级国库支付管理信息系统的应用领域

分省来看，吉林、江西、安徽、山东、内蒙古、湖北、河北、海南、宁夏、重庆、贵州、广东、河南、山西、陕西、上海、四川、甘肃、云南、浙江、新疆、福建、北京国库支付管理信息系统的应用领域包括分月用款计划管理；吉林、江西、安徽、山东、内蒙古、湖北、河北、海南、宁夏、重庆、贵州、广东、河南、山西、陕西、上海、四川、甘肃、云南、浙江、新疆、福建、北京包括支付管理；吉林、安徽、山东、海南、宁夏、河南、山西、上海、四川、浙江包括采购订单管理；吉林、江西、安徽、山东、内蒙古、湖北、河北、海南、宁夏、重庆、贵州、广东、河南、山西、陕西、上海、四川、甘肃、云南、浙江、新疆、福建包括账务管理；吉林、江西、安徽、山东、内蒙古、湖北、河北、海南、重庆、广东、河南、山西、陕西、上海、甘肃、新疆、福建、北京包括预算执行分析管理（见表3-23）。

表3-23 省本级国库支付管理信息系统的应用领域（分省）

	用款计划	支付	采购订单	账务	预算执行分析
吉林	√	√	√	√	√
江西	√	√		√	√
安徽	√	√	√	√	√
山东	√	√	√	√	√

续表

	用款计划	支付	采购订单	账务	预算执行分析
内蒙古	√	√		√	√
湖北	√	√		√	√
河北	√	√		√	√
海南	√	√	√	√	√
宁夏	√	√	√	√	
重庆	√	√		√	√
贵州	√	√		√	
广东	√	√		√	√
河南	√	√	√	√	√
山西	√	√	√	√	√
陕西	√	√		√	√
上海	√	√	√	√	√
四川	√	√	√	√	
甘肃	√	√		√	√
云南	√	√		√	
浙江	√	√	√	√	
新疆	√	√		√	√
福建	√	√		√	√
北京	√	√			√

资料来源：2012 年各省财政国库管理问卷。

省本级有效样本中，47.4% 采用现金管理信息系统对国库现金账进行实时管理。分省来看，吉林、安徽、河北、重庆、河南、山西、上海、四川、北京采用现金管理信息系统对国库现金账进行实时管理。

省本级工资统一发放信息系统的应用领域较为广泛。省本级有效样本中，75% 工资统一发放信息系统应用领域包括管理财政供养人员的基本信息、工资结构；95.8% 包括通过国库单一账户管理和发放每个人的工资；70.8% 包括通过系统的内部控制机制和财政、人事部门、编制机构的三方核对防止个人工资虚增冒领的现象；45.8% 包括工资调整测算功能；83.3% 包括与银行的接口，能够通过代理银行直接将工资发放到个人账户；62.5% 包括对住房补贴、住房公积金、个人医疗费的直接支付；20.8% 包括提供对外个人工资信息的网上授权查询（见图 3 - 166）。

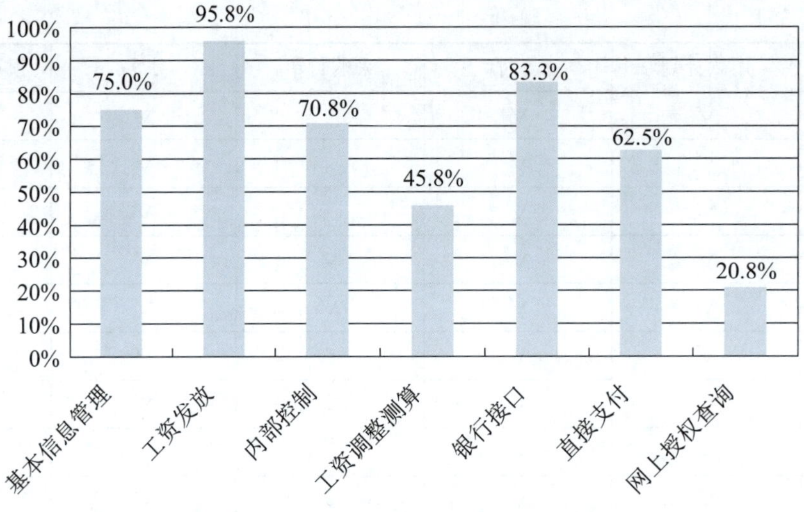

图 3－166　省本级工资统一发放信息系统的应用领域

分省来看，吉林、江西、山东、河北、海南、宁夏、重庆、河南、山西、陕西、上海、四川、甘肃、云南、浙江、新疆、福建、北京工资统一发放信息系统应用领域包括管理财政供养人员的基本信息、工资结构；吉林、江西、安徽、山东、内蒙古、湖北、河北、海南、宁夏、重庆、贵州、广东、河南、山西、陕西、上海、四川、甘肃、云南、浙江、新疆、福建、北京包括通过国库单一账户管理和发放每个人的工资；吉林、江西、山东、河北、海南、宁夏、重庆、贵州、河南、山西、上海、四川、甘肃、云南、新疆、福建、北京包括通过系统的内部控制机制和财政、人事部门、编制机构的三方核对防止个人工资虚增冒领的现象；吉林、山东、河北、海南、河南、上海、四川、甘肃、云南、浙江、北京包括工资调整测算功能；吉林、江西、安徽、山东、内蒙古、河北、海南、宁夏、重庆、广东、河南、山西、陕西、四川、甘肃、云南、浙江、新疆、福建、北京包括与银行的接口，能够通过代理银行直接将工资发放到个人账户；吉林、江西、山东、河北、海南、宁夏、重庆、河南、山西、陕西、四川、甘肃、云南、浙江、北京包括对住房补贴、住房公积金、个人医疗费的直接支付；海南、河南、山西、陕西、四川包括提供对外个人工资信息的网上授权查询（见表 3－24）。

表 3－24　　　省本级工资统一发放信息系统的应用领域（分省）

	基本信息管理	工资发放	内部控制	工资调整测算	银行接口	直接支付	网上授权查询
吉林	√	√	√	√	√	√	
江西	√	√	√		√	√	
安徽		√			√		

续表

	基本信息管理	工资发放	内部控制	工资调整测算	银行接口	直接支付	网上授权查询
山东	√	√	√	√	√	√	
内蒙古		√			√		
湖北		√					
河北	√	√	√	√	√	√	
海南	√	√	√	√	√	√	√
宁夏	√	√	√		√	√	
重庆	√	√	√		√	√	
贵州		√	√				
广东		√			√		
河南	√	√	√	√	√	√	√
山西	√	√	√		√	√	√
陕西	√	√			√	√	√
上海	√	√	√	√			
四川	√	√	√	√	√	√	√
甘肃	√	√	√	√	√	√	
云南	√	√	√	√	√	√	
浙江	√	√		√	√	√	
新疆	√	√	√		√		
福建	√	√	√		√		
北京	√	√	√	√	√	√	

资料来源：2012 年各省财政国库管理问卷。

省本级有效样本中，16.7% 国债管理信息系统应用领域包括国债发行计划管理；16.7% 包括国债发行管理；29.2% 包括国债清偿管理；20.8% 包括国债风险评估；8.3% 包括国债经济效益分析（见图 3－167）。

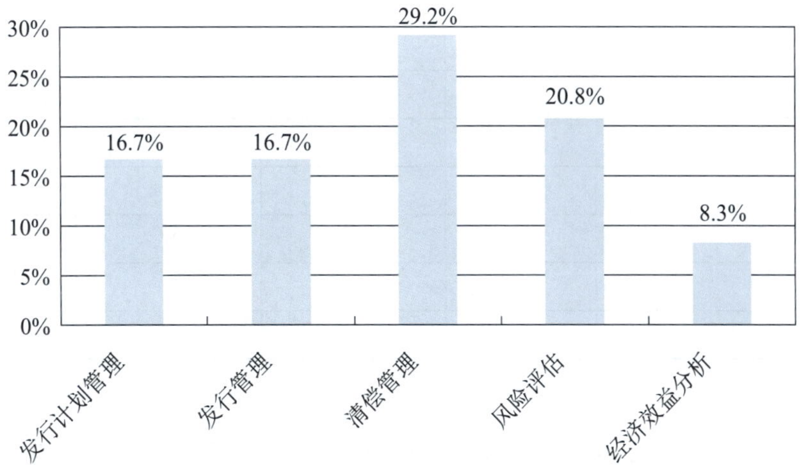

图 3－167　省本级国债管理信息系统的应用领域

分省来看，吉林、河北、山西、四川国债管理信息系统应用领域包括国债发行计划管理；吉林、河北、山西、四川包括国债发行管理；吉林、山西、四川、甘肃、云南、福建、北京包括国债清偿管理；吉林、河南、甘肃、云南、福建包括国债风险评估；吉林、福建包括国债经济效益分析（见表3-25）。

表3-25　　　　省本级国债管理信息系统的应用领域（分省）

	发行计划管理	发行管理	清偿管理	风险评估	经济效益分析
吉林	√	√	√	√	√
江西					
安徽					
山东					
内蒙古					
湖北					
河北	√	√			
海南					
宁夏					
重庆					
贵州					
广东					
河南				√	
山西	√	√	√		
陕西					
上海					
四川	√	√	√		
甘肃			√	√	
云南			√	√	
浙江					
新疆					
福建			√	√	√
北京			√		
天津					

资料来源：2012年各省财政国库管理问卷。

省本级有效样本中，90.5%采用政府采购管理信息系统以网络化和电子商务的先进技术手段支持政府采购业务流程。分省来看，吉林、江西、安徽、山东、内蒙古、湖北、河北、宁夏、重庆、河南、山西、陕西、上海、四川、云南、浙江、新疆、福建、北京采用政府采购管理信息系统以网络化和电子商务的先进技术手段支持政府采购业务流程。

省本级固定资产管理信息系统的应用领域较为广泛。省本级有效样本中，87.5%固定资产管理信息系统应用领域包括建立固定资产总分类账；83.3%包括固定资产添置管理；83.3%包括固定资产折旧管理；33.3%包括固定资产重估管理；83.3%包括固定资产报废管理；66.7%包括实时更新维护固定资产数据库（见图 3－168）。

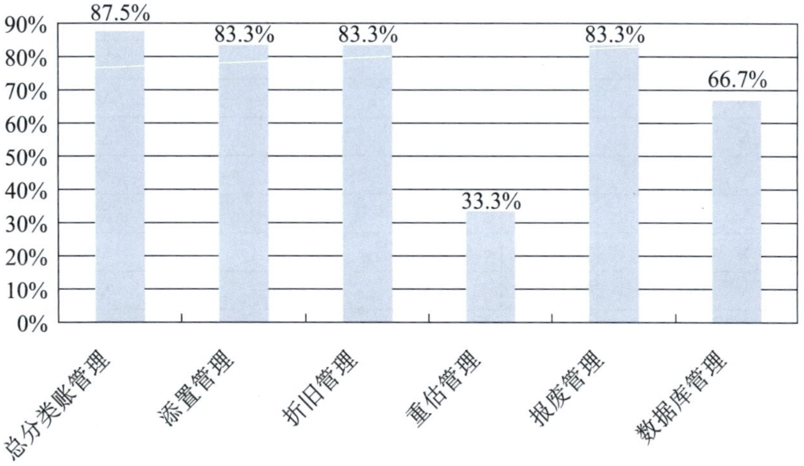

图 3－168　省本级固定资产管理信息系统的应用领域

分省来看，吉林、江西、安徽、山东、内蒙古、河北、海南、宁夏、重庆、广东、河南、山西、陕西、上海、四川、甘肃、云南、浙江、新疆、福建、北京固定资产管理信息系统应用领域包括建立固定资产总分类账；吉林、江西、安徽、山东、内蒙古、河北、海南、宁夏、重庆、广东、河南、山西、陕西、四川、甘肃、云南、浙江、新疆、福建、北京包括固定资产添置管理；吉林、江西、安徽、山东、内蒙古、河北、海南、宁夏、重庆、广东、河南、山西、上海、四川、甘肃、云南、浙江、新疆、福建、北京包括固定资产折旧管理；吉林、安徽、河北、海南、宁夏、重庆、河南、浙江包括固定资产重估管理；江西、安徽、山东、内蒙古、河北、海南、宁夏、重庆、广东、河南、山西、陕西、上海、四川、甘肃、云南、浙江、新疆、福建、北京包括固定资产报废管理；江西、安徽、山东、内蒙古、河北、海南、宁夏、广东、河南、陕西、上海、四川、云南、浙江、新疆、北京包括实时更新维护固定资产数据库（见表 3－26）。

表 3-26　　省本级固定资产管理信息系统的应用领域（分省）

	总分类账管理	添置管理	折旧管理	重估管理	报废管理	数据库管理
吉林	√	√	√	√		
江西	√	√	√		√	√
安徽	√	√	√	√	√	√
山东	√	√	√		√	√
内蒙古	√	√	√		√	√
河北	√	√	√	√	√	√
海南	√	√	√	√	√	√
宁夏	√	√	√	√	√	√
重庆	√	√	√	√	√	
广东	√	√	√		√	√
河南	√	√	√	√	√	√
山西	√	√	√		√	
陕西	√	√			√	√
上海	√		√		√	√
四川	√	√	√		√	√
甘肃	√	√	√		√	
云南	√	√	√		√	√
浙江	√	√	√	√	√	√
新疆	√	√	√		√	√
福建	√	√	√		√	
北京	√	√	√		√	√

资料来源：2012 年各省财政国库管理问卷。

省本级有效样本中，45.8%财政收入管理信息系统应用领域包括税收收入管理；79.2%包括非税收入管理（见图 3-169）。

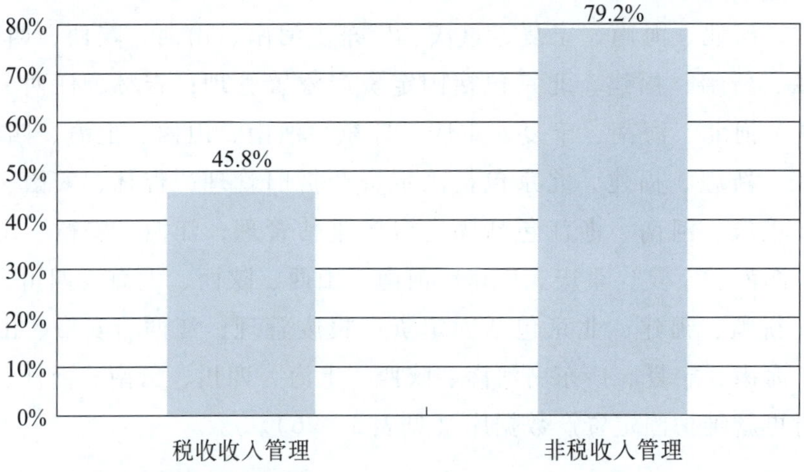

图 3-169　省本级财政收入管理信息系统的应用领域

分省来看，吉林、山东、内蒙古、湖北、重庆、河南、山西、上海、四川、浙江、北京财政收入管理信息系统应用领域包括税收收入管理；安徽、山东、内蒙古、湖北、河北、海南、宁夏、重庆、河南、山西、陕西、上海、四川、甘肃、云南、浙江、新疆、福建、北京包括非税收入管理（见表 3－27）。

表 3－27　　省本级财政收入管理信息系统的应用领域（分省）

	税收收入管理	非税收入管理
吉林	√	
安徽		√
山东	√	√
内蒙古	√	√
湖北	√	√
河北		√
海南		√
宁夏		√
重庆	√	√
河南	√	√
山西	√	√
陕西		√
上海	√	√
四川	√	√
甘肃		√
云南		√
浙江	√	√
新疆		√
福建		√
北京	√	√

资料来源：2012 年各省财政国库管理问卷。

省本级有效样本中，20.8% 财政经济景气分析信息系统应用领域包括财政数据库；8.3% 包括财政收支分析预测；0% 包括财政监测预警；8.3% 包括财政经济政策分析；4.2% 包括宏观经济预测；4.2% 包括宏观经济景气与监测；8.3% 包括宏观经济和财政收支增减因素；12.5% 包括合理控制债务规模；12.5% 包括政府财政预算编制辅助决策；16.7% 包括财政支出管理辅助决策；8.3% 包括财政政策调整辅助决策（见图 3－170）。

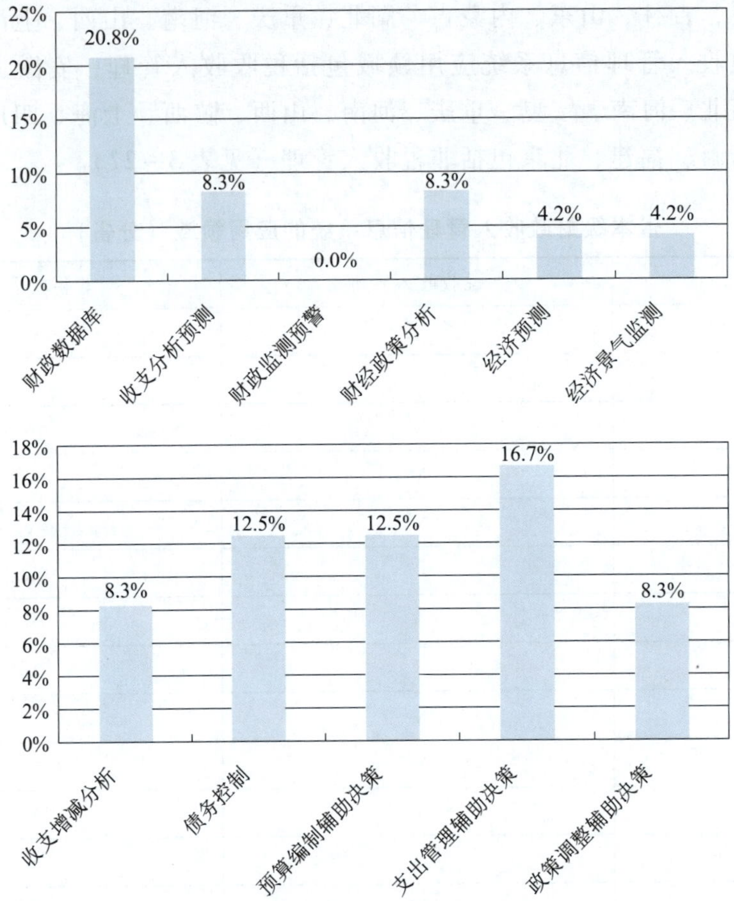

图 3-170　省本级财政经济景气分析信息系统的应用领域

分省来看，吉林、山西、四川、浙江、北京财政经济景气分析信息系统应用领域包括财政数据库；吉林、山西包括财政收支分析预测；没有省份包括财政监测预警；吉林、山西包括财政经济政策分析；山西包括宏观经济预测；山西包括宏观经济景气与监测；山西、浙江包括宏观经济和财政收支增减因素；山西、四川、浙江包括合理控制债务规模；山西、四川、浙江包括政府财政预算编制辅助决策；山西、四川、浙江、北京包括财政支出管理辅助决策；四川、浙江包括财政政策调整辅助决策（见表 3-28）。

表 3-28　　省本级财政经济景气分析信息系统的应用领域（分省）

	财政数据库	收支分析预测	财政监测预警	财经政策分析	经济预测	经济景气监测
吉林	√	√		√		
山西	√	√		√	√	√
四川	√					
浙江	√					
北京	√					

续表

	收支增减分析	债务控制	预算编制辅助决策	支出管理辅助决策	政策调整辅助决策	
吉林						
山西	√	√	√	√		
四川		√	√	√	√	
浙江	√	√	√	√	√	
北京				√		

资料来源：2012 年各省财政国库管理问卷。

省本级财政标准代码信息系统的应用领域较为广泛。省本级有效样本中，75%财政标准代码信息系统应用领域包括建立规范、统一的数据标准；66.7%包括扩充完善《财政信息分类与代码》；75%包括统一规范基础数据指标体系；45.8%包括建立财政业务各环节的主题数据表；41.7%包括对财政应用基础数据按主题进行科学定义和分解（元数据化）；25%包括建立核心数据模型（见图 3－171）。

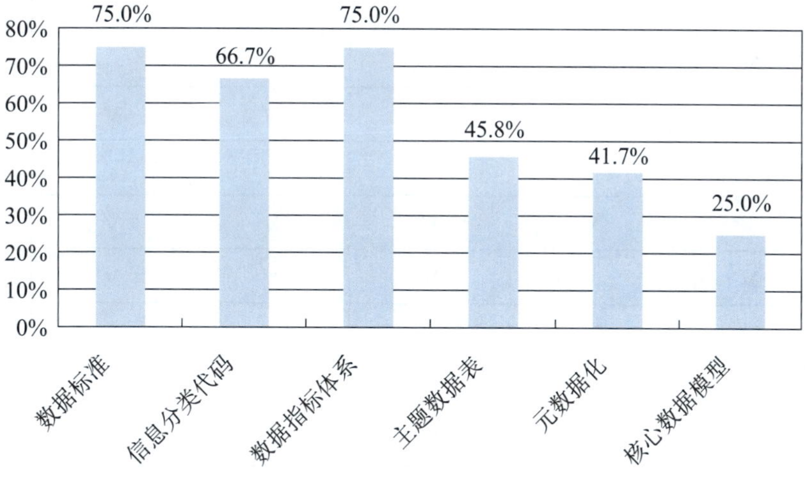

图 3－171　省本级财政标准代码信息系统的应用领域

分省来看，吉林、江西、安徽、山东、内蒙古、河北、宁夏、河南、山西、陕西、上海、四川、甘肃、云南、浙江、新疆、福建、北京财政标准代码信息系统应用领域包括建立规范、统一的数据标准；吉林、江西、安徽、山东、内蒙古、宁夏、河南、山西、陕西、上海、四川、甘肃、云南、浙江、新疆、北京包括扩充完善《财政信息分类与代码》；吉林、江西、安徽、山东、内蒙古、河北、宁夏、河南、山西、陕西、上海、四川、甘肃、云南、浙江、新疆、福建、北京包括统一规范基础数据指标体系；吉林、河北、宁夏、河南、山西、陕西、上海、四川、甘肃、浙江、北京包括建立财政业务各环节的主题数据表；吉林、山东、河北、宁夏、河南、陕西、上海、四川、甘肃、浙江包括对财政应用基础数据按主题进行科学定义和分解（元数据化）；吉林、河北、宁夏、河南、陕西、浙江包括建立核心数据模型（见表3－29）。

表3－29　省本级财政标准代码信息系统的应用领域（分省）

	数据标准	信息分类代码	数据指标体系	主题数据表	元数据化	核心数据模型
吉林	√	√	√	√	√	√
江西	√	√	√			
安徽	√	√	√			
山东	√	√	√		√	
内蒙古	√	√	√			
河北	√		√	√	√	√
宁夏	√	√	√	√	√	√
河南	√	√	√	√	√	√
山西	√	√	√	√		
陕西	√	√	√	√	√	√
上海	√	√	√	√	√	
四川	√	√	√	√	√	
甘肃	√	√	√	√	√	
云南	√	√	√			
浙江	√	√	√	√	√	√
新疆	√	√	√			
福建	√		√			
北京	√	√	√	√		

资料来源：2012年各省财政国库管理问卷。

省本级有效样本中，41.7%财政外部接口信息系统进行信息交换和业务连接的部门包括税务部门；16.7%包括海关部门；83.3%包括人民银行国库部门；79.2%包括代理商业银行部门；8.3%包括发改委部门；12.5%包括卫生部门；8.3%包括民政部门；12.5%包括统计部门；20.8%包括其他政府部门；8.3%包括人大部门（见图3－172）。

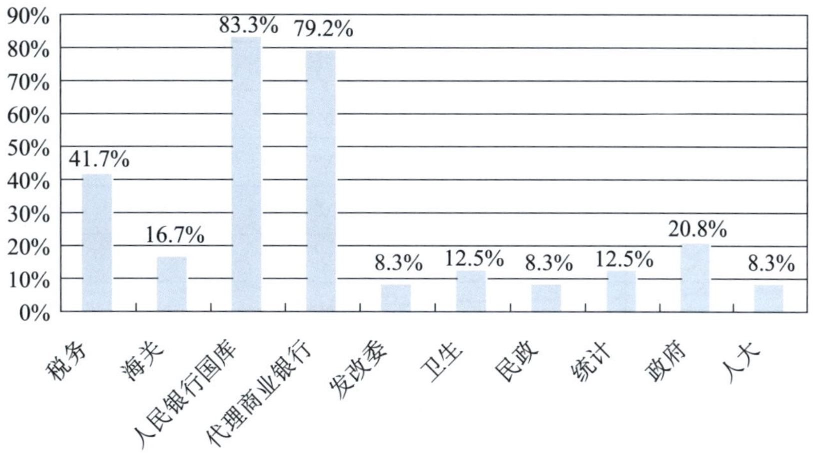

图 3-172　省本级财政外部接口信息系统进行信息交换和业务连接的部门

分省来看，吉林、内蒙古、河北、海南、重庆、山西、陕西、甘肃、云南、浙江财政外部接口信息系统进行信息交换和业务连接的部门包括税务部门；吉林、内蒙古、河北、山西包括海关部门；吉林、江西、安徽、内蒙古、湖北、河北、海南、宁夏、重庆、河南、山西、陕西、上海、四川、甘肃、云南、浙江、新疆、福建、北京包括人民银行国库部门；吉林、江西、安徽、内蒙古、湖北、河北、海南、宁夏、重庆、河南、山西、陕西、上海、甘肃、云南、浙江、新疆、福建、北京包括代理商业银行部门；内蒙古、山西包括发改委部门；内蒙古、山西、浙江包括卫生；内蒙古、山西包括民政部门；内蒙古、山西、浙江包括统计部门；内蒙古、河北、宁夏、山西、四川包括其他政府部门；内蒙古、山西包括人大部门（见表 3-30）。

表 3-30　省本级财政外部接口信息系统进行信息交换和业务连接的部门（分省）

	税务部门	海关部门	人民银行国库部门	代理商业银行部门	发改委部门
吉林	√	√	√	√	
江西			√	√	
安徽			√	√	
内蒙古	√	√	√	√	√
湖北			√	√	
河北	√	√	√	√	
海南	√		√	√	
宁夏			√	√	
重庆	√		√	√	

续表

	税务部门	海关部门	人民银行国库部门	代理商业银行部门	发改委部门
河南			√	√	
山西	√	√	√	√	√
陕西	√		√	√	
上海			√	√	
四川			√		
甘肃	√		√	√	
云南	√		√	√	
浙江	√		√	√	
新疆			√	√	
福建			√	√	
北京			√	√	

	卫生部门	民政部门	统计部门	其他政府部门	人大部门
吉林					
江西					
安徽					
内蒙古	√	√	√	√	√
湖北					
河北				√	
海南					
宁夏				√	
重庆					
河南					
山西	√	√	√	√	√
陕西					
上海					
四川				√	
甘肃					
云南					
浙江	√		√		
新疆					
福建					
北京					

资料来源：2012 年各省财政国库管理问卷。

省本级总账管理信息系统的应用领域较为广泛。省本级有效样本中，66.7% 总账管理信息系统应用领域包括部门明细账目记录；58.3% 包括预算单位明细账目记录；87.5% 包括国库单一账户收入记录；83.3% 包括国库资金支付记录（见图 3－173）。

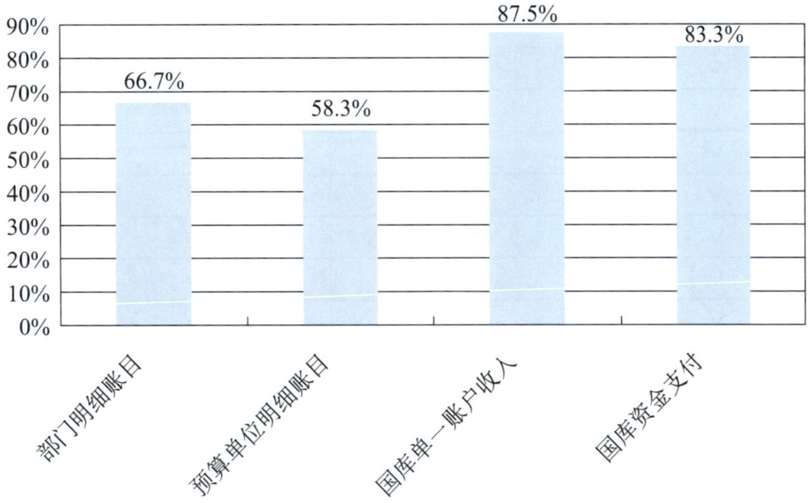

图 3－173　省本级总账管理信息系统的应用领域

分省来看，吉林、山东、湖北、河北、海南、宁夏、重庆、贵州、河南、山西、陕西、上海、四川、甘肃、云南、福建总账管理信息系统应用领域包括部门明细账目记录；吉林、山东、湖北、河北、海南、重庆、贵州、河南、陕西、上海、四川、甘肃、云南、福建包括预算单位明细账目记录；吉林、江西、安徽、山东、内蒙古、湖北、河北、海南、宁夏、重庆、贵州、河南、山西、陕西、上海、四川、甘肃、云南、新疆、福建、北京包括国库单一账户收入记录；吉林、江西、安徽、山东、内蒙古、湖北、河北、海南、重庆、贵州、河南、山西、陕西、上海、四川、甘肃、云南、新疆、福建、北京包括国库资金支付记录（见表 3－31）。

表 3－31　　省本级总账管理信息系统的应用领域（分省）

	部门明细账目	预算单位明细账目	国库单一账户收入	国库资金支付
吉林	√	√	√	√
江西			√	√
安徽			√	√
山东	√	√	√	√
内蒙古			√	√
湖北	√	√	√	√
河北	√	√	√	√
海南	√	√	√	√

续表

	部门明细账目	预算单位明细账目	国库单一账户收入	国库资金支付
宁夏	√		√	
重庆	√	√	√	√
贵州	√	√	√	√
河南	√	√	√	√
山西	√		√	√
陕西	√	√	√	√
上海	√	√	√	√
四川	√	√	√	√
甘肃	√	√	√	√
云南	√	√	√	√
新疆			√	√
福建	√	√	√	√
北京			√	√

资料来源：2012 年各省财政国库管理问卷。

省本级有效样本中，100%财政系统内部建成了交互式、统一性的综合业务网络。分省来看，吉林、江西、安徽、山东、内蒙古、湖北、河北、海南、宁夏、重庆、河南、山西、陕西、上海、四川、甘肃、云南、浙江、新疆、北京财政系统内部建成了交互式、统一性的综合业务网络。

省本级财政和其他预算部门建立的信息网络覆盖的内容较为广泛。省本级有效样本中，87.5%财政和其他预算部门建立的信息网络覆盖了预算编制；87.5%覆盖了预算执行；54.2%覆盖了决算；33.3%覆盖了预算监督（见图 3－174）。

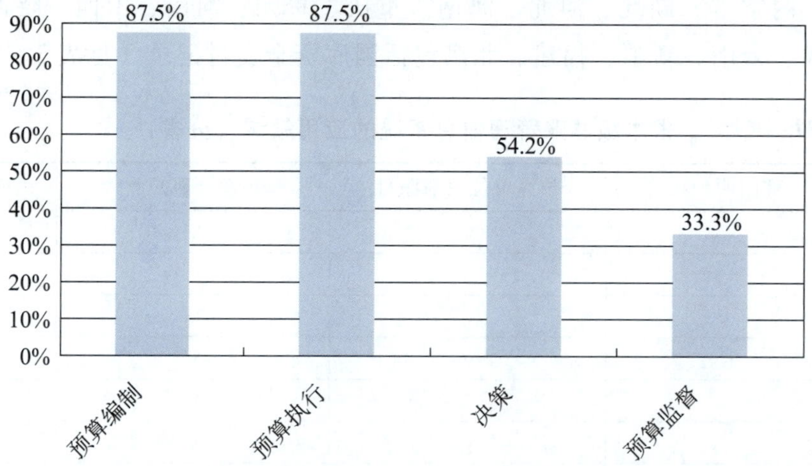

图 3－174　省本级财政和其他预算部门建立的信息网络覆盖的内容

分省来看，吉林、江西、安徽、山东、内蒙古、湖北、河北、海南、宁夏、重庆、河南、山西、陕西、上海、四川、甘肃、云南、浙江、新疆、福建、北京财政和其他预算部门建立的信息网络覆盖了预算编制；吉林、江西、安徽、山东、内蒙古、湖北、河北、海南、宁夏、重庆、河南、山西、陕西、上海、四川、甘肃、云南、浙江、新疆、福建、北京覆盖了预算执行；吉林、内蒙古、湖北、河北、重庆、河南、山西、陕西、上海、四川、浙江、福建、北京覆盖了决算；江西、安徽、内蒙古、山西、陕西、四川、浙江、福建覆盖了预算监督（见表 3-32）。

表 3-32　省本级财政和其他预算部门建立的信息网络覆盖的内容（分省）

	预算编制	预算执行	决算	预算监督
吉林	√	√	√	
江西	√	√		√
安徽	√	√		√
山东	√	√		
内蒙古	√	√	√	√
湖北	√	√	√	
河北	√	√	√	
海南	√	√		
宁夏	√	√		
重庆	√	√	√	
河南	√	√	√	
山西	√	√	√	√
陕西	√	√	√	√
上海	√	√	√	
四川	√	√	√	√
甘肃	√	√		
云南	√	√		
浙江	√	√	√	√
新疆	√	√		
福建	√	√	√	√
北京	√	√	√	

资料来源：2012 年各省财政国库管理问卷。

从省本级信息化的硬件设施情况来看，一是网络。省本级有效样本中，85% 较先进；15% 一般。分省来看，吉林、江西、安徽、山东、内蒙古、湖北、河北、宁夏、重庆、河南、山西、陕西、四川、甘肃、浙江、新疆、福建较先进；海南、云南、北京一般。

二是服务器。省本级有效样本中，85% 较先进；10% 一般；5% 较落后。分省来看，吉林、江西、安徽、山东、内蒙古、湖北、河北、宁夏、重庆、河南、山西、陕西、四川、甘肃、浙江、新疆、福建较先进；海南、北京一般；云南较落后。

三是业务终端。省本级有效样本中，85% 较先进；15% 一般。分省来看，吉林、江西、安徽、山东、内蒙古、湖北、河北、宁夏、重庆、河南、山西、陕西、四川、甘肃、浙江、新疆、福建较先进；海南、云南、北京一般。

四是配套设施。省本级有效样本中，80% 较先进；20% 一般。分省来看，吉林、江西、安徽、山东、内蒙古、湖北、河北、宁夏、重庆、河南、山西、陕西、四川、甘肃、浙江、新疆较先进；海南、云南、福建、北京一般。

从省本级信息化的软件建设情况来看，一是预算管理软件。省本级有效样本中，100% 较先进。分省来看，吉林、江西、安徽、山东、内蒙古、河北、海南、宁夏、重庆、河南、山西、陕西、四川、甘肃、云南、浙江、新疆、福建、北京较先进。

二是国库支付管理软件。省本级有效样本中，95% 较先进；5% 较落后。分省来看，吉林、江西、安徽、山东、内蒙古、湖北、河北、海南、宁夏、重庆、河南、山西、陕西、四川、甘肃、云南、浙江、福建、北京较先进；新疆较落后。

三是现金管理软件。省本级有效样本中，90% 较先进；10% 一般。分省来看，安徽、河北、宁夏、重庆、河南、山西、陕西、四川、浙江较先进；云南一般。

四是工资支付管理软件。省本级有效样本中，83.3% 较先进；16.7% 一般。分省来看，江西、安徽、山东、内蒙古、河北、海南、宁夏、重庆、河南、山西、陕西、四川、浙江、福建、北京较先进；甘肃、云南、新疆一般。

五是债务管理软件。省本级有效样本中，92.9% 较先进；7.1% 一般。分省来看，江西、安徽、山东、河北、重庆、河南、山西、陕西、四川、甘肃、云南、浙江、北京较先进；福建一般。

六是政府采购管理软件。省本级有效样本中，88.9% 较先进；11.1% 一般。分省来看，江西、安徽、山东、内蒙古、河北、宁夏、重庆、河南、山西、陕西、四川、云南、浙江、新疆、福建、北京较先进；湖北、海南一般。

七是固定资产管理软件。省本级有效样本中，94.7% 较先进；5.3% 一般。分省来看，江西、安徽、山东、内蒙古、河北、海南、宁夏、重庆、广东、河南、山西、陕西、四川、云南、浙江、新疆、福建、北京较先进；甘肃一般。

八是财政收入管理软件。省本级有效样本中，87.5% 较先进；6.3% 一般；6.3% 较落后。分省来看，安徽、湖北、河北、海南、宁夏、重庆、河南、山西、四川、云南、浙江、新疆、福建、北京较先进；甘肃一般；陕西较落后。

九是财政决策支持软件。省本级有效样本中，50%较先进；20%一般；30%较落后。分省来看，安徽、河南、山西、四川、北京较先进；浙江、福建一般；重庆、陕西、云南较落后。

3.8.2 市本级财政信息化建设

市本级有效样本中，89.2%制定了具体的信息化办法。

市本级有效样本中，85.8%设置了专门的信息化管理机构。分市来看，吉林、江西、安徽、山东、内蒙古、湖北、河北、海南、宁夏、重庆、河南、山西、陕西、上海、四川、甘肃、云南、浙江、新疆、福建、北京设置了专门的信息化管理机构。

市本级有效样本中，96.5%配备了专门的信息化管理人员。分市来看，吉林、江西、安徽、山东、内蒙古、湖北、河北、海南、宁夏、重庆、河南、山西、陕西、上海、四川、甘肃、云南、浙江、新疆、福建、北京配备了专门的信息化管理人员。

市本级预算管理信息系统应用领域较为广泛。市本级有效样本中，84.7%预算管理信息系统应用领域包括预算编制；83.7%包括预算审核；70.4%包括预算调整；81.1%包括基本预算支出和项目预算支出的部门预算编制；59.5%包括预算控制数编制；61.8%包括预算批复；58.5%包括在线查询；51.8%包括在线汇总；14.6%包括在线审计（见图 3－175）。

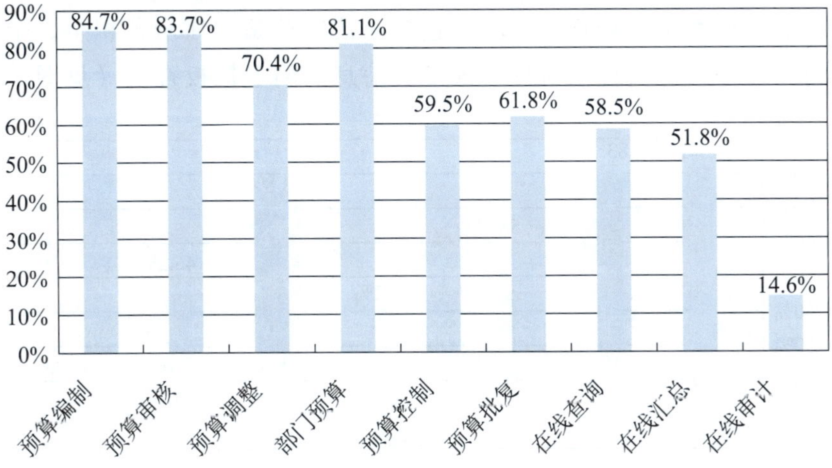

图 3－175 市本级预算管理信息系统应用领域

市本级国库支付管理信息系统的应用领域较为广泛。市本级有效样本中，89.7%国库支付管理信息系统的应用领域包括分月用款计划管理；93.4%包括支付管理；26.9%包括采购订单管理；79.7%包括账务管理；56.8%包括预算执行分析管理（见图3－176）。

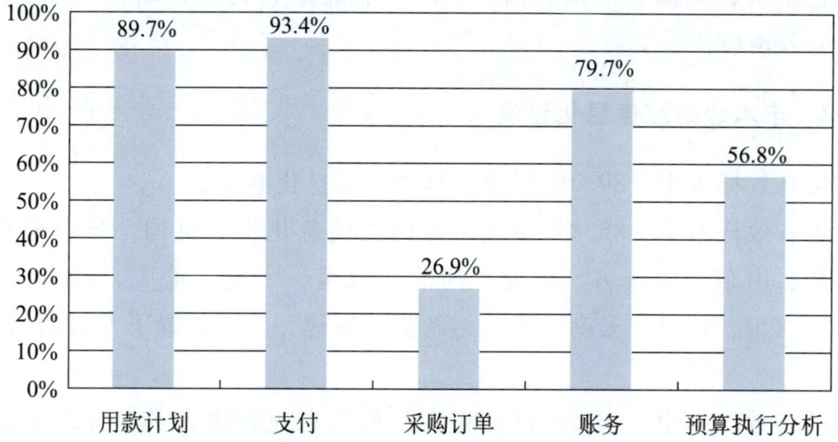

图3－176 市本级国库支付管理信息系统的应用领域

市本级有效样本中，19.2%采用现金管理信息系统对国库现金账进行实时管理。

市本级工资统一发放信息系统的应用领域较为广泛。市本级有效样本中，82.7%工资统一发放信息系统应用领域包括管理财政供养人员的基本信息、工资结构；83.1%包括通过国库单一账户管理和发放每个人的工资；58.1%包括通过系统的内部控制机制和财政、人事部门、编制机构的三方核对防止个人工资虚增冒领的现象；41.2%包括工资调整测算功能；73.8%包括与银行的接口，能够通过代理银行直接将工资发放到个人账户；46.2%包括对住房补贴、住房公积金、个人医疗费的直接支付；15.3%包括提供对外个人工资信息的网上授权查询（见图3－177）。

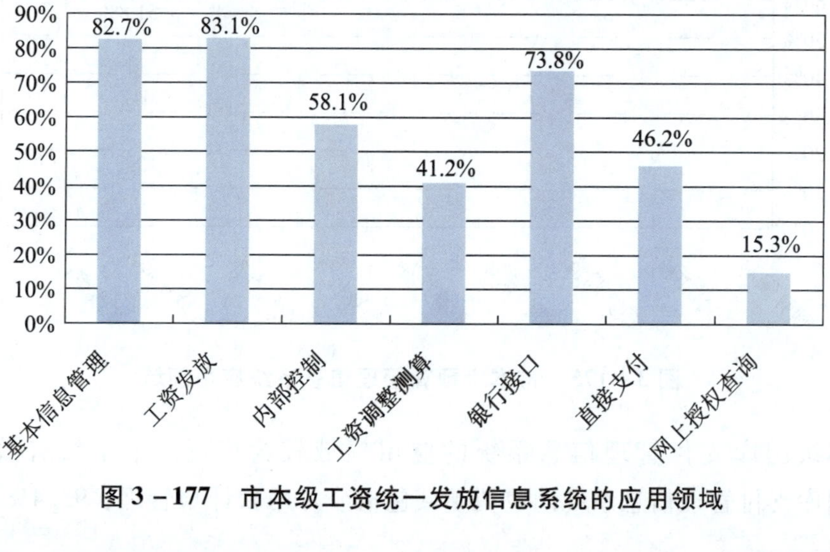

图3－177 市本级工资统一发放信息系统的应用领域

市本级有效样本中，8.6%国债管理信息系统应用领域包括国债发行计划管理；9%包括国债发行管理；16.9%包括国债清偿管理；10.3%包括国债风险评估；5.6%包括国债经济效益分析（见图 3－178）。

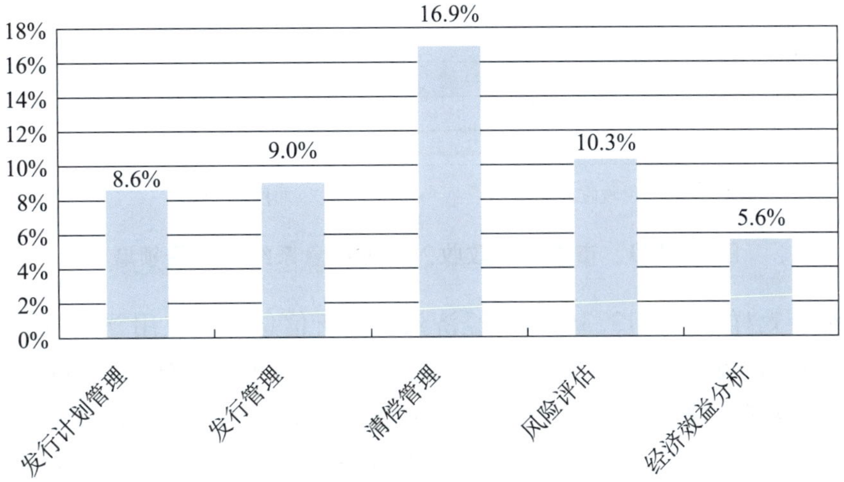

图 3－178　市本级国债管理信息系统的应用领域

市本级有效样本中，68.7%采用政府采购管理信息系统以网络化和电子商务的先进技术手段支持政府采购业务流程。

市本级固定资产管理信息系统的应用领域较为广泛。市本级有效样本中，72.4%固定资产管理信息系统应用领域包括建立固定资产总分类账；69.1%包括固定资产添置管理；41.9%包括固定资产折旧管理；29.9%包括固定资产重估管理；65.4%包括固定资产报废管理；61.1%包括实时更新维护固定资产数据库（见图 3－179）。

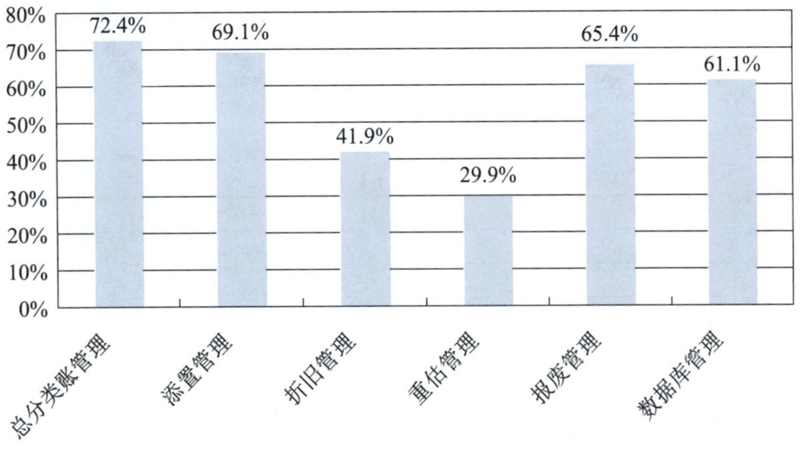

图 3－179　市本级固定资产管理信息系统的应用领域

市本级有效样本中，33.9%财政收入管理信息系统应用领域包括税收收入管理；82.1%包括非税收入管理（见图 3－180）。

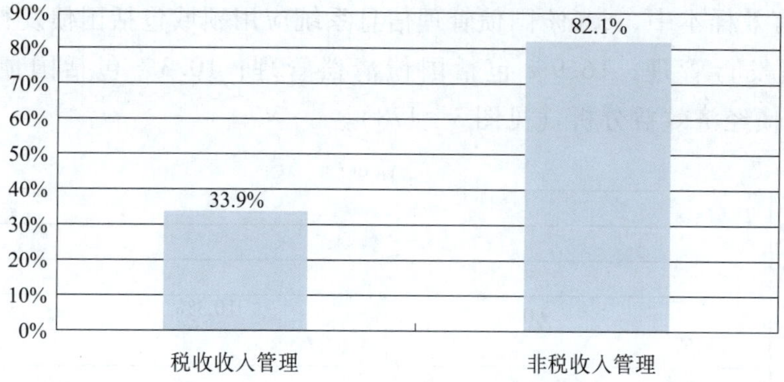

图 3-180 市本级财政收入管理信息系统的应用领域

市本级有效样本中，13.3%财政经济景气分析信息系统应用领域包括财政数据库；9%包括财政收支分析预测；7.3%包括财政监测预警；5%包括财政经济政策分析；3.7%包括宏观经济预测；3.7%包括宏观经济景气与监测；4%包括宏观经济和财政收支增减因素；2.3%包括合理控制债务规模；4.7%包括政府财政预算编制辅助决策；4%包括财政支出管理辅助决策；3.3%包括财政政策调整辅助决策（见图 3-181）。

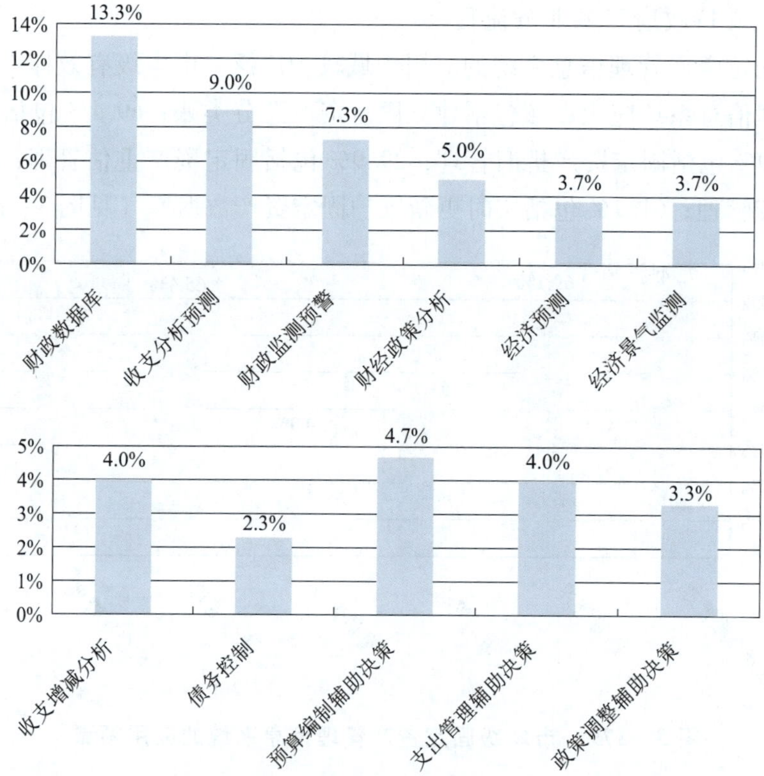

图 3-181 市本级财政经济景气分析信息系统的应用领域

市本级财政标准代码信息系统的应用领域较为广泛。市本级有效样本中，50.5%财政标准代码信息系统应用领域包括建立规范、统一的数据标准；37.5%包括扩充完善《财政信息分类与代码》；43.5%包括统一规范基础数据指标体系；25.2%包括建立财政业务各环节的主题数据表；20.3%包括对财政应用基础数据按主题进行科学定义和分解（元数据化）；17.3%包括建立核心数据模型（见图3－182）。

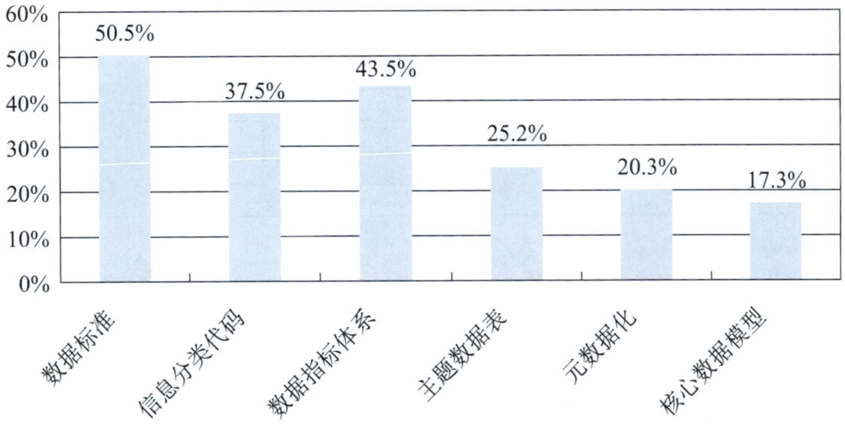

图 3－182　市本级财政标准代码信息系统的应用领域

市本级有效样本中，24.3%财政外部接口信息系统进行信息交换和业务连接的部门包括税务部门；3%包括海关部门；71.8%包括人民银行国库部门；75.7%包括代理商业银行部门；8.6%包括发改委部门；8.3%包括卫生部门；8.3%包括民政部门；8.6%包括统计部门；12.6%包括政府部门；9.3%包括人大部门（见图3－183）。

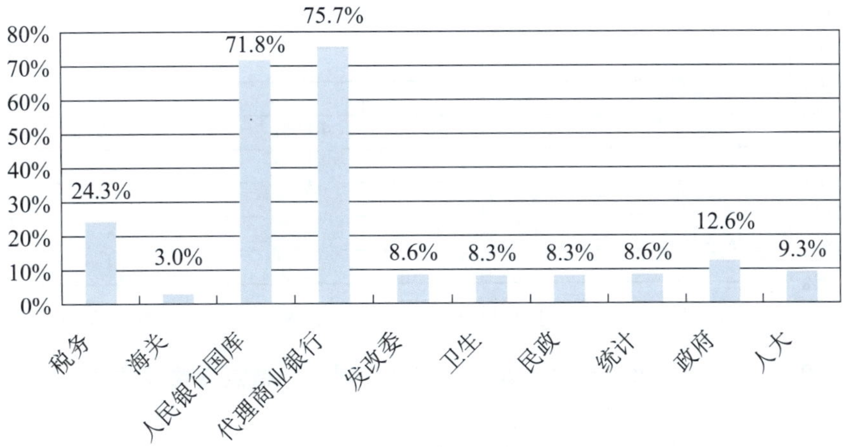

图 3－183　市本级财政外部接口信息系统进行信息交换和业务连接的部门

市本级总账管理信息系统的应用领域较为广泛。市本级有效样本中，62.1%总账管理信息系统应用领域包括部门明细账目记录；62.8%包括预算单位明细账目记录；74.4%包括国库单一账户收入记录；74.1%包括国库资金支付记录（见图3－184）。

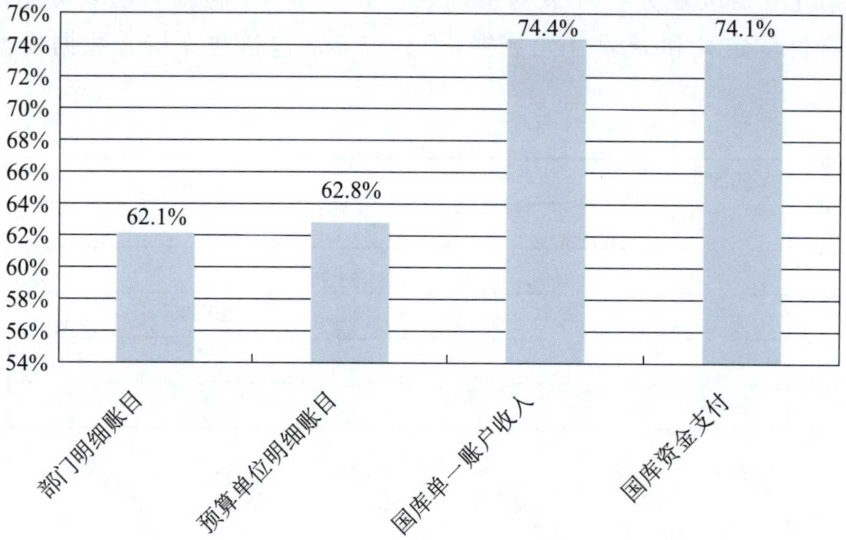

图3－184 市本级总账管理信息系统的应用领域

市本级有效样本中，85.3%财政系统内部建成了交互式、统一性的综合业务网络。

市本级财政和其他预算部门建立的信息网络覆盖的内容较为广泛。市本级有效样本中，68.4%财政和其他预算部门建立的信息网络覆盖了预算编制；80.7%覆盖了预算执行；40.9%覆盖了决算；38.9%覆盖了预算监督（见图3－185）。

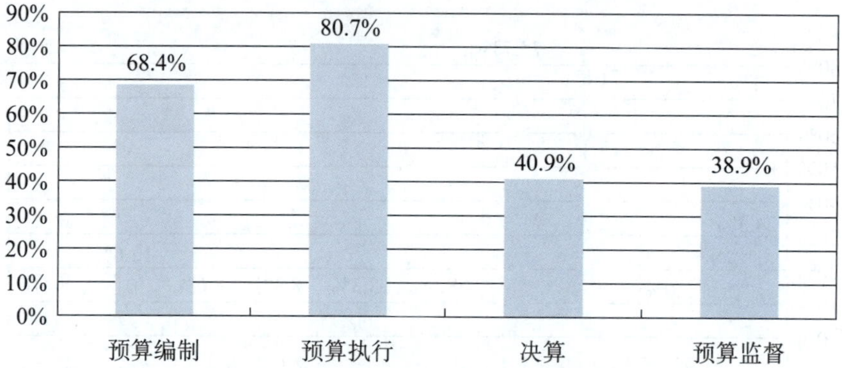

图3－185 市本级财政和其他预算部门建立的信息网络覆盖的内容

从市本级信息化的硬件设施情况来看，一是网络。市本级有效样本中，60.1%较先进；37.1%一般；2.9%较落后。二是服务器。市本级有效样本中，53.1%较先进；43.3%一般；3.6%较落后。三是业务终端。市本级有效样本中，44.9%较先进；53.6%一般；1.4%较落后。四是配套设施。市本级有效样本中，41.7%较先进；50.7%一般；7.6%较落后。

从市本级信息化的软件建设情况来看，一是预算管理软件。市本级有效样本中，59.8%较先进；37.6%一般；2.6%较落后。二是国库支付管理软件。市本级有效样本中，64.5%较先进；35.1%一般；0.4%较落后。三是现金管理软件。市本级有效样本中，33.1%较先进；44.6%一般；22.3%较落后。四是工资支付管理软件。市本级有效样本中，55.1%较先进；41.2%一般；3.7%较落后。五是债务管理软件。市本级有效样本中，37.4%较先进；50.6%一般；12.1%较落后。六是政府采购管理软件。市本级有效样本中，47.7%较先进；44.5%一般；7.8%较落后。七是固定资产管理软件。市本级有效样本中，50%较先进；46%一般；4%较落后。八是财政收入管理软件。市本级有效样本中，45.9%较先进；45.9%一般；8.3%较落后。九是财政决策支持软件。市本级有效样本中，27.6%较先进；40.9%一般；31.5%较落后。

3.8.3　财政信息化管理取得的主要成绩和有待完善之处

3.8.3.1　财政信息化管理取得的主要成绩

（1）财政信息化管理制度较为健全

省本级和市本级有效样本中，绝大部分地区制定了具体的信息化办法，设置了专门的信息化管理机构，并配备了专门的信息化管理人员。

（2）财政业务应用系统建设较好

预算管理信息系统应用领域较为广泛。省本级和市本级有效样本中，大部分地区预算管理信息系统应用领域包括预算编制、预算审核、预算调整、基本预算支出和项目预算支出的部门预算编制、预算控制数编制、预算批复、在线查询、在线汇总以及在线审计。

国库支付管理信息系统的应用领域较为广泛。省本级和市本级有效样本中，大部分地区国库支付管理信息系统的应用领域包括分月用款计划管理、支付管理、采购订单管理、账务管理以及预算执行分析管理。

工资统一发放信息系统的应用领域较为广泛。省本级和市本级有效样本中，大部分地区工资统一发放信息系统应用领域包括管理财政供养人员的基本信息和工资结构，通过国库单一账户管理和发放每个人的工资，通过系统的内部控制机制和财政、人事部门、编制机构的三方核对防止个人工资虚增冒领的现象，工资调整测算功能，与银行连接并能够通过代理银行直接将工资发放到个人账户，对住房补贴、住房公积金、个人医疗费的直接支付，以及提供对外个人工资信息的网上授权查询。

省本级和市本级有效样本中，大部分地区采用政府采购管理信息系统以网络化和电子商务的先进技术手段支持政府采购业务流程。

固定资产管理信息系统的应用领域较为广泛。省本级和市本级有效样本中，大部分地区固定资产管理信息系统应用领域包括建立固定资产总分类账、固定资产添置管理、固定资产折旧管理、固定资产重估管理、固定资产报废管理以及实时更新维护固定资产数据库。

财政标准代码信息系统的应用领域较为广泛。省本级和市本级有效样本中，大部分地区财政标准代码信息系统应用领域包括建立规范、统一的数据标准，扩充完善《财政信息分类与代码》，统一规范基础数据指标体系，建立财政业务各环节的主题数据表，对财政应用基础数据按主题进行科学定义和分解（元数据化），以及建立核心数据模型。

总账管理信息系统的应用领域较为广泛。省本级和市本级有效样本中，大部分地区总账管理信息系统应用领域包括部门明细账目记录、预算单位明细账目记录、国库单一账户收入记录以及国库资金支付记录。

（3）财政信息基础设施建设较好

省本级和市本级有效样本中，大部分地区财政系统内部建成了交互式、统一性的综合业务网络。

财政和其他预算部门建立的信息网络覆盖的内容较为广泛。省本级和市本级有效样本中，大部分地区财政和其他预算部门建立的信息网络覆盖了预算编制、预算执行、决算和预算监督。

3.8.3.2 财政信息化管理有待完善之处

（1）现金管理信息系统应用不多

省本级有效样本中，仅47.4%采用现金管理信息系统对国库现金账进行实时管理。市本级有效样本中，仅19.2%采用现金管理信息系统对国库现金账进行实时管理。

（2）国债管理信息系统应用不多

省本级有效样本中，仅16.7%国债管理信息系统应用领域包括国债发行计划管理；16.7%包括国债发行管理；29.2%包括国债清偿管理；20.8%包括国债风险评估；8.3%包括国债经济效益分析。市本级有效样本中，仅8.6%国债管理信息系统应用领域包括国债发行计划管理；9%包括国债发行管理；16.9%包括国债清偿管理；10.3%包括国债风险评估；5.6%包括国债经济效益分析。

（3）财政收入管理信息系统应用不多

省本级有效样本中，仅45.8%财政收入管理信息系统应用领域包括税收收入管理。市本级有效样本中，仅 33.9% 财政收入管理信息系统应用领域包括税收收入管理。

（4）财政经济景气分析信息系统应用不多

省本级有效样本中，仅 20.8% 财政经济景气分析信息系统应用领域包括财政数据库；8.3% 包括财政收支分析预测；0% 包括财政监测预警；8.3% 包括财政经济政策分析；4.2% 包括宏观经济预测；4.2% 包括宏观经济景气与监测；8.3% 包括宏观经济和财政收支增减因素；12.5% 包括合理控制债务规模；12.5% 包括政府财政预算编制辅助决策；16.7% 包括财政支出管理辅助决策；8.3% 包括财政政策调整辅助决策。市本级有效样本中，仅 13.3% 财政经济景气分析信息系统应用领域包括财政数据库；9% 包括财政收支分析预测；7.3% 包括财政监测预警；5% 包括财政经济政策分析；3.7% 包括宏观经济预测；3.7% 包括宏观经济景气与监测；4% 包括宏观经济和财政收支增减因素；2.3% 包括合理控制债务规模；4.7% 包括政府财政预算编制辅助决策；4% 包括财政支出管理辅助决策；3.3% 包括财政政策调整辅助决策。

（5）财政外部接口信息系统进行信息交换和业务连接的部门不多

省本级有效样本中，仅 41.7% 财政外部接口信息系统进行信息交换和业务连接的部门包括税务部门；16.7% 包括海关部门；83.3% 包括人民银行国库部门；79.2% 包括代理商业银行部门；8.3% 包括发改委部门；12.5% 包括卫生部门；8.3% 包括民政部门；12.5% 包括统计部门；20.8% 包括政府部门；8.3% 包括人大部门。市本级有效样本中，仅 24.3% 财政外部接口信息系统进行信息交换和业务连接的部门包括税务部门；3% 包括海关部门；71.8% 包括人民银行国库部门；75.7% 包括代理商业银行部门；8.6% 包括发改委部门；8.3% 包括卫生部门；8.3% 包括民政部门；8.6% 包括统计部门；12.6% 包括政府部门；9.3% 包括人大部门。

第4章

地方财政国库管理指标分析与改革实践评价

财政国库管理工作是财政管理的核心管理工作之一，近年来财政部围绕财政管理“科学化、规范化、信息化”出台了不少管理改革举措，有中国特色的现代财政国库管理体系基本形成，如何看待已有的财政国库管理工作需要我们认真总结经验，及时找出问题，这些都离不开客观的评价分析。科学严谨的评价工作需要科学合理的评价指标、科学的评价方法以及客观的评价机构，我们在已有的基础上，进一步细化评价指标，完善评价方法，使我们的评价尽可能客观和现实，所有的评价基础都是来自地方所填报的真实材料。本章主要内容是客观评价我国地方财政国库管理改革的现状、问题及成效，开创性地提出中国地方财政国库管理指数（Chinese Local Government Fiscal Treasury Management Index，简称 CLG－FTI 或 China－LGFMI），这一指数从属于中国财政管理指数（Chinese Fiscal Management Index，简称 China－FMI）①，它主要从宏观和微观方面对财政预算管理进行全面的分析，为财政部门决策者全面评价财政国库管理工作提供了一把有效的“标尺”，及时测出财政国库管理工作中的优势与不足，激励各级财政部门不断创新管理理念、改进管理方式、强化管理实践，这必将会推动中国财政管理科学化、规范化、信息化向着更加深入的方向发展。

要做好科学的实证分析，必须要依靠完备的数据库。经过各级财政部门的努力，2012 年问卷搜集工作主要针对省本级、市本级两级，比 2010 年又有新的突破，一共搜集 23 个省本级、285 个市本级的样本数据，分别占全国省、市、县的比例为 74.2%、65.97%。其中东部地区、中部地区、西部地区的样本数分别为 9、7、8 个，分别占到总样本数的 37.5%、29.2%、33.3%。样本的区域分布相对均衡。指

① 如果加入中央层级的财政管理指数就可以构成一个完整的中国财政管理指数。

标体系测算对应的样本观测值共达 21.7 万个，这些样本数据为后面的指数测算提供了坚实的基础数据库。

本章主要分为五大部分：第一部分着重介绍地方公共财政国库管理评价模型的构造方法，各类财政国库管理指数的测算方法；第二部分是对地方公共财政预算管理的八项内容进行总结，对省、市二级形成八个一级综合指标指数值，并简要介绍其分布概况；第三部分是地方公共财政国库管理水平综合评价，分别从不同的政府级次、不同业务维度，以及公平、效率、协调三维进行评价；第四部分是地方公共财政国库管理指数实证分析，包括对省级公共管理水平差异的不平等分解；第五部分是小结。

4.1　地方公共财政国库管理综合评价模型的构建

本章研究的是中国地方公共财政国库管理的结构发展，体现了两类结构性要素：一是业务维度，包括了预算执行管理、国库集中收付管理、决算管理、政府债券管理、国库现金管理、政府采购管理、政府会计管理、国库信息化管理等 8 个不同的财政国库管理领域，二是省本级、市本级二个不同的政府层级。采用系统论的思想和方法，结合各种结构性因素，将我国地方公共财政国库管理发展的研究深入到综合评价层面，从而实现从全局的角度，更加系统、科学地审视我国地方公共财政国库管理的综合发展水平。

4.1.1　地方公共财政国库管理综合评价模型的总体框架

本报告第 3 章的结构评价是我国地方公共财政发展综合评价的基础。首先，涉及结构性要素的综合汇总：一是 8 个不同财政国库管理领域指数的整合。第 3 章计算的管理指数反映的是相应业务领域的财政国库管理状况，将它们组成起来就能全面地描述整个财政国库管理的综合发展水平。二是不同政府层级财政国库管理指数的整合。省本级、市本级对应的财政国库管理指数，都仅反映了该级政府的财政国库管理状况，但二者之间却是紧密联系、互相影响的。省的财政预算管理水平主要体现在省所辖的地市和省本级的财政预算管理水平。为此，可以得到不同政府层级的财政国库管理指数之间的关系如图 4－1 所示：

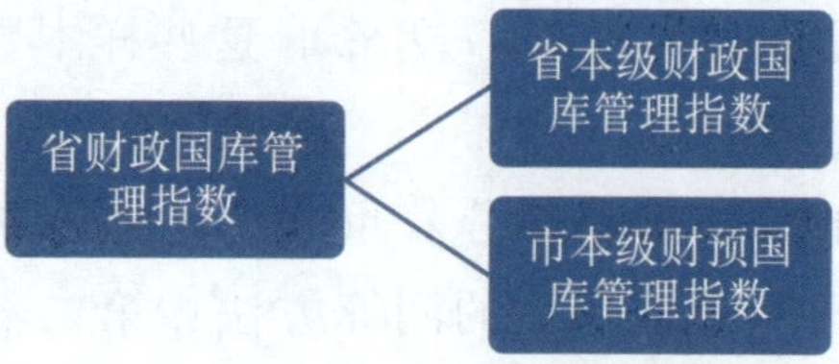

图 4-1 不同政府层级财政国库管理指数间关系

可以通过加权汇总的方法，将市级和省本级财政国库管理指数综合成省级财政国库管理指数。最后得到的各省省级财政国库管理指数综合水平，就直接反映了我国总的地方财政国库管理水平。

地方财政国库管理指数准确地说应该是表明地方财政国库管理水平高低的效率指标。为了实现对地方财政国库管理的综合评价，仅考虑管理的效率是不够的，还需要在三维结构中新增“系统维度”，即增加均衡性和协调性等系统指标进行评价。从全国范围来看，地方财政国库管理的均衡性指的是各个地区的综合管理水平应该相差不大，实现均衡发展。若不同地区的财政综合国库管理水平之间出现过大的差异，则说明可能存在某些不公平的因素，造成了地方财政国库管理水平的相应不公平。可以采用不同地区综合财政国库管理指数的标准差来表示财政国库管理的均衡性，该标准差越大，财政国库管理的均衡性就越差。地方财政国库管理的协调性这里指的是同个地区某个领域管理水平的提高能够对其他领域的管理能力起到促进作用，实现和谐发展，反映在不同领域的管理水平应该相近，不会出现差别过大的情况。可以采用不同类别管理指数的标准差来近似表示地方财政国库管理的协调性，该标准差越大，协调性就越差①。

综上所述，我国地方公共财政国库管理综合评价模型的总体框架如图 4-2 所示：

4.1.2 地方公共财政国库管理综合评价模型的具体构建

设 PSI_k 表示 k 省省本级的财政国库管理综合指数，则有：

$$PSI_k = \frac{\sum_i \eta_i PSC_{ki}}{\sum_i \eta_i}$$

其中，η_i 为财政国库管理分类指数在合成为综合指数时的权重；PSC_{ki} 为 k 省省本级的第 i 类财政国库管理分类指数。

① 需要注意的是标准差小的协调性好，但是这种协调度指标无法区分各类指数的绝对水平差异，例如同样表现良好的指数和同样表现差的指数可能会得到一样的协调度数值，这个有待进一步研究。

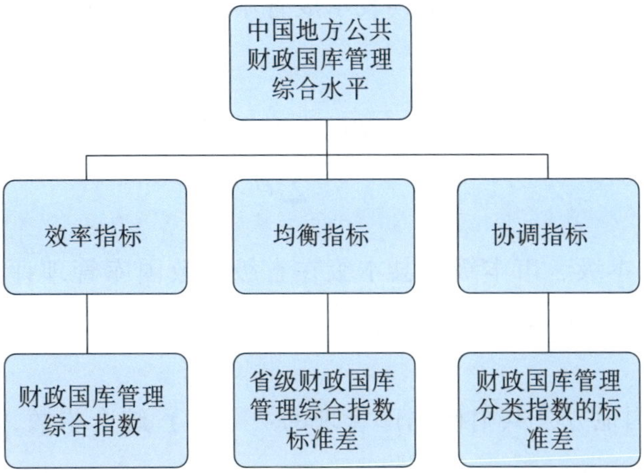

图 4－2　地方公共财政国库管理综合评价模型的总体框架

设 MSI_k 表示 k 市市本级的财政国库管理综合指数，同样有：

$$MSI_k = \frac{\sum_i \eta_i MSC_{ki}}{\sum_i \eta_i}$$

其中，η_i 为财政国库管理分类指数在合成为综合指数时的权重；MSC_{ki}为 k 市市本级的第 i 类财政国库管理分类指数。

设 PC_{jk}表示 k 省公共财政国库管理的第 j 类分类指数，则为简便起见，不再计算市级财政国库管理分类指数，而是直接将其表示成省本级、市本级和县本级财政国库管理分类指数的加权之和，则有：

$$PC_{jk} = \frac{\beta_1 PSC_{jk} + \beta_2 E(MSC_{jk})}{\sum_i \beta_i}$$

其中，β_i 为省本级、市本级在省级财政国库管理评价中的权重；PSC_{jk}为 k 省省本级的第 j 类财政国库管理分类指数；$E(MSC_{jm})$表示 k 省下辖市本级第 j 类财政国库管理分类指数的均值。

设 HS_j 表示我国公共财政国库管理的分类指数（类别为 j），则有：

$$HS_j = E(PC_{jm})$$

其中，$E(PC_{jm})$表示各省第 j 类公共财政国库管理分类指数的均值。

设 PI_k 表示 k 省的省级财政国库管理综合指数，为简便起见，不再计算市级财政国库管理综合指数，而是直接将其表示成省本级、市本级财政国库管理综合指数的加权之和，则有：

$$PI_k = \frac{\beta_1 PSI_k + \beta_2 E(MSI_j)}{\sum_i \beta_i}$$

其中，β_i 为省本级、市本级和县本级在省级财政国库管理评价中的权重，PSI_k 为 k 省省本级的财政国库管理综合指数，$E(MSI_j)$ 表示 k 省下辖市本级财政国库管理综合指数的均值。

设 HI 表示我国地方公共财政国库管理的（效率）综合指数，则有：

$$HI = E(PI_j)$$

其中，$E(PI_j)$ 表示各省省级财政国库管理综合指数的均值。

设 HF 为我国地方公共财政国库管理的公平指数，则有：

$$HF = 100 - \sqrt{\mathrm{Var}(PI_j)}$$

其中，$\sqrt{\mathrm{Var}(PI_j)}$ 表示各省省级地方财政国库管理综合指数的标准差。

设 HC 表示我国地方公共财政国库管理的协调指数，则有：

$$HC = 100 - \sqrt{\mathrm{Var}(HS_j)}$$

其中，$\sqrt{\mathrm{Var}(HS_j)}$ 为我国地方公共财政国库管理分类指数的标准差。

设 I 表示我国地方公共财政国库管理的综合水平，则有：

$$I = \frac{\alpha_1 HI + \alpha_2 HF + \alpha_3 HC}{\sum_i \alpha_i}$$

其中，α_i 为管理效率、公平和协调在我国地方公共财政国库管理评价中的权重；HI 为我国地方公共财政国库管理的（效率）综合指数；HF 为我国地方公共财政国库管理的公平指数；HC 为我国地方公共财政国库管理的协调指数。

4.2　地方公共财政国库管理指数量化分析

本部分将针对这八个管理模块进行量化分析，结合不同模块所对应的有效指标①权重，对不同指标所对应问卷的问题得分进行分析，生成每一个指标所对应的分值，然后进行加权平均可以得到每一个管理模块的预算管理指数。

对于省本级、市本级问卷，我们都可以作出类似的分析，得到二级政府的地方公共财政预算管理指数。财政国库管理综合指数是对每一模块的管理指数再次进行加权平均而得。需要注意的是，部分省份报送数据缺失部分无法计算相关指数，导致某些省、市相关指数测算结果可能为零值②。

省级数目不多，可以进行具体的排序分析，但是地市数目众多，只能够进行一些总体的分析，选取一些统计指标来对其分布进行介绍：极大和极小值表示该项指数中的最大和最小值；中值指的是中位数也就是指数排序中间的数值（其左右两侧数据个数相同，一半小于中位数，另一半大于中位数）；均值就是平均数；标准差表示指数偏离其平均值的程度（等于方差的平方根）表示平均波动程度，反映了指数分布的离散程度。

4.2.1　省本级国库管理指数

（1）省本级预算执行管理指数

按照前面所述的指标种类，经过对预算执行管理指标所对应的省本级问卷进行打分处理，得到各省的省本级预算执行管理指数。省本级预算执行管理指数反映了省本级预算执行管理水平的高低，指数得分较高，表示对应省本级预算执行管理的水平较高，反之，指数得分较低，表示对应省本级预算执行管理的水平也较低。各省得分从高到低排列如下：山东、四川、安徽、河南、海南、江西、吉林、陕西、云南、福建、新疆、广东、上海、重庆、贵州、山西、浙江、湖北、内蒙古、宁夏、北京、甘肃、河北（见图 4－3）。

---

① 所谓有效指标，是指有实际数据支撑的指标。权重是多轮专家打分后的均值。

② 零值就体现在一些散点图中的横轴上集中了对应的观测值，而一些没有零值的散点图是画出没有零值的观测值。

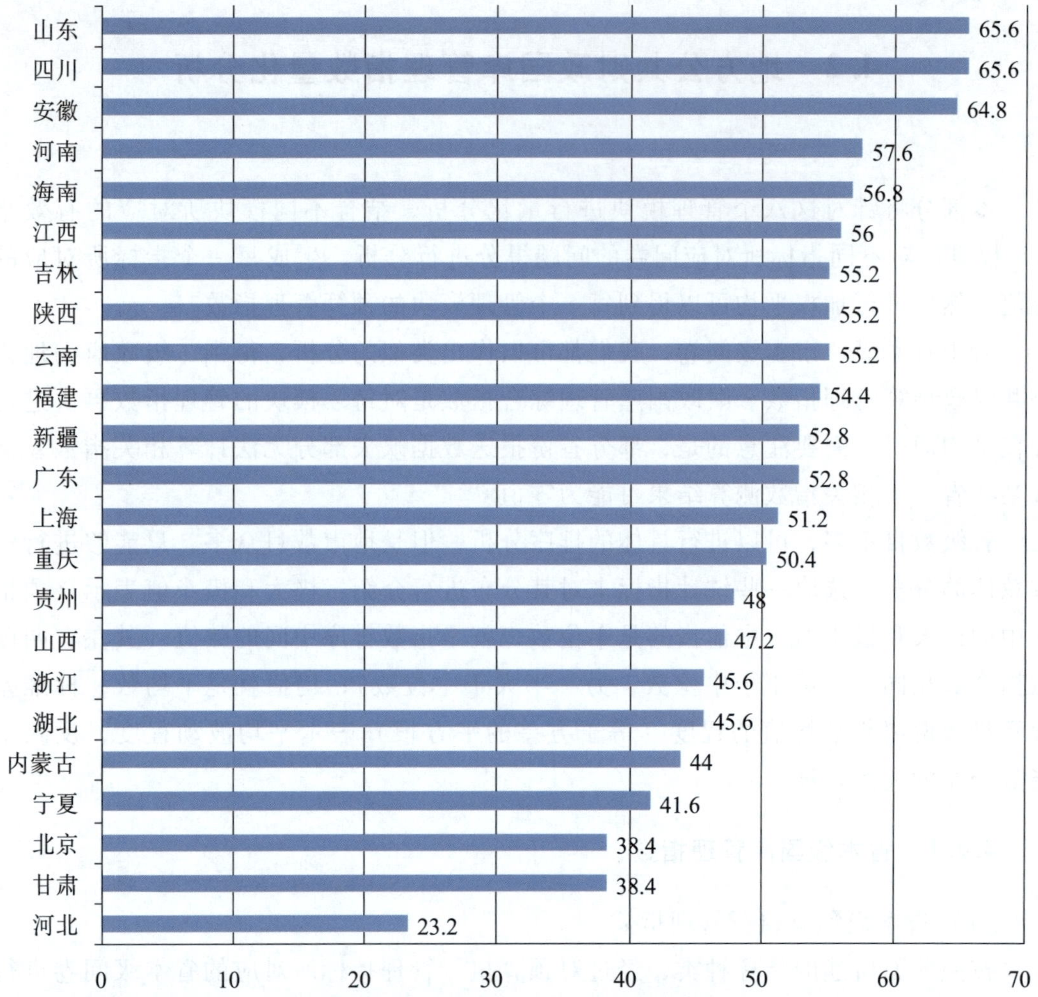

图 4－3 省本级预算执行管理指数

（2）省本级国库集中收付管理指数

按照前面所述的指标种类，经过对国库集中收付管理指标所对应的省本级问卷进行打分处理，得到各省的省本级国库集中收付管理指数。省本级国库集中收付管理指数反映了省本级国库集中收付管理水平的高低，指数得分较高，表示对应省本级国库集中收付管理的水平较高，反之，指数得分较低，表示对应省本级国库集中收付管理的水平也较低。各省得分从高到低排列如下：陕西、福建、江西、宁夏、贵州、山东、海南、四川、重庆、上海、新疆、云南、河南、吉林、安徽、北京、湖北、甘肃、内蒙古、广东、山西、河北、浙江（见图 4－4）。

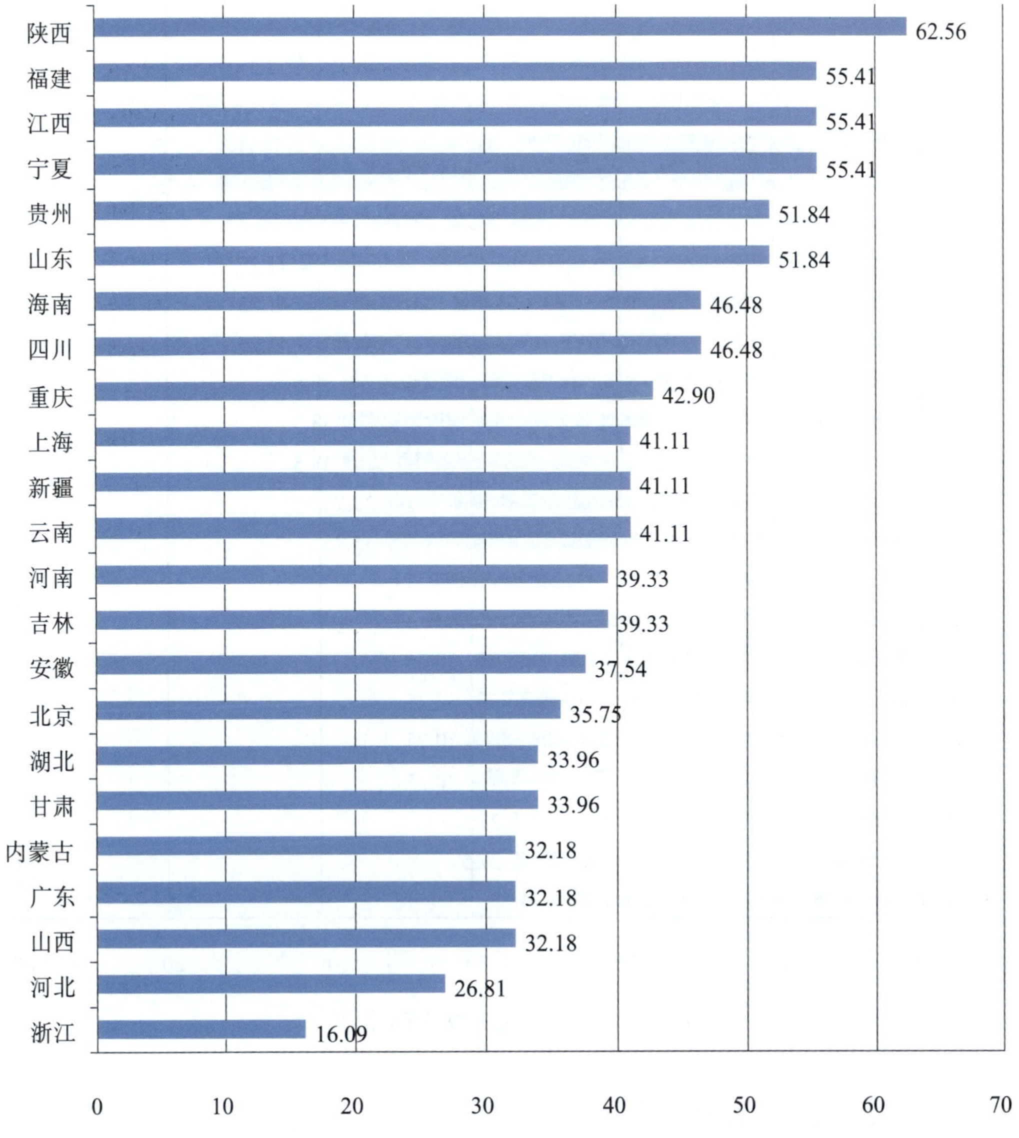

图 4－4　省本级国库集中收付管理指数

（3）省本级决算管理指数

按照前面所述的指标种类，经过对决算管理指标所对应的省本级问卷进行打分处理，得到各省的省本级决算管理指数。省本级决算管理指数反映了省本级决算管理水平的高低，指数得分较高，表示对应省本级决算管理的水平较高，反之，指数得分较低，表示对应省本级决算管理的水平也较低。各省得分从高到低排列如图 4－5所示：

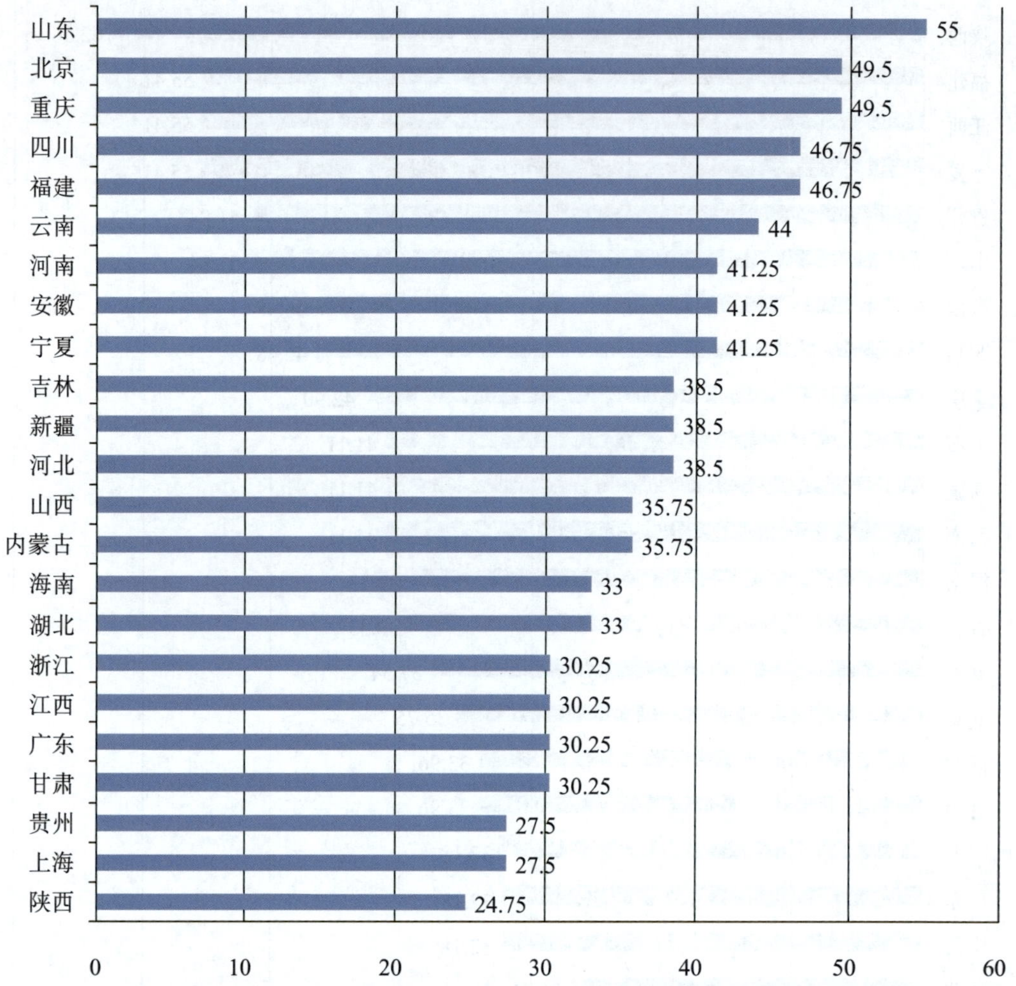

图4－5　省本级决算管理指数

（4）本级政府债券管理指数

按照前面所述的指标种类，经过对政府债券管理指标所对应的省本级问卷进行打分处理，得到各省的省本级政府债券管理指数。省本级政府债券管理指数反映了省本级政府债券管理水平的高低，指数得分较高，表示对应省本级政府债券管理的水平较高，反之，指数得分较低，表示对应省本级政府债券管理的水平也较低。各省得分从高到低排列如下：山西、四川、河南、重庆、云南、新疆、内蒙古、宁夏、天津、甘肃、陕西、湖北、山东、上海、河北、贵州、海南、吉林、安徽、北京、福建、浙江、江西、广东（见图4－6）。

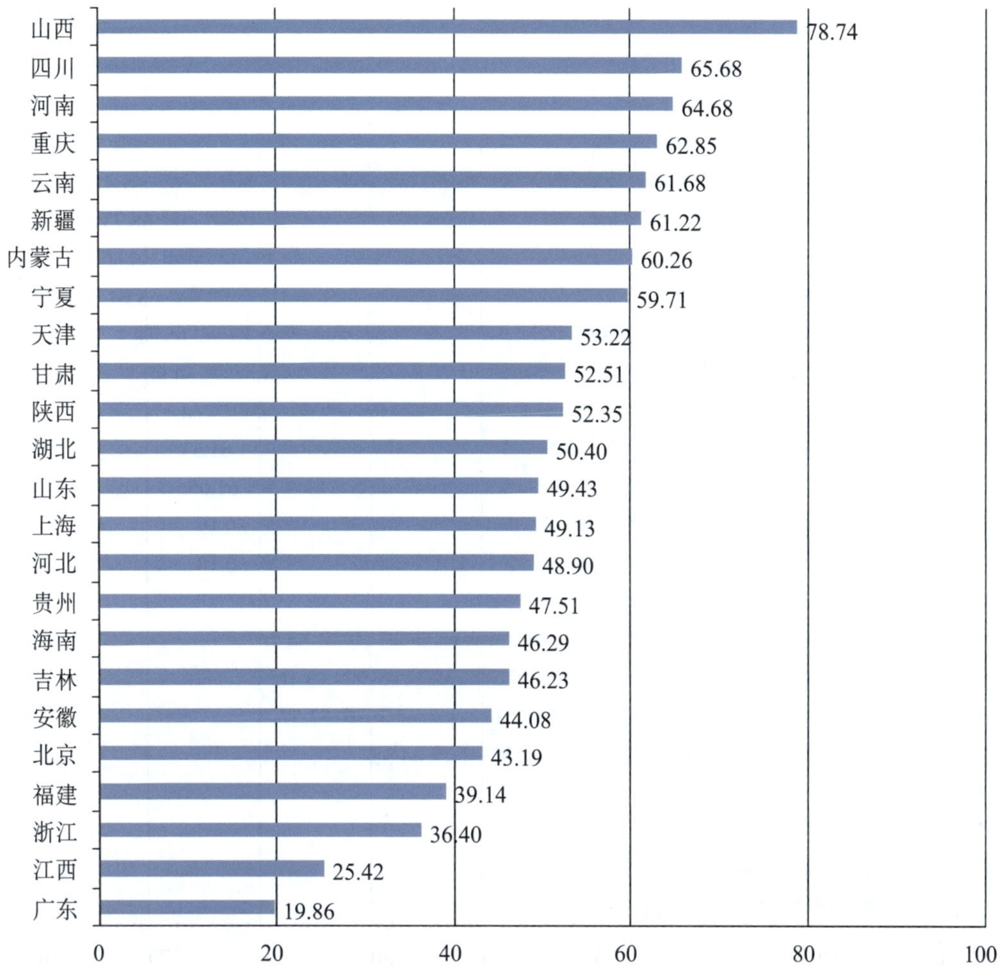

图 4 -6　省本级政府债券管理指数

（5）省本级国库现金管理指数

按照前面所述的指标种类，经过对政府国库现金管理指标所对应的省本级问卷进行打分处理，得到各省的省本级政府国库现金管理指数（见图 4 -7）。省本级政府国库现金管理指数反映了省本级政府国库现金管理水平的高低，指数得分较高，表示对应省本级政府国库现金管理的水平较高，反之，指数得分较低，表示对应省本级政府国库现金管理的水平也较低。各省得分从高到低排列如下：山东、吉林、云南、浙江、河北、北京、安徽、陕西、山西、天津、宁夏、湖北、重庆、河南、内蒙古、福建、新疆、四川、贵州、海南、江西、甘肃、广东、上海（见图4 -7）。

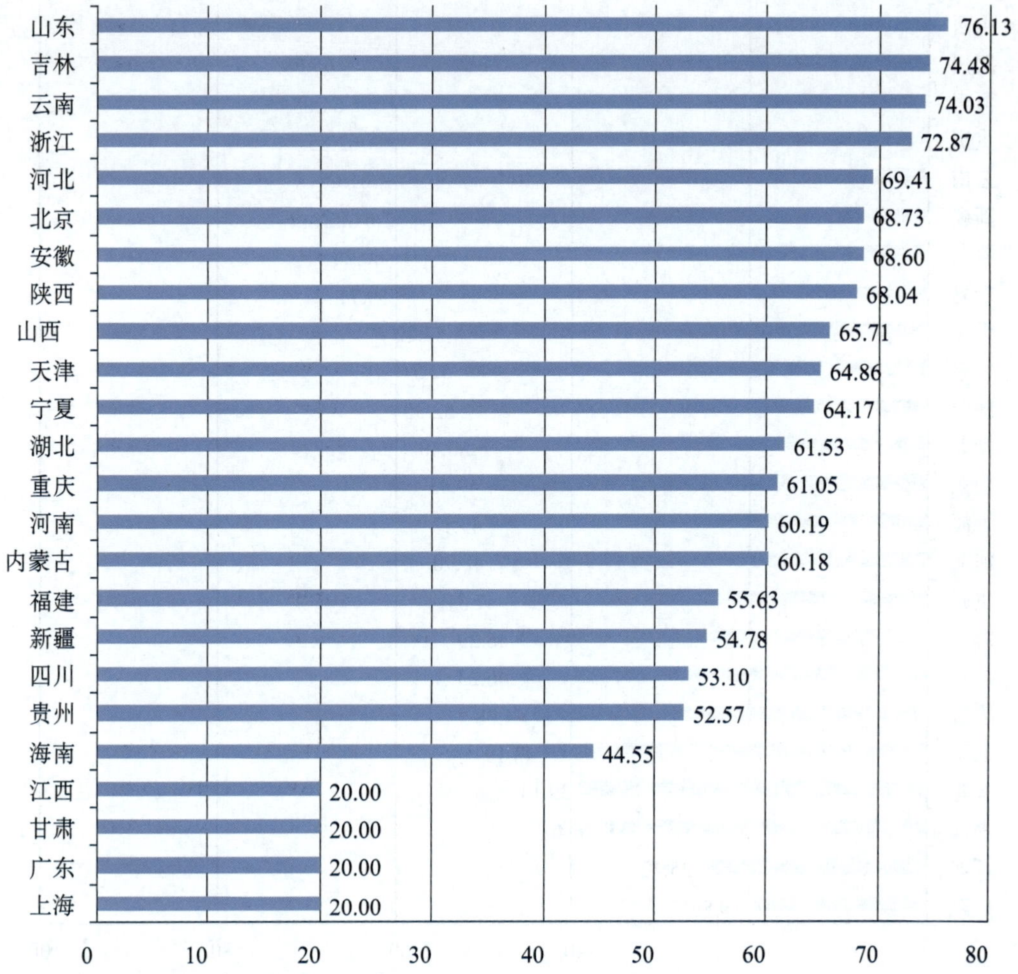

图4-7 省本级国库现金管理指数

（6）省本级政府采购管理指数

按照前面所述的指标种类，经过对政府采购管理指标所对应的省本级问卷进行打分处理，得到各省的省本级政府采购管理指数。省本级政府政府采购管理指数反映了省本级政府采购管理水平的高低，指数得分较高，表示对应省本级政府政府采购管理的水平较高，反之，指数得分较低，表示对应省本级政府政府采购管理的水平也较低。各省得分从高到低排列如下：山西、内蒙古、海南、河南、重庆、四川、吉林、山东、云南、福建、北京、宁夏、上海、浙江、安徽、广东、天津、陕西、新疆、江西、湖北、贵州、甘肃（见图4-8）。

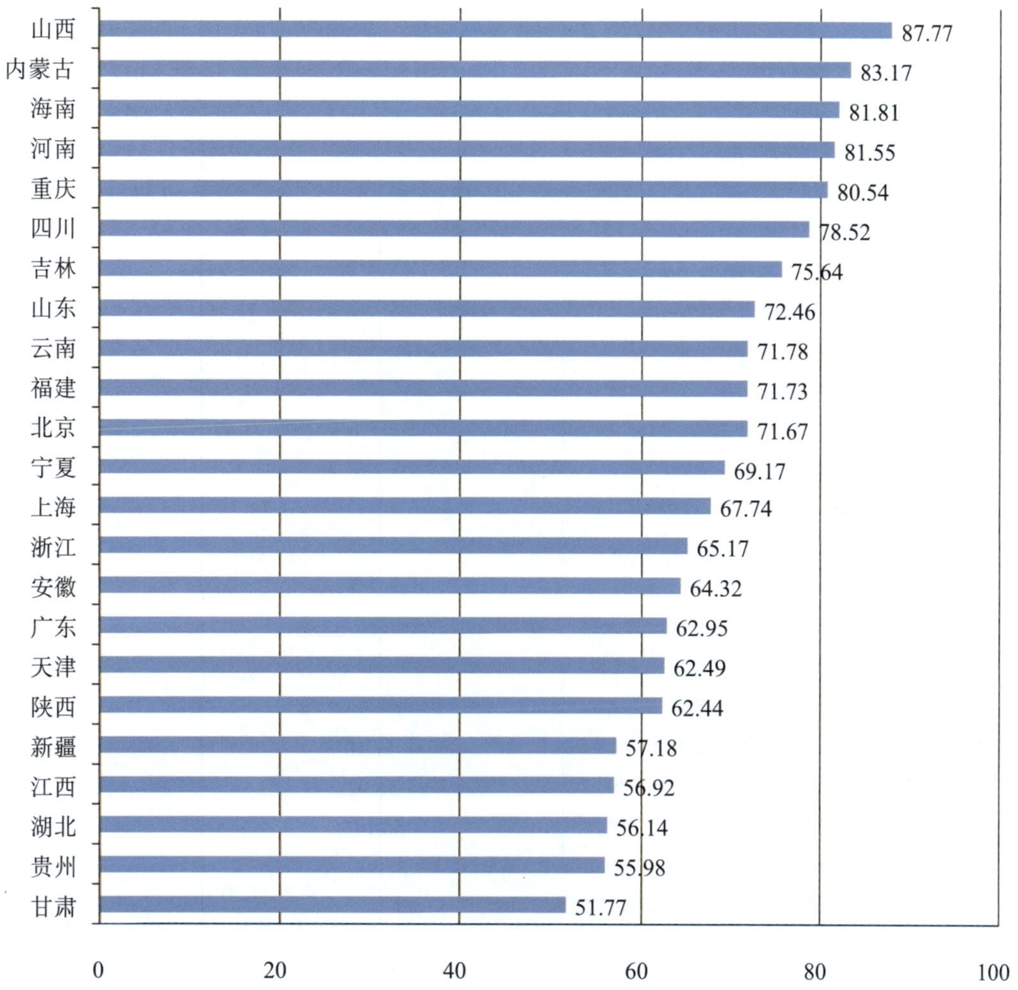

图 4－8　省本级政府采购管理指数

（7）省本级政府会计管理指数

按照前面所述的指标种类，经过对政府会计管理指标所对应的省本级问卷进行打分处理，得到各省的省本级政府会计管理指数。省本级政府会计管理指数反映了省本级政府会计管理水平的高低，指数得分较高，表示对应省本级政府会计管理的水平较高，反之，指数得分较低，表示对应省本级政府会计管理的水平也较低。各省得分从高到低排列如下：山西、内蒙古、海南、河南、重庆、四川、吉林、山东、云南、福建、北京、宁夏、上海、浙江、安徽、广东、天津、陕西、新疆、江西、湖北、贵州、甘肃（见图 4－9）。

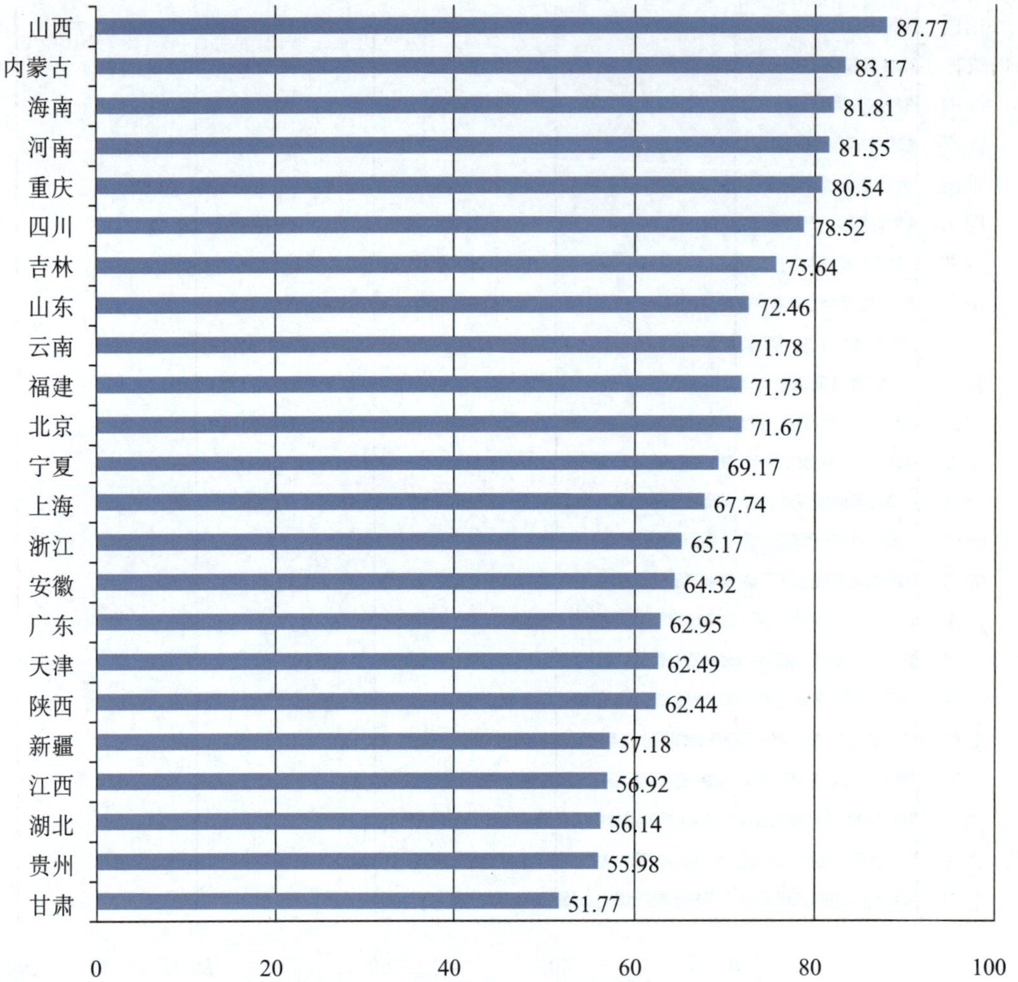

图4－9　省本级政府会计管理指数

（8）省本级信息化建设指数

采用类似的方法，经过对信息化建设指标所对应的省本级问卷进行打分处理，得到各省的省本级信息化建设指数。省本级信息化建设指数反映了省本级信息化建设水平的高低，指数得分较高，表示对应省本级信息化建设的水平较高，反之，指数得分较低，表示对应省本级信息化建设的水平也较低。各省得分从高到低排列如下：山西、四川、河南、吉林、河北、浙江、北京、陕西、山东、内蒙古、重庆、上海、安徽、宁夏、云南、甘肃、福建、海南、新疆、江西、湖北、广东、贵州（见图4－10）。

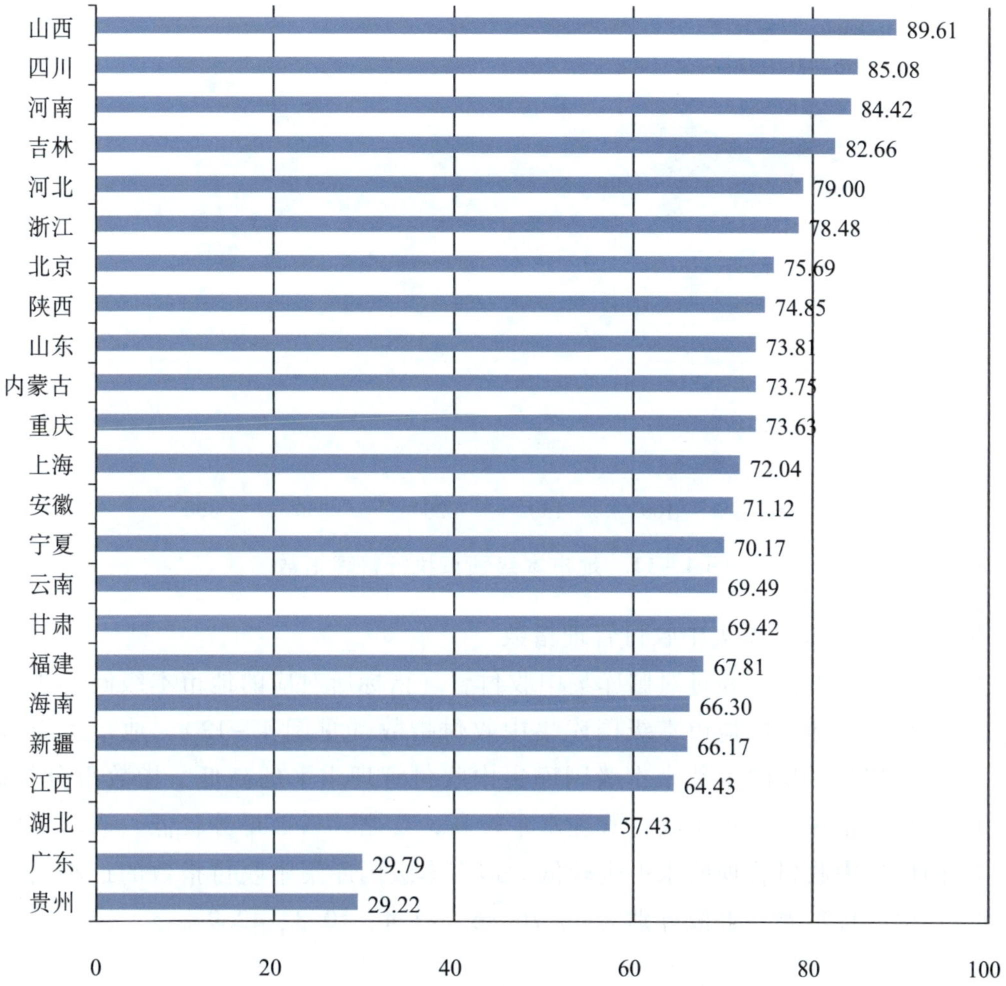

图 4－10　省本级信息化建设指数

4.2.2　地市本级国库管理指数

（1）地市本级预算执行管理指数

按照前面所述的指标种类，经过对预算执行管理指标所对应的地市本级问卷进行打分处理，得到各地市的地市本级预算执行管理指数（见图 4－11）。地市本级预算执行管理指数反映了预算执行管理水平的高低，指数得分较高，表示对应预算执行管理的水平较高，反之，指数得分较低，表示对应预算执行管理的水平也较低。地市本级预算执行管理指数的最小值、最大值、均值、标准差、中值分别为 0、67.19、50、9.78、48.28。

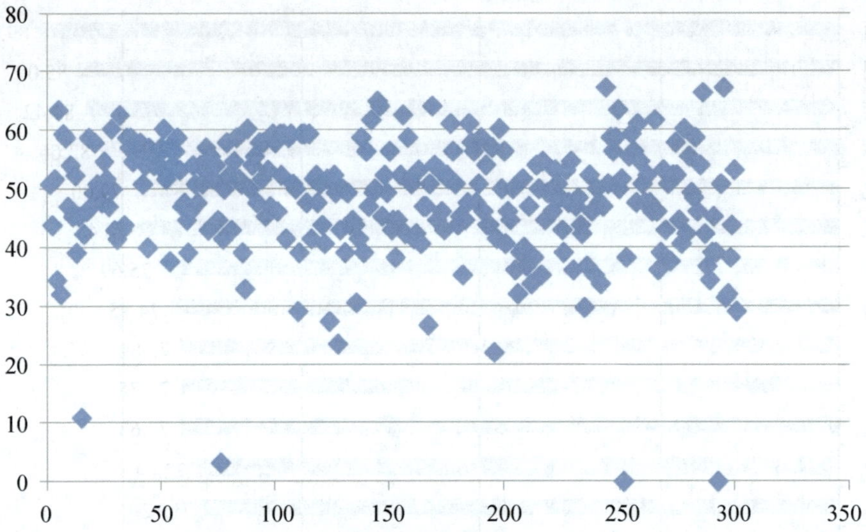

图 4－11　地市本级预算执行管理指数

（2）地市本级国库集中收付管理指数

采用类似的方法，经过对国库集中收付管理指标所对应的地市本级问卷进行打分处理，得到各地市的地市本级国库集中收付指数（见图 4－12）。地市本级国库集中收付管理指数反映了地市本级国库集中收付管理水平的高低，指数得分较高，表示对应地市本级国库集中收付管理水平较高，反之，指数得分较低，表示对应地市本级国库集中收付管理的水平也较低。地市本级国库集中收付指数的最小值、最大值、均值、标准差、中值分别为 0、76.86、43.4、10.8、42.9。

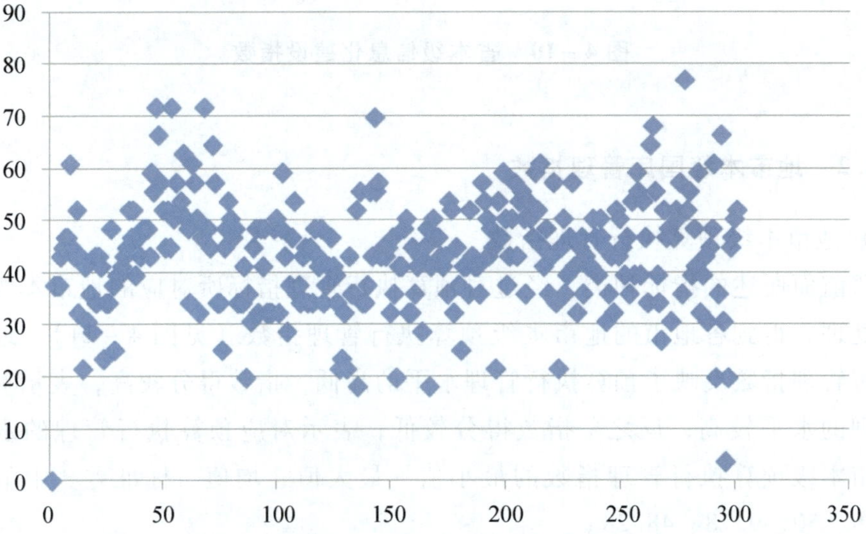

图 4－12　地市本级国库集中收付管理指数

（3）地市本级决算管理指数

经过对决算管理指标所对应的地市本级问卷进行打分处理，得到各地市的地市本级决算管理指数（见图 4 - 13）。地市本级决算管理指数反映了地市本级决算管理水平的高低，指数得分较高，表示对应地市本级决算管理水平较高，反之，指数得分较低，表示对应地市本级决算管理的水平也较低。地市本级决算管理指数的最小值、最大值、均值、标准差、中值分别为 0、74.99、46.04、13.64、47.22。

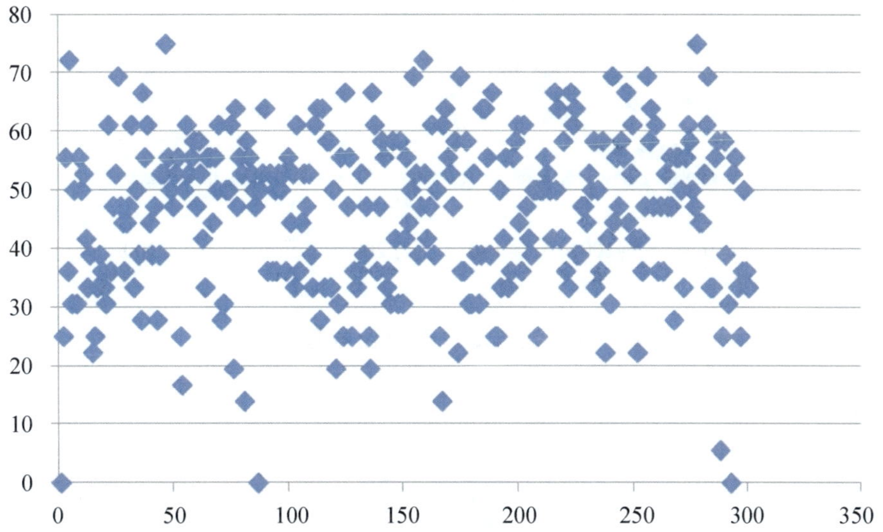

图 4 - 13　地市本级决算管理指数

（4）地市本级债券管理指数

按照前面所述的指标种类，经过对政府债券管理指标所对应的地市本级问卷进行打分处理，得到各地市的地市本级政府债券管理指数。地市本级政府债券管理指数反映了地市本级政府债券管理水平的高低，指数得分较高，表示对应地市本级政府债券管理的水平较高，反之，指数得分较低，表示对应地市本级政府债券管理的水平也较低。地市本级政府债券管理指数的最小值、最大值、均值、标准差、中值分别为 6.25、100、47.69、26.18、48.78（见图 4 - 14）。

（5）地市本级国库现金管理指数

按照前面所述的指标种类，经过对国库现金管理指标所对应的地市本级问卷进行打分处理，得到各地市的地市本级国库现金管理指数。地市本级国库现金管理指数反映了地市本级国库现金管理水平的高低，指数得分较高，表示对应地市本级国库现金管理的水平较高，反之，指数得分较低，表示对应地市本级国库现金管理的水平也较低。地市本级国库现金管理指数的最小值、最大值、均值、标准差、中值分别为 7.08、76.68、44.64、15.18、47.10（见图 4 - 15）。

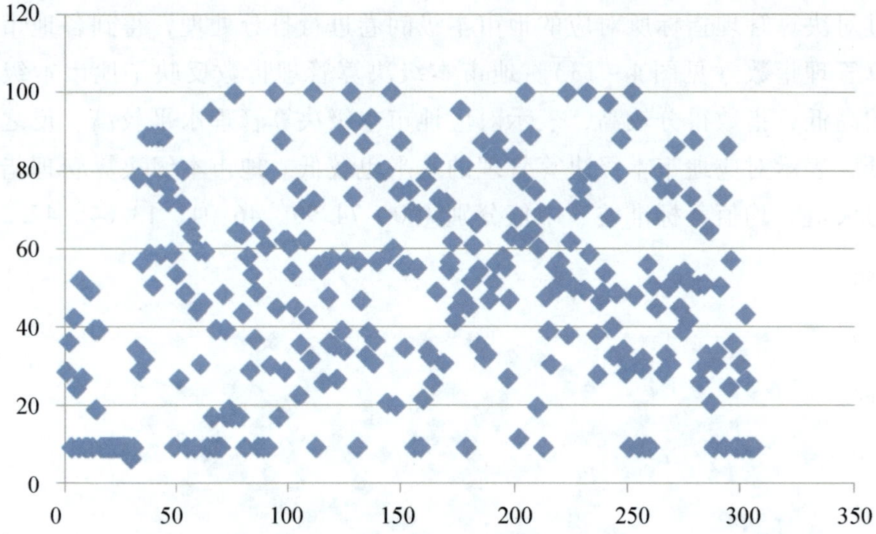

图 4-14　地市本级政府债券管理指数

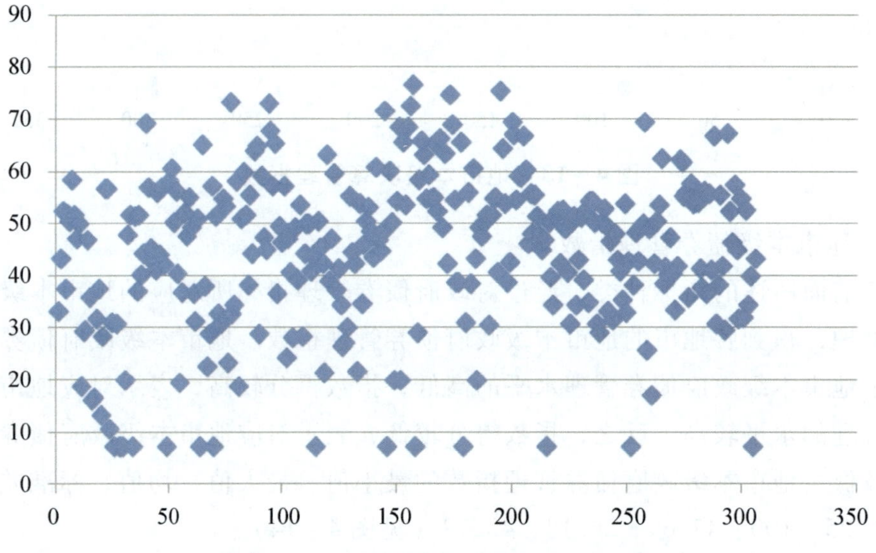

图 4-15　地市本级国库现金管理指数

（6）地市本级政府采购管理指数

按照前面所述的指标种类，经过对政府采购管理指标所对应的地市本级问卷进行打分处理，得到各地市的地市本级政府采购管理指数。地市本级政府采购管理指数反映了地市本级政府采购管理水平的高低，指数得分较高，表示对应地市本级政府采购管理的水平较高，反之，指数得分较低，表示对应地市本级政府采购管理的水平也较低。地市本级政府采购管理指数的最小值、最大值、均值、标准差、中值分别为 20、100、57.79、12.70、59.00（见图 4－16）。

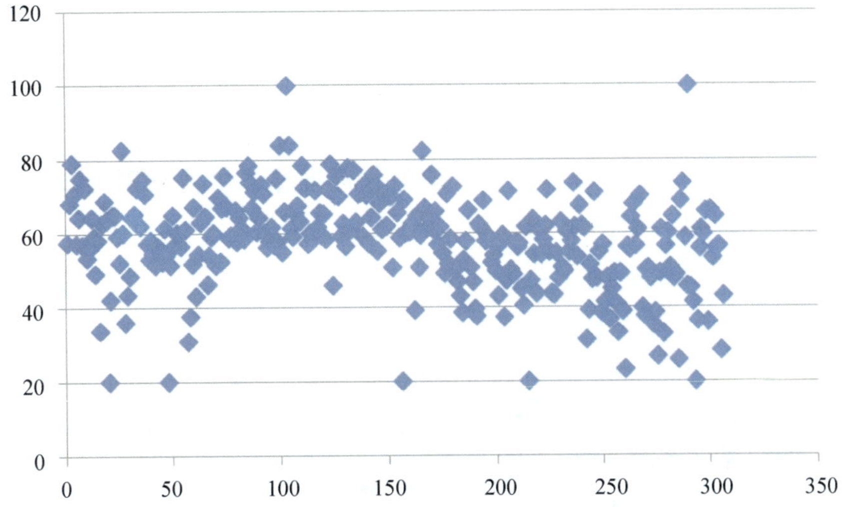

图 4－16 地市本级政府采购管理指数

（7）地市本级政府会计管理指数

按照前面所述的指标种类，经过对政府会计管理指标所对应的地市本级问卷进行打分处理，得到各地市的地市本级政府会计管理指数。地市本级政府会计管理指数反映了地市本级政府会计管理水平的高低，指数得分较高，表示对应地市本级政府会计管理的水平较高，反之，指数得分较低，表示对应地市本级政府会计管理的水平也较低。地市本级政府会计管理指数的最小值、最大值、均值、标准差、中值分别为 33.55、97.60、68.20、11.39、67.65（见图 4－17）。

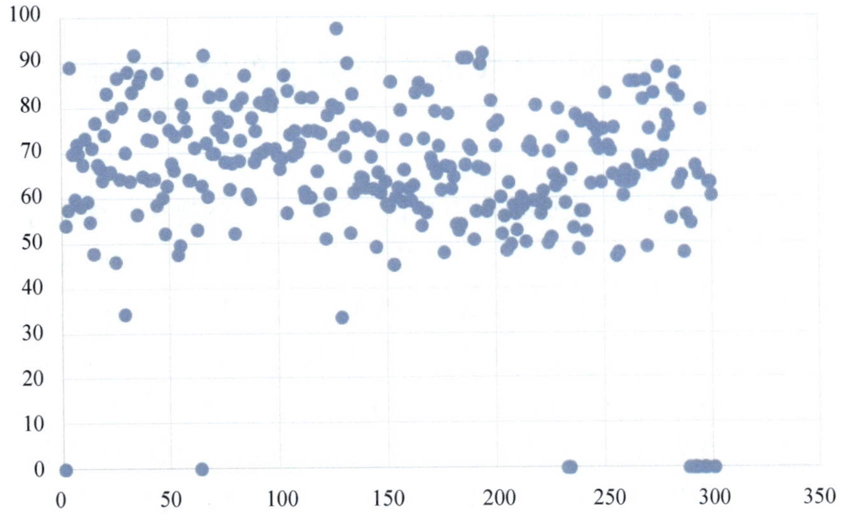

图 4－17 地市本级政府会计管理指数①

注：①图中指标值为 0 表示对应的地市未填写有效问卷，不代表实际得分值，下同。

(8) 地市本级信息化建设指数

采用类似的方法，经过对信息化建设指标所对应的地市本级问卷进行打分处理，得到各地市的地市本级信息化建设指数。地市本级信息化建设指数反映了地市本级信息化建设水平的高低，指数得分较高，表示对应地市本级信息化建设的水平较高，反之，指数得分较低，表示对应地市本级信息化建设的水平也较低。地市本级信息化建设指数的最小值、最大值、均值、标准差、中值分别为24.09、96.42、61.64、12.56、62.44（见图4－18）。

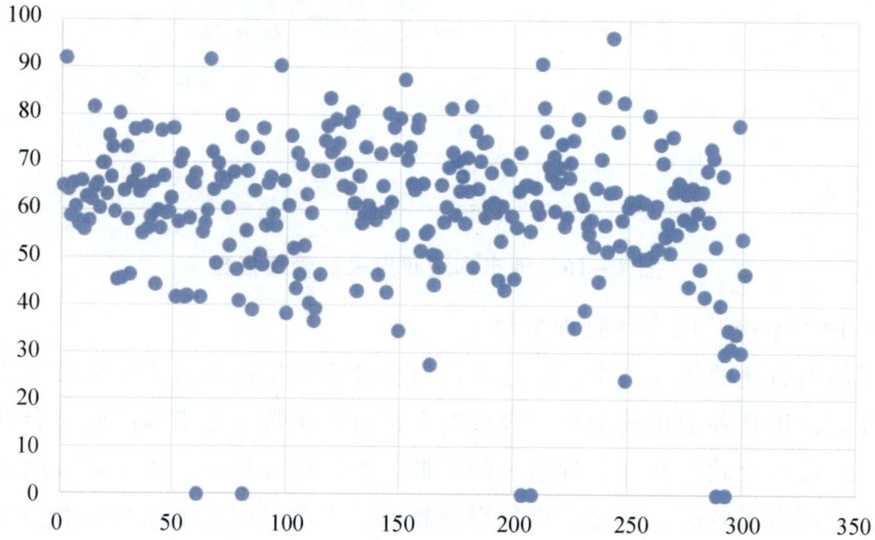

图4－18 地市本级信息化建设指数

4.3 地方公共财政预算管理水平的综合评价

本报告的公共财政预算管理包括了八个一级指标，分别是预算执行管理指数、国库集中支付管理指数、决算管理指数、政府债券管理指数、国库现金管理指数、政府采购管理指数、政府会计管理指数、国库信息化管理指数。这八项管理模块可以从宏观到微观整体反映中国地方国库管理的阶段性水平。按照前面的测算方法，下面我们对政府财政综合预算管理指数进行分析，主要包括三个方面：一是二个政府级次本级的财政综合预算管理指数，二是融合二个政府级次的省级综合预算管理指数，包括各类业务综合指数，三是对整体的效率、协同、公平三个纬度分析。

4.3.1　不同政府级次的综合国库管理指数

省本级国库管理综合指数反映了省本级预算执行管理指数、国库集中支付管理指数、决算管理指数、政府债券管理指数、国库现金管理指数、政府采购管理指数、政府会计管理指数、国库信息化管理指数的综合水平。经过统计发现，省本级国库管理指数平均得分为52.20分。其中，山西省省本级的财政综合预算管理水平最高，为67.12分（见图4－19）。

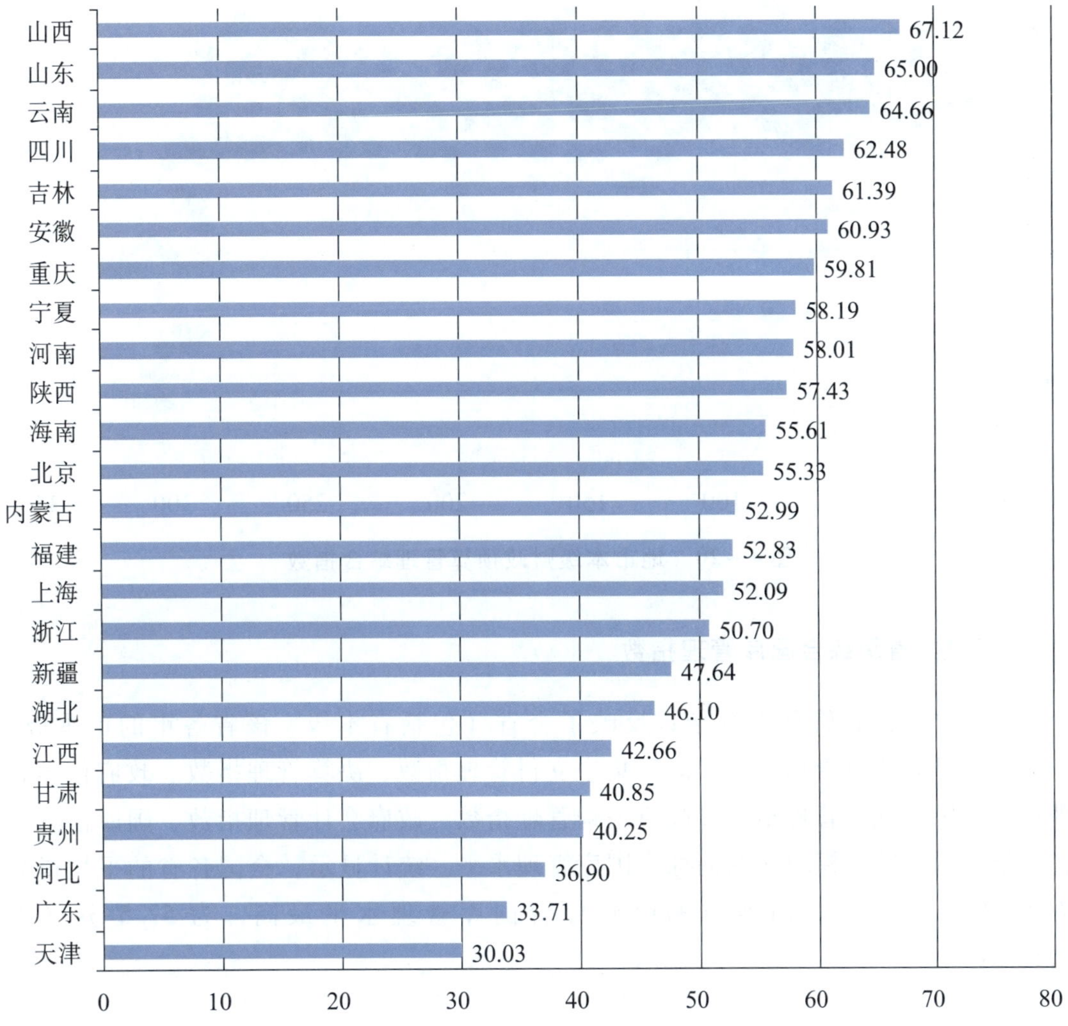

图 4－19　省本级财政预算管理综合指数

地市本级财政预算管理综合指数反映了地市本级预算执行管理指数、国库集中支付管理指数、决算管理指数、政府债券管理指数、国库现金管理指数、政府采购管理指数、政府会计管理指数、国库信息化管理指数的综合水平，平均得分为50.90分（见图4-20）。

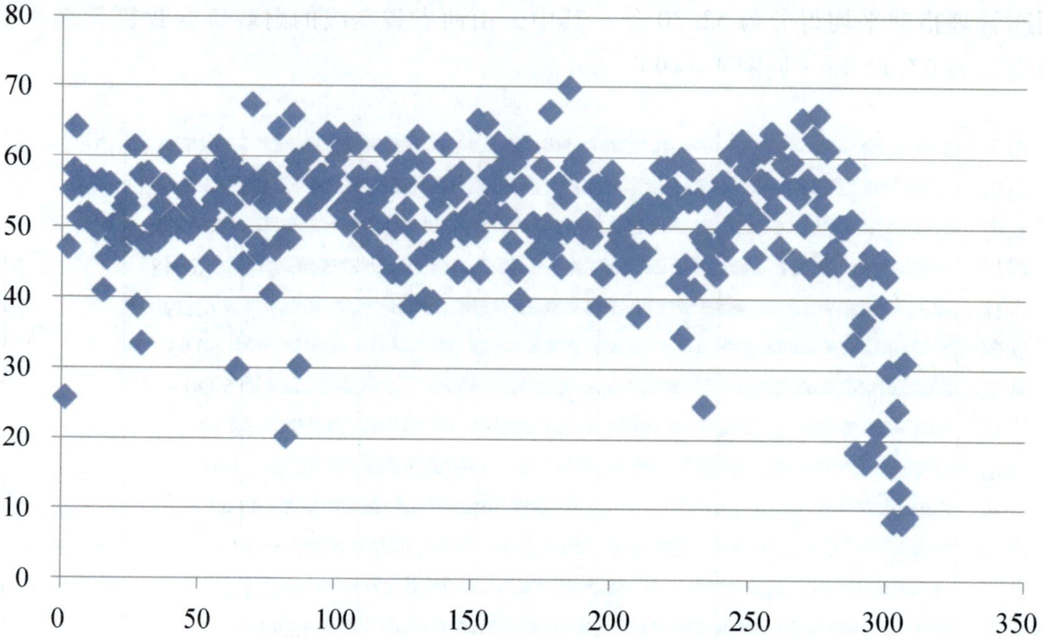

图4-20 地市本级财政预算管理综合指数

4.3.2 省级综合国库管理指数

省级财政预算管理综合指数反映了全省（包括省本级、该省各市的市本级）有关本级预算执行管理指数、国库集中支付管理指数、决算管理指数、政府债券管理指数、国库现金管理指数、政府采购管理指数、政府会计管理指数、国库信息化管理指数八类管理模块在内的综合国库管理水平。统计显示，全国各省的平均得分为51.20分。其中，山西省的财政综合国库管理水平最高，为57.5分（见图4-21）。

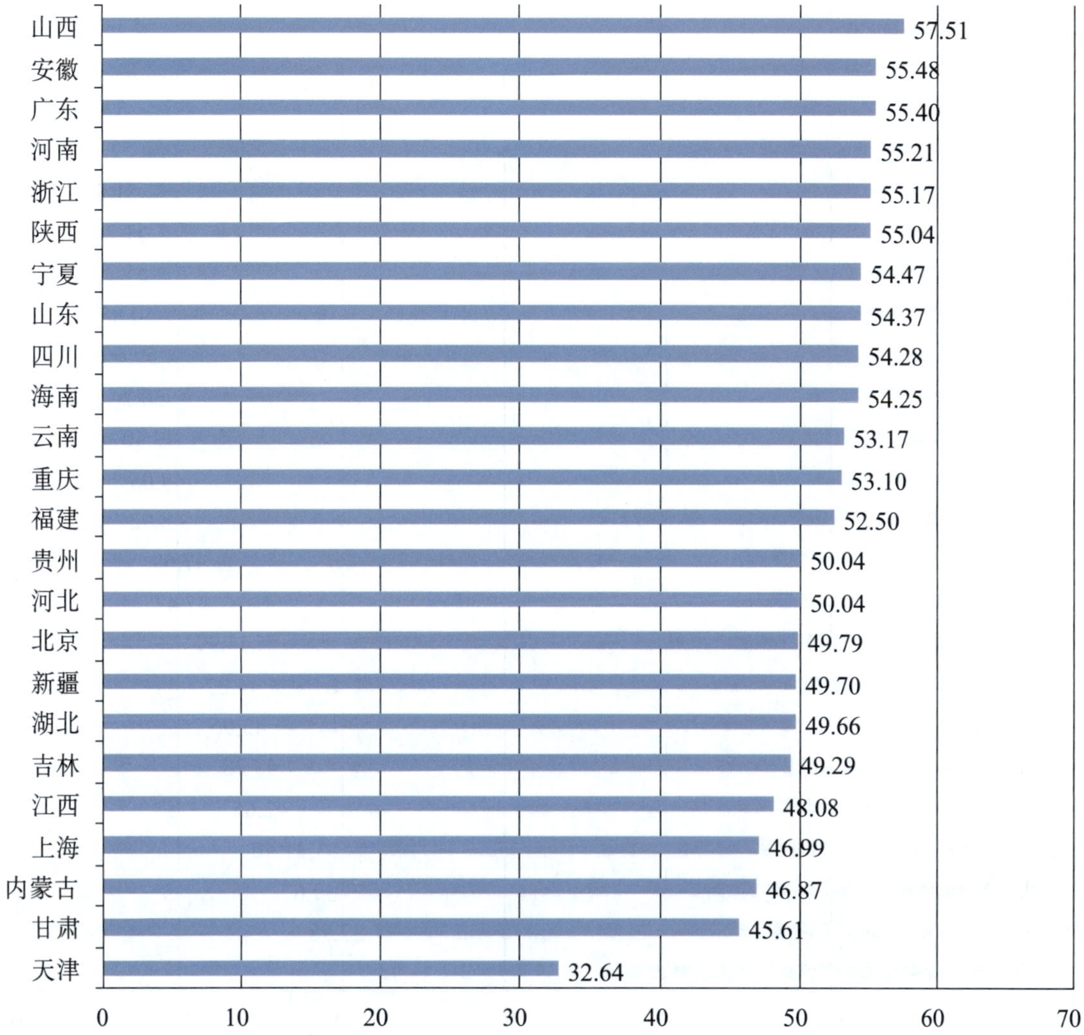

图 4－21　省级财政国库管理综合指数

4.3.3　八类国库业务综合管理指数

省级八类综合业务管理指数反映了全省（包括省本级、该省各市的市本级）在内的八类业务的综合管理能力。下面分别进行说明：

第一，预算执行管理。各省得分从高到低依次是：云南、浙江、福建、山西、陕西、新疆、安徽、四川、山东、宁夏、海南、广东、河南、贵州、重庆、吉林、江西、上海、湖北、北京、甘肃、河北、内蒙古、天津（见图 4－22）。

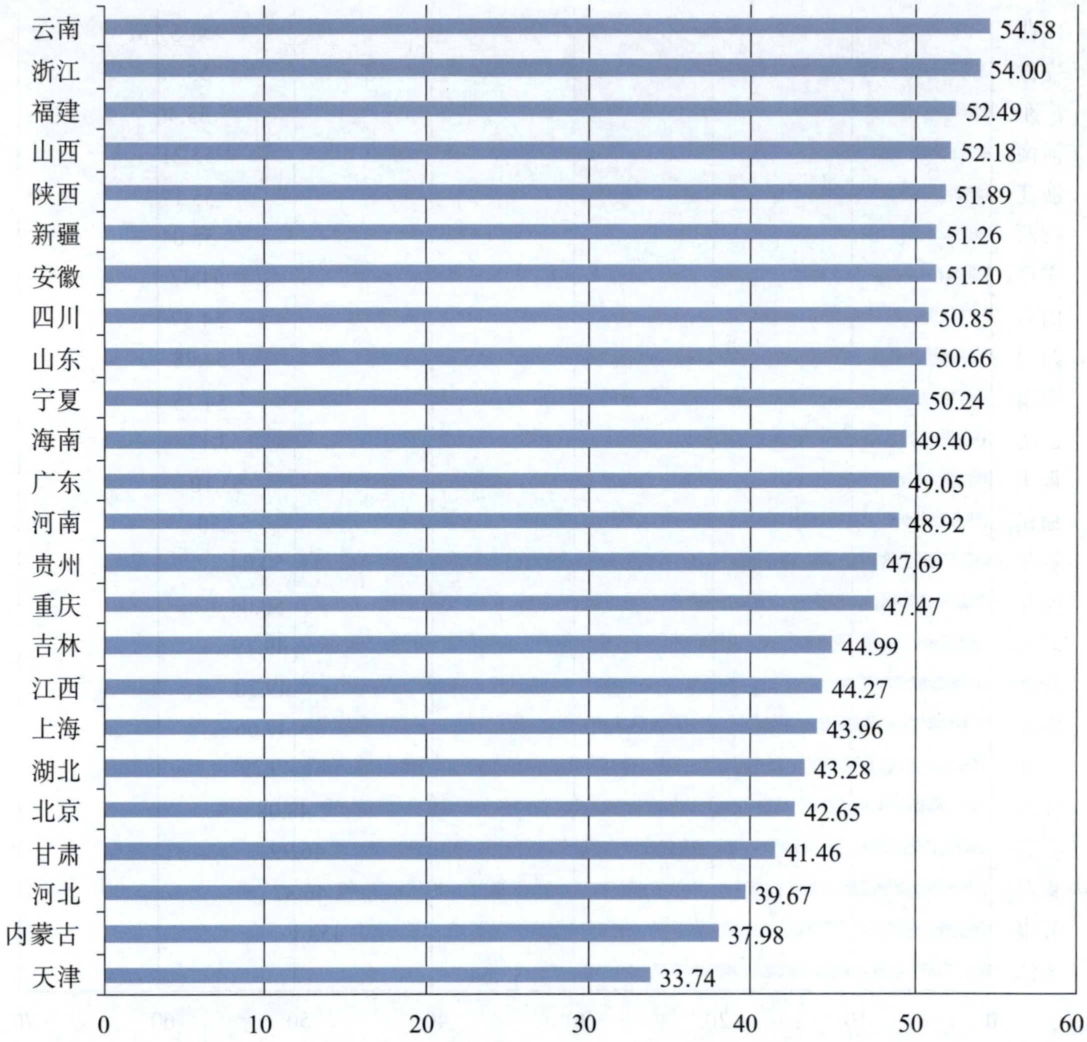

图 4-22 省级预算执行综合管理指数

第二，国库集中收付管理。各省得分从高到低依次是：宁夏、福建、云南、北京、重庆、陕西、海南、广东、上海、贵州、山东、四川、新疆、河北、山西、甘肃、浙江、河南、安徽、江西、天津、内蒙古、湖北、吉林（见图 4-23）。

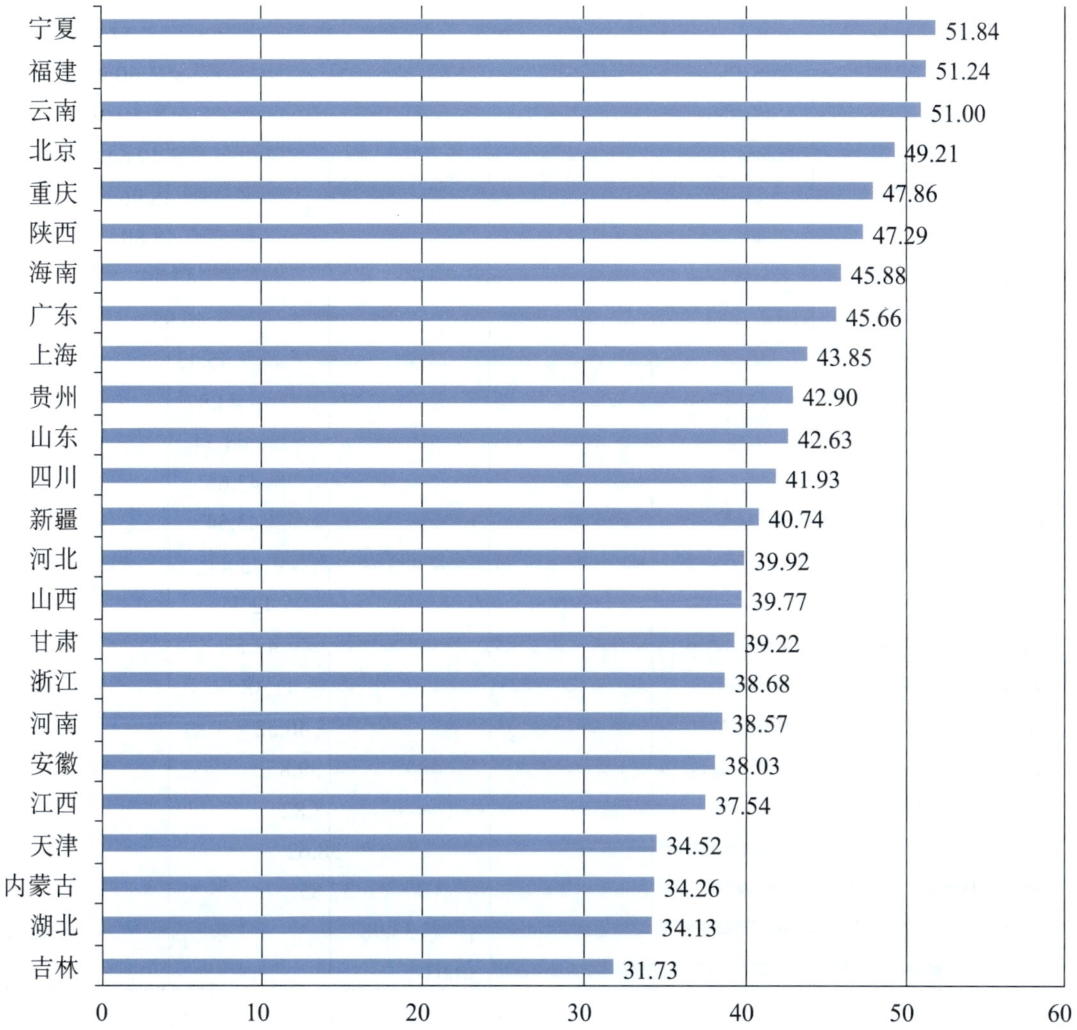

图 4－23　省级国库集中收付综合管理指数

第三，决算管理。各省得分从高到低依次是：浙江、安徽、云南、北京、广东、河南、新疆、重庆、四川、山西、宁夏、陕西、山东、上海、贵州、福建、湖北、江西、甘肃、河北、内蒙古、海南、吉林、天津（见图 4－24）。

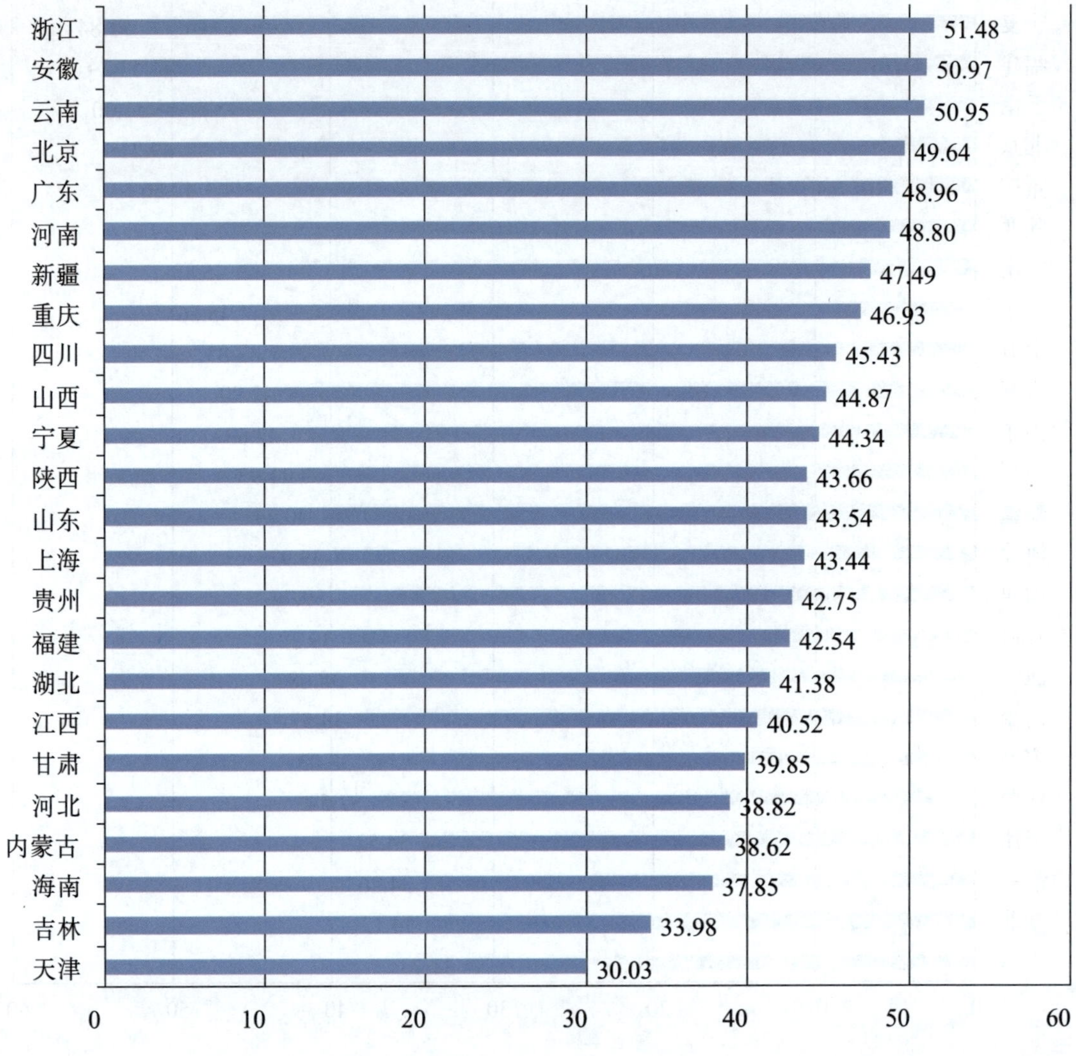

图 4 – 24　省级决算管理综合指数

第四，政府债券管理。各省得分从高到低依次是：山西、海南、四川、山东、安徽、陕西、重庆、湖北、广东、河南、吉林、福建、江西、云南、贵州、内蒙古、甘肃、浙江、河北、宁夏、上海、新疆、北京、天津（见图 4 – 25）。

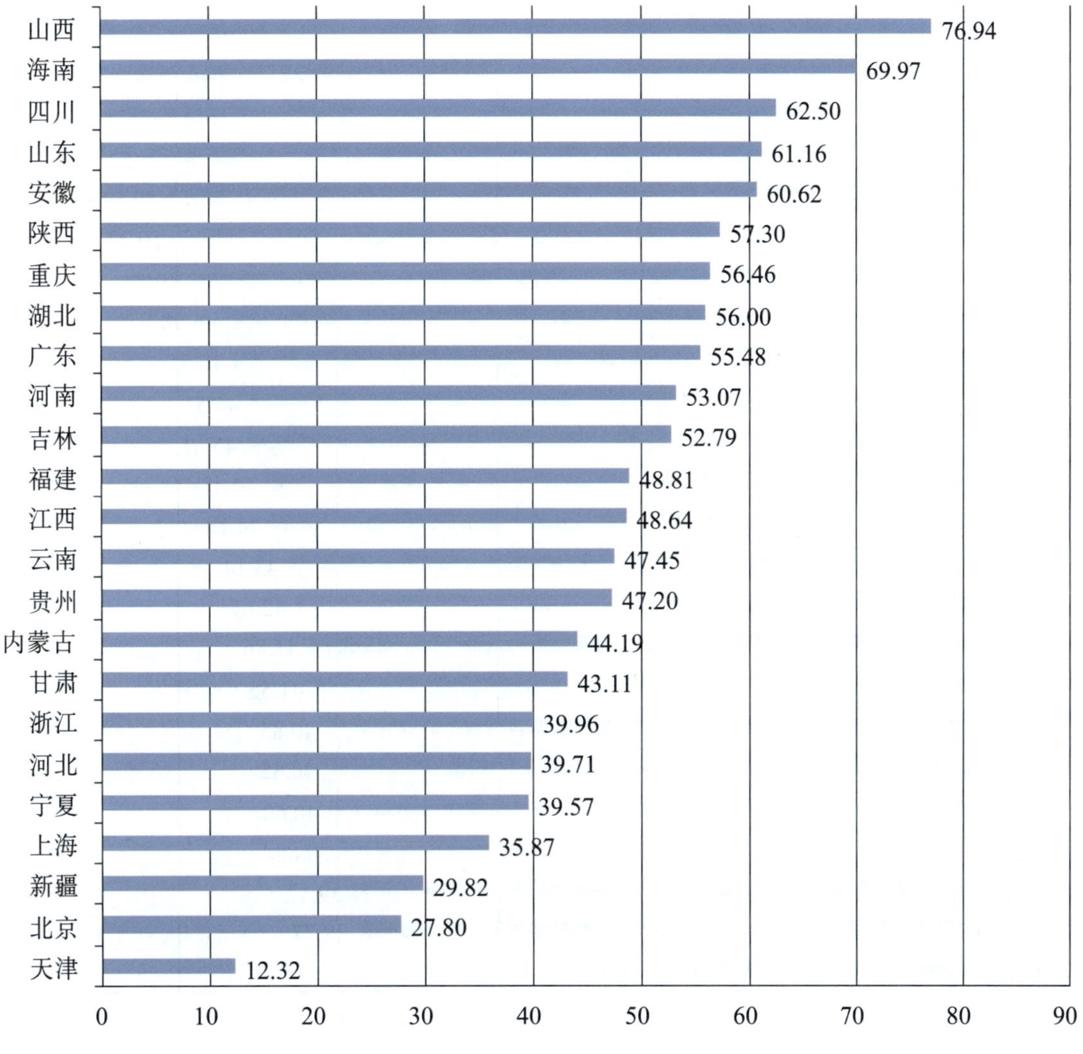

图 4-25 省级政府债券管理综合指数

第五，国库现金管理。各省得分从高到低依次是：宁夏、广东、安徽、山西、湖北、浙江、重庆、河南、海南、四川、陕西、甘肃、内蒙古、新疆、吉林、贵州、云南、北京、山东、河北、江西、上海、福建、天津（见图 4-26）。

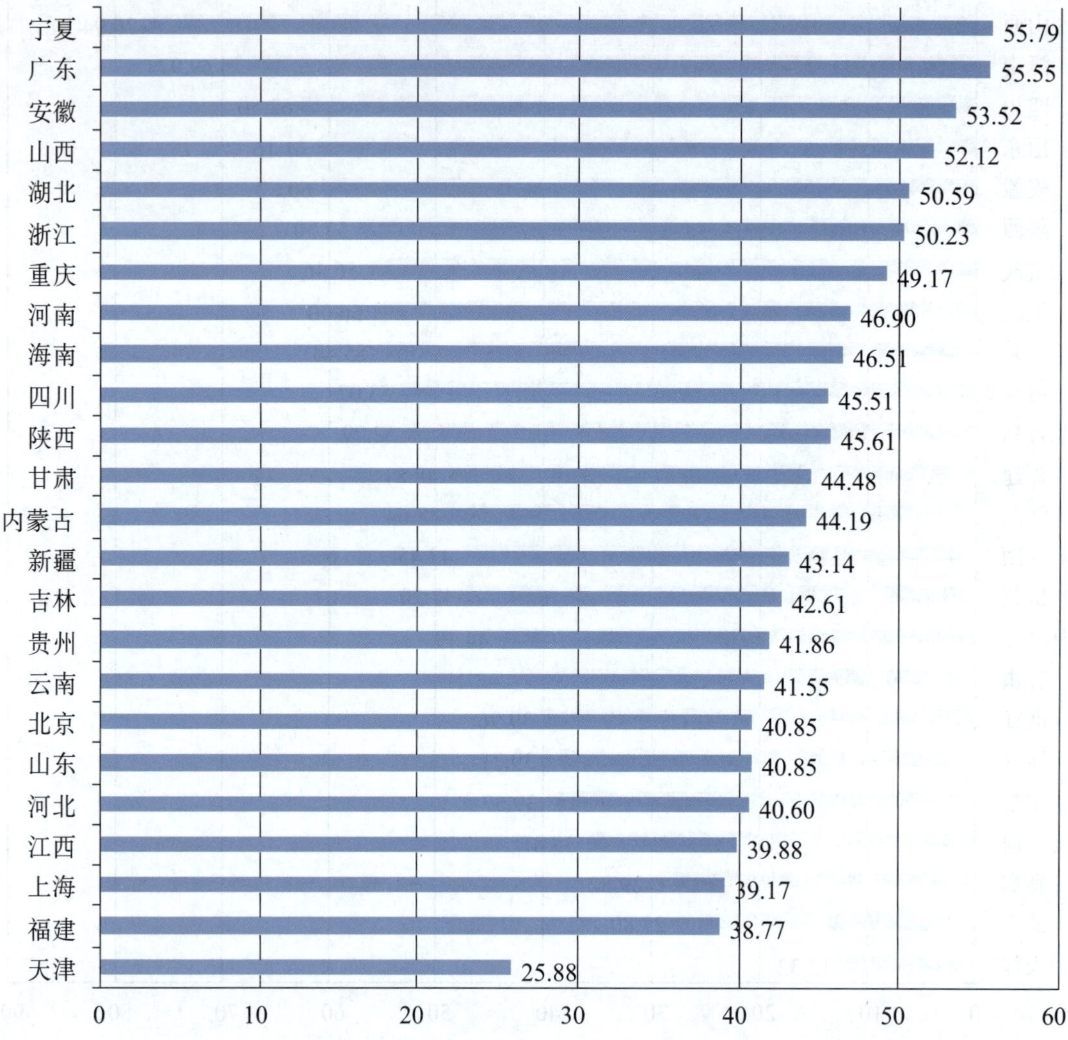

图 4－26　省级国库现金管理综合指数

第六，政府采购管理。各省得分从高到低依次是：福建、浙江、河北、河南、宁夏、山东、安徽、江西、吉林、北京、广东 、湖北、上海、山西、陕西、天津、四川、重庆、内蒙古、贵州、新疆、海南、云南、甘肃（见图 4－27）。

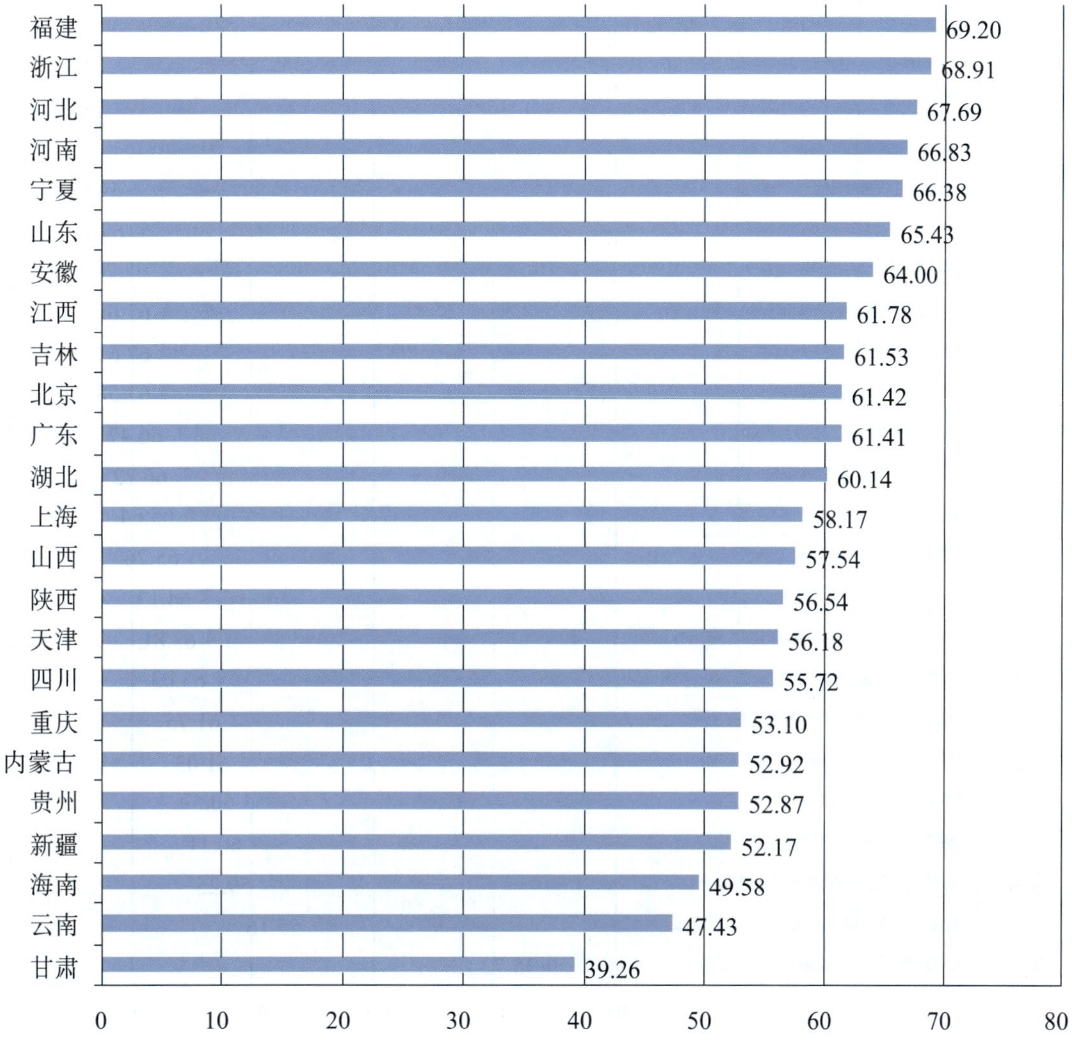

图 4－27　省级政府采购管理中综合指数

第七，政府会计管理。各省得分从高到低依次是：山西、陕西、新疆、海南、四川、云南、浙江、重庆、河南、贵州、内蒙古、宁夏、安徽、广东、山东、福建、吉林、甘肃、江西、河北、湖北、北京、天津（见图 4－28）。

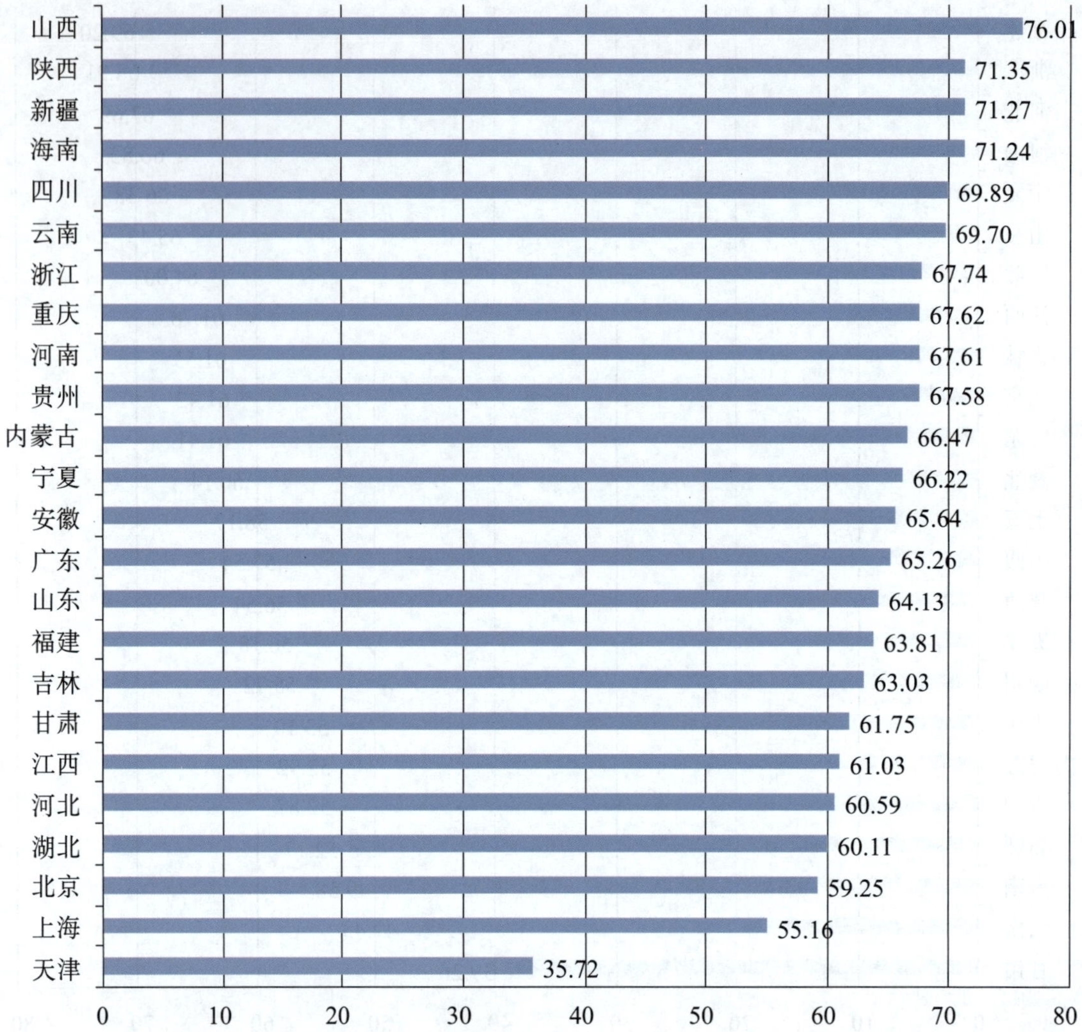

图 4-28　省级政府会计管理综合指数

第八，国库信息化管理。各省得分从高到低依次是：河北、河南、浙江、北京、陕西、山东、吉林、海南、云南、广东、新疆、四川、宁夏、山西、安徽、贵州、内蒙古、上海、重庆、甘肃、福建、湖北、江西、天津（见图 4-29）。

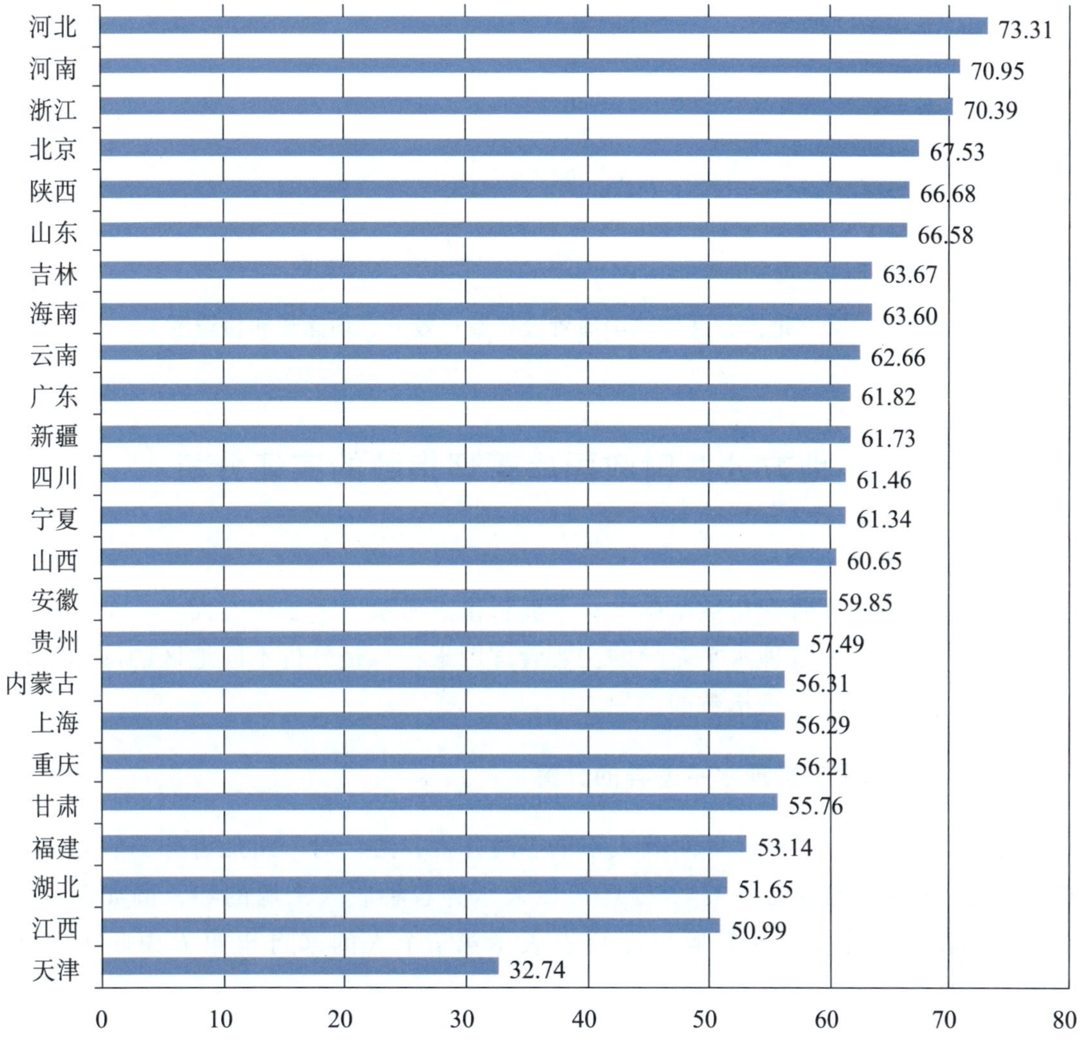

图 4-29　省级国库信息化管理综合指数

4.3.4　综合财政国库管理的三维指标

按照前面模型构造测算方法，可以计算得到我国的财政预算管理综合（效率）指数为 51.2 分，公平指数为 94.87 分，协调指数为 88.93 分，这三类指数分别表示管理效率、管理均衡性、管理协调程度，测算结果表明中国财政预算管理均衡性表现最好、协调度较好、管理效率有待进一步提升（见图 4-30）。

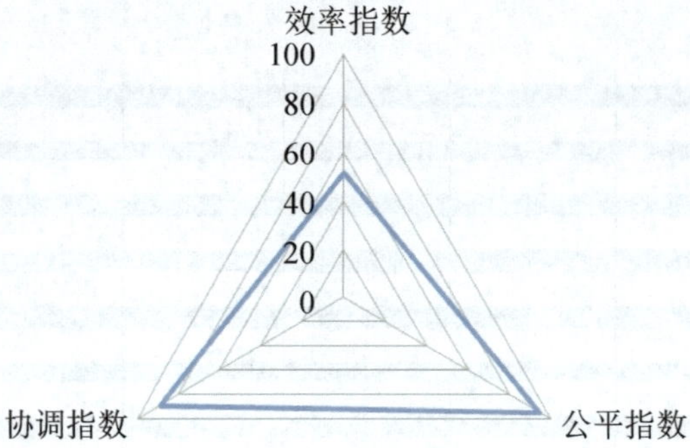

图4-30 地方公共财政国库管理指数：效率、均衡性和协调性

4.4 地方公共财政国库管理指数的实证分析

在测算省级国库管理指数基础上，下面将重点考察以下三个方面：一是分析造成省际公共财政国库管理水平差异的主要管理因素；二是分析不同地区的国库管理差异；三是分析不同管理指数的差异。

4.4.1 省际国库管理水平差异的分解

借鉴 Shorrocks（1982）① 对收入不平等的分解方法：对一组加可分的收入来源进行分解，第 i 个接受者的总收入 Y_i 可以表示为各种收入来源的和，例如劳动收入，资本收入，转移收入等等。Y_{ik} 可以表示第 i 个人的来自于第 k 中收入来源的收入。

$$Y_i = \sum_k Y_{ik},\ i = 1,\cdots,N;\ Y = (Y_1,\cdots,Y_N);\ Y_k = (Y_{1k},\cdots,Y_{Nk})$$

Shorrocks（1982a）给出了详尽的分解，在满足6个分解原则的前提下，相有对收入来源不平等权重（Relative factor inequality weight）又称为 s 权重（以下均以次称谓为准），用公式表示：

$$s_k = \frac{\mathrm{cov}(Y_k, Y)}{\sigma^2(Y)} = \rho_k \frac{\sigma_k}{\sigma}$$

$$= \rho_k \frac{\mu_k}{\mu} \times \frac{cv_k}{cv}$$

① Shorrocks, A. F.（1982a），'Inequality Decomposition by Factor Components'，Econometrica，50，193-212.

$$s.t.\ \sum_k s_k = 1$$

对任何连续对称的不平等指标 $I(y)=0$ 可以而且满足 $I(\mu,\mu,\cdots\mu)=0$，都成立。其中，ρ_k 是第 k 种收入来源和总收入的相关系数；σ_k 是第 k 种收入来源的标准偏差；σ_y 是总收入的标准偏差；cv 表示变异系数。

类似地可以对省际间国库管理水平的差异也可以按照不同业务管理模块进行不平等的分解，结果可以得到不同业务模块对省级国库管理能力差异的相对贡献度（见表 4-1）：

表 4-1　省级财政国库管理能力差异的不平等分解

项目	贡献度（%）
预算执行	10.98
国库集中收付	5.84
决算	9.13
政府债券	25.46
国库现金	12.29
政府采购	5.15
政府会计	16.26
国库信息化	14.88

资料来源：2012 年各省财政国库管理问卷。

从分析结果可以看出，造成省级财政国库综合能力差异的影响因素影响程度从高到低依次是：政府债券、政府会计、国库信息化、国库现金、预算执行、决算、国库集中收付、政府采购。为此，要减少省级财政国库综合管理能力的差异就需要加强政府债券、政府会计、国库信息化、国库现金等方面的改革力度（见图4-31）。

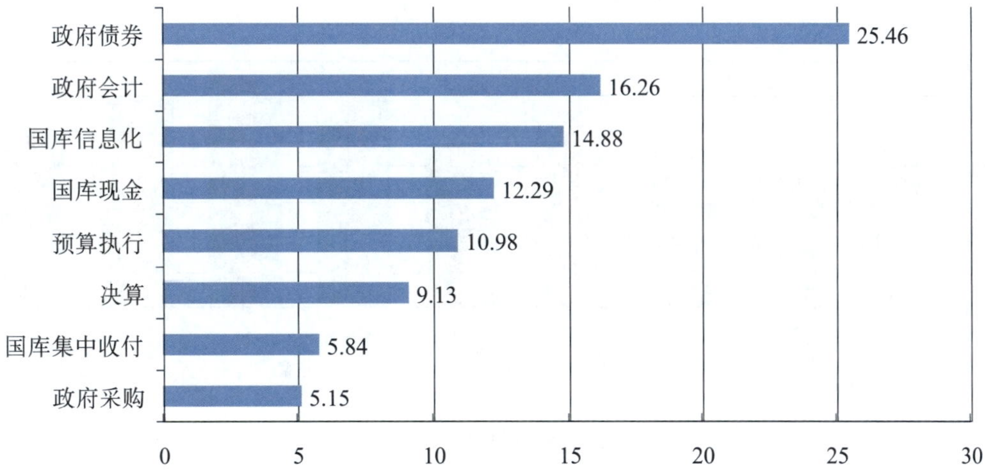

图 4-31　省级综合国库管理能力差异的分解

4.4.2 省级国库管理能力的地区分析

按照统计部门定义，东部地区包括北京、天津、河北、辽宁、上海、江苏、浙江、福建、山东、广东和海南等11个省（市）；中部地区包括山西、内蒙古、吉林、黑龙江、安徽、江西、河南、湖北、湖南、广西等10个省（区）；西部地区包括四川、贵州、云南、西藏、陕西、甘肃、青海、宁夏、新疆等9个省（区）。下面我们对这三个地区的省级综合指数分别进行分析。

首先就省级综合指数而言，从高到低依次是西部（51.93）、中部（51.73）、东部（50.13）；其次，分类看。预算执行管理从高到低依次是西部、中部、东部；国库集中收付管理从高到低依次是西部、东部、中部；决算管理从高到低依次是西部、东部、中部；政府债券管理从高到低依次是中部、西部、东部；政府采购管理从高到低依次是东部、中部、西部；政府会计管理从高到低依次是西部、中部、东部；国库信息化管理从高到低依次是东部、中部、西部。作为发达地区的东部其国库管理能力除了政府采购、国库信息化外，并未优于中西部。当然，这样的结果可能受到样本的影响（见表4－2和图4－32）。

表4－2　　　　不同地区省级业务管理综合指数

地区	预算执行	国库集中收付	决算	政府债券	国库现金	政府采购	政府会计	国库信息化	省级综合
东部	46.18	43.51	42.92	43.45	42.05	62.00	60.32	60.60	50.13
中部	46.12	36.29	42.73	56.04	47.12	60.68	65.70	59.15	51.73
西部	49.43	45.35	45.18	47.93	46.01	52.93	68.17	60.42	51.93

资料来源：2012年各省财政国库管理问卷。

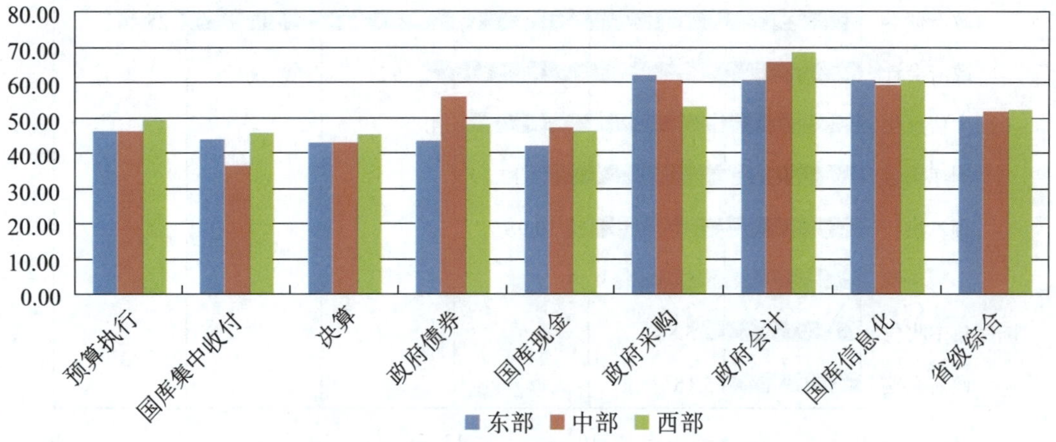

图4－32　不同地区省级国库管理综合指数

4.4.3 省级国库管理业务综合能力的比较

首先，对不同国库业务管理综合能力进行横向比较。下面我们对省级综合国库管理指数、八类省级国库相关业务综合管理指数的均值比较（见图 4-33），结果发现：政府会计（64.51）、国库信息化（60.12）、政府采购（58.59）这三类综合管理指数高于省级国库综合管理指数（51.19）；其余低于省级国库综合管理指数，均值得分从高到低依次是政府债券管理（48.61）、预算执行（47.25）、国库现金管理（44.85）、决算管理（43.62）、国库集中收付（42.02）。

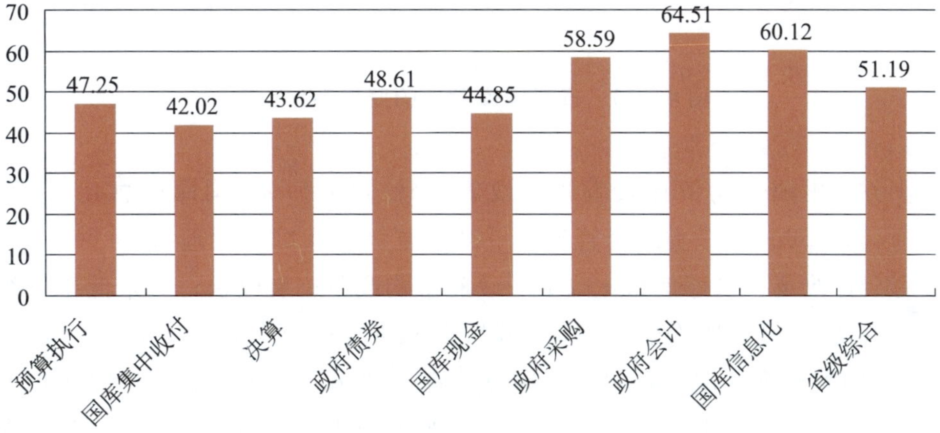

图 4-33 省级国库管理指数均值比较

其次，对省级间的国库业务能力差异进行比较。这里采用变异系数指标来测度不同业务的省级间差异程度，变异系数高低反映省级间国库管理能力差异高低。各类业务管理综合能力差异程度（见图 4-34）从高到低依次是：政府债券管理（0.29）、国库现金管理（0.15）、国库集中收付管理（0.14）、国库信息化管理（0.14）、政府采购管理（0.13）、政府会计管理（0.12）、决算管理（0.12）、预算执行管理（0.11），这八类不同业务管理综合能力的省级间差异均高于省级综合国库管理能力的省际间差异（0.10）。

4.5 简要结论

从政府层级看，我国省本级、市本级各级政府的财政国库管理综合指数来看，省本级的财政综合国库管理水平要高于市本级的财政综合国库管理水平。

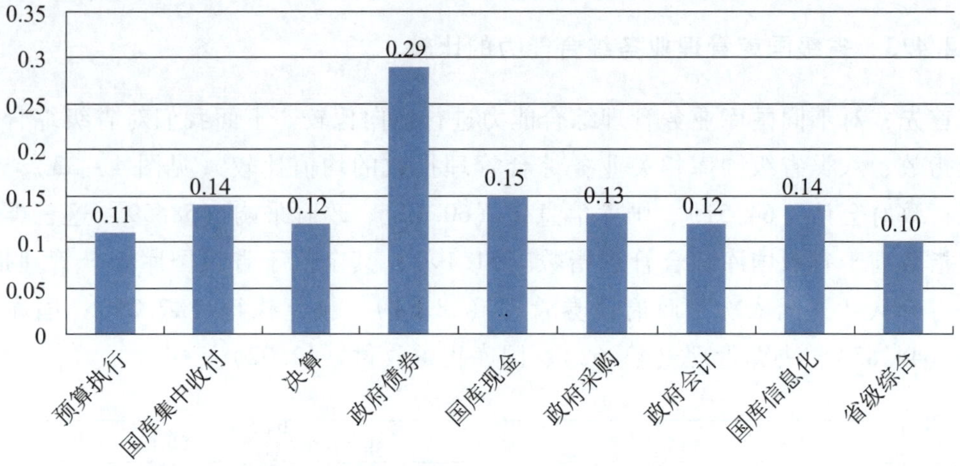

图 4-34　省级国库管理的变异系数比较

从业务维度看，均值比较发现：政府会计（64.51）、国库信息化（60.12）、政府采购（58.59）这三类综合管理水平高于省级国库综合管理水平（51.19），这表明政府会计改革、国库信息化改革、政府采购改革进展较快；其余低于省级国库综合管理指数，均值得分从高到低依次是政府债券管理（48.61）、预算执行（47.25）、国库现金管理（44.85）、决算管理（43.62）、国库集中收付（42.02）。

从省际间公共财政国库管理能力差异贡献度分析看，要减少省级财政国库综合管理能力的差异就需要加强政府债券、政府会计、国库信息化、国库现金等方面的改革力度。

对省级间的国库业务能力差异进行比较发现，八类业务管理综合能力差异程度从高到低依次是：政府债券管理（0.29）、国库现金管理（0.15）、国库集中收付管理（0.14）、国库信息化管理（0.14）、政府采购管理（0.13）、政府会计管理（0.12）、决算管理（0.12）、预算执行管理（0.11），这八类不同业务管理综合能力的省级间差异均高于省级综合国库管理能力的省际间差异（0.10）。

从八类业务和综合管理指数的区域比较看，作为发达地区的东部其国库管理能力除了政府采购、国库信息化外，并未优于中西部。

从我国地方公共财政国库管理的效率、公平和协调分项综合指数来看。与 2011 年报告结果相似，我国地方财政国库管理的均衡程度最高，其次是协调程度，而效率较低。公平程度高是由我国的经济社会体制决定的，各个地方都存在高度的共性。协调程度也较高说明我国地方财政国库相关管理部门内部能够很好地相互配合，实现国库管理各环节的有机顺畅衔接，实现微观管理和战略宏观管理的良好结合和综合发展。总体来看地方财政国库管理效率仍显不足，制约财政国库管理的因素很多，例如制度、技术、组织机构等，中国已经进入一个新的网络经济时代，国库成为各类数据的汇集地，国库管理改革要顺应大数据时代的要求，通过技术管理突破、制度效率改进、组织方式创新等多种手段来推进建立现代国库管理制度，以高效、规范、科学的国库管理为十八大财税改革目标实现提供技术支持，为推动中国治理现代化提供坚实保障。

财政国库管理工作是财政管理的核心管理工作之一，近年来财政部围绕财政管理“科学化、规范化、信息化”出台了不少管理改革举措，有中国特色的现代财政国库管理体系基本形成，如何看待已有的财政国库管理工作需要我们认真总结经验，及时找出问题，这些都离不开客观的评价分析。科学严谨的评价工作需要科学合理的评价指标、科学的评价方法以及客观的评价机构，我们在已有的基础上，进一步细化评价指标，完善评价方法，使我们的评价尽可能客观和现实，所有的评价基础都是来自地方所填报的真实材料。本章主要内容是客观评价我国地方财政国库管理改革的现状、问题及成效，开创性地提出中国地方财政国库管理指数（Chinese Local Government Fiscal Treasury Management Index，简称 CLG – FTI 或 China – LGFMI)，这一指数从属于中国财政管理指数（Chinese Fiscal Management Index，简称 China – FMI)①，它主要从宏观和微观方面对财政预算管理进行全面的分析，为财政部门决策者全面评价财政国库管理工作提供了一把有效的“标尺”，及时测出财政国库管理工作中的优势与不足，激励各级财政部门不断创新管理理念、改进管理方式、强化管理实践，这必将会推动中国财政管理科学化、规范化、信息化向着更加深入的方向发展。

要做好科学的实证分析，必须要依靠完备的数据库。经过各级财政部门的努力，2012 年问卷搜集工作主要针对省本级以市本级两级，比 2010 年又有新的突破，一共搜集 23 个省本级、285 个市本级的样本数据，分别占全国省、市、县的比例为 74. 2% 、65. 97% 。其中东部地区、中部地区、西部地区的样本数分别为 9、7、8 个，分别占到总样本数的 37. 5% 、29. 2% 、33. 3% 。样本的区域分布相对均衡。指标体系测算对应的样本观测值共达 21. 7 万个，这些样本数据为后面的指数测算提供了坚实的基础数据库。

---

① 如果加入中央层级的财政管理指数就可以构成一个完整的中国财政管理指数。

第5章 我国地方国库管理典型案例分析

我国地方国库管理水平近年来取得了显著提高，在党的十八届三中全会精神的指引下，在建设现代财政制度目标的要求下，地方国库管理在不同的业务领域涌现出一批典型的先进案例。课题组选择河南省财政国库管理、浙江省政府采购管理和深圳市国库现金管理改革作为典型案例分析和研究，以加强示范引导作用。

5.1 河南省财政国库管理制度改革的经验与目标

随着我国公共财政体系的构建与完善，如何建立与之相适应的现代国库管理制度，实现财政资金由粗放型管理向集约型管理的转变，提高财政资金管理的科学化、规范化和精细化，是我国财政管理改革的一项重要任务。国库集中收付制度是“规范政府性资金最彻底、最完善、最可靠的模式”，有利于提高财政资金使用效率，有利于从源头上防止腐败，有利于增强财政预算的透明度，是对我国传统国库管理模式的一次根本变革。当前，国库集中收付制度改革不仅在全国成为必然趋势，而且在各地取得了显著成效和宝贵经验。河南省经过10年的努力，财政资金运行管理的全新机制和统一框架已基本建立，国库集中收付制度在财政财务管理中的核心基础地位逐步确立，财政国库管理的主体制度实现根本性变革。这些成绩在全国处于领先的地位，具有典型性和示范性，对全国国库管理制度的改革与完善具有一定的指导意义。

5.1.1 财政国库管理制度改革原因与历程

国库是办理预算资金收纳和库款支拨、执行政府预算的重要职能机构，国库管理是政府财政预算管理的重要组成部分，国库管理质量直接关系到政府财政预算的顺利运行和经济社会预期目标的实现。为了适应市场经济体制和公共财政的需要，加快推进实现财政资金管理由粗放型向集约型转变，我国从 2003 年正式展开国库集中支付制度改革，河南省成为这场改革中的一个亮点。

5.1.1.1　国库管理制度改革的原因

我国的国库设置从 20 世纪 50 年代以来一直实行委托国库制，这种国库管理体制和运行体系在计划经济时期对保障财政预算的正常运行发挥了一定的作用，但在改革开放的新时期，与市场经济体制的完善、公共财政体系的构建，以及财政管理体制、金融管理体制的重大改革不相适应。特别是在国库资金的运作方式上，财政国库管理制度改革之前，财政性资金的缴库和拨付，主要是通过征收机关和预算单位设立多重账户分散进行。即各种财政性资金实现后，先存入各预算单位在商业银行开设的账户，预算资金的支付由国库根据财政部门的指令直接拨付到预算单位在商业银行的账户，各项具体的支付由预算单位自主决定。按照社会主义市场经济体制和公共财政的要求，这种传统体制的运作方式显露出越来越多的弊端。

一是财政支出资金严重滞留。由于在传统的国库管理制度下，财政支出通过各级预算单位设置的银行账户层层拨付，而各有关单位重复和分散设置银行账户，甚至部门每一项专项资金都要开设账户管理，造成各预算单位分散持有和管理财政支出现金流量，相当规模的财政资金滞留在预算单位，财政支出资金运行时间漫长，难以及时、足额到位，降低了财政资金的使用效率。

二是财政收入难以及时足额入库。由于一些执收单位在银行纷纷设置收入过渡账户，存进已经实现的收入，一方面使每个账户变成了“蓄水池”，使财政资金沉淀在里面；另一方面有将其作为“调节器”，人为地调节税款入库进度和经费余缺。部分金融机构也从自身利益出发，为执收单位开设账户提供方便，借机延压税款、罚款等财政收入，更加助长了这种现象的发生和蔓延。

三是财政性资金流失严重。大量政府性收入由征收机关和执收单位通过设置过渡性存款账户收缴，多层次、多环节管理财政性资金，造成收入执行中征管不严，退库不规范，财政收入不能及时入库，容易发生截留、克扣等现象，资金流失问题时有发生。

四是造成财政性资金运行风险。由于国库资金管理中的极度分散，账户多如牛毛，资金运行中沉淀、滞留严重，加之信息不透明，为挤占、挪用财政性资金营造了“港湾”。

五是财政性资金管理处于“孤岛”状态。传统的国库管理制度，不仅存在管理分散的致命弱点，而且管理手段比较落后，预算单位的账户与财政国库账户互不关联，各预算单位之间更是壁垒森严，相互保密，处处是信息“孤岛”，整个财政收支活动陷入不透明度之中，影响省内国民经济的运行。

六是财政性资金失去有效监督。在原来国库分散支付制度下，将预算确定的各部门、单位年度支出总额，按期拨付到其在商业银行开设的账户，各单位自主使用。用款单位是否按规定的时间、规定的用途使用，财政部门难以实施有效的监管和控制。在这种情况下，长期所谓的财政部门重分配轻监管的问题得不到解决，其实是国库制度造成的，而不是财政部门不重视财政监管。

以上各种问题的生产，主要在于传统的国库管理制度的极度分散性，这是问题的根本和要害。这些问题不仅是管理层面上的问题，而且造成许多危害，如造成大量的财政资金游离于预算管理之外，不利于实施有效管理，难以及时为预算编制、执行分析、宏观调控提供可靠数据，影响了财政预算的编制与执行质量，导致资金使用效率降低，甚至影响了全省国民经济的发展进度。更加严重的是容易诱发腐败，使党和政府的威信受到严重的损害。事实证明，这种以多头设置账户为基础，分散的资金缴拨方式，既不适应新形势下加强预算管理的需要，也不适应国库管理的发展要求，必须从根本上进行改革。

5.1.1.2 国库管理制度改革的历程

河南省国库制度改革是根据财政部的部署要求，按照总体规划、分步实施的原则逐步推进的，大致经历了三个改革阶段。

（1）2003—2008 年，逐步推进阶段

研究制定改革方案，按照总体规划、分步实施的原则，逐步推进。开始选择适量的、有代表性的部门进行试点，不断总结经验，对方案进行优化和完善。会同有关部门制定各项配套措施，修订相关制度规定，推进预算编制改革，建立健全财政管理信息系统和现代化银行支付系统，实现财政部门、预算单位、人民银行、代理银行之间的网络化及自动化处理程序。有关资金支付、收入收缴、工资发放、会计核算、执行分析、财政决算等业务都在系统中运行，实现预算指标、用款计划、支付信息的完整统一。同时，清理预算单位银行账户，启动实施公务卡制度改革、财税库银横向联网、预算执行动态监控等相关工作。

（2）2009—2011 年，全面深化阶段

将所有预算单位、所有财政性资金纳入国库集中支付改革范围，实现国库集中支付横向到边、纵向到底；同时，大力清理整顿财政专户、撤销合并不符合规定的财政专户，规范国库单一账户体系；推进会计集中核算向国库集中支付转轨，财政不再代理预算单位会计核算，强化预算单位预算执行主体责任；全面深化非税收入收缴管理制度改革，积极推进中央专项转移支付资金国库集中支付。同时，进一步建立完善相关制度体系，修订完善代理银行考核、手续费计付管理办法等相关规定。进一步优化国库管理信息系统，在同一业务要素的前提下，建设以预算管理为源头，以国库收支为主线，涵盖财政预算执行管理的财政国库管理信息系统，全省

从上至下构建一体化系统平台，统一全省业务系统。

（3）2012 年至今，创新完善阶段

在全面推行国库集中支付制度改革的基础上，规范基层财政国库管理业务操作规程。认真落实新出台的财政专户管理制度规定，全面清理整顿财政专户，建设完善专户管理信息系统，扎实开展专户资金增值保值工作；对预算单位保留的银行账户进行清理，收回预算单位银行账户结余资金及多年未使用的用款计划结余额度，激活财政存量资金。规范公务消费行为，研究建立公务卡强制结算制度，会同省监察部门、人民银行、审计部门制定印发了公务卡强制结算目录。按照市场化改革的原则，推行财政国库现金管理，建立制度办法，将闲置的国库现金推向市场、存放到商业银行，增加了财政利息收入，提高了财政资金运行效益。推行国库集中支付电子化管理改革，全面取消纸质凭证，相关业务通过信息化处理完全纳入电子化管理，不再借助任何计算机系统外的辅助手段，把传统支付管理相对独立的分散控制通过流程再造整合成一个完整的管理链条，筑牢财政资金安全防线。扩大预算执行动态监控范围，将财政收缴、支付、账户管理等全面纳入动态监控。积极推进财政大数据工作，研究建立经济发展预测、财政收入预测、支出绩效、国库和社保专户现金管理预测模型。

5.1.2　国库管理制度改革的思路、原则与主要内容

我国财政国库管理制度改革是从 2001 年国务院批准财政部会同中国人民银行制定的《财政国库管理制度改革方案》为标志，确定建立以国库单一账户体系为基础，资金缴拨以国库集中收付为主要形式的现代国库管理制度的改革目标。2003 年正式拉开了国库管理制度改革的序幕，河南省的改革是按照财政部的部署，从 2003 年启动，不断推进，直至现在。

5.1.2.1　改革的基本思路

通过对现行财政国库管理制度改革，建立以国库单一账户体系为基础、资金缴拨以国库集中收付为主要形式的现代财政国库管理制度。通过改革行政事业单位银行账户和财政国库账户管理办法，建立规范的财政性资金收支管理平台，从根本上改变现行财政性资金运转效率低、漏洞多的状况，实现财政收支管理的规范、透明和高效率，创新财政管理制度，完善财政监督。减少财政性资金在国库之外的运转环节、滞留时间和滞留规模，解决财政收支信息反馈迟缓和财政资金调度困难等问题，提高财政资金流动效率，增强财政宏观调控能力。

5.1.2.2　改革遵循的原则

（1）保障财政资金规范运作

保障财政资金规范运作，就是各项财政性资金收支按规范的程序在国库单一账

户体系内运作，这是实施国库集中收付制度改革的基本要求。在设立改变原来资金收付方式和程序的情况下，合理确定财政部门、执收单位、预算单位、中国人民银行和代理银行的管理职责，理顺各部门的权、责、利关系，保障财政资金运作的规范化和法制化。

（2）预算单位职能“三不改变”

国库管理制度改革政策性强，涉及面广，具体情况错综复杂，保障原制度与新制度的合理衔接和平稳过渡，是改革顺利实施的关键。按照我国“渐进式”改革的经验，对预算单位的职能保持“三不改变”，即不改变预算单位的预算执行主体地位，不改变预算单位的资金使用权，不改变预算单位的财务管理和会计核算权。今后随着我国经济体制改革不断深化的要求加以调整。

（3）提高财政资金收付效率

提高财政资金收付效率是国库管理的生命线，成为国库制度改革的关键环节之一。通过改革财政性资金缴拨程序，减少中间环节，提高财政性资金收付效率。提高财政资金收付效率，就是要求财政收入及时足额入库，支出按计划准时拨付到预算单位和用款单位，各种款项往来快捷、便利，会计核算简便、务实，尽可能减少管理成本和损失。

（4）强化资金收付全过程监管

随着我国民主法制建设的逐步完善，人们的民主意识、监督意识进一步提高，要求预算编制、执行和决算更加详细、规范、透明，来自各级人民代表大会以及社会公众的监督力度不断加强。国库各项业务都要适应时代要求，实现对财政资金收付全过程的有效监管，提高财政收支管理的透明度。

5.1.2.3 改革的主要内容

为保证全省财政国库管理制度改革顺利实施，2003 年，河南省财政国库管理制度改革领导小组，根据国家财政部下发的《财政国库管理制度改革试点方案》要求，制定了河南省省级财政国库管理制度改革方案，经省政府常务会议审议通过，河南省人民政府正式印发了《河南省省级财政国库管理制度改革方案》（豫政［2003］9 号），提出了建立国库单一账户体系、规范财政收入收缴流程、改革财政支出拨付程序的基本要求。同时建立健全四个方面相关配套措施，包括进一步推进预算编制改革；修订和制定相关法律法规和管理办法；建立财政管理信息系统和国库管理操作系统，建立健全现代化银行支付系统；建立财政国库支付执行机构，负责办理财政直接支付和授权支付监控业务，加强监督制约机制等。河南省财政厅国库管理制度改革主要是围绕这些基本内容逐渐推进，不断扩大，步步深入。

（1）财政资金账户设置及管理方面的改革

建立了国库单一账户体系，包括财政部门在人民银行开设的国库单一账户，用以核算管理政府性收支；财政零余额账户和预算单位零余额账户，用以收缴和支付结算；财政专户，用以管理非税收入和财政代管理资金；特设专户，用以管理特殊性质资金。改革后国库单一账户通过中央银行与商业银行间资金清算与其他账户成为主账户和分账户关系，能够保证政府性资金一本账，资金在账户体系内运行。彻底改变了以往由各单位自行、分散设置各类存款账户，不能形成政府性收支一本账，财政性资金现金流量分散管理的局面。

（2）财政资金收付流程方面的改革

取消了过渡性存款账户和中间环节，收入通过执收单位零余额账户直接缴入国库单一账户或财政专户。预算支出实行财政直接支付或财政授权支付，财政直接支付即对工资类和大额购买性等支出，由财政直接支付到商品和劳务供应者或最终用款单位；财政授权支付即对一般购买性支出，授权预算单位通过单位零余额账户自行支付。这两种支付方式都取消了支付的中间环节，并要求预算单位先制定用款计划后再支付用款。

（3）财政资金现金流量持有和管理方面的改革

所有未最终支付的财政资金现金流量均由财政部门统一持有和管理。改变了过去各单位通过自行设置的存款账户持有和管理现金流量的做法。资金调度能力大幅增强，使用效益明显提高。

（4）财政国库管理功能方面的改革

财政部门可以监控所有预算单位最终支付环节的预算执行，改变了以往仅能对一级部门拨款的预算执行状况进行监控的局面。尽管当时改革方案和相关配套措施的某些方面带有过渡性色彩，但国库改革新制度框架已初步建立，为今后全面深化打下了坚实基础。

5.1.3 财政国库管理制度改革的做法

近年来，河南省国库管理制度改革采取两手抓，一方面认真做好省本级国库管理制度改革，充分发挥示范带动效应；另一方面围绕国库改革的重点和关键环节，加强对市县财政部门的指导，全面推动改革进程。

5.1.3.1 研究建立财政国库管理制度体系

制度是做好工作的前提和保障，根据省政府改革方案要求，2003 年，河南省财政厅先后制定完善了一系列管理制度：一是制定了《省级财政国库管理制度改革资金支付管理办法》，从国库单一账户体系建立、用款计划审批、支付原则流程、支付管理监督、职责权限划分和法律责任等方面，制定了 105 条制度规定，为国库管理制度改革的深入推进奠定了坚实基础。二是印发了《财政国库管理制度改革会计核算办法》，对改革后财政总预算会计、行政单位会计、事业单位会计和基本建设单位会计核算作出规范，保证改革后各方账务完整。三是会同人民银行制定了《省级单位财政国库管理制度改革资金银行支付清算办法》，重点解决改革后资金在人民银行与商业银行之间的清算问题。加上会同人民银行郑州中心支行、监察厅、审计厅制定的《省级预算单位银行账户管理暂行办法》、《省级财政资金支付凭证管理办法》，基本形成了比较完备的支付管理制度规定。在推进改革过程中，研究建立对代理银行管理、考核，手续费计付等办法，不断研究完善资金支付、会计核算、账户管理、银行清算、支付凭证、年终结余处理等一系列管理制度，从制度上保证了国库改革的高效运转。

同时，调整、规范财政内部业务操作规程，制订了《省级财政国库管理制度改革实施过程中厅内相关处室职能及操作规程暂行规定》，建立完善了资金审核、拨付、结余管理监督制度体系，保证了改革顺利实施。为了加快推进市县国库管理制度改革，财政厅在规范业务要素和国库集中收付业务流程的基础上，先后印发了《关于进一步深化国库集中收付制度改革的指导意见》、《关于进一步完善制度规定切实加强财政资金管理的通知》、《河南省财政预算执行业务流程规范》、《关于进一步深化乡镇财政国库集中收付制度改革的指导意见》。结合财政国库管理中存在的薄弱环节，起草了《基层财政预算执行及国库管理操作规范》，对县乡两级财政国库收付业务进行统一规范，对指标来源、用款计划等各项业务要素进行统一设置，努力实现国库管理业务的规范、统一。

5.1.3.2 建立完善财政国库单一账户体系

国库单一账户体系是构建现代国库管理制度的基础。改革从改变预算单位自行开设银行账户存储财政资金的办法入手。一是省级对省直预算单位银行账户进行了全面清理整顿，只为预算单位保留一个基本账户核算自有资金，改革后的财政资金全部通过零余额账户完成支付和清算。二是部分市县在加强国库改革的同时，进而撤消了预算单位银行账户，将预算单位所有资金全部集中财政部门统一代管，原有通过代管账户控制支付，基本实现了财政资金在实际支付前不流出国库和财政专户，从根本上解决了长期以来财政资金大量沉淀、闲置在预算单位账户等问题。截至 2013 年底，全省共开设预算单位零余额账户 18230 个，除了覆盖一级预算单位外，各级财政还为独立核算的基层预算单位开设了零余额账户。

在改革中，我省各级财政部门围绕“持续、巩固、提升”的要求，不断加强和完善财政专户管理。截至 2013 年底，全省共清理合并财政专户 5259 个，移交国库管理机构 2218 个，研发专户管理信息系统，建立财政专户管理的长效机制。一是按照财政部统一部署，在全省开展拉网式财政专户的清理整顿，采取制定专户清理整顿文件、成立督导组实地检查、要求各商业银行全力协助等措施，加大专户清理整顿力度。二是在清理的基础上，对专户资金进行了分类整理，明确了将财政专户分为“专项支出”、“非税收入”、“社保基金”、“国际贷赠款”和“财政代管资金及其他”五类的管理要求，对不同资金类型分别提出有针对性的管理办法。三是会同省政府金融办印发《河南省省级财政专项资金存放商业银行改革办法》、修改完善《河南省银行业金融机构考核激励暂行办法》，消除财政资金存放的自由裁量权，为从根本上规范财政专户设立管理提供了良好制度环境，遏制了财政专户的数量扩张。四是对财政专户间歇资金办理了定期存款、协议存款、通知存款等增值保值业务，有效增加了财政资金运作收益。五是 2012 年研发启用河南省省级财政专户信息管理系统，将财政专户收支全部纳入信息化管理。

5.1.3.3　全面推进国库集中支付制度改革

一是改变以前由各部门层层转拨资金的办法，对工资、政府采购资金、基本建设资金和大额会议费、设备购置费等专项资金，由财政部门直接支付到供应商账户。单位零星、经常性的小额支出，省市财政采取由预算单位在规定的额度内自行从单位零余额账户实行授权支付。二是根据推进部门预算管理改革的需要，实行预算内外资金统一管理、统筹安排、统一核算，要求各级财政在推进国库集中支付改革时，必须把所有财政性资金全部纳入改革范围，按照统一的业务流程实行先支付后清算。年度部门预算批复后，财政专户管理的教育收费、彩票发行费等支出指标也与纳入预算管理的资金一样，区分人员经费、公用经费、政府采购、其他专款等类型统一导入预算执行系统，单位根据支出需要报送资金用款计划，审批流程与预算内资金一样，只是在用款计划上报和审批时需要核实收入情况、不得超过收入进度申请用款，资金支付后需要每日与财政专户清算。三是对财政代管的单位自有资金，比照财政专户管理的教育收费、彩票发行费等资金支付模式，同步纳入国库集中支付范围，进一步规范和明确财政代管资金账户，会计核算、收支程序等基础管理。四是配合财政部积极推进中央专项转移支付资金国库集中支付。2006 年，以农村义务教育经费保障机制改革为契机，对农村义务教育中央专项资金实行国库集中支付改革，由省级财政直接拨付县区财政特设专户。随后改革资金范围不断扩大，截至 2013 年年底，农村义务教育、新型农村合作医疗等 9 项专项转移支付资金已实行国库集中支付。

5.1.3.4　大力推进非税收入收缴管理制度改革

为加强非税收入征缴管理，河南省财政厅专门成立了非税收入管理局，从建立机构、健全制度、谋划思路着手，着力深化非税收入收缴管理制度改革。一是不断完善非税收入收缴管理规定，促进非税收入依法收缴，应收尽收。近年来，厅非税局在征收、票据、稽查等管理办法方面形成了一整套制度体系。2013 年 11 月，省人大批准通过了《河南省政府非税收入管理条例》，非税收入管理走向法制化道路，同时，先后制定了《河南省票据管理操作办法》、《河南省财政厅非税收入稽查暂行办法》等13项制度。拟定了《河南省国有资产（资源）有偿使用收入管理办法》（草案），将以政府令形式下发。二是优化征缴流程、建立全省统一的非税收入收缴管理体系，实行“单位开票，银行代收，财政统管，综合预算”的管理体制。发挥“以票控费”功能，强化监督管理。三是建立非税收入项目库。搜集整理文件和数据4万多项，确定了2700多个非税收入项目，建立了完整的省级非税收入项目库和文件库。对代收银行的代收网点进行了清理，确定了14家银行966个代收网点。四是制定出台《河南省省级政府非税收入代收银行综合考核暂行办法》，组织开展了省级政府非税收入代收银行的年度考评工作，促进代收银行的业务水平和服务质量的全面提升。五是不断加强日常监管和专项稽查，坚决取消各类非税收入收缴过渡账户，促进政府非税收入按照预算管理的要求及时上缴专户或国库。有效推进“收支两条线”管理工作的开展，实现非税收入应收尽收、应缴尽缴，促进和规范非税征缴、票据管理科学化、精细化。

5.1.3.5 加快推进完善预算执行动态监控机制

按照《财政部关于加快建立地方预算执行动态监控机制的指导意见》（财库[2009]70号），河南省财政厅不断完善预算执行动态监控机制，加快推进预算执行动态监控工作。一是在国库管理信息系统中开发了实时监控功能，对授权支付全过程实现了动态监控。目前系统对授权支付的监控分为“有规则资金监控”和“人工在线监控”两种类型。有规则资金监控，是通过把监控规则录入系统，由系统自动控制，把不符合管理规则的授权支付申请直接控制在录入阶段，无法完成业务操作。同时，还建立监控账户数据库，所有改革单位目前暂予保留的银行账户信息全部输入系统，由系统自动排查单位授权支付转账业务的收款人和账户，对违反规定向单位原有账户或下属单位账户划款的支付系统会自动控制，并提示预算单位操作人员。人工在线监控，是对单位正常授权支付业务由财政部门安排专人实施在线监控，对违反预算用途未实行专款专用的支付业务，财政部门可以在代理银行进行票据确认前的任一环节拦截业务操作。二是加强对省级预算单位银行账户和市县财政特设专户的资金监管。通过对账户的监控，实现预算收入和预算支出在内的所有财政性资金收付具体实施过程，包括账户管理、收入收缴、用款计划、资金支付、银行清算等各环节。目前，省级对市县财政特设专户的监控系统初步建成，与7家商业银行的接口已开发成功，正在着手对商业银行提供的要素信息作进一步的规范。三是部分省辖市推行“现金结报制”，要求预算单位提取现金支付后必须在国库管理信息系统中填制“现金结报单”，将资金的使用情况等向财政部门报告，财政部门恢复现金使用额度的措施。四是实现省市财政对县级国库集中支付进行实时监控。系统设置每5秒钟刷新一次县级国库集中支付资金数据，对于支付数据长期没有变动、支付数据明显小于支出数据的县区重点监控，省级可以督促其抓紧分析是否属于国库集中支付改革不到位的问题。五是制定印发了《省级财政预算执行动态监控管理暂行办法》，在省本级预算单位建立规范的预算执行动态监控制度，从监控内容、职责和工作要求等内容，实现涵盖账户管理、预算收入、集中支付、财政专户、预算单位实有资金等内容的全程动态监控，完善对所有财政性资金的监控管理。

5.1.3.6 积极推行公务卡结算制度改革

河南省自 2007 年实施公务卡改革以来，不断推进，做了大量的工作。一是制定完善的公务卡管理办法。考虑使用公务卡是一项全新事务，因而将公务卡改革的制度设计放到突出的位置。先后与中国人民银行郑州中心支行研究制定了《河南省省级预算单位公务卡管理暂行办法》、《关于加快推进公务卡制度改革的通知》等文件，对公务卡的开立、支付、报销及还款、管理职责等问题进行了规范，明确规定在进一步扩大省辖市改革覆盖面的同时，加大县乡预算单位改革的推进力度，尽快将改革覆盖到所属各级基层预算单位。二是推行公务卡强制结算目录。2012 年河南省财政厅会同人民银行郑州中心支行、审计厅、监察厅、预防腐败局联合下发了《关于实施省级预算单位公务卡强制结算目录的通知》，严格规定预算单位公务支出中必须使用公务卡结算的项目，从严控制不使用公务卡结算的支出事项，自觉防范“有卡不用”现象，解决公务卡使用率低下问题，进一步加强和规范公务支出管理。同时，指导和督促各级预算单位根据公务卡改革有关规定，制定本单位公务卡结算财务管理办法和报销管理实施细则；积极协调有关部门，解决公务卡实施过程中的有关政策衔接问题，认真落实公务卡改革配套措施。三是提高公务卡的使用率。2013 年 7 月，省纪委、监察厅会同我厅召开了由省直各部门及部分高校主管财务工作负责人、财务处长参加的预算单位公务卡制度改革推进工作会议，安排部署从党组、财务部门、纪检监察部门三个层面加快推进公务卡改革的具体要求，明确提出对推进不力的单位，省纪委将采取约谈、问责等措施，确保公务卡改革全面推进。截至 2014 年 1 月份，除省级和 18 个省辖市本级全部实施公务卡强制结算目录制度外，还有 106 个县（市、区）也制定了公务卡强制结算目录。

河南省财政厅积极创造用卡环境。一是加快网络建设，搭建高效运行平台。主动协调银联部门和代理银行，不断加大 POS 机布放密度，提高特约商户普及率，使公务人员能够方便、快捷地使用公务卡。组织开发公务卡管理信息系统，整合到省级国库管理信息系统，以便及时反馈消费和资金还款等信息。二是认真调查研究，牢固树立服务意识。针对预算单位、代理银行反映的问题和意见建议，深入调查研究，努力优化完善，为进一步推进公务卡改革创造条件。如明确各预算单位可在符合条件的 10 家省级公务卡代理银行任意选择一家作为本单位公务卡代理银行，并结合实际与代理银行协商后自行调整透支额度，不再受原来最高额度 3 万元以内的限制。对一些用卡环境尚不成熟的地方，不再要求所有公职人员都办理公务卡，预算单位可根据实际工作需要为特定人员办理公务卡。三是编印知识手册。为方便预算单位公务人员熟悉公务卡的使用，满足预算单位财务人员进行公务卡日常操作需要，河南省财政厅编印了《公务卡知识问答及系统操作说明》手册，以问答的形式深入解读公务卡改革政策，系统讲解软件的具体操作方法，及时推行公务卡的各项制度规定。四是加强宣传报道。充分利用各种媒体、采取多种形式广泛深入地宣传公务卡制度的优越性，提高公务人员主动使用公务卡意识，进而提高公务卡利用率。五是组织相关培训。2008 年以来，共对预算单位财务人员约 5000 人次进行数十次培训。这些措施的采取，大大提高了公众对公务卡的认知程度，培养了公务人员刷卡消费习惯，为公务卡改革创造了有利的外部环境，推动公务卡改革不断向纵深发展。六是加强督导通报。河南省财政厅建立了公务卡改革进展情况督导通报制度，按月对各级各部门公务卡开卡情况、消费情况进行通报，并将有关情况抄送省辖市、省直管县的人民政府，争得最大限度的理解和支持，形成工作合力。

5.1.3.7 大力推进会计集中核算向国库集中支付转轨

根据财政部统一部署，2010 年初，河南省财政厅大力推进会计集中核算向国库集中支付改革转轨工作。一是要求实行会计集中核算的市县，积极争取有关部门的理解和支持，结合本地实际统筹安排，制定会计账务核算工作退回预算单位的实施方案，并明确时间和步骤，妥善做好机构设置、人员安排、业务衔接等工作。2010 年 6 月底前，要求所有会计集中核算机构的财政性资金账户改为零余额账户，实行先支付后清算，不得将资金实拨到会计集中核算机构实有资金账户，确保财政资金在最终支付前保留在国库。二是为进一步加快推进转轨工作，2011 年在全省财政工作会议上讨论通过了《河南省财政厅关于会计集中核算向国库集中支付转轨的实施意见》（豫财办［2011］40 号），明确了转轨过程中的具体操作办法，当年年底，全省实行会计集中核算的 5 个省辖市和 95 个县区全面完成转轨任务，共退回 1.1 万个预算单位会计账务。三是 2012 年财政厅提出了加强对有关市县会计集中核算转轨的后期指导工作，推进市县不断完善预算单位会计核算系统等新的要求，巩固转轨工作成果。

5.1.3.8 强力推进“财政国库管理一体化”信息系统建设

信息化是一场技术革命，也是一项复杂的工程，河南省财政厅从以下方面积极推进“国库管理一体化”的信息系统建设。一是建立统一的财政国库管理信息系统。全省从上至下构建一体化系统平台，统一全省业务系统，建设以预算管理为源头，以国库收支为主线，涵盖财政指标管理、国库支付、总账管理、综合查询、资金监控等预算执行管理全过程，并通过开发预算编制、财税库横向联网、财政专户管理信息系统、非税收入收缴、工资统发等系统之间的接口程序，动态反映和监控财政资金流动状态，实现各类财政收支报表的即时生成和全省财政预算执行数据的查询统计、预测分析和综合利用的国库管理信息系统。二是建立统一的系统流程和管理要素。在部署新的国库管理信息系统时，要求各市财政部门加强内部协调沟通，尽量按照省财政厅业务流程来配置管理系统，对于各地提出的个性化需求，经省财政厅研究批准后方可适当调整，不得擅自调整业务流程。同时，为保证预算执行信息数据的一致性，省财政厅按照财政部《财政业务基础数据规范》，拟定河南省信息系统管理要素和总账科目，在广泛征求各级财政意见后，要求各市在新的系统部署过程中，必须按照省财政厅统一制定的管理项目和总账科目设置管理要素，为以后建设全省统一的预算执行数据库，及时汇集、整合、处理执行信息，实现数据共享和综合利用奠定基础。三是建立统一的网络化处理平台，提高国库管理自动化水平。2003 年以来，省财政已累计投入大量资金用于网络设备购置、软件开发、通信线路包租和为每个改革单位配备计算机和打印机等，通过包租光纤线路、专用 ADSL 和 PDN 线路等，并利用质监等垂直管理系统的内部网络，组成了财政国库集中支付专网，预算单位、代理银行全部通过网络系统办理计划申报、资金支付清算和进行对账。四是建立统一的国库集中支付电子化管理流程设计。作为 2013 年新增的十个试点省份之一，河南省财政厅领导高度重视，厅长办公会议专题研究实施国库集中支付电子化改革方案，国库处、国库支付局、信息办迅速行动，精心准备各项实施工作。财政与交通银行间直接支付电子化管理已于 2013 年 7 月 1 日上线试运行成功，圆满完成了省级试点阶段初期目标，并为下一步电子清算业务、授权支付电子化、省本级所有业务实施电子支付，打下了良好基础。11 月底 5 家代理银行全部上线运行，省级试点以来共支付资金 373.9 亿元，7.8 万笔。刘昆副部长在财政部召开的国库集中支付电子化全国推广工作会议上充分肯定了河南省的做法，财政部专门发去表扬信，并两次在全国电子化推进工作会议上介绍工作经验。信息化的生命在于应用，为做好应用推广工作，提高市县财政信息化应用水平，省级财政 2013 年专项安排 2000 万元，采取以奖代补的形式补助各市县，提高市县财政部门的积极性。

5.1.3.9　持续完善国库集中收付程序

改革中，我们始终把握改革的目的是规范财政资金运行，提高资金支付效率，为此，我们着重把握了以下几点：一是方便预算单位用款，省级和部分省辖市对基本支出（公用经费、未实行财政统发的人员工资、住房公积金和工会经费等）实现由财政部门按照均衡拨款原则按月下达，不再申报用款计划。专项支出用款计划由部门申报后，各有关处室加快批复。为加快支出进度，省财政厅明确了各处对单位专项资金用款计划的审核时间，要求财政部门在 5 个工作日内必须完成计划的审核下达，并由监察室对各处室用款计划审核情况进行了检查。二是综合考虑特殊因素。考虑到高等院校各项财政专户管理资金大部分集中在下半年的情况，上半年原则上按一个半月下达每月一般预算支出用款计划，满足单位用款需要。三是加快资金支付。在《支付申请书》、合同、发票复印件等书面材料和网上资金支付申请四者齐备的情况下，国库支付机构当日完成支付，最迟不超过两个工作日。同时，省级还明确规定代理银行在每日清算资金后仍应无条件办理预算单位的提取现金业务。为进一步加强用款计划管理，提高财政服务效率，我们拟于近期研究建立长期用款计划编报工作，制定部门用款计划考核制度，进一步加强用款计划的科学化精细化管理。

5.1.4 财政国库管理制度改革的成绩与成效

到目前为止，河南省财政国库制度改革做出显著成绩，在财政资金管理上取得明显成效，显示出与众不同的特点。

5.1.4.1 财政国库管理制度改革的成绩

（1）国库集中收付制度全面推进

截至2013年底，从单位覆盖面看，全省3.5万个预算单位纳入国库集中支付改革，其中省级2058个预算单位全部纳入国库集中支付改革，改革率100%。从资金范围看，省市县所有财政性资金已全部实行国库集中支付改革，全年通过集中支付方式拨付资金6272亿元。从乡镇情况看，全省已有1977个乡镇视同本级预算单位实行了国库集中支付改革，比2012年底增加167个乡镇，改革的乡镇个数占乡镇总数的97%。全省有2.2万个执收单位全部实施了改革，实行国库集中收缴的非税收入，涵盖了行政事业性收费、政府性基金等非税收入的全部10个类别。财税库银横向联网全面实施，通过财税库银横向联网电子缴税占全部税收的90%以上。

（2）公务卡制度改革取得新突破

2013年底，全省18个省辖市本级和158个县（市、区）全部启动了公务卡改革，15个市本级和113个县区的公务卡改革已覆盖到本级所有预算单位。2013年全省新增纳入公务卡改革的预算单位4300多个，新办理公务卡17.1万张；累计纳入公务卡改革预算单位3.1万个，占预算单位总数的90%，其中省级累计纳入公务卡改革预算单位近1900个，市县累计纳入近3万个；办理公务卡38.9万张，其中省级10.3万张，市县28.5万张。从公务卡使用情况看，全省公务卡刷卡消费11亿元，其中省级3.9亿元，比上年增加1.2亿元，省级现金支出下降1.9亿元。

（3）预算执行动态监控再上新台阶

在加强日常监控的基础上，省财政厅研究制定了省本级的财政预算执行动态监控管理办法，对省级预算单位财务管理在监控内容、职责分工和工作要求等方面，进一步规范省级预算执行动态监控行为。2013 年底，省本级、18 个省辖市本级和 158 个县区全部开展预算执行动态监控工作。全年纳入监控资金额 3918 亿元，核实违规资金约 66 亿元，纠正违规资金 53 亿元；其中省本级纳入监控资金额 1106 亿元，核实违规资金 14 亿元，纠正违规资金 14 亿元。

（4）国库管理信息化水平不断提高

在全省统一预算执行信息系统的基础上，统一推进金财工程大平台建设，将县级信息系统纳入省辖市平台集中管理，将指标管理、计划审批、资金收付、会计核算、动态监控、综合查询对账等业务全部纳入信息系统，国库管理业务实现网络化、系统化平台操作，有效提高了财政国库管理水平。

（5）国库基础管理工作持续加强

注重加强制度建设，国库集中收付制度体系日趋完善。切实强化预算执行管理，提高支出效率，预算支出均衡性居全国先进水平。制定《河南省财政国库资金安全管理暂行办法》（豫财库［2011］29 号），加强日常会计核算管理，完善内部岗位制衡机制，财政资金运行的安全性和规范性不断提高。改进财政总决算和部门决算编审工作，强化决算分析利用，预决算相互反映、相互促进的作用不断加强。

在全国范围来看，河南省国库集中支付改革在许多方面走到了前面：一是统一全省各级财政部门的业务要素，统一业务流程、统一信息系统，建设起覆盖各级各部门国库管理信息系统；二是全面取消会计集中核算，所有资金通过零余额账户直接拨付到产品或劳务的供应商，不再由会计核算中心实体账户进行转拨；三是财税库银横向联网电子缴税扎实推进，全省有 96% 以上的税款通过电子缴税入库。四是非税收入实现国库集中收缴，票据管理实施智能化、电子化、无纸化。五是收回预算单位银行账户结余及用款计划结余资金，建设专户管理信息系统；六是全面取消纸质凭证，相关业务通过信息化处理完全纳入电子化管理；七是建设起预算执行动态监控体系，将财政收缴、支付、账户管理等全面纳入动态监控；八是建立公务卡强制结算制度，实行公务卡代理银行准入制度；九是积极推进财政大数据工作，研究建立经济发展预测、财政收入预测、支出绩效、国库、社保专户现金管理预测模型。

5.1.4.2 财政国库制度改革的成效

河南省国库管理制度改革取得的新成绩，在国库资金的管理产生了明显的成效。

（1）强化了财政资金的管理

国库集中收付制度的建立是对传统国库管理模式的一次重大突破，由原来的分散式管理模式转变为集中式管理模式，众多的账户由国库单一账户所取代，为国库资金管理创造了制度保障和良好的环境。实施国库集中收付制度后，财政资金收支归口集中在财政部门开设的单一账户，消除了原来在管理上分散设置账户、多头开设账户，在使用上各自为政、自主使用的局面。从而使财政资金管理走上了一个新台阶，向规范化、精细化、科学化方面大大迈进。

（2）提高了财政资金使用效率

在原来国库资金分散模式管理下，开设的账户多，财政资金由预算单位层层下拨，分散支付，由于环节众多，支出程序复杂，工作效率低下，使资金运行缓慢，旅期加长，严重影响了财政资金的使用效率。实行国库集中收付制度后，财政支出由国库单一账户直接拨付给商品和劳务的供应商，资金的拨付程序由曲线变为直线，大大缩短了资金在途时间，提高了财政资金的使用效率。

（3）增强了财政资金调度能力

在国库原来分散模式管理下，形成了不少“蓄水池”、“调节器”，致使财政资金大量沉淀，资金闲置的问题非常突出。实效国库集中收付制度后，财政资金的拨付根据实际需要发生时一次拨付，使大量的资金不再沉淀在预算单位各自开设的银行账户，而是集中在国库单一账户内，使分散的资金整合起来，沉淀的资金余额活动起来，政府财力比以往充裕，调度也更加灵活。这样，在途的冗余闲散资金得到合理的运用，财政部门可以充分利用资金支拨过程中的时间差，以最大限度集中同级财政的可支配财力，及时满足项目的用款需要，有效地缓解了财政部门的财力紧张问题，目前全省各级财政国库资金比改革前平均增加200亿元以上，为确保工资发放、社会保障、抢险救灾以及各项重点工程所需资金提供了保障。省级还打算利用国库闲置资金开展现金管理工作，使国库资金余额实现增值保值，进一步增加充实国库财政资金。国库资金的增值，不仅仅是缓解财政资金不足的问题，而且还可以减少债务的发生，控制地方政府债务风险，从保障国民经济持续健康发展来说这一成效更加重要。

（4）提升了财政预算编制和执行的质量

以前各有关单位重复和分散设置银行账户，又与财政国库账户不关联，大量的财政资金游离于预算管理之外，导致难以及时为预算编制、预算执行、预算分析提供可靠数据，影响了财政预算的编制与执行质量。国库集中收付制度实施后，财政资金管理从分散独立走向集中统一、在源头上堵住了逃离于国库监管之外的财政资金，杜绝了支出单位“遇见红灯绕道走”的行为。保障了省市县各级政府部门、所有预算单位的资金都纳入财政部门的预算管理，不仅为财政预算的编制提供了真实的依据，特别是对规范预算执行、强化预算约束发挥了重要的作用。财政预算编制与执行质量的提高，实现了财政资金收入与支出的合理配合，增强了政府预算的科学性和前瞻性，不仅有效地控制了财政赤字，而且有利于宏观经济的调控。

（5）提高了财政收支活动的透明度

财政预算公开、透明是公共财政的内在要求，也是广大纳税人和整个社会的呼声，财政收支活动的透明是财政预算公开、透明的核心部分。国库制度改革以前，由于财政资金在管理是各自为政，使用上位自主决定，收支信息反馈迟缓，导致财政收支透明度很低，即使财政部门也难以全面了解。实现国库集中收付制度后，全面掌控了各预算单位资金的流向、流量即收支全过程，使财政收支的透明度大大提高，有力地促进了财政预算的公开透明。

（6）强化了财政资金的监督

在原来的国库管理制度下，由于大量的资金分散在各部门、各单位，很难进行监督，所以截留、挤占、挪用等违规现象时有发生，甚至出现贪污、盗窃等腐败行为。实行国库集中收付制度后，能够掌握监控各支出单位每笔资金的运行和用途，即购买的是哪一种商品和劳务、付款时间、付款对象等情况，都可以通过网络系统了如指掌，从而实现了对财政资金的流向、流量的全过程进行监控。对其中发生的各种问题和现象都能及时发现，根据情况进行询问、警示、处理和处罚。由于强化了监督，原来经常发生的违规和违法的现象大大减少，特别是在防止腐败方面生产的成效尤为突出。2013 年，全省核实违规资金 66 亿元，只占全省纳入监控资金额 3918 亿元的 1.68%，纠正违规资金达到 80.3%；省本级核实违规资金 14 亿元，只占省本级纳入监控资金额 1106 亿元的 1.27%，纠正违规资金达到 100%。这一方面说明国库集中收付制度对财政资金监督的强化力度，使违规资金减少到最低程度，另方面反映了监督的全面性和严密性，发现问题和纠正问题的及时性。

5.1.4.3　国库管理制度改革带来的新变化

财政国库管理制度改革是这场“财政革命”，从根本上改变了预算支出管理和财政资金运行模式，奠定了中国特色市场经济条件下公共支出管理的重要基础。这场“财政革命”建立起来的新制度给河南省带来了一系列前所未有的深刻变化。

（1）确立了与时俱进的财政国库管理理念

首先是财政财务管理理念的革新，在传统的财政国库管理制度下，现代国库应当具有的职能基本没有体现。改革建立起来的新制度，带来了全新的管理理念。按照新制度的要求，使用和管理财政资金必须从“重分配、轻管理”转为分配和管理并重；必须从法制观念不强转为严格依法行政；必须从粗放管理转为精细理财；必须从不透明的操作转向公开透明的运转。理念的转变是一个根本的转变，是一个革命性的转变，它会产生主动性、积极性和责任性，使财政管理者由被动走向主动，由盲目走向理智。只有管理理念的革新，才能冲破改革的阻力，才能从根本上解决问题，才能真正取得改革的成功，才能激发制度创新。所以，管理制度改革固然重要，管理理念的变革更为重要。

（2）建立了现代国库制度体系基本框架

河南省国库管理制度改革完全打破了传统的预算执行和资金运行管理的旧模式，建立了现代国库管理的新体制。目前，已经形成了国库单一账户体系、收入收缴制度、支出支付制度、收缴和支付结算制度、银行间资金清算制度、各环节会计核算制度、国库现金运作制度等制度体系。与原来国库管理制度相比发生了翻天覆地的变化，以国库单一账户体系为基础，资金缴拨以国库集中收付为主要形式的现代国库管理制度已经建立，财政部提出的改革目标已基本实现。

（3）健全了财政国库管理主体功能

我国传统国库只是办理预算资金收纳和支出的一个平台，其职能比较单一，主要是办理国家预算收入的收纳、划分和留解，预算资金的拨付，协助财政、税务机关督促企业和其他有经济收入的单位及时缴纳税项，向上级国库和同级国库定期汇报预算收支执行情况，组织管理和指导下级国库工作等，都是围绕预算资金的收支展开的。河南省在国库管理制度改革中，不仅仅在财政资金收支上做文章，而且在改革中赋予了财政国库管理较为丰富的职能空间。包括为政府宏观决策提供财政信息、管理政府银行账户和公共债务、通过实施国库现金管理为政府宏观调控提供新的手段等，使国库的职能得到了发展和完善。特别是国库集中收付制度的改革，财政部门可以对各级政府、所有预算单位的资金活动进行全面的掌控，从中获取大量的数据和信息，通过对大量数据的整理、分析、总结、归纳，为政府政策决策、宏观调控提供重要的依据，提出有针对性的、切合实际的对策建议，这一职能是极其重要的。

（4）改变了传统的预算执行和财政资金运行机制

改革使财政运行管理机制发生了根本性变化。在预算执行监控方面，财政部门能够实时监控预算单位每一笔支付交易的电子记录，实现预算执行事前和事中管理与监督有机结合，这在旧的管理制度下是无法实现的；在预算执行信息生成方面，单位财政资金支付运行信息由过去采取层层报表方式，改为实时从用款账户每一笔支付交易直接生成，财政运行信息的及时性、准确性和完整性发生了质的变化；在财政资金现金流量控制方面，未支用的财政资金现金流量由过去分散管理改为由财政部门集中管理，使财政能够通过国库现金运作有效降低财政筹资成本，财政库款调度能力实现了前所未有的提高。

5.1.5 国库管理制度改革的经验和今后的设想

河南省国库管理制度的改革，经过10年的努力，取得了显著的成绩，得到上级领导部门和兄弟省份的关注。目前，他们在总结经验的基础上，发扬成绩，弥补不足，好中求好，开拓创新，与时俱进，完成新的改革目标。

5.1.5.1 国库管理制度改革中的经验

（1）领导的高度重视

我国国库集中收付制度的改革，所谓是“一场改革”，不仅仅限于对传统国库管理模式的根本变革，还主要意味着对各部门、各单位财政资金的占有权、管理权、调配权、使用权的限制与监督，这实际上是对部门权力和利益的制约，改革起来是非常艰巨的，协调起来也非常不易，改革面临着严峻的挑战。在这种情况下，领导重视是改革顺利推进的关键，河南省正是抓住了这一环节。在 2003 年正式启动省级国库管理制度改革时，省委省政府就高度重视，省政府常务会议专门听取了财政厅有关情况汇报，研究确定召开省直部门国库管理制度改革动员大会，省长及常务副省长到会作重要讲话。河南省政府专门成立了省级财政国库管理制度改革领导小组，并制定改革的基本框架和实施步骤，保障了国库管理制度改革的顺利进展。在改革中遇到困难，信息化系统建设需要的资金等问题都得到了省领导、厅领导的协调和支持，不仅起到指引方向的作用，而且发挥着保护新生事物、推进财政改革的作用。

（2）严密的制度保障

严密的制度是做好一切工作的保障，制度的作用主要是制定目标、设计框架、整体部署、安排程序、制订方法，保障改革方向明确、有序开展，便于操作，减少弯路。否则改革就容易陷入盲目，长期停留在摸着石头过河的处境，甚至走向偏离。我国国库管理制度改革，是一个新生事物，没有现成的办法和成熟的经验，制度设计尤为重要。河南省财政厅在国库管理制度改革中，把制度建设作为一个重要的环节来抓，是非常必要的。国库管理制度改革伊始就制定了河南省《财政国库管理制度改革方案》，明确改革的基本框架和实施步骤，是改革获得良好的开端。在以后的改革中，也始终把制定制度放在首要位置，在不同的改革阶段，根据不同的情况，按照不同的要求，设计不同阶段的改革方案，制定各方面的管理制度，到目前为止共制定了十几种制度。仅非税收入管理改革来看，首先就是建立健全制度体系，先后制定了《河南省票据管理操作办法》、《河南省财政厅非税收入稽查暂行办法》等 13 项制度办法，为改革取得良好效果奠定了制度保障。

（3）先进的技术支撑

财政国库管理制度的改革是极其复杂的，牵涉千家万户，线索千头万绪，要想改革取得良好的成效，不仅要有制度的保障，而且靠先进的技术支持。要对各部门、各单位的财政资金流向、流量、流速以及出现的问题得到全面监控，不搞好互联网系统、不建立电子化系统是难以想象的。河南省国库管理制度改革成效之显著，与先进完备的技术支撑密不可分。如非税收入监管网络系统，目前省级数据库集群，已与 688 家省直执收单位建立城域网，省辖市服务器与省服务器通过城域网相连，每天进行系统和数据更新，与省服务器保持同步。软件系统包括项目管理、票据管理、收入管理、执收单位管理、非税收入清算、非税收入核算六个子系统功能。网络管理系统的功能包括项目库管理子系统、财政监管子系统、票据管理子系统、执收单位子系统、银行代收子系统、收入核算子系统。目前，在全省范围内已实现“五个统一”，即统一软件、统一项目、统一票据、统一报表、统一接口。通过网络实现全省数据共享、报表自动汇总，达到“以票控费，银行代收，财政监管，综合预算，信息共享”的目标。电子化动态监控系统，可以依据政策变化情况，及时更新项目库，添加新增项目，冻结、取消、暂停到期项目，实现政策执行无接缝。实时播报执收单位的每笔收入项目、标准、票据开具、资金收缴情况，实时掌握用票单位票据领取和使用情况，自动提示异常信息。相比之下，河南省预算执行动态监控已走上一个新台阶，达到了一个新水平，通过这些先进的技术手段，收到事半功倍的效果，否则就是功半事倍。所以，加强国库集中收付管理必须高度重视网络化和电子化等先进设备和技术的建设。

（4）统一的规划设计

河南省是我国的人口大省，地域宽阔，市县数量多，各地情况不尽相同。在国库管理制度改革中，各地结合实际，灵活变通固然重要，但统一思想、统一做法、统一部署、统一规划更加重要，否则各行其是，改革的效果就会比别的地方更差。河南省财政厅在改革中恰恰注意到了这一点。认识到越是大省、情况复杂的省越是要统一步调，所以不仅改革的步骤、时间安排等都统一要求，而且改革方案也统一规划，即使信息系统建设也统一设计。在全省建立统一的财政国库管理信息系统、统一的系统流程和管理要素，统一的网络化处理平台，统一的国库支付电子化管理流程，从而达到资金拨付无阻、资金运行全面监控、财政信息共享的效果。这是河南省高出别人的一筹，也是其改革的经验之一。

5.1.5.2 今后财政国库管理制度改革的设想

河南省财政厅在国库管理制度改革中成绩斐然，在全国名列前茅，但仍然保持谦虚谨慎、戒骄戒躁的态度，对工作精益求精，总结分析，查找不足，制定新的改革目标。

（1）财政国库管理制度改革新方向

2013 年 4 月召开的全国财政国库工作会议，在总结过去 10 年我国财政国库改革实践的基础上，进一步提出了要着力建设完善具有“四项功能”、“五大体系”的现代国库管理制度的目标，即强化监控功能、理财功能、反映功能和政策实施功能，建设完善预算执行管理监控体系、政府财政财务信息分析报告体系、政府采购管理体系、国债管理体系和国库现金管理体系。河南省财政厅认为国库管理制度改革虽然取得了显著成绩，但与实现新的改革目标还有较大差距，下一阶段，将继续按照财政部的工作部署，以更加积极创新精神，更加务实的工作作风，进一步深化改革，完善机制，规范管理，扎实推进财政国库管理制度改革，争取尽快实现新时期国库管理制度改革的新目标。

具体设想主要有以下方面：一是进一步深化国库集中收付改革。制定印发财政国库业务电子化管理办法，分步开展国库集中支付电子化管理。进一步规范县乡国库集中收付操作规程，完善县级国库集中收付运行机制，深化乡镇国库集中收付改革。二是健全完善公务卡结算制度。继续扩大公务卡实施范围，督导省直部门严格执行省级预算单位公务卡强制结算目录，指导各省辖市和有条件的县区制定实施符合本地实际的公务卡强制结算目录，提高公务卡刷卡率。三是完善预算执行动态监控机制。加快出台省级预算执行动态监控管理办法；加强处室协作沟通，研究建立预算执行动态监控内部衔接管理机制，推动市县将预算执行动态监控工作向纵深拓展。更加注重监控成果在预算执行管理中的转化和应用，完善违规问题的纠正与惩罚机制，提高动态监控效率和效果。四是加强和规范财政专户管理。继续推进各级财政专户的整改规范工作。结合财政部财政专户管理的新规定，修改完善省级财政专户资金存放商业银行改革办法等相关制度，逐步建立财政专户目录管理制度。加快推进全省财政专户信息化管理，将财政专户资金运行的各环节纳入信息系统管理。五是做好预算单位银行账户管理工作。严格预算单位银行账户审批，从严控制预算单位实有资金账户设置。强化日常监督，加强对省级预算单位实有资金账户的动态监控，严格控制将财政性资金通过国库集中支付转入预算单位资金账户。六是稳妥推进省级国库现金管理。完善财政国库职能，提高财政资金运行效益，激励银行业金融机构增加对本省的贷款投入规模，支持省委省政府确定的重点项目和重点工作。七是开展权责发生制政府综合财务报告的试编工作。加强组织领导，制定实施方案，明确实施步骤和职责分工，做好省级权责发生制政府综合财务报告试编工作，选择部分市、县（区）试编权责发生制政府综合财务报告。通过政府综合财务报告摸清楚地方政府的财务状况，全面分析披露过去和当前行为对未来的影响，科学合理评估地方政府债务风险，为加强政府财政管理提供决策依据。八是加强财政预算执行和决算管理。加强预算执行日常管理和分析监控工作，及时提出针对性政策建议，促进经济、财政平稳运行。提高财政总决算和部门决算数据分析水平，结合财政大数据工作要求，加强专题研究分析。大力推进决算公开工作，加强对市县部门决算公开工作的指导，研究制定部门决算公开工作规程，全面推进各级财政部门决算公开。九是加强地方政府债务管理工作。做好国债转贷、地方政府债券、中央专项借款的地方政府内债的日常管理。加强分析研究，确保地方政府债券顺利发行，有效发挥财政筹资理财的作用；积极配合有关方面落实还款资金来源，提前做好还款资金筹措，按期偿还政府各类债务，维护政府偿债信誉。十是确保财政资金安全。切实加强总预算会计基础管理工作，进一步明确总预算会计核算与管理岗位的职责，合理设计业务流程和工作岗位，严格执行财政国库业务工作管理规范，完善和落实总预算会计内部监督制约机制。建立健全财政资金安全管理的检查考核制度，推进财政资金安全管理“一把手”负责制。

（2）非税收入征管改革新目标

①积极推进非税收入收缴管理改革。一是扩大改革范围，深化改革级次。到2013年底所有省市县执收单位全部实施非税收入收缴管理改革，具备条件的乡级执收单位也包括在内。将行政事业收费、政府性收费、罚没收入、国有资产有偿使用收入、国有资本经营收益等非税收入都纳入改革范围，将教育收费、彩票销售机构业务费等纳入财政专户，按照改革模式进行上缴。二是形成以非税收入收缴管理信息系统为主的收缴方式，确保收缴信息反馈和资金入库及时准确，便于缴款人依法缴款，执收单位依法执收，财政部门和主管部门依法监督。

②加强信息化建设，统一实施非税收入征管系统。一是2013年内统一使用新系统，年底之前全省非税收入征管系统推广应用实现“横向到边，纵向到底”，达到省市县全部互联互通，数据实时传输、报表自动汇总、票据自动核销、信息实时共享的目标。二是改进征收方式，减少委托征收，扩大直接征收范围。三是不断拓展缴款方式，推广应用POS机刷卡、网上银行、手机缴费等先进方式，方便纳税人，提高征管效率。四是积极探索对非税收入实行政府统筹的新方式，试编非税收入成本预算，成本扣除的部分作为政府可用财力，纳入同级财政部门预算，统筹安排。五是开发应用国有土地有偿出让收入和新增建设用地有偿使用费征缴模块，将所有非税收入项目纳入新系统进行征收管理。

③票据管理实施智能化、电子化、无纸化。一是实现财政票据管理智能化。设定用票单位的执收项目、标准和适用票据等信息，减少执收单位执收执法的随意性；设定执收单位的票据核销和资金解缴期限，实现票据自动核销和款项自动催缴；设定票据有效数据信息，自动识别并阻止假票、失效票及来源不合规票据的使用。扩大票据系统应用范围，实现省市县三级所有票据单位全覆盖。二是扩大通用机打票据，减少手工票据，实现票据使用电子化，把各类财政票据全部纳入电子化管理范围。三是研究设计电子票据，取消部分纸质票据，实现票据无纸化。并在此基础是，研究开发财政电子票据，解决自助终端打印票据问题。

④积极推进非税收入管理条例立法。一是推进《河南省政府非税收入管理条例》立法。2010年《河南省政府非税收入管理条例》列入省人大常委会立法调研计划后，省财政厅与省政府法制办密切配合，共同组建由省人大预工委、法工委、省政府法制办、财政厅等有关人员参加的政府非税收入条例起草领导小组，制定工作计划，明确工作责任。2010年9月，省财政厅初步形成《河南省政府非税收入管理条例（草案）》，报省政府法制办。2012年省政府第112次常务会议审议通过并提请省人大常委会审议。2013年省十二届人大常委会第二次会议进行初审。下一

步，根据提出的意见进一步修改，争取在 2013 年底通过省人大常委会二审，完成非税收入征管条例的立法，提高非税收入管理条例的权威性和规范性。除此，将国有资产（资源）有偿使用收入管理办法也纳入法制的轨道。目前，由省法制办、财政厅非税局、信息办和地市有关人员参加的调研组，起草了《河南省国有资产（资源）有偿使用收入管理办法（讨论稿）》，2013 年省政府法制办将其列入年度调研计划，预计 2014 年以政府令的形式出台。通过立法的形式，防止国有资产过度开发和违规使用，维护政府权益、增加政府财政收入，增强政府资金综合运筹和调控能力。

党的十八届三中全会提出深化财税体制改革，建立事权与财政支出相匹配的现代财政体系。河南省财政厅把国库管理制度改革作为深化财税体制改革的重要内容之一，在财政部的总体部署下，以制度创新为主题，以深化改革为主线，以更加积极的创新精神，更加务实的工作作风，深化改革，完善机制，规范管理，开拓进取，扎实工作，狠抓落实，努力为全面建设功能完善的现代国库管理制度，推动财政管理改革做出新的贡献。

5.2　深圳市国库现金管理实践与探索

加强财政国库现金管理是我国财政国库改革的一项重要内容。近年来，为加强财政精细化管理，提高财政资金和账户管理水平，充分发挥资金效益，集中财力办大事，各地财政厅局按照财政部的要求，积极创新，大胆尝试，涌现出不少好的做法和可贵经验。深圳市财政委员会（以下简称“深圳市财委”）在建立国库单一账户体系、实现国库集中收付的基础上，进一步对财政性资金及银行账户进行清理整合，建立财政专项资金管理新模式及财政性资金存放商业银行集散账户模式，取得较好的经济效益和社会效益，其经验值得关注和借鉴。

5.2.1　集散账户改革及收支管理

建立国库单一账户体系、实现国库集中收付是我国近年来国库改革的主要内容，但如何加强财政专项资金的管理成为改革深化的新问题。在原有资金管理模式下，各专项资金历史上形成了较多闲置的活定期存款，这些资金长期滞留在分散的账户里，主要以活期存款的方式增值，效率低且存在安全隐患。深圳市财委构建集散账户管理体系的目的，就是为了规范和创新财政专项资金的存放管理模式，改变专项资金分散于各财政专户的现状，充分发挥财政资金在支持经济建设中的导向作用。

5.2.1.1 集散账户管理体系的构建

深圳市财委集散户的现金，是指金库之外的财政性资金，主要包括各类专项资金（基金）、间歇性非税收入、政府统筹贷款、进行现金管理活动而产生的收入（目前主要是利息收入）、暂存款、其他应付款和其他收入等。集散账户管理体系，就是构建以集散账户为中心，汇缴户、支出专户与存款户为辅助的原预算外财政专户体系，将分散于各个财政专户的资金集中到集散账户，支出时采用指标管控，预算处将指标下达至各部门管理处，由部门管理处通过系统以实拨的形式从支出专户完成支付。

集散账户管理改革的指导思想，是加快建立与社会主义市场经济体制相适应的公共财政体制框架；继续深化财政改革，强化制度创新，实现财政资金的统一调度，合理配置资源；进一步完善与公共财政体制相适应的预算管理运行机制，提高财政资金使用的规范性、有效性。

改革的基本原则，一是不改变专项资金管理权限。专项资金的性质、范围、管理部门、使用方向及其审批程序维持不变，实行专款专用，仅对目前“一个专项资金对应一个银行账户”的资金账户管理方式进行彻底的改革。二是创新资金运作模式。参照目前预算管理的模式，在财政部门内部对专项资金实行指标管理，预算总控，同时通过建立财政专项资金存放商业银行评价激励机制，将专项资金中暂时闲置部分向商业银行进行存款分配，引导商业银行加大对经济发展的支持力度。三是确保资金的安全增值。通过在各商业银行之间合理分配财政存款以及建立完善的监督制约机制，实现专项资金使用、管理、调度顺畅基础上的安全增值。四是加快建立财政资金总账核算体系。改变专项资金账户分散的现状，逐步将不在预算管理范围的专项资金全部纳入统一的核算体系，统筹管理。

改革的内容，一是界定专项资金管理的范围。财政专项资金范围包括以下两类：第一类是由市本级财政预算安排，在年度预算执行中列支并核拨到专户管理的专项用于支持某项事业或产业发展的资金；第二类是依据法律法规，按规定程序征收或向社会募集，具有专门用途并在财政专户中管理的财政性资金。国家对社保基金等政策规定必须专户存储的资金暂不纳入此次改革范围，但目前社保基金在各商业银行的存款存量将作为市财政向各商业银行进行存款分配的参考因素。

二是账户设置及资金管理。通过设立三类银行账户对专项资金进行管理：（1）专项资金集散账户（以下简称“集散账户”）。该账户是一个专门用于统筹归集、调度以及核算各类专项资金的财政专户。（2）专项资金收入汇缴专户（以下简称“收入汇缴专户”）。该账户是专门用于收缴专项资金收入的零余额账户，多个专项资金对应一个收入汇缴专户。财政部门隔月将上月各收入汇缴专户内的资金划缴至集散账户，实现收入汇缴专户按月清零。（3）专项资金支出专户（以下简称“支出专户”）。该账户是为满足专项资金日常支付需要而设立的财政专户，当支出专户中的现金存量不足以满足专项资金支付需求时，市财政部门将从集散账户安排头寸资金划拨至支出专户。市财政部门根据各专项资金的年度收支计划及年度实际执行情况，对各项资金的收支活动进行指标管理。

三是建立预警机制。为确保财政资金的安全，同时建立风险预警机制。市财政部门与银行业管理部门建立协同机制，当商业银行流动性或管理和内部控制出现问题时，随时启动风险预警机制，不受评价时间的限制。风险预警机制由市财政部门征求银行业管理部门意见后另行制定。

实施步骤：第一，将多年未有收付行为发生的专项资金、收支情况相对简单的专项资金，以及虽收支发生频繁但明显有大量闲置资金的专项资金中的闲置部分纳入集散账户，向各商业银行进行存款分配。第二，为保证改革平稳过渡，各商业银行现有专项资金存量将按照《深圳市财政专项资金存放商业银行评价激励办法》确定的分配比例逐步调整到位。第三，技术支撑系统等条件进一步成熟后，彻底取消各专项资金的账户，建立总账核算体系，由集散账户统一实现各专项资金的归集、调度和核算。第四，在专项资金整合存放银行工作基本完成后，由市财政部门研究进入集散账户资金的调度和使用问题①。

5.2.1.2　专项资金存放商业银行激励机制的建立

为保证财政专项资金向银行进行存款分配时的透明、公正，并确保存放商业银行财政专项资金的安全，引导商业银行加大对深圳市经济发展的支持，深圳市财政委员会建立了商业银行激励评价体系。

（1）建立激励机制的原则

一是贡献原则。将各商业银行对深圳市社会经济，特别是金融经济的影响以及经济发展贡献程度作为重要的评价因素。二是安全性原则。将财政专项资金存放的安全性作为重要的评价因素。三是客观性原则。采用银行业管理部门定性和定量指标为标准，并以深圳市金融发展决策咨询委员会评定的年度金融创新奖为依据。四是可操作性原则。指标体系的设计力求简便易懂，具科学性和可比性。

（2）评价激励机制体系

①指标权重的设计。根据具体指标的相对重要程度各赋予一定的权重。可靠性指标权重为0.45。该指标下分五项分指标：流动性、管理和内部控制、总行支持度、盈利性和资产安全性。在可靠性指标中的权重分别为0.2、0.25、0.15、0.15、0.25。

① 深圳市人民政府办公厅：《关于转发市财政局〈深圳市财政局专项资金存放商业银行改革实施方案〉的通知》深府办［2007］54号。

当流动性指标为50分（评级结果3级）时，设置为预警信号，应予以关注；当流动性指标出现0分（评级结果4级）时，应停止财政存款在该行的存放业务，定期存款到期后即予以调回，同时配合政府及相关部门启动风险控制措施。

当内部控制和管理指标为0分（评级结果4级）时，设置为预警信号，应予以关注；当该指标为-100分（评级结果5级）时，停止财政存款在该行的存放业务，定期存款到期后即予以调回，同时配合政府及相关部门启动风险控制措施。

贡献度指标权重为0.55。该指标下分四项分指标：纳税规模、贷款规模、在深营业网点数量和创新性。在贡献度指标中的权重分别为0.35、0.35、0.15、0.15。在“贷款规模”分指标中再细分“对深企业贷款数额”和“对深企业贷款数额占贷款总额的比重”两项考核指标，权重各为0.5。

②对商业银行的评价方法。采用评分法，即将每项评价指标分为多个类别，每个类别确定一个分值，第一类视为优秀，得100分，其余类别分值依次递减。评价单个商业银行各项指标得分，然后按照权重进行加总，得出单个商业银行的最终得分。具体步骤如下：

步骤一：确定指标评分标准，按标准为商业银行评分（见表5-1）。

表5-1　　深圳市财政专项资金存放商业银行评价指标

指标名称		评价类别	级别/区间	采集来源	类别分值
可靠性（权重0.45）	流动性（权重0.2）	1类	年度评级结果1级	银行业管理部门	100
		2类	年度评级结果2级	银行业管理部门	80
		3类	年度评级结果3级	银行业管理部门	50
		4类	年度评级结果4级	银行业管理部门	0
		5类	年度评级结果5级	银行业管理部门	-100
	管理和内部控制（权重0.25）	1类	年度评级结果1级	银行业管理部门	100
		2类	年度评级结果2级	银行业管理部门	80
		3类	年度评级结果3级	银行业管理部门	50
		4类	年度评级结果4级	银行业管理部门	0
		5类	年度评级结果5级	银行业管理部门	-100
	总行支持度（权重0.15）	1类	年度评级结果1级	银行业管理部门	100
		2类	年度评级结果2级	银行业管理部门	80
		3类	年度评级结果3级	银行业管理部门	40
		4类	年度评级结果4级	银行业管理部门	20
		5类	年度评级结果5级	银行业管理部门	0

续表

指标名称		评价类别	级别/区间	采集来源	类别分值
可靠性（权重 0.45）	盈利性（权重 0.15）	1 类	年度评级结果 1 级	银行业管理部门	100
		2 类	年度评级结果 2 级	银行业管理部门	80
		3 类	年度评级结果 3 级	银行业管理部门	60
		4 类	年度评级结果 4 级	银行业管理部门	40
		5 类	年度评级结果 5 级	银行业管理部门	20
	资产安全性（权重 0.25）	1 类	年度评级结果 1 级	银行业管理部门	100
		2 类	年度评级结果 2 级	银行业管理部门	80
		3 类	年度评级结果 3 级	银行业管理部门	60
		4 类	年度评级结果 4 级	银行业管理部门	40
		5 类	年度评级结果 5 级	银行业管理部门	20
贡献度（权重 0.55）	纳税规模（权重 0.35）	计算单个商业银行在深缴纳营业税和个人所得税占所有被评价商业银行在深缴纳营业税和个人所得税的比重		市地税局	比重×100
	贷款规模（权重 0.35）	对深企业贷款数额（权重 0.5）	计算单个商业银行对深企业贷款数额占所有被评价银行对深企业贷款数额的比重	银行业管理部门	比重×100
		对深企业贷款数额占贷款总额的比重（权重 0.5）	计算单个商业银行在深营业网点数量占所有被评价银行在深营业网点数量的比重	银行业管理部门	比重×100
	在深营业网点数量（权重 0.15）		计算单个商业银行在深营业网点数量占所有被评价银行在深营业网点数量的比重	银行业管理部门	比重×100
	创新性（权重 0.15）	1 类	获得我市金融创新奖一等奖	市金融发展决策咨询委员会	100
		2 类	获得我市金融创新奖一等奖	市金融发展决策咨询委员会	70
		3 类	获得我市金融创新奖一等奖	市金融发展决策咨询委员会	40

注：对于总部在深圳的银行，在其依据以上指标加权计算得出的总评分的基础上再加 7 分作为该银行的最终得分。

资料来源：深圳市财政委员会：《深圳市财政专项资金存放商业银行评价激励办法》。

根据商业银行的实际情况，按照类别要求确定各具体指标的分值（详见表1）。因存在单个银行不同的金融产品均获奖的情况，同时为鼓励各商业银行创新，对“创新性”分指标的评分按以下原则进行：

第一，对同时获得同等级两个以上奖项的银行，其分值按上一等级分值计算得分，但最高不超过第一等级分值（100分）。如：某银行的两个创新产品同时获得二等奖，则该银行的创新性评价划为一类，得100分。

第二，对同时获得不同等级的两个以上奖项的，以其最高奖项所在类别的分值计算得分。如：某银行的两个创新产品分别获得二等奖和三等奖，则该银行的创新性评价划为二类，得70分。

步骤二：计算单个商业银行的得分。

根据预先确定的指标权重，计算单个商业银行的得分情况，即各项指标分值乘以权重，加总计算出单个商业银行的得分。具体计算公式如下：

某商业银行总评分 = 贡献度指标评分 ×55% + 可靠性指标分 ×45%

其中：

某商业银行贡献度指标评分 = 纳税规模评分 ×35% + 贷款规模评分 ×35% + 在深营业网点数量评分 ×15% + 创新性评分 ×15%

某商业银行可靠性指标评分 = 流动性评分 ×20% + 管理和内部控制评分 ×25% + 总行支持度评分 ×15% + 盈利性评分 ×15% + 资产安全性评分 ×25%

对于总部在深圳的银行，在其依据评价激励体系加权计算得出的总得分的基础上，再加7分作为该银行的最终得分

步骤三：计算单个商业银行得分的比重

将单个商业银行的得分除以各商业银行得分总和，以此得出财政存款在该商业银行的分配比例，从而确定财政存款在该行的分配数额。

（3）评价激励办法的实施

①纳入激励范围的财政存款规模。每年纳入激励范围的财政存款规模由市财政部门根据当年财政专项资金收支状况确定。

②评价的范围和内容。评价范围：总、分行在深圳的各国内商业银行。统计口径及内容：以评价范围内的各商业银行深圳地区的数据为大口径。评价指标体系的可靠性、贡献度指标的统计口径以银行业管理部门及市税务部门的统计口径为依据。

③实施步骤。第一步：收集数据。市财政部门向银行业管理部门、市地税局等相关部门收集各商业银行的年度经营状况评级结果、在深缴纳税收情况、金融创新奖等资料信息。第二步：根据收集资料进行计算，确定评价结果。市财政部门按照评价办法计算各商业银行的得分，根据评价结果确定财政存款在各商业银行的存放

比例，再由各分行自行确定所得财政存款在其下辖支行的分配比例。第三步：对纳入评价激励范围的专项资金进行存放调整。市财政部门根据确定的存款规模，对在各商业银行开设的专项资金专户及其存款额进行动态调整。鉴于专项资金目前在各商业银行的存款存量与按本办法确定比例计算应存放量的正负落差普遍较大，为避免银行存款在各商业银行间的大幅调整，将对各商业银行的现有存款存量设定过渡期逐步调整，将集散账户的增量资金优先用于调整落差大的银行的存放量，并通过控制陆续到期存款的续存来解决各银行存款存量调整到位的问题。同时，社保基金现存放在各商业银行的存款存量将作为财政存款向各商业银行进行分配时的参考因素，若按比例计算某银行应存放量大于该银行现存量，但小于该银行现存量与该行社保基金存量之和，则视为该行的专项资金存款存量已按本办法调整到位，但社保基金在该行的存量保持不变。

（4）修正机制

由于财政收支规模存在动态变化，纳入激励范围的财政存款规模可以根据当年财力和地区社会经济发展状况适时作出调整，在评价结果有效期内存放在各商业银行的财政存款也可以依据存放比例相应作出适当调整。

基于评价体系中的指标会因社会经济的发展和国家管理的要求而发生改变，对指标构成、权重和评价方法、程序等可以根据实际情况进行适时调整和修正。

5.2.1.3　集散账户改革的主要特点

①以集散账户为中心集中收缴收入。各项专项资金收入及其他未纳入金库管理的非税收入，按流程均由汇缴户划入集散账户进行管理。

②支出实现指标统管，并统一出口。目前深圳市本级集散账户资金已纳入“金财工程”综合业务系统进行指标管理，实现了以指标管支出，无指标不支出的目标，从单一账户中进行支出。

③系统与银行网络对接，实时监控账户支出及余额。“金财工程”集散账户子系统已顺利实现与银行的网络对接，可实时查询账户余额，监控资金支出，保障资金安全。

④控制账户开户银行，防范财政资金管理的外部风险。财政资金专户仅选择分行以上级别的银行作为开户行，且不在非银行的金融机构开设账户。同时，除社保资金以外的定期存款均通过在各银行分行统一设立唯一定期主账户，统一分存，集中管理。

⑤对资金存放银行的模式进行改革，创建了财政性资金保值增值新模式。2007年，随着深圳市政府《财政专项资金存放商业银行改革实施方案》、《深圳市财政专项资金存放商业银行评价激励办法》、《深圳市市本级财政性资金局内暂行管理办法》等文件的先后出台，深圳市对财政资金存放商业银行的模式进行改革，闲置

资金按因素分配法计算额度后统一从集散账户进行分存，在规范专项资金管理，保证资金安全的同时建立公开、公正、透明且具可操作性的财政存款分配评价激励机制，以提高财政资金的使用效率，实现财政资金的保值增值，更好地支持金融业健康发展。

⑥定期清理账户，对财政资金实行集中管理、分账核算、统一调度。目前深圳市财政委员会账户基本上都归口至国库部门进行统一管理，定期开展账户清理工作，对同类专户予以合并、分账核算，严格按照程序开设专户，已基本实现了对财政资金专户进行“集中管理、分账核算、统一调度”的目标。

⑦开发信息系统，有效支撑改革。深圳市金财工程核心业务系统是涵盖预算内外资金的综合业务系统，可灵活进行功能配置，通过其包含预算指标、资金实拨、头寸调度、综合查询和账户核算等功能的集散账户子系统，较为顺利地实现了改革的预期目标。

5.2.1.4 集散账户改革的成效

①实现了激活闲置资金、保证资金安全的目标。通过集散账户改革专项资金管理发生了很大变化：一是改变了原有定活期存款及账户“闲、散、乱”的状况，构建了规范统一的一行一账户的财政性资金存放新模式。自 2007 年 4 月份起所有原预算外资金活期账户均取消支出功能，变为收入汇缴户，账户所有资金收入按规定上缴集散账户进行统一管理。同时不再保留各银行原有的定期存单账户，改在 15 家商业性银行分别设立唯一的定期主账户，所有原预算外定期存款到期均通过汇缴户先缴往集散账户，再通过集散账户按照评价激励办法向 15 家银行统一分存，使闲散资金实行统一调度。二是确认了资金安全，为账户清理做好准备。为保证所有符合条件的预算外资金均纳入集散账户体系管理，同时也为确保所有历史沉淀资金的安全，通过逐一核对各处室专项资金账务数据与银行所报财政存款数据，完成了对全委所有存放于商业性银行的资金及其银行账户数据的清查、核实工作，增强了资金的安全性。

②加强了对财政专项资金使用的监管。集散账户改革中建立的集散账户单一支付账户体系，把原预算外资金纳入了指标管控的范围，有利于实行综合部门预算，防止预算单位一事多渠道申请资金。

③提高了财政资金和账户管理水平。通过专项资金整合清理工作和专项资金存放银行改革，以及集散账户现金管理的尝试，倒逼财政部门不断提高资金和银行账户的管理水平，提高资金流转和拨付效率。不仅大大减少了闲置、沉淀账户，而且有效抑制了各预算单位逢事要钱、逢钱开户的势头，提升了市财政部门账户管理的水平。

5.2.2　现金预测与管理

为了有效控制账户现金流量，提高保值效果，深圳市财委预算与国库部门以集散账户体系为依托，从收入来源、支出需求、到期存款、贷款提取、提前还贷等多方面综合考虑资金需求，以财政资金安全、保值增值效益及金融产业扶持等为出发点对现金流量进行预测与加强管理，取得较好效果。

5.2.2.1　现金预测

①紧密联系本年度资金收支计划安排，适当参照往年收支进度合理预测需求，预留常规头寸。集散账户体系管理的大部分专项资金收支发生较为规律，因政策性原因大都具有可预见性，一般参照往年收支进度预留资金头寸即可。

②从重要性原则出发，综合把握、合理安排年度预算切块安排的专项资金收入划入的时点，相互调剂头寸进行支出。此类资金规模较大，在年度预算执行时按进度划入，在预测现金流入时重点考虑此类来源。

③掌握大额专项资金的支出规律，合理预测现金流出，按付款缓解规律安排资金。对于基建资金、电价调节金、高新技术重大项目专项资金等重点保障的专项资金，实时掌握资金政策，把握支出规律（如电价调节金的资金需求高峰出现在每年的 6—8 月），根据规律预留头寸。

④综合考虑 2 个月内将到期定期存款本息的现金流入，以及 2 个月内需要提取或归还的贷款造成的现金流影响。通过预测提前把握现金盈缺情况，计算存款存放或回调、贷款提取或归还的额度，降低成本，提高收益。

⑤对账户余额日度波动情况进行分析，从中吸取经验改进预测与管理。目前集散账户的日均余额尚有改进的空间，其形成原因：一是从集散账户经支出专户划出的资金支出需求较大，因筹集资金的到位与资金的申请拨付之间存在一定的时差，导致集散账户余额较高；二是需要累积一定的资金量再统一计算分存额、办理分存手续；三是为保证资金安全，大部分存款均回调至集散账户后再存出，对集散账户日均余额也构成影响。

总之，预测现金流并进行有效管理是高度综合的各项业务相互联动的工作，需要自下而上、由外及内、纵横合作、抓重点抓大规模，分季按月依旬来安排流动性。

5.2.2.2　现金管理

①成立资金调度协调小组，主管资金调度。

②综合到期存款情况按月预测现金流，资金不足则回抽到期资金，资金盈余则进行资金分存。

③特事特办，对于经常大额支出的专项资金按月制定支出计划，单独安排现金来源。

④综合考虑财力储备及金融产业的发展，合理提取贷款，将贷款的提取与归还纳入现金流入、流出的计算，运用贷款降低财政储备资金大额垫付的风险。

5.2.2.3 集散户资金管理

财政性资金的管理办法（由于这三种资金与集散户资金相同，也称集散户资金），根据《深圳市财政专项资金存放商业银行改革实施方案》（以下简称《方案》）的规定而制定。

①财政性资金通过设立收入汇缴专户、集散账户和支出专户等三类银行账户进行管理。管理流程如图5-1所示：

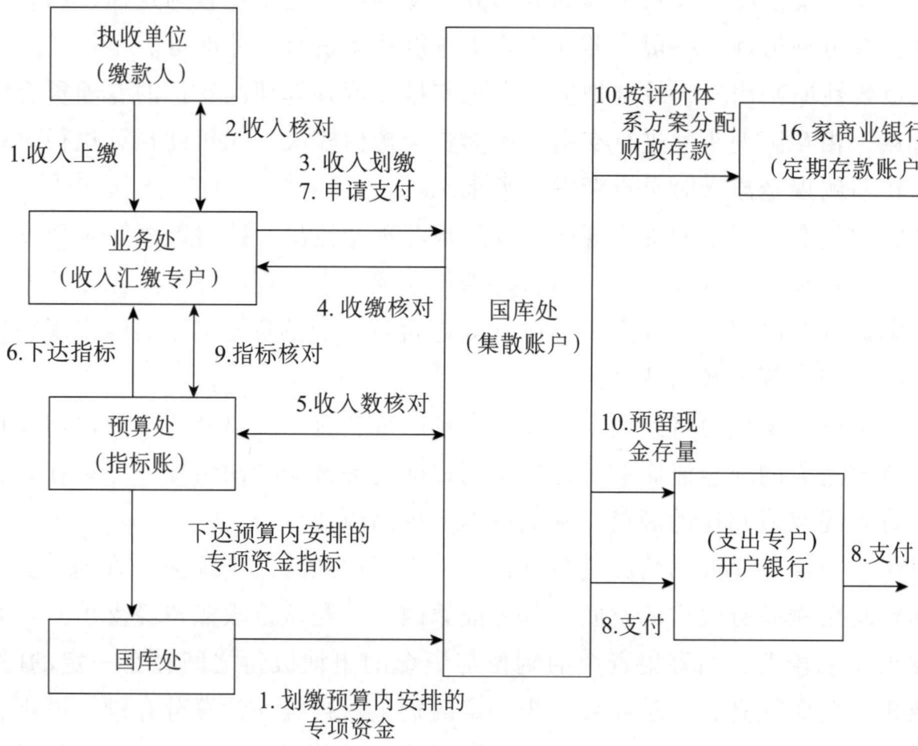

图5-1 财政性资金管理流程图

图示说明：

1. 执收单位或缴款人将财政性资金收入上缴我局收入汇缴专户；业务处或国库处将预算内安排的专项资金从国库直接划缴至集散账户。

2. 业务处负责与执收单位或缴款人核对财政性资金收入。

3. 业务处按性质、部门和会计科目等进行分类归集后按月从收入汇缴专户向集散账户划款，收入汇缴专户月末原则上清零。

4. 国库处与业务处定期核对财政性资金收入划缴数额。

5. 国库处与预算处核对财政性资金收入数额。

6. 预算处向业务处下达财政性资金用款指标。

7. 业务处根据预算处下达的财政性资金指标向国库处开具支付令。

8. 国库处根据业务处的支付令通过支出专户开户银行办理拨款手续。

9. 业务处与预算处核对财政性资金指标。

10. 预算处按月预测财政性资金流量与日常支付所需头寸，从集散账户中预留充足的现金存量并由国库处划转到支出专户中以用于满足日常支出需要；其余间歇资金由预算处根据资金归集规模按评价激励体系的办法，研究提出资金存放方案按程序报批后向本市 16 家内资商业银行分配财政资金存款。

②资金管理机构与职责。预算处、国库处、监督检查处、IRP 小组（信息中心）和财政性资金管理业务处。财政性资金管理业务处（以下简称业务处）是指市财政局根据人事编办规定的工作职责而设立的具有财政性资金计划与收入、分配与支出等职能的业务处。其中，预算处负责财政性资金的指标管理，办理对业务处年初财政性资金预算指标的下达以及调整（追加、追减）等事项；核对与业务处的财政性资金指标变动情况；跟踪市本级年度各项财政性资金指标的使用情况；管理有关财政性资金指标凭证。业务处履行财政性资资金的收支计划、征收管理、支付审批、跟踪问效、监督等财政管理职能，并负责管理和核算所属的收入汇缴专户。国库处负责集散账户和支出专户的资金拨付和会计核算工作并参与财政性资金的调度。监督检查处负责对财政性资金的运行和账户管理进行监督检查。IRP 小组（信息中心）负责集散账户管理系统（以下简称系统）的开发、运行及维护等工作，并对集散账户管理系统进行逐步升级完善以满足日常业务的需要。

③收入管理。业务处负责财政性资金收入的管理。于月度终了后五个工作日内按资金性质、部门和会计科目等对财政性资金收入进行分类归集后从收入汇缴专户向集散账户划款，如遇单笔大额（百万元以上）收入发生则应实时划缴。收入汇缴专户月末余额原则上清零。业务处和国库处按时间进度将年度预算内安排的财政性资金划转至集散账户。

④指标管理。预算处对纳入《深圳市财政专项资金存放商业银行改革实施方案》管理的财政性资金实行指标管理。于年初向预算处报送财政性资金收支计划。根据年初经批准的财政性资金收支计划以及年度实际执行情况确定各财政性资金的源指标，并通过系统给业务处下达相应的指标。审核指标来源依据的合法性；综合平衡财政性资金收支指标；通过系统导入各财政性资金的年度收支计划，形成各财政性资金的源指标；年度执行中根据财政性资金的实际收支情况办理指标追加（或追减）手续；建立指标账。

⑤支出管理。按照资金指标、收入和支出进度以及规定程序办理拨付手续。对支出发生较少的财政性资金，由业务处根据年度支出规模按笔履行审批手续后报预算处追加指标。对支出发生较为频繁的财政性资金，由业务处根据年度支出规模按进度提前将下一月度的用款计划汇总报预算处，预算处核呈局领导批准后按月批量

追加指标。根据预算追加的指标通过系统向国库处开具支付指令，再由国库处将资金从支出专户中直接拨付至用款单位。

⑥资金调存与回调。各类财政性资金收入归集到集散账户后，由预算处根据各财政性资金年度支出计划测算出财政性资金支出头寸并通知国库处，再由国库处拨付到支出专户以满足财政性资金日常支出的需要。

⑦对账。国库处与业务处核对集散账户收入数和支出专户支出数。国库处于月度终了后十个工作日内向业务处提供《财政性资金收入明细表》并与其核对上月度收入汇缴专户向集散账户划缴的资金数，确保财政性资金收入的及时足额入库。国库处与预算处核对集散账户收入数。国库处与银行核对财政性资金收支发生数和存款余额，于月度终了后五个工作日内通过系统自动生成的《银行账户收支明细表》与集散账户、支出专户开户银行返还的对账单等凭据核对上月度财政性资金的收、支记录以及银行存款余额。

⑧监督检查。各业务处和国库处分别负责对财政性资金的收缴、使用和账户管理等方面的工作进行日常监管；监督检查处负责对财政性资金的收缴、使用和账户管理等工作进行重点监督检查。预算处和国库处建立健全财政性资金指标、资金拨付内部规范。业务处对其所管部门财政性资金收入和支出管理，建立健全各项收费、基金等的稽查制度，认真检查所管部门执行财政性资金收支计划的情况①。

5.2.2.4 风险管理

财政资金保值增值面临的主要风险：一是管理和内部风险，包括财政部门自身及投融资对象（目前主要是商业银行）两方面。虽然财政部门已开发了较完善的系统支撑现金管理，但所有的业务都离不开具体的经办人员，随着投融资操作频率、金额的增大，此类风险管理更显重要。二是市场的风险。主要是对投资对象、投资方式和投资期限的选择。三是政策本身的风险。财政部门在执行政府的决策，动用储备资金进行政府性投资时，需考虑政策本身存在的风险。四是宏观经济风险。当整个经济遭遇难以预料的恶性发展时，市场中所有类型的金融工具都将不同程度地贬值，此类风险基本上无可规避。

针对以上存在的风险，深圳市财委主要通过以下七方面进行控制：

①利用银监局、证监会等专业机构的指标评分，合理确定资金存放银行及存放比例规避风险。按照《深圳市财政专项资金存放商业银行评价激励办法》中的指标权重系数，商业银行自身的经营能力（可靠性）所占比重达45%，其中流动性指标更是作为风险控制的预警灯，在该项参数降至一定程度时，财政存款需被调回。

---

① 《深圳市市本级财政性资金局内暂行管理办法》深库财［2007］7号。

②存款方式的选择以安全为第一要素。在目前多种存放形式尚未成熟的现状下，仅采用壹年期定期存款的方式存放资金。

③加强对定期存款的管理。仅在商业银行分行开设唯一的定期主账户用于接收定期存款资金，银行需确定固定联系人并报财政部门备案。

④到期定期存款均回调至集散账户后重新办理分存，规避存单在、资金无的风险。

⑤加强内部流程建设。从制度建设，职责分设，环节衔接，人员培训，内部审计等方面加强内部流程建设。资金拨付设立录入岗、复核岗、发送岗，层层把关，提高财政资金安全管理，拨款印章专人负责保管，分人分印，做到人走章锁。

⑥开发信息系统支撑业务。通过建设信息系统提高工作效率，降低人为失误，并通过无纸化功能的建设减少环节、提高安全性，目前部分业务已实现无纸化联网。

⑦充分利用地方融资平台，在专项资金支出需求过大的情况下，适当贷款补充现金，降低财政储备资金垫款作建设的风险。

5.2.2.5 所取成效

①大大增强财政资金的透明度。改革后，财政资金不再沉淀于各汇缴账户，而是存放在集散账户中统一管理，资金何去何从在系统中一目了然。因此，财政资金使用的透明度大大提高，有利于严格执行收支计划，有利于提高财政资金使用效率。

②显著改善财政资金增值效果。集散账户改革和现金管理的实践改变了过去以活期为主分散存放、资金增值困难的状况。将闲置资金统筹归集办理定期存款，改革推行半年内，定期存款量占专项资金存款总量的比重从 18% 上升至 92%，定期利息收入大幅增加。近两年来，在资金支出压力不断增大的情况下，定期存款的比重最低仍能保持在 88% 的水平。

③明显提高财政资金使用效率。实施改革以前，预算外资金分散在各个账户中，互不相干，一方面某些项目亟需大量前期资金投入而不得不向银行贷款，支付高额利息；另一方面某些专项资金账户存在大量闲置资金却难于灵活调度，导致资金总的使用效率不高。集散账户改革将各汇缴户原有资金、新增收入资金及预算内安排的专项资金均集中起来统筹调度，通过统筹各类间歇性资金，合理抵顶基建贷款，测试最佳支出专户头寸，较好地节省了贷款成本，提高了财政资金的使用效率。

④充分发挥财政资金杠杆作用。对金融产业产生了激励机制，促进金融产业和在深企业的发展，充分发挥财政资金杠杆作用。因素分配法的设立及资金运作模式的创新，发挥了财政资金的杠杆作用和宏观调控作用，引导商业银行加大对我市企

业贷款的支持力度，并促进我市金融业的健康快速发展，也有效推动了银行对财政部门服务质量的提升，服务效率和服务水平得到较明显改进。同时，这一管理方式也在一定程度上起到了金融聚集作用，近年来在全国多家商业银行加快了在我市布点抢滩的步伐，中国邮政储蓄银行、北京银行、宁波银行等12家银行陆续在我市开设了分行。金融业态更加丰富，聚集程度更加突出。2012年全市金融保险营业税达到113亿元，占税收收入的9.46%（2006年全年仅为25.8亿元，占税收收入的6%）。

⑤有效促进财政廉政建设。以透明、公正、高效的因素分配法为基本手段，以多部门相互约束的资金调度小组为组织保障，以每年专业、严格的审计为外部监督，深圳市财委财政性资金存放商业银行的模式不断向玻璃钱柜转型，财政部门将闲余资金按照公开的《深圳市财政专项资金评价激励办法》确定的评价指标体系向全市各家商业银行进行存款分配，指标体系中的各项指标全部来源于市地税局、银监局等部门公布的数据，压缩了被寻租空间，起到了从源头防止腐败的作用，有效促进了财政廉政建设。

5.2.3 现金管理的难点与深化改革的思路

深圳市财委在国库现金管理中迈出了新的步伐，也取得了一定的成绩，但每一步改革都不是一帆风顺的，其中会遇到各种各样的困难和问题，只有积极创新才能取得成功。

5.2.3.1 改革中的主要难点

目前深圳市财委现金管理面临着政策与技术两方面的限制，一方面现金管理工作缺乏政策依据，另一方面如何采用合适的工具与方法、准确测算现金流量、维持合理的最小头寸、取得最大程度的保值增值成为工作的重点和难点。较为突出有四个问题：

（1）现金管理缺乏制度支持，遭遇合理不合规的窘境

现金管理在发达国家属于政府财政部门职能的一部分，但是在我国尚未有明确的法律规章予以支持和规范。由于缺乏相关的制度支持，财政部门在按照预算管理的程序将年度预算中已明确作为需要进行支付以及当年列为财政储备的资金（如预算稳定调节金）集中统筹进行现金管理时常常遇到有关部门（也包括审计部门）的误解，被贴上违规的标签。但是从财务管理的现值角度来说，资金不增值即贬值，尤其是作为财政储备的资金，如果完全不进行保值增值，随着经济发展和物价上涨，储备资金将逐年贬值，对经济增长的促进作用将逐步削弱，最终损害的还是纳税人的利益。而且，改革现行制度、统筹各类资金、优化现金管理，有利于确保地方政府的现金流，增强地方政府防范债务风险和规避金融风险的能力；有利于推

动投融资改革，在一个较长的跨度内确保地方政府投资的持续、平稳和可控；有利于降低资金机会损失、增加地方政府“财产性”收入；有利于将我国分税制财政体制改革的成果真正落到实处。另外，从精细化理财的目的出发，财政部门应该大力推动有关的制度建设，把现金管理的实践规范化、阳光化。

（2）现金流预测水平有待进一步提高

在前期的实践中，虽然在保障资金支出需求、尽可能确保定期存款比例最大化方面做了不少工作，但由于缺乏比较成熟而具可操作性的现金流预测模型和财政收入预测模型，缺乏较为丰富的数据参与基础数据库，同时由于此项工作既复杂又艰巨，目前现金流预测工作尚停留在较为基础的层面，预测水平还有进一步提升的空间。现金管理水平较高的一些西方发达市场经济国家，建立模型对财政收入进行预测，做到现收现支，以收保支，保持较小规模的现金头寸余额。例如英国每天在债务管理账户中仅保留 2 亿英镑作为最低头寸目标，而美国财政部总是试图将每天的国库现金头寸保持在 70 亿—100 亿美元，其中存放在中央银行的资金保持在 50 亿美元左右。这些规模与数千亿英镑或者数万亿美元的年度政府收支规模相比非常之小。

（3）集散账户管理模式带来的一些问题

集散账户对国库现金管理发挥着积极的作用，但也存在着一些问题。一是所有资金都通过集散账户统一调配，使一家银行单独掌握政府财力情况，不利于国库资金的保密；二是统一集散、综合调度，容易带来收支叠加核算的问题，造成财力虚增的假象；三是未改革之前，支出户分散，资金流分散，核算平台分散，透明度超低，基本上不存在是否显财露富的问题。改革后由于集中调度、透明度高，相应地使财力集中显现，容易给有关部门（也包括审计部门）带来理解误区，财政部门需要花费较多的时间和精力作宣传、沟通和解释；四是由于缺乏统一的制度规范，而各地财政管理制度、方式有较大差异，集散账户模式简单复制反倒容易带来负面影响。

（4）保值增值种类单一，投资种类扩展任重道远

目前深圳市财委国库资金保值增值仅采用壹年期定期存款的方式，以 CPI 指数的水平（2010 年 6 月为 2.9%）来说财政储备资金仍处于贬值状态。如何在保证资金安全的情况下采取多种投资工具，以及以何种比例进行投资以获取更大的收益，将是下一步实践过程中面临的一个难点。

5.2.3.2　深化改革的几点思路

下一步改革的思路，总的来说，严格按照《国务院关于加强地方政府融资平台公司管理有关问题的通知》精神以及财政部等部委的规定完善和深化改革。

①扩大现金管理范围。特别是考虑到现行财政体制、收支执行特点、地方投融

资实际情况，将金库资金纳入现金管理既重要又迫切。

②推广零余额账户模式。将集散账户体系中的支出专户、其他外围的支出专户实行零余额账户，辅之以银行对集散账户的自动授信额度，以最大限度降低资金头寸规模。

③进一步完善集散账户管理系统。一是加强与各银行的深度联网，实现更高程度的自动化和无纸化操作；二是加强与周边业务系统如核心业务系统、非税收入征管系统的自动对接，资金进入集散账户时不需人工干预，自动反映，自动形成账务数据；三是改善财务报表子系统，提高报表的完整性、规范性和年度结转的自动化程度。

④财政现金管理达到全市一盘棋。加强对区级财政部门现金管理工作的指导。向区推广市本级的现金管理模式和信息系统；实现区级现金管理与各区融资平台管理的有效对接，确保提高效率、控制风险，尽可能做到全市一盘棋。

⑤加强现金流预测。现金流预测水平是国库资金增值保值的一个主要环节，下一步将加强对现金流的分析和研究，进一步提高现金流预测水平，保留最优头寸，确保最大增值。

⑥扩大投资渠道。针对目前现金增值管理的范围仅限于商业银行定期存款、且存款品种较为单一的问题，将来在保证安全性的前提下，尝试引入更为丰富的投资工具。

5.3 浙江省政府采购的开拓与创新

政府采购不仅是我国财政预算改革的组成部分，而且是财政管理的主要内容之一，对于降低行政成本、实现国家经济发展目标、促进财政公开化、加强政府廉政建设具有重要的意义。我国政府采购改革从1995年上海市率先实行之后到2000年在全国普遍展开，以2002年颁布《政府采购法》为标志，改革走向法制化和规范化的轨道，至今在采购对象、采购方式、采购程序、采购管理、制度创新等方面都取得了显著成绩，积累了丰富的经验。其中，浙江省的政府采购改革成绩尤为突出，不仅在管理精细化、制度规范化、机制科学化方面迈上新台阶，而且与时俱进，开拓创新，取得良好的经济和社会成效，具有典型性和示范性。

5.3.1 政府采购的经济和社会成效

浙江省政府采购制度改革是随着财政支出管理改革和公共财政体制改革的推进

而发展的。1999 年，省政府印发《关于建立政府采购制度的通知》，同年 8 月成立浙江省政府采购工作领导小组，下设省政府采购管理办公室（以下简称省采购办）和省政府采购中心（以下简称省采购中心），明确了省政府采购工作领导小组与省采购办、省采购中心的各自职责，标志着浙江省政府采购工作全面启动。

经过十多年的改革发展，浙江省政府采购取得突出进展。

5.3.1.1　政府采购规模和效益大幅度增加

政府采购范围进一步扩展，从传统的通用类货物服务向专业新型货物服务扩展，从满足机关单位办公需要向购买社会服务扩展，加大财政投资建设工程纳入政府采购管理的力度。政府采购规模保持平稳快速增加。2012 年全省政府采购预算金额 980.76 亿元，实际签订合同金额达到 835.63 亿元，节约资金 145.13 亿元，采购规模比上年增长 7.4%，占当年公共财政预算支出的比重为 20.1%。在过去的 15 年间，政府采购规模从 1999 年的 4.75 亿元增加到 2013 年近 984 亿元，增长约 207 倍，占当年 GDP 的比重从不到 0.1% 上升到 2.6%，累计节约财政资金超过 776 亿元。政府采购范围已经覆盖到全省所有的行政事业单位（包括自收自支事业单位）和使用财政性资金（包括单位自有资金）的所有购买性支出项目。近几年浙江省政府采购规模在全国各省排名中稳居前四位。政府采购规模历年增长变化如表 5－2 所示：

表 5－2　浙江省政府采购规模历年增长变化　单位：亿元

年份	政府采购预算	实际政府采购金额	节约额	节约率
1999		4.75		
2000	18.84	16.58	2.26	12.00
2001	46.85	40.73	6.12	13.06
2002	65.69	57.08	8.61	13.11
2003	92.56	80.21	12.35	13.34
2004	145.94	126.61	19.33	13.25
2005	190.82	165.39	25.43	13.33
2006	261.04	230.46	30.58	11.71
2007	382.50	329.59	52.91	13.83
2008	504.12	437.97	66.15	13.12
2009	553.11	483.40	69.71	12.60
2010	505.23	424.60	80.63	15.96
2011	888.39	777.91	110.48	12.44
2012	980.76	835.63	145.13	14.80
2013	1130.83	983.76	147.07	13.01

资料来源：浙江省财政厅政府采购处。

5.3.1.2 政府采购制度改革与创新取得新的重大突破

在国家政府采购制度改革与创新的总体框架下，结合本省实际，坚持效益最大化和效率最优化，着力推进制度改革与创新，研究制定了《浙江省政府采购招标文件范本（试行）》、《浙江省政府采购供应商注册及诚信管理暂行办法》、《浙江省财政厅关于进一步创新管理提高政府采购工作效率和服务水平的意见》、《浙江省政府采购供应商质疑处理办法》、《浙江省财政厅关于规范政府采购供应商资格设定及资格审查的通知》、《浙江省财政厅关于进一步明确乙级政府采购代理机构资格认定有关问题的通知》、《浙江省政府采购支持中小企业信用融资试点办法》等一系列具有较强针对性、操作性的行政规范性文件，内容涵盖了体制机制、执行操作、基础管理、政策功能以及监督查处等各个方面，初步构建起具有浙江特色的地方政府采购制度体系。过去五年在全国有一定影响力的机制改革与创新是：政府采购预算临时确认书制度，政府采购供应商注册与诚信管理制度，协议供货采购（定点采购）全省联动机制，第三方价格监控机制，采购教育科研、医疗设备、环境监测等进口产品以系统为单位的全省统一专家论证制度，利用医展会、大卖场等平台开展政府采购的模式，无需提供担保的政府采购支持中小企业信用融资制度，供应商质疑处理制度等等。

在不断丰富、总结制度改革与创新实践经验的同时，发挥东部发达地区的表率作用，立足全国改革与发展大局，积极协助中央推进国家政府采购制度的改革与创新。根据财政部的委托，2013 年下半年着手组织开展《政府采购货物和服务招标投标管理办法》的修订工作。财政部第 18 号令在我国政府采购法律体系中是仅次于《政府采购法》的一部十分重要的部门规章，浙江省参与中央立法是财政部对其制度改革创新的充分肯定。

5.3.1.3 政府采购规范管理进一步加强

管理中一方面改进提升管理手段，推进政府采购电子化，在全国率先建成覆盖政府采购预算执行和采购活动组织实施全过程和各个环节的政府采购信息管理系统，为进一步规范本省的政府采购管理提供了先进的技术支持。同时，着力推进全面管理，有效强化重点管理。一是严格执行“无预算不采购”的规定，加强政府采购预算追加管理；二是严格执行国库集中支付制度，规范政府采购资金支付行为；三是加强采购方式、采购组织形式审批管理，坚持以公开招标、集中采购为主，全省采购规模中公开招标比例每年保持在 80% 以上，年均达到 84.6%；集中采购比例每年保持在 68% 以上，年均达到 74.2%；四是建立健全“管采分离、机构分设、政事分开、相互制约”的集中采购机构管理体制；五是严格依法开展行政许可，加强中介代理机构准入管理。2013 年财政部首次撤销了全国有关省市 56 家政府采购代理机构的甲级资格，浙江省因在乙级资格审批以及乙级申报甲级的协助审查中严格把关，没有一家甲级代理机构被撤销资格；六是切实推进采购代理机构运行管理，促进采购代理机构依法执业、高效执业，从 2010 年起每两年对省市县三级集中采购机构实施全面考核，从 2011 年起每两年对中介代理机构实施全面考核，对考核不合格的机构采取暂停资格、整改等措施；七是实行政府采购供应商注册登记与统一资格审查和诚信管理，切实查处供应商的非诚信行为；八是扩大评审专家库规模和专业领域覆盖面，优化结构，提高使用效率，加大对评审专家违规行为的处理力度；九是打造全国一流的政府采购省级地方专业网站，推进信息公开，基本实现政府采购信息公开的目标，即除法律规定不予公开的信息之外，一律公开；十是加强协议供货采购价格监管，促进协议供货价格回归市场、回归理性，从横向比较情况看，协议供货采购价格一直保持在比较合理的水平；十一是规范供应商质疑、投诉、举报以及对质疑、投诉、举报的处理，有效保护供应商合法权利，极大地增强各类供应商参与我省政府采购市场竞争的信心和决心；十二是开展专项检查，强化日常监管，预防和减少不按约定订立合同、履行合同现象，促进政府采购目的的真正实现。

5.3.1.4　推进《政府采购协议》（GPA）谈判取得较大进展

加入 GPA 不仅能够加快我国政府采购制度的改革与发展，实现我国政府采购制度的现代化与国际化，促进我国供应商走出去，提高国际竞争力，而且吸引外国供应商走进来，提高我国政府采购物有所值价值取向的实现度。我国于 2007 年启动加入 GPA 谈判。浙江省于 2008 年成立省级加入 GPA 谈判工作领导小组，为东部 9 个省份和 5 个计划单列市加入 GPA 的研究和谈判的牵头单位。在谈判中，注重加强与东部其他省市、省财政部门与省其他部门单位的协作，注意正确处理全国与地方局部、市场开放与产业保护、市场开放与制度改革的关系。加强数据分析与基础研究，统一东部地区出价策略，按照中央部署及时提出省初步出价建议。2011 年，浙江和北京、天津、上海、江苏等东部五省市作为次中央政府实体，首次被列入中国加入 GPA 的出价清单（即中国的第三份出价清单），有力推进了我国《政府采购协议》（GPA）研谈判进程。

5.3.2　政府采购改革的路径与做法

政府采购制度的改革完善虽然有财政部的整体部署，但各地根据本地的实际情况而各有特色，浙江省改革的主要路径有以下方面：

5.3.2.1　制度先行，不断完善政府采购制度体系

推行政府采购以来，浙江省结合工作实际，制订了一系列文件制度，形成了以《政府采购法》为核心、三个财政部部长令为补充，包括政府采购工作规程、采购行为规范和责任追究、采购方式和采购类型审批、政府采购招标文件范本、协议供

货、电子化政府采购、专家及专家库管理、供应商注册和诚信管理、供应商投诉处理、采购代理机构监督和考核、采购文件备案管理等制度体系。做到了以制度引领、推动和规范各项工作，保障全省上下依法采购、依法监管的规范化政府采购格局。

5.3.2.2 理顺关系，实行“管采分离”管理体制

2003 年《政府采购法》实施后，按照“管采分离”的要求，省采购中心从省财政厅划出，由省政府委托省级机关事务管理局代管。为进一步理顺管理体制和工作关系，强化法律赋予财政部门的政府采购监督管理职责，2007 年省财政厅增设政府采购监管处，承担省采购办的日常工作。在省级实现省财政厅与省采购中心机构分设、职能分离的基础上，“管采分离”在全省范围内推开，于 2006 年底完成了集中采购机构与财政部门的机构分设和职能分离。同时，结合招投标统一平台或公共资源交易平台建设，绝大多数市县将政府采购中心与当地招投标中心、产权交易中心和土地拍卖中心进行合署办公，对“政府采购、工程建设、产权交易、土地交易”实现统一进场交易和资源整合。目前，除省本级、宁波市以及少数几个县（市）区外，多数地市、县（市）区政府采购业务已纳入公共资源交易中心，对政府采购的监督大部分仍由财政部门为主实施，近半数政府采购中心虽无独立法人资格，但仍以政府采购中心名义对外开展政府采购代理工作。

5.3.2.3 建立健全运行机制和监督体系

完善的管理体制和监督机制是政府采购依法规范运行的前提。在理顺管理体制的同时，浙江省从以下方面不断丰富和完善全方位、多层次的监督体系。

一是建立政府采购管理、执行和使用相分离的制度。财政部门作为管理者，负责制定政府采购政策和制度，依法监管政府采购活动；政府采购代理机构作为执行者，接受采购单位的委托，具体组织实施政府采购活动；各级采购单位是使用者，负责提出采购需求、货物的验收、资金支付和使用。

二是建立招标人、使用人与定标人相分离的制度。招标人是集中采购机构或采购中介代理机构，使用人是采购单位，而定标人则是依法组建的政府采购评审小组，评审专家客观、独立、公正地进行评审，并向采购单位推荐中标供应商。

三是建立采购代理机构的监督考核制度。按照中央有关文件制度，结合省内实际，研究制定集中采购机构和社会中介采购代理机构监督考核管理办法。2010—2013 年，省财政厅会同省审计厅、监察厅已完成对省、市、县三级所有采购机构和社会代理机构两轮联合考核，有力地推动了代理机构建设和有序发展。

四是建立有效的外部监督体系。在发挥财政部门综合监督、监察、审计部门专业监督和预算主管部门协作监督作用的同时，在全国首创和推行政府采购协管员制度、省级政府采购监察员制度，积极发挥各主管部门内部监管和人大、监察、审计、法制等监督部门领导和高校教授、法律专家督察员的外部监督。此外，在“浙江政府采购网”设立举报信箱，拓宽社会公众和舆论监督渠道，公开承诺“有报必查、有违必究、有名必复”，积极回应采购当事人和社会公众对政府采购工作的关切，增强社会对政府采购监管部门的信任。

5.3.2.4　大力加强政府采购透明度建设

公开透明是政府采购的基本要求，也是树立政府公信力的最重要手段和途径。浙江省政府采购透明度建设主要包括三个方面：一是扩大政府采购信息公开和发布的覆盖面。从 2005 年开始，指定“浙江政府采购网”和“浙江日报”为全省政府采购信息的发布媒体，信息发布的费用统一由省级财政承担；二是依法确定和审批采购方式。全省各地合理确定公开招标数额标准，大力推行以公开招标为主要方式的采购活动，从历年统计情况来看，公开招标的比例一般在 75% 以上，基本确立了公开招标方式在政府采购活动中的主体地位。同时，严格审批采购方式变更，凡达到公开招标数额标准的项目申请单一来源方式的，必须在“浙江政府采购网上”公示申请理由，公示期间未提出异议的方可批准。三是严格政府采购代理机构资格审批。按照规定，省级财政部门可以认定的代理机构资格是乙级，对此，除设定了受理、初审、审核、终审等多个环节、多个岗位的审批流程，还必须在“浙江政府采购网”上进行公示。

5.3.2.5　以信息化为基础，全面推进政府采购基础数据库建设

信息库建设是政府现代化管理的必然趋势，也是政务公开和预算信息公开的基本要求，更是实现从道德治腐、制度防腐到技术反腐，树立政府采购公信力的重要支撑。近年来，浙江省紧紧围绕以浙江政府采购网和供应商库、专家库、商品库为核心的“一网三库”政府采购基础数据库建设。2000 年开通“浙江政府采购网”，2004 年启动政府采购信息管理系统建设，并于 2005 年开发完成以政府采购预算执行确认、追加调整和采购文件备案为核心内容的“政府采购业务管理（内网）系统”；2008 年上线运行以采购活动组织实施为主要内容的“政府采购信息管理系统（外网一期）”，从项目委托、信息发布、专家抽取通知、评标管理、合同备案、协议定点采购等全面实现网上操作，加上供应商注册管理和在线询价系统的陆续上线应用，初步达到了“一网实现全程服务、实时监控”的目标。基本覆盖政府采购预算执行和采购活动组织实施的全过程，在全国率先实现了政府采购网上办事、网上服务和网上管理的一体化。2012 年又完成内网系统的财政业务一体化升级，实现了与预算管理系统、国库集中支付系统、政府采购外网系统等功能和数据实时交换，形成采购预算编制、预算执行、文件备案、国库集中支付为链条的封闭运行系

统，为“廉洁采购”奠定了基础。目前，政府采购基础数据库已基本建立，全省已有注册入库的正式供应商 9 466 家、临时供应商 19 569 家，商品库累计入库商品已达 72 897 种，评审专家库入库专家 8 609 名，为培育统一的网上政府采购市场，构建政府采购诚信体系积累了重要基础。

5.3.3 构建政府采购商诚信体系

信用是现代市场经济的基石，是现代文明的标志。社会诚信事关经济发展、社会稳定和核心价值观的确立，信用水平能够综合反映一个国家和地区的竞争软实力。政府采购信用体系建设是浙江省社会诚信体系的重要组成部分，也是提高政府采购公信力的重要抓手。

5.3.3.1 加强政府采购监管部门和采购单位自身的信用管理

政府采购不仅仅是一种市场交易行为，而且是一种政府施政行为，建立政府采购信用体系，有效提高了政府公信力。政府采购信用体系的构建，首先要加强对政府机关（包括监管部门和采购单位）自身的信用管理。政府机关作为市场交易的主体，同时也是市场监管的主体，在政府采购过程中应更加坚持采购动机的公共性，采购过程的公开性，保障采购机会的公平性，只有做到严格依法采购，政府采购结果才能经得起公众的质疑、群众的信任。而政府采购监管部门必须坚持依法行政、公正执法，正确处理好“权”与“力”的关系，既要敢于放权、善于分权、严于限权，提高政府权力的纯度，也要积极借力、趁机发力、形成合力，强化政府惩恶的力度，只有这样才能让公众信任政府，进而提高政府在政府采购领域的影响力、支配力和公信力，共同促进“信用政府”的建设，并以政府诚信来带动和引领企业、社会的诚信建设。

5.3.3.2 坚持公开招标占绝对主导地位

公开是诚信的重要体现，为了建立政府采购诚信体系，浙江省在采购方式上始终坚持以公开招标占绝对主导地位。2012 年全省采用公开招标方式、邀请招标、竞争性谈判、单一来源、询价方式采购的比例分别为 86.6%、5.8%、2.1%、3.6%和 1.9%。从 2003 年历年统计情况看，采用公开招标的采购规模占全省政府采购规模的比例一直保持在 70%以上，基本确立了公开招标为主、其他采购方式为辅的政府采购市场格局。执行中严禁未经审批擅自改变或规避公开招标采购方式，凡达到公开招标限额标准而申请更改其他采购方式的，必须由同级财政部门按照法定权限和工作流程，严格、依法履行审批手续。公开招标占比如表 5-3 所示：

表 5－3　　浙江省公开招标比重增加态势　　单位：%

年度	公开招标		邀请招标		竞争性谈判		询价	
	金额	占比	金额	占比	金额	占比	金额	占比
2008	356.33	81.36%	25.35	5.79%	23.75	5.42%	15.30	3.49%
2009	393.75	81.45%	38.41	7.95%	21.32	4.41%	12.52	2.59%
2010	356.69	84.01%	5.12	1.21%	30.62	7.21%	16.50	3.89%
2011	700.08	90.00%	23.12	2.97%	16.65	2.14%	17.20	2.21%
2012	723.49	86.58%	48.82	5.84%	17.30	2.07%	15.79	1.89%
2013	843.81	85.77%	67.78	6.89%	18.33	1.86%	19.62	1.99%

资料来源：浙江省财政厅政府采购处。

5.3.3.3　构建供应商诚信体系

供应商诚信是构建政府采购诚信体系的重要环节。2009 年浙江省率先加强供应商诚信管理，着力解决供应商诚信缺失等突出问题。为此，制定并发布了《浙江省政府采购供应商注册及诚信管理暂行办法》，结合建立全省统一的供应商库为契机，对供应商的诚信行为，包括失信界定与处罚、信用登记和守信奖励等制定了明确的规则，并按照“以应用促建设”的理念，加大供应商诚信结果的应用，发挥信用信息在加强供应商自律守信、促进诚信经营中的积极作用，并取得良好的效果。具体做法是：

（1）建立全省统一的网上注册供应商库

供应商网上注册是开展供应商诚信管理的基础。供应商注册分为“自愿注册”和“强制注册”两种，凡符合采购法规定条件的供应商均可在浙江政府采购网上自愿申请注册登记，但拟中标成交供应商或参与协议定点、网上采购供应商必须要求强制注册。供应商注册信息包括供应商基本工商信息、资格资质信息、出资投资信息、财务信息、商品（服务）信息、项目业绩（采购合同）信息和诚信记录信息等，并且做到“一地登记注册、全省互认有效、每次可用可查”。通过供应商库建设，变项目管理为长效管理、资格前审为资格后审，减少的是供应商投标成本和工作量，但增加了供应商失信成本和信息真实性，促使供应商政府采购行为更加自律、规范。

（2）设立供应商诚信指数

供应商诚信指数是开展诚信管理的核心，对每个注册入库的供应商均设立一个诚信指数，综合反映其参与政府采购活动中的信用水平。诚信指数由三项分值组成：一是基础信用分。凡供应商按规定在网上据实注册成功，没有弄虚作假情形的，就可获得一个基础信用分（50 分）；二是信用记录分。供应商在参加政府采购活动中，如发生不良行为的，采购组织单位和管理部门将根据其严重程度给予不同的诚信扣分，属于一般不良行为扣10分/次，属于严重不良行为（列为“黑名单”）扣30分/次；同时对于诚信良好、受到省级以上财政部门表彰的则给予加分，20分/次。三是业绩考核分。供应商每中标成交一个采购项目，根据合同金额大小和采购人的履约评价给予一定的加分，其中100万元以下的项目加1分，100万元以上的项目每超30万元再加0.1分，一个项目业绩分最多不超过5分。同时与用户履约评价（指对价格、质量、服务的满意度）挂钩，如满意度为80%，则最终业绩考核分为业绩分×80%。以上三项分值的合计，构成供应商的诚信指数，在政府采购网上一般以“星级”反映，超过60分的，每10分为一星，如60以上但不到70分的为“★”，70分以上不到80分的为“★★”，最多为五星，并由供应商注册管理系统进行动态统计记录。

（3）加强诚信指数的应用和信用信息公开

首先，诚信指数在政府采购评审中得到有效运用。全省各级政府采购中心、代理机构都已在逐步应用实施诚信指数与评审得分相挂钩的机制。诚信指数高的会得到5%以内的评审加分或价格扣除；低的则相应的减分或加价；对诚信指数为“负分”的供应商，将失去直接参与政府采购竞争的资格；对列入“黑名单”的供应商，即使评审小组推荐其作为拟中标成交供应商，采购单位也可不予以确认。这种“倒逼”机制，使在浙江省注册供应商更为看重诚信记录，“宁可亏钱也不要失信”，诚信指数在规范政府采购活动中的作用日益显现。

5.3.3.4 以社会代理机构为专业化政府采购的重要力量

以社会代理机构作为专业化政府采购的重要力量也是构建政府采购诚信体系的重要措施。近年来，浙江省一直积极培育专业化的分散采购市场。一方面通过加强对集中采购业务的指导、监督和考核，积极发挥集中采购机构的示范导向作用；另一方面，通过对全省中介代理机构队伍建设、规范管理、业务操作、采购绩效、社会评价等方面的专项检查和业务考核，规范社会采购机构依法采购的行为和能力，使社会代理机构获得良性发展空间。2012年全省集中采购金额599.65亿元，占采购总规模的71.8%，由社会代理机构代理为主的分散采购项目达到235.98亿元。不仅形成对集中采购的有效补充，而且积极发挥了社会代理机构在专业领域的优点和特长。

5.3.4 充分发挥政府采购的政策功能

政府采购不是单的市场交易行为，而且是政府对经济社会宏观调控的重要工具，发挥政府采购的政策功能是我国深化改革的新要求，也是政府采购发挥作用的新领域，政府采购有没有地位，关键是政府采购在服务经济社会发展和转型升级上是否有所作为。近年来，浙江省始终围绕政府和财政中心工作，以促进经济和社会发展为核心，积极开拓发挥政府采购政策的新功能。

5.3.4.1　优先强制采购节能环保和自主创新产品

2008 年，为发挥政府采购促进经济社会发展的宏观调控和市场导向作用，报请省政府办公厅印发了《关于建立政府优先强制采购节能环保和自主创新产品制度的通知》，不断加大政府采购对节能环保及中小企业发展的支持力度，在全省产生了积极影响。统计显示，2012 年政府优先或强制采购的节能、环保类产品金额达到 55.96 亿元和 53.58 亿元，分别占同类产品的四分之三和三分之二，较为有力地支持了节能环保企业和中小企业的发展。

5.3.4.2　政府采购面向中小企业

认真贯彻和执行《政府采购促进中小企业发展暂行办法》精神，结合本省实际，完善和提出政府采购支持中小企业发展的相关措施，主要包括：通用性强、标准或规格较为统一、预算金额不超过 300 万元的政府采购项目，一般应专门面向中小企业采购；对预算金额在 50 万元以下的省级政府采购项目，“定向”向中小企业采购；推行供应商网上报名和资格预审，免收或减半收取采购文件工本费，切实减轻中小企业参与政府采购的负担等。统计显示，2012 年，浙江省八成以上政府采购合同授予了中小企业。2013 年，政府采购规模中授予中小企业的合同份额达 821.69 亿元，占总规模的 83.5%。

5.3.4.3　创新政府采购支持中小企业信用融资

针对当前中小企业融资难，经营较为困难的状况，浙江省开展政府采购支持中小企业信用融资试点。2012 年正式出台了《浙江省政府采购支持中小企业信用融资试点办法》，以政府采购信用和国库集中支付为履约保障的政府采购合同为基础，省内中小企业供应向试点银行申请优惠利率的政府采购信用融资。注册的中小企业供应商向试点银行申请政府采购信用融资时，不仅可免于向银行提供财产性担保、贷款利率低于国家规定的利率限额，而且还将利率优惠与供应商诚信指数挂钩，指数越高贷款利率越优，大大激发了中小企业积极性。2012 年 8 月，由省财政厅与首批 6 家试点金融机构签订《合作框架协议》，正式进入实质性操作阶段。截至 2013 年 3 月底，试点银行已累计向百家以上企业授信 2.88 亿元，实际放款达 1.18 亿元，到 2013 年 8 月试点银行累计向超过 197 家企业授信近 4 亿元，政府采购“虚拟”的信用变成企业急需的“银子”。该项目较好地体现了政府采购支持中小企业发展的政策功能，是“财政促进发展”的重要手段，真正体现了“信用创造价值”的理念。

5.3.4.4　深入开展廉政防控体系建设

廉政建设是提高政府公信力和执政能力的重要内容，也是新时期深化改革的必然要求。近年来，按照权力运行搜索、廉政风险排查及防控体系建设的要求，浙江省对涉及政府采购和控购的各项业务内容和工作流程进行梳理，共排查出代理机构资格审批、集中采购项目变更为非集中采购审批、采购方式变更审批、政府采购进口产品审核等主要风险点，并针对这些风险点，着力从制度、机制、教育、监督等方面予以加强和防范。一是完善制度和手段，突出对重点人员、重点岗位、重要职能、重要事项的监督，增强制度监督和风险防范的有效性，并通过信息化手段对各岗位流程进行硬性控制，防止随意性。二是公开流程，针对10个政府采购业务，制定清晰、明确的工作流程及相应的流程图，对办事依据、办事条件、所需材料、受理部门（岗位）、咨询电话、承诺期限、监督电话等事项均予以公开，并在"浙江政府采购网"上专栏列示。同时，将政府采购代理机构资格审批纳入省政府网上办事大厅监控系统，省财政厅监察室可以实现网上监控。三是加强廉政教育，不断提高政府采购干部队伍的廉政意识和拒腐防变能力。包括组织全体干部对所处岗位职责进行梳理，并填写《廉政风险防控登记表》，从思想道德、制度机制、岗位职责、工作流程、外部环境等方面进行风险点自评，认真落实政务公开和限时办结制、AB岗、首问责任制等行之有效的制度。目前浙江省政府采购管理体制及制度体系基本完善，通过制度和公开透明化的建设，努力把权力关进制度的笼子，以透明度确保制度的执行力度，形成了不敢腐的惩戒机制，不能腐的防范机制，不易腐的保障机制。廉政防控体系建设不仅显示了政府采购的政策功能，也为完善政府采购体系创造了良好的基础。

浙江省政府采购的政策功能体现在许多方面，除此以外，还完善进口产品审核制度，建立进口产品"全省统一论证"制度，在严格进口产品采购审批的同时提高审批效率。政府采购规模中进口产品采购的比例保持在3.5%以下，真正落实了政府采购国货优先原则；为促进"三农"建设，节约行政成本，2012年年初首次将"农家乐"列为省级会议培训定点，促进农民创业创收；探索实行残疾人庇护产品政府优先采购政策，支持小微企业解困和"三公"经费管理改革等综合性的政府采购政策。由此可知，发挥政府采购的政策功能成为浙江省的突出特色，为推进经济发展和社会进步发挥了显著作用。

5.3.5 今后政府采购制度的改革目标

近年来，浙江省政府采购工作取得了显著成效，同时也存在不足之处。在新形势要求下，发扬成绩，弥补不足，开拓创新，是其今后政府采购制度深化改革的主要方向。

5.3.5.1 存在的不足

在取得成绩的同时，浙江省政府采购工作与人民的期待、与政府采购制度的理想目标仍有很大差距，比较突出的是：政府采购规模占公共财政支出和 GDP 的比重仍然偏小，有待进一步提高；政府购买社会服务刚刚起步，有待加快推进；政府采购的效率与效益还不理想，物有所值理念有待进一步强化；政府采购的制度漏洞与制度空白还很多，统一、完善的市场规则还未完全形成，改革与创新的任务仍然很重；政府采购的监管还未完全到位，监管能力还不能适应现实需要，个别地区监管机构设置与人员配备有弱化的倾向；政府采购的诚信建设任重道远，高价采购、低价恶意竞争、专家违规评标、规避公开招标以及不按约定签订合同、履行合同不诚信等现象时有发生；政府采购政策之间、政府采购政策与其他财政政策之间缺乏有效配合以及重拓展政策范围、轻政策落实实效的问题依然比较严重。

5.3.5.2　深化政府采购改革的思路与方向

浙江省政府采购改革的目标和方向是：认真贯彻党的十八届三中全会所提出的财税改革的任务和精神，结合当前浙江经济社会发展实际建立现代政府采购制度。十八届三中全会提出建立现代市场体系和建立现代财政制度的要求，要求审核预算的重点由平衡状态、赤字规模转向支出预算和政策拓展。全国政府采购工作会议提出政府采购改革必须服从服务于加快完善现代市场体系，必须服从服务于加快政府职能转变，必须服从服务于建立现代财政制度，必须服从服务于构建开放型经济新体制，并且要推动政府采购管理从程序导向型向结果导向型四个重大转变。据此，浙江省政府采购制度改革主要是从“国际视野”及“国家治理”的角度，按照发挥市场决定性作用和政府导向性作用的思路，构建利于形成统一开放、竞争有序、透明规范的市场环境的现代政府采购制度。为此，下一步深化政府采购制度改革，主要从解决当前最突出的问题出发，勇于创新，整体设计、重点突破、逐步推进，重点转变政府职能，创新采购模式，着力构建五大体系建设。

（1）转变政府职能，建立政府采购治理体系

深化政府采购改革目标是要实现政府采购的有效治理，重点将通过对政府采购“还权、分权、限权”来转变政府职能，形成采购单位、代理机构和监管部门三者的治理合力。所谓“还权”就是还采购决策权于采购单位，发挥其实施政府采购的自主性，让政府采购成为其自觉规范财政支出的一种习惯；所谓“分权”就是赋市场监控权于采购机构，发挥其监控采购市场的主动性，让看得见的也管得着；所谓“限权”就是限制财政部门的行政监管权，核心是简政放权，将采购方式和采购组织形式审批等事务性管理由审批改为备案，适时组建政府采购协会，将采购代理机构资质审批和业务考核等行业管理权授予协会，推进行业自律管理。逐步建立财政主导、相关利益当事人共同参与、协同管理的政府采购治理体系。

（2）创新采购模式，构建网上政府采购市场

政府采购本质上就是一种市场行为，应当遵循市场交易的一般规则。当前要积

极运用互联网思维和现代信息技术，加快构建网上政府采购市场，目的是简化采购程序，降低交易成本，提高采购效率，并按照“抓大规小、分类管理”的思路创新和完善政府采购市场模式。具体分三种市场交易模式，进行分类管理：

一是对采购金额较小（一般合同金额在10万元以下）、采购较频繁的项目，实行“大卖场采购或网上超市”模式，由采购中心招标确定若干专业电商企业（如京东商城），明确价格优惠和管理要求，采购单位可直接按优惠价选购商品、公务卡结算。该模式突出了“借市场管市场”的理念，在保留私人采购的充分自主、高效灵活的同时，做到适度规范和透明可控。

二是对采购金额相对较大（10万—100万元之间）、采购数量相对较多的项目，实行“网上竞价采购”模式。由采购人自行发起网上询价，并按规定的政府采购成交规则自主确定成交供应商，并通过与阿里巴巴的战略合作，共享政府采购信息和供应商及商品资源，统筹融合政府采购市场与一般消费市场这两个市场、两种资源，提高政府采购的竞争性。该模式突出了“以市场促市场”的理念，既保留了单位在市场低价范围内有限的采购自主权，也保证了政府采购的规范性和市场定价的有效性，同时还提高效率。

三是对金额较大（100万元以上）、数量较少的项目，继续实行现行的采购模式，由采购单位自行委托采购中心或代理机构依法实施采购，同时实行网上招标、投标和电子辅助评标，提高政府采购透明度。该模式突出了“专业的机构做专业的事”的理念，但强调政府采购代理的专业性，引导代理机构错位代理和差异化发展，确保重大采购项目的适度竞争和依法规范，并提高采购质量。

（3）构建五大体系，建立现代政府采购制度

①构建以浙江省实施政府采购法为核心的制度体系。浙江省政府采购的制度体系建设，是综合对内改革和对外开放两个大局，以政府“简政放权”，提高政府采购治理体系和治理能力为目标，建立以《政府采购法》为统领，以《浙江省实施〈政府采购法〉办法》为核心，以政府采购预算管理、采购活动组织管理、合同履约管理、结果评价管理和采购政策管理为框架，涵盖采购预算编制和执行规范、采购需求规范、电子化采购规范、采购主体行为规范、专家管理和评审规范、采购交易规范、合同履约验收规范、质量评价规范等一系列制度为内容的，科学精细、内容严密的政府采购制度体系。

②构建以信息化为手段覆盖全面的监管体系。通过信息化手段，将监管制度、监管手段、监管方法融入到信息系统的建设中，形成与全国政府采购信息化规划和体系有效衔接的政府采购信息管理系统，化“有形为无形”，实现监管方式的转变。通过信息系统刚性控制机制、规范透明的信息公开机制、采购主体参与机制、社会公众监督机制，借用市场竞争和舆论监督的力量，发挥采购人作为采购责任主

体的监管作用，完善和提高现行的对各类采购主体、各种采购类型、采购过程、采购结果等政府采购全方位的监管机制，形成政府规治、系统控治、行业自治和社会共治的覆盖全面的监管体系。

③构建以采购人、供应商、专家和代理机构考核评价为重点的采购诚信体系。主要内容是：构建以采购人的需求制定和履约情况评价机制、评审专家的评审活动和职业操守评价机制、政府采购代理机构的执业行为和采购组织情况考核评价机制等为重点，以诚信机制的实际应用为落脚点的，尊重市场、内容全面、评价科学、机制完善的政府采购诚信体系。从制度上保障“守信受益、失信惩戒”的激励约束机制，不断提高政府采购公信力。

④构建全省统一规范的采购程序、采购文件和需求等为内容的政府采购标准体系。标准化是对现实问题或潜在问题制定共同使用和重复使用条款的活动，包括编制标准、发布标准和实施标准。政府采购标准化是推动政府采购管理方式变革与创新的重要因素，是推动政府采购信息化，改善和提高监管能力的必经之路，是支撑政府采购科学化、精细化发展的必然要求。政府采购标准化体系建设，就是要建立程序标准化、采购文件和需求标准化、采购服务标准化以及数据接口标准化等涵盖政府采购全过程和数据规范的标准化体系。政府采购标准化建设是一个系统工程，研究做好标准化体系的顶层设计，制定标准化体系的框架，要考虑好哪些问题通过《政府采购法》及相关法律法规来解决，哪些问题可以通过市场来解决，哪些问题通过标准来规范。围绕简化流程，提高政府采购效率，提升服务水平为出发点和立足点，进行科学的分类和研究，从全局的角度研究谋划政府采购标准化体系建设，处理好政府采购服务标准与其他相关国内标准和国际通用规范的衔接。

⑤构建以采购从业人员职业化发展为目标的政府采购专业人才队伍体系。政府采购队伍是政府采购工作的具体执行者，是深化政府采购制度改革的保障。政府采购队伍体系建设，以采购单位经办人员和代理机构从业人员专业化发展为目标，建立政府采购从业人员职业资格认证、持证上岗和职称评定制度。推动代理机构的专业化发展定位，研究和推进“横向联合、纵向联动”的政府采购代理机制，完善集采机构全省联动、区域互动、错位互补的机构竞争机制，发挥不同集采机构在某一领域采购的专业优势和优势互补机制。以监管机构和监管人员专业化发展为目标，建立涵盖采购单位经办人员、代理机构从业人员、监管机构从业人员的分级、分类培训和管理制度。不断提高政府采购从业人员的专业能力和职业纪律，建设一支结构稳定、素质过硬、廉洁高效的监管队伍；加快人员、机构、队伍和行业自律组织建设，形成职业化、专业化和稳定化的政府采购队伍体系。

第6章
完善国库管理的总体思路与政策建议

通过以上的分析研究，对我国国库管理有了一个比较全面的了解，对取得的成绩需要总结经验，发扬光大，对不足之处需要分析原因，加以完善。本章针对预算执行管理、国库集中收付管理、决算管理、地方政府债务管理、地方本级国库现金管理、政府采购管理、政府会计管理、财政信息化建设方面财政的问题和不足提出相应的完善建议。

6.1 总体思路

财政国库管理制度改革是我国继分税制改革之后财政管理制度的根本性变革，构建了财政资金运行管理的全新机制和统一框架。经过十余年的改革历程，我国财政国库管理制度改革取得明显成效。国库集中收付制度改革渐成体系，并于2012年底基本实现全覆盖，成为财政资金运行管理的基本制度；政府采购管理机制和政策功能日益完善；国债市场化改革不断深化，国债管理机制日趋成熟；政府会计改革取得重要进展，有23个省份开始试编权责发生制政府综合财务报告；国库信息化建设进展迅速，中央和地方财政基本建立了覆盖财政资金收缴和支付的信息系统，部分地方开始启动国库集中支付电子化管理试点。

财政国库工作的改革发展进程，直接关系到财税体制改革的基础保障是否牢固；关系到全面建设小康社会条件下我国财政管理水平在国际上的先进程度。过去十多年改革实践证明，我国现代国库管理制度的设计理念和基本框架都符合国际发展趋势，下一步关键是能否向更高层次推进，完善顶层设计。

党的十八届三中全会通过的《决定》，描绘了全面深化改革的新蓝图、新目标，是今后一个时期指导我们进一步做好财政国库管理工作的行动纲领。完善国库管理的总体思路是：全面贯彻落实党的十八大提出的“构建系统完备、科学规范、运行有效的制度体系，使各方面制度更加成熟更加定型”和党的十八届三中全会提出的“完善立法、明确事权、改革税制、稳定税负、透明预算、提高效率”的财税体制改革总体方案，按照科学化、规范化、信息化管理要求，围绕建立规范、高效、透明的现代财政制度的目标，坚持制度创新，继续深化国库集中收付制度和政府采购制度改革，推进政府会计改革，稳步实施国库现金管理，进一步强化预算执行管理和决算管理，充分履行控制预算执行、反馈执行信息、有效管理国库现金和政府债务等一系列财政国库管理职能，着力建设完善具有“四项功能”、“五大体系”的现代国库管理制度，即按照强化监控功能、理财功能、反映功能和政策实施功能的要求，建设完善预算执行管理监控体系、政府财政财务信息分析报告体系、政府采购管理体系、国债管理体系和国库现金管理体系，为加强和完善财政管理、贯彻落实财税政策、实施宏观调控提供手段和保障。

6.2　政策建议

6.2.1　强化预算执行管理

预算执行管理是财政管理的关键环节，直接关系着财政宏观调控政策的有效实施和财政资金运行的安全高效。近年来，随着部门预算、国库集中收付制度等公共财政改革的深入推进，财政资金运行管理机制基本建立，预算执行管理不断加强，财政资金使用效益不断提高。但是，财政预算管理工作中的“重分配、轻管理”、“重支出、轻绩效”等问题仍未得到根本解决，预算执行中还存在部分支出进度较慢、预算资金大量结转、国库存款沉淀等较多问题，尤其是当前国内外经济形势仍然错综复杂，经济增长下行压力依然存在，一些困难不容低估，应进一步加强财政支出预算执行管理。

6.2.1.1　建立完整统一的财政国库管理一体化信息系统

现有的国库各项业务和功能，都有与之配套的信息系统，并且经过多年的运行、调试、升级，相对已比较稳定。但随着国库改革的深化，各项业务呈现一体化趋势，现行以各自独立业务管理目标确定信息系统建设需求的模式已不能适应改革的需要。统计数据显示，目前地市本级国库部门向业务管理部门提交实际支付数的时间要求达到 5 天以内时效水平的，只有 21 个地市，占比仅为 8%，时效性明显滞后；预算管理部门向国库部门回复初步结余的时间偏长，省本级中达到 4 天内由预算管理部门向国库部门回复初步结余的标准的只有6个省，占比仅为23%；而地市本级要求在4天内回复的只有15个地市，占比在5%左右，而超过10天的地市本级则占到了77%；一级预算单位向国库部门报送支出明细的时间要求在20天以内的，只有山西一省；而地市本级中也只有8个单位，占比仅为3%。产生以上问题的原因在于，国库收付管理系统与财政部门其他业务之间衔接不够，不能实现信息共享，导致各部门之间出现“信息孤岛”现象。下一步应在金财工程建设的统一规划下，拓展国库收付管理系统，使之与财政部门内部各业务相衔接，形成完整统一的财政国库管理一体化信息系统，实现信息共享，实时反映财政资金运行。目前，财政部会同人民银行总行及相关部门，根据满足信息交换和信息安全的双重要求，共同研究制定了支付电子化相关业务和技术标准，这套标准规范是消除信息“孤岛”，实现跨部门、跨地区互联互通的“灵魂”，是“硬要求”。各地财政部门应树立标准化意识，不断强化标准规范的约束作用，在支付流程调整、业务系统改造、安全服务应用等方面，严格遵守中央制定的支付电子化标准规范，按照全国统一的标准规范改造现行支付系统，与中央统一开发的安全支撑控件有效衔接，规范各地国库集中支付业务。通过在相关软、硬件中固化内控机制，真正落实财政财务管理的各项原则要求；通过建立跨部门、跨地区的信息交换“高速公路”，有效解决信息不对称问题；通过统一标准贯通各方业务和信息系统，将为财政海量数据汇集处理与共享分析奠定基础。

6.2.1.2 健全预算单位账户管理制度建设

账户管理制度是资金运转的载体，事关预算执行管理与成效。国库管理既要管住预算单位开设的账户，更要管住财政专户。国库集中支付制度改革后，预算单位开设零余额账户用于资金支付，原银行账户应逐步撤销。但受预算管理体制等各方面因素制约，目前中央和地方各级预算单位仍保留有相当数量的银行账户，沉淀着大量资金，为一些不规范的资金支付行为提供了“藏身之地”。根据统计数据显示，地市本级中有262个地市尚未建立预算单位账户管理制度，占比达到87%。因此，下一步应继续清理整顿预算单位银行账户，凡不符合规定应当撤销的，坚决予以撤销；短时间内无法撤销的，要将其纳入国库单一账户体系，严格审批管理。清理整顿预算单位银行账户工作主要采取自查自纠和全面核查相结合的方式进行。相关地方可成立清理整顿预算单位银行账户工作领导小组及办公室，各部门各单位都必须按照统一部署和要求，在规定的时间内，对本部门及所属单位的银行账户进行全面清理登记，提供开户文件依据、开户许可证、法人资格代码证、银行对账单等资料，经单位财务负责人审核确认、主要负责人签字、加盖单位公章后，交清理整顿银行账户工作领导小组办公室统一汇总。清理整顿银行账户工作领导小组办公室根据各单位自查情况，组织开展全面核查，提出保留、撤并的意见报清理整顿银行账户工作领导小组审查界定，下达预算单位银行账户保留、撤并通知书。对属清理撤销、合并范围的银行账户，各单位应在规定的时间内，将账户存款余额及时销户结息；属应缴预算、财政专户款，要及时、足额上缴国库或非税收入归集户；属其他款项应转入到单位基本账户内集中核算。

6.2.1.3　规范预算执行情况分析报告制度

预算执行情况分析报告制度是对预算执行情况的有效分析和预算执行动态的有效把握。目前该项制度在省市一级实行的较少，应进一步加大对预算执行情况的分析力度，准确把握财政支出走势，分析重点支出情况，及时掌握预算执行动态，研究分析预算执行中存在的问题，特别是要加强对预算收支执行、国库存款、结转结余、暂付暂存款和财政专户资金的分析，研究采取切实可行的操作管理办法，充分发挥其促进预算执行顺利完成、保证财政资金安全运行、提高运行效率和使用效益等方面的重要作用，及时、有效地为决策管理提供服务。

6.2.1.4　切实加强预算执行动态监控机制建设

预算执行动态监控机制是以国库集中支付制度为基础，综合利用现代信息网络技术的新型财政监控模式，是运用先进管理系统对财政资金运行及具体活动进行实时监控的重要手段，在预算执行管理中日益发挥出强大的威慑作用。目前，预算执行动态监控机制在中央和地方省市两级已全面推开，对资金违规行为的威慑力不断加大。但大部分县级地区进展迟缓，监控机制还没有真正建立起来。下一步要采取有效措施，加快动态监控机制建设，尽快建立预警高效、反馈迅速、纠偏及时、控制有力、覆盖各级财政的一体化动态监控体系，以充分发挥其事前威慑、事中监控、事后查处的作用，并不断加以完善，达到系统实时动态、智能预警、综合分析、实用兼容等核心主体功能目标。要在加强日常监控的基础上，突出监控重点，按照中央“八项规定”以及党中央、国务院关于厉行节约等一系列规定精神，加大对预算单位大额餐费、会议费、培训费等相关款项支付使用的监控，加大对违规行为的查处力度，确保中央和地方政府的一系列规定落到实处。要推动建立覆盖各级财政的预算执行动态监控体系，构建严密的预算执行监控网络，对预算执行违规行为形成有效威慑。

6.2.2　继续推进国库集中收付管理

国库集中收付制度改革于本世纪初启动实施，经过十余年的努力，取得决定性进展和重大历史性成就，通过改革建立的现代国库管理运行机制，已得到广泛认同，显著提高了我国预算执行管理的效率、效益和透明度，也极大促进了财政管理整体水平的提升。但也要看到，全面推进改革还面临进展不平衡、措施不到位、方式不规范等问题，尤其是县乡两级改革明显滞后，大量财政资金从国库转拨到财政专户管理，很大程度上制约着现代国库管理运行机制的完善发展。下一步推进改革的关键是按照十八届三中全会和《财政国库“十二五”规划》确定的目标要求，全面推进各项改革，打好改革的攻坚战。

6.2.2.1 提高国库集中支付改革的覆盖面

国库集中支付制度是现代国库管理运行机制的核心制度。这项制度彻底改变了传统财政资金支付管理模式，财政支出实现了从“逐级转”到“直通车”的重大突破，预算单位用款由多层级管理改变为扁平化管理，资金支付效率显著提高，资金安全得到切实保障。但国库集中支付仍然存在问题，统计数据显示：一是机构覆盖水平不高，省本级层面实现对乡镇一级的全面覆盖的只有重庆一个省级单位；地市本级层面也只有3%的地市本级实现了对乡镇一级的全面覆盖。二是包纳的资金种类较为有限，地市本级中有80%的国库集中支付改革仅能覆盖小部分非税收入资金，在资金种类上涵盖面偏窄。要解决好这些问题，必须把加强顶层设计和尊重基层实践紧密结合起来。在顶层设计方面，重点是抓紧完善中央专项转移支付资金国库集中支付办法和研究制定社会保险资金国库集中支付办法。在尊重基层实践方面，要在不偏离改革目标前提下，大力推广一些地区好的经验做法，针对不同的地域特点实行差别化的管理模式，尽快把预算单位所有财政资金都纳入国库集中支付范围，尽快把乡镇改革推到位，采取各种有效措施，攻克县乡改革难点，将国库集中支付制度覆盖到县以上各级所有预算单位以及有条件的乡级预算单位。已经编制国有资本经营预算的地方，其国有资本经营预算资金也要实行国库集中支付，并将公共财政预算资金、政府性基金预算资金全部纳入国库集中支付范围。

6.2.2.2 推进用款计划管理制度建设

财政性资金用款计划是财政预算支出活动一定时期的执行方案和预算执行计划，它是以预算为依据，按照支出性质和支出项目执行进度编制的。统计数据显示：目前省本级中只有宁夏、贵州、陕西和宁波等4个省市区建立了用款计划管理制度；而地市本级中有65%的地市本级尚未着手建设用款计划管理机制。因此，必须采取措施，推进用款计划管理制度建设，加强财政性资金的管理和监督，规范财政性资金的支付程序，提高财政性资金使用效益，增强财政性资金调度能力，确保财政性资金安全、高效的运行。一般来说，用款计划分为基本支出用款计划与项目支出用款计划。预算单位应科学编制用款计划，基本支出用款计划按照时间均衡性原则编制，项目支出用款计划按照项目实施进度编制，确保支出及时到位和各项事业正常发展的需要。地方财政部门应对预算单位用款计划执行进度实行考核制度。对用款计划执行进度过慢的单位，财政部门应定期通报，并要求单位书面说明情况和予以整改。预算单位月度用款计划结余额度可结转下月使用。但对超过三个月不能用完的月度用款计划，财政部门应收回用款计划结余额度。

6.2.2.3　积极推进非税收入收缴管理改革

非税收入收缴管理改革是改变执收单位层层上缴、层层滞留非税收入的新型运行方式，通过建立新型收缴账户体系和信息系统，资金当天即可缴入国库或财政专户，实现非税收入从“层层缴”到“零在途”的一次飞跃，不仅可以大大加快非税收入入库速度和运转效率，而且能够有效规范执收单位收缴行为。然而在实际推进过程中，进展不甚理想。统计数据显示：目前，省本级中只有江西省建立了非税收入收缴管理体系，其他各省区都处于尚未着手建设的阶段；地市本级中，有 255 个地市明确表示尚未着手建立非税收入收缴管理体系，占填报地市的 87%。非税收入收缴管理发展滞后，既影响资金收缴效率，也不利于保障资金安全。因此，各地应进一步推进非税收入收缴管理改革，充分发挥新型收缴管理机制作用。地方所有省、市、县级执收单位应全部实施非税收入收缴管理改革，具备条件的乡级执收单位也要实施改革。行政事业性收费、政府性基金、罚没收入、国有资本经营收益等所有非税收入都要纳入改革范围，教育收费、彩票销售机构业务费用等纳入财政专户管理的收入，也要比照改革模式进行收缴。应加大信息技术在非税收入收缴管理中的应用力度，力争实现非税收入全电子化缴款，通过电子化管理优化非税收入收缴流程，实现非税收入直接缴入国库。在此基础上，逐步取消非税收入收缴财政专户并探索建立代理银行合理的成本补偿机制。要进一步加强非税收入收缴监管，借鉴预算执行动态监控的模式，推动建立覆盖各级政府层级的非税收入收缴监管机制。与此同时，要进一步扩大电子缴税横向联网的覆盖范围，扩展横向联网业务种类，丰富财税信息共享内容，建立起统一的财税信息交换框架。

6.2.2.4　加快推进公务卡制度改革

公务卡制度能够有效解决现金支付管理漏洞，加强对公务支出行为的监督管理，增强政府公务支出信息透明度。这项改革得到中央纪委和监察部的高度重视，国家预防腐败工作联席会议第五次会议对公务卡制度改革作了专门研究和部署，社会各界对推进公务卡制度改革的呼声也非常高。然而在实际推进过程中，公务卡改革进程较缓慢。统计数据显示：目前省本级中只有重庆市实现了一级预算单位和二级预算单位全覆盖，而有 22 个省市区则只实现了对个别单位的覆盖；地市本级中，有 229 个地市只覆盖了个别预算单位，占填报单位的比重达到 78%。对于《公务卡强制结算目录》的建设和管理，省本级中只有福建省处于正在建设的进程中，尚无一个省份建成；地市本级中，有 229 个地市未着手开展《目录》建设工作，占比高达 76%。鉴于此，应进一步加快改革进程，一是各地财政部门应结合本地实际，将公务卡制度改革“一推到底”。要求尚未实施公务卡改革的市县、乡镇一级预算单位，迅速启动公务卡制度改革，完成与代理银行签订协议，为本单位公务人员办理公务卡。二是严格执行公务卡强制结算目录制度。要求办公费、印刷费、咨询费、手续费、水电费、邮电费、物业管理费、差旅费、维修（护）费、租赁费、会议费、培训费、公务接待费、专用材料费、公务用车运行维护费和其他交通费用必须使用公务卡结算，原则上不得使用现金结算。对因特殊原因未使用公务卡结算的，报账时要附上并经单位负责人签字的书面说明。三是加大财务报销环节审核力度。各地会计管理部门各核算站会计认真审核公务卡报销事项，核对公务卡消费的真实性，确认公务卡报销的金额。四是建立健全公务卡相关制度。要求地方财政部门根据公务卡管理的相关政策规定，进一步完善公务卡强制结算目录和市县预算单位公务卡管理办法等相关制度，不断提高公务卡使用频率，切实减少现金支付结算。五是改善公务卡制度推广环境。地方财政部门应加强与银联、发卡银行沟通，解决推进工作中遇到的新情况、新问题，扩大 POS 机网点布设范围，改善公务卡受理环境，满足强制结算范围内的公务支出刷卡需要；联合代理银行和银联研究制定更加优惠的公务卡消费政策，鼓励使用公务卡消费，提高公务卡使用频率。

6.2.3 加强决算管理

财政决算是预算执行情况的总结，是部门年度收支情况、发展成果和管理绩效的综合反映，也是编制下年度预算的信息基础。统计信息显示：当前，地方在决算方面存在决算会审制度推进方面进展缓慢，部分影响决算信息的完整性和准确性；决算审核管理的周期较长；决算审核期间对项目单位的管理较不规范等问题，需要在今后的工作中加强决算管理，建立健全预、决算相互反映和相互促进的机制。

6.2.3.1 建立健全决算会审制度

决算会审制度即由财政部门组织专门力量对本地区行政事业单位编制的决算纸质报表、电子介质数据以及相关资料，按照财政部门的标准及要求集中进行审核。统计数据显示：目前，我国各省市决算会审制度推进缓慢，有 25 个省本级尚未着手建立决算会审制度，从而导致部分决算信息未能在决算中有效反映，或是重要的决算管理突破和改革没有得到重视的情况，部分决算信息也存在失真、重复和疏漏的可能性。地市级层面情况也不乐观，有 89% 的地市本级尚未着手建设决算会审制度。下一步，应切实推进建立决算会审制度，由地方财政部门组织专门力量对本地行政事业单位编制的决算纸质报表、电子介质数据以及相关资料集中进行审核，审核重点主要是决算编制范围是否完整，是否有漏报和重复编报现象；编制方法是否规范，是否符合财务会计制度及部门决算的编制要求；编制内容是否真实、完整、准确。通过决算会审制度，确保决算编制范围完整、方法规范、内容准确和真实。

6.2.3.2 加强对决算数据的分析利用

决算数据是我们手中掌握的一个“数据宝藏”，如何挖掘、如何筛选、如何加工，形成什么样的产品，取决于我们对这项工作的认识程度、重视程度和研究程度。目前大部分省市对决算数据的分析利用程度不高，挖掘程度不够。决算分析的主要内容包括：预算与决算差异分析；收入、支出、结余年度间变动原因分析；财政资金使用效益分析；部门资产、负债规模与结构分析；机构、人员及人均情况对比分析；以及满足财政财务管理与宏观经济决策需要的各项专题分析等。下一步，应加强对决算数据的分析利用，及时发现和揭示预算编制与执行中存在的问题，形成“预算编制—决算反映—预算规范”的预算管理链，有效发挥决算对预算的反映和促进作用。一是预决算编制相结合。尽管部门预算改革历时十多年了，但部门预算的编制质量如何，部门预决算差异有多大，并没有引起广泛关注。强调预决算编制相结合，目的是通过分析二者之间存在的差异，为今后准确编制部门预算提供参考。二是决算分析与项目绩效考评相结合。近年来，在编制部门预算时，对于资金规模较大的项目，都要求编报项目绩效目标，决算分析时，应结合项目绩效目标，对项目的绩效情况、完成程度和存在问题加以综合分析，提出针对性整改建议，探索建立决算分析评价结果在部门预算安排中的激励与约束机制。三是加强决算专题分析，建立主管部门与预算单位的业务沟通交流机制。听取基层预算单位对决算编报、决算分析的意见和建议，了解他们在预算管理、项目管理中的重点、难点及有关决算信息需求。四是建立信息反馈机制。通过分析整理决算数据，及时编写决算专题分析材料，通报有关单位，使其及时了解决算分析反映的问题，促进决算数据与预算编制两者的有效衔接。

6.2.3.3　规范项目决算审核管理

项目决算审核管理是合理控制项目支出，提高资金使用效益的重要手段。目前项目决算审核管理的周期较长，只有山东省做到了在 1 个月内完成项目决算审核管理的时效性要求，其他各省市区都超过了一个月。项目决算审核期间对项目单位的管理较不规范，统计信息显示：仅有云南一省和 2% 的地市本级做到了在财政部门完成审核前，项目建设单位不撤销，项目负责人和主要财务人员不调离。因此，下一步，应规范项目决算审核管理，提高时效性，建立健全预算与决算相互反映和相互促进的工作机制。各单位汇总的部门决算报送后，各级财政部门应当组织对所报送的项目决算真实性、完整性和规范性进行审核。审核主要内容包括：项目预算与决算差异分析；项目收入、支出、结余年度间变动原因分析；项目使用的财政资金效益分析；项目承担单位资产、负债规模与结构分析等。决算审核可采取全面审核与重点审核相结合的方式进行确定，对项目决算存在明显质量问题的单位进行重点核查。

6.2.4　完善地方政府债券管理

地方政府债券是政府债券的形式之一，是指某一国家中有财政收入的地方政府或地方公共机构根据信用原则、以承担还本付息责任为前提而筹集资金的债务凭证，是地方政府筹集资金，弥补融资缺口的一种手段，一般用于交通、通讯、住宅、教育、医院和污水处理系统等地方性公共设施的建设。通常，地方政府债券是以当地政府的税收能力作为还本付息的担保。2009 年为应对国际金融危机，扩内需保增长，国务院同意地方发行 2000 亿元债券，由财政部代理发行，代办还本付息，列入省级预算管理。2011 年和 2012 年，经国务院批准，上海、浙江、广东、深圳试点在国务院批准的额度内自行发行债券，但仍由财政部代办还本付息。2013 年，新增江苏、山东为试点地区，其他地区仍由财政部代理发行、代办还本付息。2014 年 5 月，经国务院批准，上海、浙江、广东、深圳、江苏、山东、北京、江西、宁夏、青岛试点地方政府债券自发自还。通过创新政府债务管理模式，有效缓解了地方资金压力，对于应对国际金融危机、扩大内需、保持我国经济平稳较快发展发挥了积极作用，地方政府债券管理也日趋成熟。在看到成绩的同时，我们也应看到，目前地方政府债券管理还存在一些问题，债务管理制度不健全、地方债券收入纳入本部门预算的比例较低、地方本级债务还本付息来源规范性有待提高等，这需要我们进一步规范地方政府债券的管理。

6.2.4.1 建立以政府债券为主体的地方政府举债融资机制

根据统计数据显示：目前，地方本级债务还本付息来源规范性不足，88.89% 的省市自治区使用一般预算收入，22.22% 的省市自治区使用上级转移支付，16.67% 的省市自治区使用政府性基金收入，33.33% 的省市自治区使用土地出让收入，5.56% 的省市自治区使用国有资本经营收入或国有资产变现收入，61.11% 的省市自治区发行新债券收入。下一步，应建立规范的地方政府举债融资机制。对地方政府性债务实行分类管理和限额控制，逐步将地方政府债务性收支分类纳入预算管理。地方政府举债采取政府债券方式。没有收益的公益性事业发展确需政府举借一般债务的，由地方政府发行一般债券融资，主要以一般公共预算收入偿还。有一定收益的公益性事业发展确需政府举借专项债务的，由地方政府通过发行专项债券融资，以对应的政府性基金或专项收入偿还。

6.2.4.2 建立健全相关地方政府债务管理制度

管理地方政府债务的有效手段是合理确定地方政府债务规模、建立科学的举借审批、风险防范和预警机制。目前，地市本级已经建立了相关的债务管理制度中，政府性债务管理制度、政府负有偿还责任的举借审批制度、债务收支计划编制、债务风险预警制度中，有 33.01% 的省市自治区没有建立上述制度，有 35.29% 的省市自治区仅仅建立了其中一项制度，12.75% 的省市自治区仅有 2 项制度，9.8% 的省市自治区仅有 3 项制度，上述制度都有的只有 0.65%。下一步，应建立健全地方政府债券管理的相关制度建设，提高地方政府债券管理的规范性和有效性。一是对地方政府债务实行规模控制。地方政府债务规模实行限额管理，地方政府举债不得突破批准的限额。地方政府一般债务和专项债务规模纳入限额管理，由国务院确定并报全国人大或其常委会批准，分地区限额由财政部在全国人大或其常委会批准的地方政府债务规模内根据各地区债务风险、财力状况等因素测算并报国务院批准。二是严格限定地方政府举债程序和资金用途。地方政府在国务院批准的分地区限额内举借债务，必须报本级人大或其常委会批准。地方政府不得通过企事业单位等举借债务。地方政府举借债务要遵循市场化原则。建立地方政府信用评级制度，逐步完善地方政府债券市场。地方政府举借的债务，只能用于公益性资本支出和适度归还存量债务，不得用于经常性支出。三是把地方政府债务分门别类纳入全口径预算管理。地方政府要将一般债务收支纳入一般公共预算管理，将专项债务收支纳入政府性基金预算管理，将政府与社会资本合作项目中的财政补贴等支出按性质纳入相应政府预算管理。地方政府各部门、各单位要将债务收支纳入部门和单位预算管理。或有债务确需地方政府或其部门、单位依法承担偿债责任的，偿债资金要纳入相应预算管理。

6.2.5　稳步实施地方国库现金管理

地方国库现金管理是我国国库现金管理体系的重要组成部分，也是“十二五”时期深化地方国库集中收付制度改革的一项重要工作。加强地方国库现金管理，有利于提高国库存款收益水平，增加地方可用财力，有利于促进国库存款管理，提高国库存款安全性，也有利于提高财政理财水平，促进地方经济发展。目前，我国地方国库现金管理还存在一些问题亟待解决：地方国库现金管理规范性不足；财税库银横向联网共享不足；国库基础数据库建设有待提升；国库预测能力较弱等，需要我们在今后的工作中进一步加强。

6.2.5.1　建立科学的地方国库现金管理制度体系

国库法规制度是国库管理工作的基础，加强制度建设是规范运作地方国库现金管理的保证，也是地方国库现金管理与宏观货币政策相协调的保证。统计信息显示：目前在 23 个有效省市自治区调查问卷中，仅有 43.48% 的省市自治区制定了本地国库现金管理工作的制度文件；地市本级问卷中，仅有 36.36% 的地市本级制定了本级国库现金管理制度文件。可见，国库现金管理制度建设相对较为滞后，规范性不足。因此，应着力在以下几个方面进行完善。一是构建科学的地方国库现金管理制度体系。从地方国库现金管理的长远发展来看，与地方国库现金管理相关的法规制度必须服从财税、金融体制改革的需要，以健全的法律制度体系来推动地方国库现金管理体制的建设。二是建立库底目标余额管理制度。从国际上看，开展国库现金管理比较成功的国家普遍建立了库底目标余额管理制度。我国的情况比较复杂，确定库底目标余额的难度要大一些，但这个制度是实施国库现金管理的保障，必须抓紧建立起来，以最大限度消除财政收支波动对货币等相关政策的影响。三是规范实施国库现金管理操作。中央国库现金管理要在稳步开展3个月、6个月、9个月定期存款基础上，结合财政改革需要，研究更短期限的投资工具以及短期融资工具。地方国库现金管理要按照规范化的办法进行操作。要尽快出台《地方国库现金管理暂行办法》，为地方国库现金管理扫清制度障碍。要强化地方国库现金管理相关知识和业务培训，提升地方国库现金管理专业研究和操作能力。

6.2.5.2 着力推进财税库银税收收入电子缴库横向联网

“财税库银”税收收入电子缴库横向联网实现了税款征缴全过程电子化操作，不仅提供更加安全、便捷、高效的收缴服务，也提高收缴的规范性，加快税款入库速度，增强政府部门公共服务能力和行政效能。而目前财税库银横向联网共享不足，有效问卷统计显示，仅有80%的省市自治区本级财税库银横向联网全部共享信息，90%的省市自治区部分实现联网信息共享；62.45%地市本级财税库银横向联网信息部分共享，28.74%的地市本级财税库银横向联网信息部分的没有共享，仅仅有8.81%的地市本级财税库银横向联网信息全部共享。鉴于这种情况，各级财政部门应主动加强与税务机关、人民银行的沟通协调，推进横向联网在市、县级的全覆盖，并加大宣传力度，使越来越多的纳税人通过横向联网方式缴纳税款。按照横向联网手续费计付管理有关规定，合理补偿商业银行办理税收收缴业务成本，调动商业银行积极性，促其提高服务质量。一是实行电子缴库方式。电子缴库主要采取划缴入库方式。不具备划缴入库条件的，采取自缴入库方式。由税务机关与纳税人签订电子缴税协议，纳税人与开户银行签订授权划缴税款协议。在电子缴库信息发送方式上，电子缴款书等税收收入电子缴库信息由税务机关发送国库，国库转发到纳税人开户银行和财政部门。随着横向联网工作的深化，逐步实现税务机关与财政部门、国库相互之间的直接联网，完善税收收入电子缴库业务程序和信息共享方式。二是建立健全信息共享机制。财税库三方通过横向联网系统，按规定程序自动交换信息，实现对电子缴库信息、国库报表信息等其他信息的共享。三是建立横向联网系统。在财税库三方业务程序相对独立的基础上，利用现代信息网络技术，采取三方横向联网方式，在财政部门、税务机关、国库间建立横向联网系统，严防系统漏洞和安全隐患，切实保证系统运行的安全性、高效性。

6.2.5.3 提升国库基础数据库建设水平

随着国库集中收付改革的深入、财税库银横向联网工作的不断推进，各类电子数据向财政不断集中的趋势明显，财政部门正在成为“天然的数据中心”。如何不让数据继续“沉睡”，建立完整、统一的国库基础数据库无疑成为大数据时代的发展方向。统计信息显示，目前地方国库基础数据库建设滞后，一是内容不够全面。

仅有 6.25% 的省市自治区国库基础数据库包含了税基以及宏观经济指标信息，8.82% 的地市本级国库基础数据库包含了税基，4.41% 的地市本级国库基础数据库包含了宏观经济指标信息。二是保留的年限不够。52.94% 的省市自治区对政府收支按照 2007 年收支分类改革方案向前回溯了 1 年到 2 年，回溯 3 年到 7 年的仅有 11.76%，29.41% 的省市自治区没有进行回溯，地市级的比例更低。因此，建立数据集市和数据仓库，提升财政管理和决策水平，是“大数据时代”财政部门面临的重要任务。通过强化以数据为基础的分析，使数据成为财政管理、财政改革、政策设计的基础，帮助财政对宏观经济进行追踪、监测，及时发出预警信号，对税收和收入再分配能够精确测定规模和效果，真正发挥一只“看得见的手”的作用。在预算执行管理过程中，对大量的日常收支活动实施监控，杜绝跑、冒、滴、漏，防止违纪，提高财政资金的分配和使用效益。

6.2.5.4　提高国库现金流的预测分析水平

科学的预测分析是提升国库现金管理的必要手段。然而，统计信息显示，目前我国 70.59% 的省市自治区对国库现金流预测仍然依靠经验判断，采用数据挖掘技术的只有 17.65%，使用计量经济学模型的仅仅为 5.88%；国库现金支出流预测依赖经验判断的省市自治区比例为 82.35%，使用数据挖掘的省市自治区比例为 17.65%，使用计量经济学模型的比例仅为 5.88%；此外，仅有 10.53% 的省、市、自治区有关于国库现金流预测误差的修正机制。这些都反映出国库管理中预测能力弱，无法适应新时代的财政管理科学化信息化要求。因此，一是需要加强对库存现金存量的结构性分析，不断提高对未来变动趋势进行预测的精准性，注重对国库资金流向、流量、结构、库存等增减变化情况的监测与分析，揭示国库资金流动变化的内在规律性和特殊性，探索地方国库现金的科学配置和有效利用，科学测算最佳库底资金及其上下限，为地方国库现金管理提供准确信息。二是加强理论研究，特别是加强统计、计量分析方法在经济和金融业务中的运用，提高国库现金流量分析预测水平，为地方国库现金管理工作的进一步开展提供准确的决策依据。三是拓展信息沟通交流渠道，加强与税务、海关等收入征收部门的沟通，加强与预算单位等财政支出部门的沟通，研究建立大额支出报备制度，全面分析库款变动因素。四是加强国库现金流量变动与宏观经济运行规律分析，研究建立预测数据指标体系，运用信息系统开展自动滚动预测。

6.2.6　深化政府采购制度改革

政府采购制度是公共财政管理的重要内容，也是政府调控经济的有效手段。作为引领公共财政支出管理改革的“三驾马车”之一，我国政府采购制度实施十余年来不仅节约了大量财政资金，而且对于创造公平竞争的市场环境、促进反腐倡廉，以及推动实现国家经济社会目标发挥着重要的作用，走出了一条从无到有、从点到面、从小到大，具有中国特色的政府采购制度改革之路。但是，政府采购制度的建设完善是个长期的过程，与行政体制改革要求及国际上比较成熟的政府采购制度相比还有很大差距。政府采购无论是在结果评价还是活动的规范上，都尚未达到制度的预期目标，需要围绕党的十八届三中全会精神和财政“十二五”发展改革目标，统筹国内改革和对外开放两个大局，推动政府采购管理从程序导向型向结果导向型的重大变革，更好地发挥政府采购制度在实现经济社会发展目标、提供优质高效公共服务、提高政府治理能力等方面的积极作用。

6.2.6.1 扩大政府采购管理范围

采购范围和规模是衡量政府集中采购工作成效的主要标志，也是发挥政府采购政策功能的基础。有效问卷统计结果表明，在参与问卷统计的省级单位中，云南省政府采购支出占本级财政支出比例最高，但也仅为27.54%，最低的陕西省仅为3.67%，其余大部分在10%以下。地市问卷统计结果也发现，地市本级政府采购支出占本级财政支出比例低于10%的比例为59.70%，99%的地市本级采购支出占本级财政支出比例小于50%。这说明政府采购扩面增量的空间和潜力还比较大，需要我们下更大的气力，努力做好扩面增量工作。具体讲，在采购品目上，不仅要将适用于批量采购的标准通用品目纳入政府集中采购范围，还要逐步将关系国计民生和公共利益的项目纳入政府集中采购的范围，切实发挥政府集中采购的主渠道作用。在资金范围上，要结合优化投资结构，以及保障和改善民生等财政政策的落实，坚持政府采购范围与财政预算资金覆盖面同步，将中央补助专款和年中追加预算资金等各类资金纳入政府采购的实施范围，做到应采尽采。

6.2.6.2 强化政府采购预算管理

科学的预算编制和严格的预算执行是做好政府集中采购工作的前提。当前，有的部门存在规避采购和“随意采购”等现象，与采购无预算或者预算约束软化密切相关。有效问卷统计结果表明，省本级政府预算单位编制政府采购预算的比例在70%以下的为35.28%，地市本级政府预算单位编制政府采购预算的比例在70%以上的比例为30.83%，41.50%的地市本级政府预算单位编制政府采购预算的比例在10%以下。要从根本上解决这些问题，必须抓好采购的预算管理。一是各部门要按照财政部的要求，加强对政府集中采购预算的编制和管理，将预算内资金、预算外资金、政府性基金、非税收入的所有采购项目支出，全部纳入政府采购预算管理，做到应编尽编。二是遵循预算编制的要求，将部门的政府采购预算细化到货物、服务和工程等具体项目中，提高预算编制的科学性、准确性和完整性。三是进一步强化政府采购预算绩效评价工作，综合评估政府采购的经济社会效益，努力形成预算制约采购、采购服务预算的良好工作格局。四是完善政府采购管理体制。整合工程采购体制和政府采购体制，保持政府内部采购制度政策与监管职能的统一；扩大采购人在需求制定、采购方式、组织形式方面的自主权，财政、审计、监察的工作重点从对采购活动的过程监管向争议处理及对采购结果的审计评价转移；规范集中采购目录标准，合理确定集中采购范围，推进集中采购机构向专业化方向发展。

6.2.6.3　推进政府采购基础数据库建设

政府采购数据库是进行有效政府采购的基础。完备的采购数据库对于编制科学的采购预算和制定采购决策、规范政府采购行为至关重要。政府采购基础数据库一般包括代理机构库、评审专家库、供应商库、商品信息库四大类库。然而，有效问卷统计结果显示，仅有 36.84% 的省本级政府采购基础数据库包括这四大类库，有 21.05% 的省本级政府采购基础数据库包括三个库，有 42.11% 的省本级政府采购基础数据库仅包括两个。因此，应结合国库数据库建设要求，着力推进政府采购基础数据库建设，进一步完善代理机构库、评审专家库、供应商库、商品信息库，使得政府采购建立在完备的数据库基础之上，有效规范政府采购行为。

6.2.6.4　加快政府采购信息化和标准化建设

政府采购的信息化和标准化建设可以提高政府采购的效率，使得政府采购更加透明、规范。但是有效问卷统计结果显示，仅有 26.32% 的省市自治区本级政府采购实现了网上招标，11.11% 的省市自治区本级政府采购实现了网上评标，5.56% 的省市自治区本级政府采购实现了网上决标。可见，政府在购信息化建设在地方政府层面依然任重道远。政府采购信息化建设的目标是建设全国统一的政府采购管理交易系统。2013 年 1 月，财政部印发了《全国政府采购管理交易系统建设总体规划》和《政府采购业务基础数据规范》，为建设全国统一的政府采购信息管理系统提供了基础规范。目前，中央本级的管理交易系统、全国共享基础数据库已开始逐步试运行，下一步应着力加快地方层级管理交易一体化的政府采购系统建设。与此同时，加大政府采购标准化建设力度，研究招投标文件、格式合同等标准文本，制定政府采购操作工作规程、需求编制规范等，以推动政府采购的科学化规范化管理和政府采购市场的统一进程。

6.2.7　加快政府会计制度改革

政府会计是政府财政资金活动的综合反映，先进、规范的政府会计体系不仅有助于政府优化财政资金使用率、完善预算制度体系、强化资产和负债管理、正确履行宏观调控和公共服务职能，也能够为向纳税人、国债购买者和投资者等政府资金的提供者提供有用财政信息。政府会计改革是财政改革的重要组成部分，党中央、国务院十分重视政府会计改革工作。我国国民经济和社会发展“十一五”、“十二五”规划纲要均提出，要“推进政府会计改革”。2013年，中共中央、国务院印发的《党政机关厉行节约反对浪费条例》也明确要求，“推进政府会计改革，进一步健全会计制度，准确核算机关运行经费，全面反映行政成本”。党的十八届三中全会更是从全面深化改革的战略高度，明确提出要“建立权责发生制的政府综合财务报告制度”。这些要求充分体现了新时期政府会计改革的必要性，也体现了政府会计改革在加强公共资金管理，推进国家治理体系和治理能力现代化中的重要作用。

6.2.7.1 建立以权责发生制为基础的政府会计制度

以权责发生制为基础的政府会计制度能全面、真实地反映政府的资产和负债状况，有利于防范风险、提高资源配置效率以及政府进行长期决策。这一方法为许多发达国家所采用，而我国则一直沿用以收付实现制为主的政府会计制度。虽然目前各地正在尝试编制政府资产负债表，但因为核算基础的不匹配以及相应规则的不明确，在信息的真实性、完整性和统一性上存在一定的问题。统计信息显示：目前，省本级有效样本中，仅9.1%政府财务会计核算基础主要为完全权责发生制，30.8%政府债务项目会计核算基础主要为完全权责发生制。市本级有效样本中，仅5.3%政府财务会计核算基础主要为完全权责发生制，仅11.5%政府债务项目会计核算基础主要为完全权责发生制。党的十八届三中全会《决定》中明确提出要“建立权责发生制的政府综合财务报告制度”，这为我们推行政府会计改革指明了方向。应以十八届三中全会精神为指导，建立以权责发生制为基础的政府会计制度。一是抓紧制定权责发生制政府综合财务报告制度改革方案。这项工作技术性、政策性、敏感性比较高，涉及面比较广，是一项艰巨复杂的系统工程，需要统筹规划，分步推进。要明确改革的目标、原则、主要任务、具体措施和实施步骤等，按程序报经批准后，作为全面规划和指导政府综合财务报告制度建设工作的依据。二是加强政府综合财务报告的分析应用。有效应用政府综合财务报告信息，促进政府加强财政财务管理，是建立政府综合财务报告制度的一个重要目标。在编制出符合要求的政府综合财务报告后，要深入分析政府财务状况，分类研究相关资产提供公共服务的能力、偿还债务的能力，评估政府财务风险和中长期可持续性。同时，要将报告中的相关信息作为编制全国和地方资产负债表等重要依据。三是扎实做好基础性保障工作。继续组织地方开展政府综合财务报告试编工作，有条件的省份可以尝试合并全省的政府综合财务报告。研究政府综合财务报告信息系统建设问题，统一预算单位会计核算软件的数据标准和接口。组织开展大规模人员培训。夯实管理基础性工作，保证政府综合财务报告的数据质量。

6.2.7.2 建立权责发生制的政府财务报告制度

与预决算报告不同，政府财务报告包括政府资产负债表，收入费用表等报表，全面反映政府的财务状况和运营情况。推行政府会计改革，建立政府财务报告制度，可以更加全面真实的反映政府资产负债情况和政府运行成本情况，在防范财政风险、控制政府支出、提高财政管理水平等方面具有不可替代的作用。统计信息显示：省本级有效样本中，仅 50% 政府会计编制的财务报表附表包括了固定资产情况表；33.3% 包括了借款表；8.3% 包括了承诺事项表；4.2% 包括了政府服务项目成本汇总表；8.3% 包括了业绩指标表；58.3% 政府会计编制的其他财务报告包括了对政府整体财务状况和运营结果的分析。地市级的比例更低。下一步，应以权责发生制为基础，着手建立政府综合财务报告制度，更加全面真实反映政府资产负债和运行成本等情况，有效防范财政风险，促进财政可持续发展。政府综合财务报告标准体系能够确保报告中数据含义明确、口径统一，是准确编制财务报告的重要保障。要加快建立包括政府会计准则、政府会计制度、政府财务报告编制办法和操作指南等在内的政府综合财务报告标准体系，规范政府发生的交易或事项的会计处理，规范财务报告的主要内容、编报流程、编制要求、职责分工，规范财务报表项目的填列方法、合并方法和财务信息的分析方法等。

6.2.7.3　健全政府成本会计管理

政府在为公众提供他们所需的公共产品和公共服务的过程中必然会耗费一定的人力、物力和财力，从而形成了政府的运营成本。长期以来，政府活动不算经济账，使得政府成本长期以来居高不下，而现在提出绩效管理，打造节约型社会，这就要求政府本身的运作效率有进一步的提高。而建立政府成本会计体系能很好地解决现行的政府会计无法进行准确的成本核算和为决策者提供服务等一系列问题，所以构建政府成本会计显得越来越重要。统计信息显示：省本级有效样本中，仅 25% 政府成本会计核算涵盖了相关成本；16.7% 涵盖了不相关成本；12.5% 涵盖了边际成本；12.5% 涵盖了沉没成本；12.5% 涵盖了直接成本；8.3% 涵盖了间接成本；16.7% 涵盖了总成本；16.7% 涵盖了单位成本；14.3% 政府成本会计核算方法主要为作业成本法。市本级有效样本中，相关比例更低。因此，应健全政府成本会计管理，借鉴海外发达国家经验，制定成本会计准则，以控制政府成本，提高政府的管理水平和公共资金使用效率。成本会计准则主要包括以下内容：①成本核算原则，包括成本会计目标、适用范围、成本核算目的等；②成本计算方法；③成本分析方法，设计相应的指标来分析成本水平；④成本费用分配方法，应根据不同成本费用的特点，规定在不同的条件下应采用的分配方法；⑤编制统一的成本报表，包括单位成本表、费用明细表等；⑥成本信息的披露等。

6.2.7.4　明确政府负债确认条件和确认基础

统计信息显示：省本级有效样本中，仅 54.2% 政府债务会计中确认和计量的项目涵盖了国债（包括内债和政府主权外债）本息；25% 涵盖了欠发财政供养人员工资形成的债务；37.5%涵盖了应付未付款项；29.2%涵盖了粮食收购和流通中的亏损挂账；8.3%涵盖了公务员养老金负债；4.2%涵盖了或有负债。为全面、客观地反映政府负债带来的财政风险，应改进目前预算会计中对政府负债的确认过程。在确认条件上，可以根据企业会计准则的定义来对政府负债给予确定，即政府负债也应当是过去的交易和事项产生的现时义务，该义务的履行会导致经济利益的流出，该义务的金额应当可靠计量。这样，将会有效扩大政府负债的确认范围，不仅政府借款、政府债券等直接显性负债能够得以确认，而且包括应付未付的款项、借款衍生出未来应付利息等直接隐性负债，债务担保、政府承诺等可作为预计负债的或有负债项目都将被纳入到政府负债的确认范围。

6.2.7.5 丰富对政府债务会计信息的披露

披露政府债务会计信息的核心目的在于接受社会的监督，从而对政府的财政运行形成一种外在的约束，提高政府投融资活动的效率，降低政府财政风险。统计信息显示：目前，政府债务会计信息的披露途径、披露形式不够完善；披露涵盖的内容不够全面；披露不够及时等。因此，应进一步改革政府会计制度，使得政府债务会计信息的披露不仅应涵盖国债、借款等直接显性负债项目，更应包括养老金负债、政府担保等或有和隐性负债信息。同时，对会计政策、债务融资目的、还本付息的方式及资金来源、相关项目的审计情况等任何有助于全社会了解政府财务和经营状况的信息等都应该作为政府财务报告的附注信息进行披露，并提高披露的及时性。一方面有利于对政府形成有效预算约束，防治随意投资、随意发债，提高财政运行的科学性；另一方面也有助于提高社会各界对政府的信任，激发投资者信息，更有利于保持整个宏观经济的稳定。

6.2.8 提高财政信息化水平

加强财政信息化建设、促进财政管理科学化，是建立规范有序的公共财政运行机制的客观要求，也是知识经济、信息时代财政工作改革与发展的必然选择。当前，我国财政信息化建设正在稳步推进，取得了明显的成效，但也还存在不少问题亟待解决，财政信息化水平还有较大的提升空间。

6.2.8.1 完善财政信息化建设总体规划与设计

总体规划和设计是信息化建设的重要基础与依据。党的十八届三中全会对财政改革与发展提出了新要求，财政信息化应顺应新形势发展需要，根据财政改革与发展的新要求，通过重新梳理与规范财政业务需求，进一步完善财政信息化建设总体规划，切实做好系统整体设计，构建更加科学合理的系统架构，为下一步财政信息化建设奠定良好基础。

6.2.8.2　实现财政业务系统整合统一

财政业务系统整合统一与一体化是财政信息化发展的必然要求，是财政信息化充分发挥效能的重要标志，是下一步财政信息化的重点任务。一是重新梳理与规范财政业务。根据财政改革与发展的新要求，建立财政业务统一规范工作机制，着眼财政改革与发展全局，对财政业务进行重新梳理，统一规范与再造财政业务流程，明确各业务之间的衔接与关系，进一步拓展和完善财政业务基础数据规范，为业务系统整合统一、实现一体化奠定业务基础。二是研究制定技术方案。根据重新梳理规范后的业务需求，研究制定业务系统整合统一的技术方案，确定业务系统整合统一策略，明确技术路线，做好总体设计，构建系统架构，为业务系统整合统一、实现一体化奠定技术基础。三是完善应用支撑平台与技术标准。应用支撑平台（以下简称平台）是业务系统整合统一、实现一体化的重要技术手段。下一步，应根据技术方案，提升平台的技术架构，完善和丰富平台组件，强化平台面向服务功能，优化平台数据交换机制，健全相应的技术标准规范。四是基于平台开展业务系统整合统一工作，充分发挥平台的作用与效能。基于平台对现有业务系统进行整合统一，根据新的业务需求构建新业务系统，做到业务数据集中存储、实时交换与充分共享，最终实现业务系统统一体化及“三级贯通”（财政部门内部、财政部门上下级之间、财政部门与预算单位之间的数据贯通）。

6.2.8.3　健全信息化基础设施与保障体系

信息化基础设施与保障体系是信息系统安全稳定运行的重要保障。一是优化网络基础设施。根据财政信息化发展要求和实际应用需要，对财政网络系统进行升级改造，进一步提升网络带宽与性能，增强网络的可靠性。同时，拓展网络应用范围，将财政专网延伸至乡镇财政，实现财政专网横向到边、纵向到底。二是健全信息安全保障体系。进一步强化网络基础安全，完善财政身份认证与授权管理系统（CA 系统），拓展 CA 系统应用，建立网络信任体系，完善同城灾难备份系统，规划异地冗灾，健全安全管理制度，加强信息安全管理，做好信息安全分级保护与测评工作，提升信息安全保障能力和整体防护水平，确保网络及信息系统安全。三是完善 IT 服务管理体系。进一步完善 IT 服务管理平台，健全 IT 资产配置库，建立与丰富 IT 知识库，优化 IT 服务流程，充分发挥 IT 服务管理体系的作用，不断提升 IT 服务管理水平与能力，实现对网络及信息系统的实时监控和动态管理以及 IT 服务规范化、流程化管理，有效防范和控制系统故障和风险，确保网络及信息系统稳定可靠运行。

6.2.8.4　加强信息资源综合开发与利用工作

信息资源的综合开发与利用，对于开展宏观经济景气预测分析、提高财政管理与决策水平，具有十分重要的作用。下一步，应加强信息资源的综合开发与利用工作，进一步扩展与完善财政业务基础数据规范，统一业务数据口径，建立健全统计分析指标体系，通过平台提供的统一通道，收集、汇聚财政业务数据，利用数据仓库技术，建立完整、规范、统一的数据中心，逐步积累、丰富、完善信息资源。在此基础上，根据管理需要对信息资源进行综合利用，通过利用数据挖掘技术及产品，开展财政收支统计分析和各种专题分析，通过数量分析方法与计量经济模型，开展宏观经济景气分析、财政收支预测分析，为财政管理与决策提供有力支持。

后　　记

《中国公共财政管理研究报告（2014）——地方财政国库管理研究》，在财政部党组的关心和鼓励下，在用友政务软件有限公司的赞助下，在各省、市、自治区财政厅（局）和财政科学研究机构的支持下，课题组经过近一年的分析研究，终于付梓出版，是一件非常有意义的事。

《中国公共财政管理研究报告（2014）——地方财政国库管理研究》得到各地财政厅（局）的支持，在问卷调查中，我们一共收到26个省本级、285个市本级的样本数据，需要感谢的财政厅（局）和科研机构有：

北京市财政局、财政科学研究所

天津市财政局、财政科学研究所

河北省财政厅、财政科学与政策研究所

内蒙古自治区财政厅、财政科学研究所

四川省财政厅、财政科学研究所

新疆维吾尔自治区财政厅、财政科学研究所

河南省财政厅、政策研究室

湖北省财政厅、财政科学研究所

山东省财政厅、财政科学研究所

福建省财政厅、财政科学研究所

重庆市财政局、政策研究室

江西省财政厅、财政决策调研室

山西省财政厅、财政科学研究所

贵州省财政厅、财政科学研究所

上海市财政局、财税研究所

广东省财政厅、财政科学研究所

浙江省财政厅、财税政策研究室；杭州市财政局；宁波市财政局

陕西省财政厅、财政科学研究所

宁夏回族自治区财政厅、政策研究中心

安徽省财政厅、财政科学研究所

甘肃省财政厅、财政科学研究所

吉林省财政厅、财政科学研究所

云南省财政厅、财政科学研究所

海南省财政厅办公室

为了做到理论与实际相结合，普遍情况与典型案例相结合，模型分析与实证分析相结合，课题组根据不同的管理层面，选择了河南省财政厅国库处、浙江省财政厅政府采购处和深圳市财政委员会国库处，进行了深入细致的调研研究。河南省调研的单位有省财政厅国库处、开封市财政局国库处和安阳市财政局国库处；浙江省调研的单位有省财政厅政府采购处、舟山市政府采购处；深圳市调研单位有市财委国库处、宝安区财政局国库处、福田区财政局国库处。各地财政厅（局）的领导及相关的部门与课题组成员进行充分的座谈，详细汇报了所在国库管理方面开展的工作，内容包括进行的改革创新、取得的成效、得出的经验、遇到的难点和今后改革的目标和任务，并对我国国库管理改革的相关问题进行了深入的讨论，还对我们的研究报告提出宝贵的建议。在此表示衷心的感谢！

为了保障问卷指标的可操作性，课题组与北京市财政局财政科学研究所进行了一次调研讨论，参加者还有各区县财政局的有关领导和业务人员。会上他们对指标的设计和问卷的填写发表了诚恳的意见，并对一些关键性的指标进行了反复讨论，对完善我们的指标设计起到了积极作用，课题组对他们的支持和配合深深致谢！

在《中国公共财政管理研究报告（2014）——地方财政国库管理研究》的研究过程中，课题组成员也付出了辛勤的劳动。第一章总论由程瑜研究员及张鹏副研究员撰写；第二章由张鹏副研究员撰写；第三章由王志刚研究员、张鹏副研究员、梁强副研究员撰写；第四章由王志刚研究员撰写；第五章由赵云旗研究员撰写；第六章由程瑜研究员撰写。由于时间紧，研究水平有限，尽管我们做出了很大努力，但缺失和错误在所难免，诚请领导、专家、学者多提宝贵意见，以便改进我们今后的研究工作。

《中国公共财政管理研究报告（2014）——地方财政国库管理研究》由中国财政经济出版社出版，感谢出版社领导贾杰、赵力、杨静和其他同志的支持。

做好《中国公共财政管理研究报告》是一项艰巨的任务，在全国财政系统特别是科研系统的支持下，团结合作、服务现实，这项研究工作一定能够做好做精。今后希望继续得到各省、市、自治区财政部门、科研院所、大专院校等各方的关心支持，使这项研究对推进财政管理、深化财税体制改革、建立现代财政制度发挥更大的作用。

财政部财政科学研究所课题组

2014 年 11 月